Epee Edition
1. Auflage Januar 2015

Verlag: Epee Edition e.K., Kehl a.Rh.
Einband- und Innengestaltung: Nicolas Emmert
Korrektorat: Christian Winkelmann

ISBN 978-3-943288-27-8

Haftungsausschluss

Autor und Verlag übernehmen keinerlei Haftung für eventuelle Schäden, die durch das Anwenden der im Buch beschriebenen Techniken im Allgemeinen, oder durch das falsche und missbräuchliche Anwenden derselben im Speziellen, entstehen könnten. Rechts- und Schadenersatzansprüche sind daher ausgeschlossen.

www.epee-edition.com

SURVIVAL TOTAL

Vom Dschungel, der Wüste, dem Meer und der Großstadt

Thomas Gast

Für Jasmin

„Meine ereignisreichen Jahre in der französischen Fremdenlegion haben mir immer wieder bewiesen, dass es ein ‚Unmöglich' nicht gibt und dass es immer weiter, immer vorangeht und dass selbst in den verfahrensten Situationen unseres Lebens ein Ausweg möglich ist."

Thomas Gast

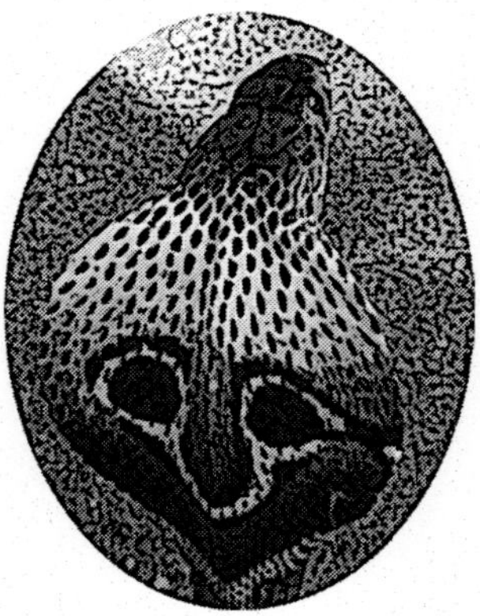

INHALT

Knowhow, Fähigkeiten und robuste Grundkenntnisse

Überleben im Dschungel

Überleben auf See

Überleben in der Wüste

Überleben in Eis und Schnee

Schlusswort

Anhang

UNRUHE – UNSICHERHEIT – KRISEN UND GEWALT

Mit einem Blick auf die Landkarte: Rückt das Spektrum der Gewalt, das der Unruhe und der Unsicherheit nicht immer näher an uns heran? Naturkatastrophen häufen sich. Bewaffnete Konflikte überall auf dem Globus nehmen Formen an, die mich nachdenklich stimmen. HIV ist gerade noch an uns vorbeigegangen, nicht aber ohne uns noch einen tödlichen Kuss auf die Wange gehaucht zu haben, doch Ebola ist nachgerückt, lauert, irgendwo da draußen. Woher kommen diese Krankheiten, und was wissen wir wirklich darüber, oder anders gefragt: Wie viel Wissen darüber dürfen wir haben bzw. will man uns zumuten? Die Weltbevölkerung schwillt, die Reichen unserer Erde werden immer reicher, während gleichzeitig die Armut ständig zunimmt. Auch der Wahn religiöser Extremisten oder verantwortungsloser Politiker lässt mich manchmal sprachlos werden. Man könnte fast meinen, irgendwelche Marionettenspieler oder Menschen mit großem Einfluss, Konzerne, Dachverbände oder gar internationale Organisationen haben sich das alles ausgedacht! Ist „die Welt ins Chaos stürzen" längst zu einem Business geworden? Wer profitiert von Unruhe, von Unsicherheit, von Krisen und von Gewalt, wer verdient an den Reichen, wer hält die Mittelschicht in Schach, wer macht sich die Armen auf ewig abhängig und gefügig? Wussten Sie, dass in einigen Ländern und über Jahre hinweg Mädchen und junge Frauen ohne deren Wissen sterilisiert wurden, zum Beispiel während einer harmlosen Blinddarmoperation? Oder dass bestimmte Nationen nach „September 11" dazu übergegangen sind, einigen Auserwählten Mikrochips zu implantieren, auf Freiwilligenbasis, versteht sich? In den Zeitungen liest man nichts von alldem, und erinnern wir uns: Zu Beginn ist alles freiwillig, bis dann einer kommt und leise haucht: „Ab heute ist es Pflicht!" Von da bis zur totalen Kontrolle und zum unweigerlich darauffolgenden Aufbegehren der Massen, zum weltweiten Chaos also, wäre es nur noch ein kleiner Schritt, und wenn genau das eintrifft: Werden unsere Städte dann noch bewohnbar sein, oder verlagert sich unser Lebensraum auf das Land und in die Wälder? Gegebenenfalls wird es sein wie immer, das heißt: Wir (die „Nichteingeweihten") können die Evolution all dieser Dinge nicht stoppen, dafür wurde sicher schon gesorgt. Aber wir können auf uns und auf unsere Lieben aufpassen. Wir können alles tun, was in unserer Macht steht, um zu überleben. Und das werden wir auch müssen, denn die Zeit, in der jedem, jederzeit, alles nur erdenklich Schlimme widerfahren kann, ist keine Utopie mehr, und bereits heute sind wir nie und nirgends auf der Welt in absoluter Sicherheit. Wenn der Notfall oder die Extremsituation eintritt, ist ein „Lernen" zu spät. Also bereiten Sie sich vor, heute noch.

Thomas Gast

VORWORT

Das vorliegende Buch entstand, weil meine Leser mich indirekt dazu drängten. Wie bei *Die Legion: Mit dem 2^{e} REP in den Krisenherden dieser Erde* kam also der Einfluss zunächst von außen, aber schon während ich recherchierte, merkte ich, dass hier etwas entstehen könnte, das enormen Spaß macht, und zwar nicht nur dem Leser, sondern auch mir selber. Und ich wollte etwas schaffen, das Sinn macht und Menschen helfen kann.

> **1.** *Bezüglich der* ***Techniken****, wie man Feuer macht, Fallen baut, Flüsse überquert usw., kann ich guten Gewissens behaupten: Ob gezwungenermaßen oder freiwillig, ich habe sie fast alle selbst ausprobiert. Den Fauxpas aber, bereits bekannte und bewährte Techniken völlig außer Acht zu lassen, wollte ich nicht begehen, denn ich gehe grundsätzlich davon aus, dass dieses Buch auch von Einsteigern gelesen wird, und für Einsteiger ist Althergebrachtes und Bewährtes sicherlich Neuland, zumindest aber eine Basis für andere, anspruchsvollere Horizonte. Geht es ums* ***Schlachten, Enthäuten*** *und* ***Ausweiden*** *von Tieren und die Konservierung ihres Fleisches, so kann ich aus Erfahrung plaudern. Ich bin gelernter Fleischer, habe das Schlachten von der Pike auf gelernt und über die Jahre immer wieder praktiziert!*

> **2.** *Zu dem Thema* ***Reisen und Urlaub in fremden Ländern*** *nur so viel: Es ist kaum genug Platz auf dieser Seite, um alle Länder, in denen ich je gewesen bin, aufzulisten (siehe meine Vita etwas später im Text). Und ich war sowohl als Reisender als auch von Berufs wegen dort unterwegs, jedoch: Nur offizielle Quellen (z.B. das Auswärtige Amt) können verbindlich Auskunft über die wirklich* ***aktuellen*** *Gefahren in den einzelnen Ländern und Regionen geben. Ich gebe, wenn schon, dann nur meine Erfahrungen weiter.*

3. *Bezüglich der Ratschläge im Kapitel* ***Verhalten von Journalisten und Reportern im Ausland*** *ließ ich mir helfen. Ich bin in der glücklichen Lage, eine Handvoll brillanter Journalisten/Reporter mit sehr viel Erfahrung in Sachen Ausland/Krisengebiete zu meinem Freundes- und Bekanntenkreis zählen zu dürfen (u.a. Herrn Peter Scholl-Latour †). Ihre Ratschläge zusammen mit meinen eigenen Erfahrungen ergaben als Resultat das kleine Kapitel gleich zu Beginn des Buches. Wie auch bei allen anderen Themen gilt: Es handelt sich hier* ***nicht*** *um eine offizielle Abhandlung, sondern um eine Ansammlung von Erfahrungen eines renommierten Insiders und der aus diesen Erfahrungen resultierenden „Schlauheit".*

4. *Bezüglich des Themas* ***Schlangen:*** *Im CEFE[1], der Dschungelkampfschule der Fremdenlegion in Französisch Guyana, hat man uns alles darüber beigebracht, eine bessere Referenz gibt es kaum. Einige Jahre später war ich zu Besuch bei einem Enkel von* ***Dr. Jamis Appuhami*** *in Sri Lanka. Er, wie auch schon sein Großvater vor ihm, ist ein anerkannter Experte auf diesem Gebiet, und er nahm sich viel Zeit, meinen Horizont diesbezüglich noch zu erweitern.*

5. *Zu den* ***Guerillataktiken:*** *Wir haben sie in meiner Einheit angewandt, Punkt!*

6. *Wenn Beispiele aus der Geschichte einfließen, sind diese so gründlich wie nur möglich hinterfragt und recherchiert. Einen Irrtum bezüglich Daten und Hintergründen konnte und wollte ich mir hierbei nicht leisten, dieser ist aber nicht völlig ausgeschlossen.*

7. *Was den kollektiven Part, also das* ***Führen einer Gruppe in Extremsituationen*** *angeht, so spreche ich aus dem Effeff, denn ob in der Fremdenlegion oder später dann in Spitzenpositionen in der freien Marktwirtschaft: Das Führen von Menschen war immer eine meiner bevorzugten Domänen.[2]*

---

1 Centre d'Entraînement en Forêt Équatoriale / Ausbildungszentrum Urwald.

2 Siehe auch: „Wege zum Erfolg – Stein um Stein zu einem Fels", Thomas GAST, Epee Edition.

Im Text kommen hin und wieder englische bzw. fremde Wörter oder Begriffe vor, z.B. *Guerilla, Starboard, Freelance, Sniper* und so weiter. Viele davon haben sich in unserem Sprachgebrauch so bleibend etabliert, dass uns das ausländische Wort fast familiärer vorkommt als die deutsche Übersetzung. Oft, auf Reisen oder am ausländischen Arbeitsplatz, helfen uns diese Wörter daher mehr als das deutsche Gegenstück, deshalb diese Flut von Fremdwörtern. Die Übersetzung, falls notwendig, finden Sie jeweils immer in Klammern dahinter oder in der Fußnote.

Überleben auf See und im Dschungel nehmen einen Löwenanteil im Buch ein. Warum? Nun, weil dort die Chancen sofortige Hilfe zu bekommen, wenn man allein auf sich gestellt ist, am niedrigsten sind. Im Pfälzerwald oder in Deutschlands Mittelgebirgen wird man sich kaum so verlaufen, dass eine extreme Survival-Situation entsteht (obwohl auch das vorkommt). Man stößt in unseren heimischen Wäldern immer auf ein Dorf, auf eine Straße oder auf Menschen, die uns helfen. Die Notwendigkeit also, unser direktes Umfeld ins Zentrum zu stellen (zumindest beim Teil Überleben 1), sah ich nicht gegeben.

Als Buchtitel hätte ich nun einfach *Survival* stehen lassen können, doch darauf habe ich ganz bewusst verzichtet, denn wie im Zitat am Anfang des Buches bereits angedeutet, lauern die Gefahren heute nicht nur im Dschungel Borneos oder auf einem vereisten Schneepass in den Anden, sondern auch in unseren Städten, wo es an Nahrung ja nicht fehlt. Sie sehen: Es geht mir nicht ausschließlich darum, dem Leser zu zeigen, wie er den Hunger- oder den Kältetod vermeiden kann, wie man einen reißenden Fluss überquert, Fallen baut, ein Feuer macht, die Richtung bestimmt oder Wasser findet, wo es keins geben dürfte, nein! Vielmehr will ich, der heutigen Zeit angepasst, zu einem 360-Grad-Schlag ansetzen und ein breiteres Spektrum abdecken. Ich bin weiterhin der Meinung, dass Survival bereits im gut gehüteten Schlafzimmer anfängt und (in ganz extremer Form) an den schrecklichsten Orten unserer Erde noch lange kein Ende findet. Deswegen habe ich „*Total*" dem Titel hinzugefügt und dementsprechend Themen mit in das Buch gepackt, die in einem herkömmlichen Survival-Buch nicht unbedingt zu finden sind, sprich: die vom Menschen generierte Bedrohung und die damit verbundenen Lösungen oder Abhilfen. Wie schütze ich mich vor Einbrechern, wie verhalte ich mich bei Aggressionen, auf Reisen oder am

Arbeitsplatz und in Ländern, in denen die Sicherheitslage „knallrot“ ist? Was tun, wenn ich Opfer eines Kidnappings bin? Wie entkomme ich – *Journalist oder Krisen- und Kriegsreporter* – den Wirren der Krisengebiete, und wie schaffe ich es als solcher über die Runden, wenn's mal eng und brenzlig wird?

Total aber auch, weil ich Ansätze von Guerilla-Taktiken mit einfließen lasse und auch auf *Survival im Gruppenrahmen* eingehe. In diesem Rahmen komme ich ganz bewusst auf den oder die Gruppen-Führer, auf den Boss, den *Chef der Gruppe* zu sprechen, denn seine Funktion ist fundamental. Und wenn wir schon dabei sind: Es gibt kein besseres Lernfeld als *Survival*, um Führungskräfte, Top-Manager und Teamleiter mental auf das vorzubereiten, was sie *hardcore* in den Konzernen und Betrieben erwartet. Es gibt kein wirksameres Mittel, um bereits gestandene Führungskräfte noch effizienter, noch stressresistenter und belastungsfähiger zu machen, als regelmäßig geplant *Outdoor*[3] zu betreiben. Die besten französischen Offizierskadetten der renommierten französischen Offiziersschule von Saint Cyr (de facto zukünftige Manager von 120 bis 1200 Mitarbeitern und mehr) schickt man nach Französisch Guyana, um dort am Survival-Lehrgang im Dschungelcamp der Legion teilzunehmen. Wenn sie diesen bestanden haben, sind sie fit für *alle* „höheren“ Aufgaben, die ihnen ihre Karriere abfordert. Das System bewährt sich seit langem. Wie wäre es denn, wenn deutsche Unternehmen ihre Führungskräfte – anstatt zum jährlichen Betriebsausflug in Tophotels mit heiteren Workshops, opulenten Büfetts, langweiligen Sightseeings und all dem anderen Luxus, den man sich nur denken kann – einmal im Jahr an einem drei- bis fünftägigen *Survival*

---

3 **Outdoor** ist der „kleine Bruder“ von Survival. Es bezeichnet geplante Aktivitäten, die sich ausschließlich im Freien abspielen und eine Herausforderung für einen gewissen Personenkreis darstellen (Abenteurer; Naturfreunde; Sportler, die gerne andere Wege gehen wollen; dynamische junge oder auch ins Alter gekommene Menschen). Die Konfrontation mit der Natur und mit sich selbst ist das Kernstück von Outdoor. Outdoor ist immer „freiwillig“ und beinhaltet die ständige Kontrolle, *Outdoor ist Kür*! Gerät Outdoor außer Kontrolle, kann durchaus eine Survival-Situation daraus werden.

Survival hingegen ist meist „*Out of Control*“. Eine Survival-Situation entsteht ganz unabhängig von unserem Willen! Ist Survival angesagt, können nur eine eiserne Willenskraft, die im Outdoor-Bereich erlangten Kenntnisse, das Knowhow und gewisse Techniken, sowie eine Portion Glück das Blatt noch zu unseren Gunsten wenden. Die Pfade von Survival und Outdoor laufen parallel und kreuzen sich selten, doch in einer Survival-Situation hat der, der regelmäßig Outdoor betrieben hat, eindeutig den Vorteil.

Kurs teilnehmen lassen würden? Wäre ich Generaldirektor, würde es mich schon mal interessieren, ob meine Führungskräfte, *von denen viele es gewohnt sind, in blitzsauberen, klimatisierten Büros zu sitzen, um dort, anhand computergesteuerter Programme, Menschen, Waren oder deren Produktion zu verwalten und vom Sessel aus, bequem per Telefon, ihre Anweisungen zu geben,* auch dann noch ihre Fassung und Fähigkeiten behalten, wenn sie:

- müde, hungrig und gereizt
- vom Regen nass bis auf die Knochen, frierend
- verdreckt und verschwitzt ...

... eine Gruppe im Gelände und in einer *„angenommenen"* Survival-Situation führen (führen und nicht antreiben) müssten.

Würden sich meine Top-Verdiener auch dann noch als Manager behaupten können, wenn von ihnen erwartet wird, ... *da draußen, „outdoor" ... selbst in der schlimmsten anzunehmenden Situation,* noch zusammenhängende, klare und vor allem überzeugende Anweisungen zu geben?

Was, wenn sie unter beschriebenen Umständen demonstrieren sollten, wie man real ein Tier schlachtet und dessen Blut trinkt, wie man eine Falle baut oder sich unter ungeduldig prüfenden Blicken, querfeldein und nur mit Karte und Kompass bewaffnet (eine Gruppe von sechs Mann im Kielwasser), im schwierigen Gelände orientiert? *Ob sie wohl auch dann noch in der Lage wären, ihre Intelligenz und ihre Effizienz (wegen derer ich sie ja eingestellt habe) unter Beweis zu stellen?*

Aber es ist nicht nur das, es geht um viel mehr. Solche Kurzlehrgänge fördern alle Führungsqualitäten, machen somit das Unternehmen auf allen Ebenen wettbewerbsfähiger. Besonders ausgeprägt werden:

Team- bzw. Korpsgeist
Das fördert die Indentifikation mit dem Unternehmen. das *WIR*-Gefühl,und somit die Verbundenheit und die Loyalität!

Stressresistenz
Die Vorteile eines Chefs, der stressresistent ist, liegen auf der Hand. Als Erstes profitiert die Leistungsfähigkeit.

Ausgeglichenheit
Ein ausgeglichener Chef macht schon was her. Seine Attitüde ahmt man ungewollt nach. Der Effekt? Eine rundum höhere Zufriedenheit am Arbeitsplatz!

Selbstbewusstsein / Respekt
Selbstbewusstsein reflektiert die Firma positiv nach außen hin. Der Respekt dem Chef gegenüber stellt sich dann ein, wenn er Selbstbewusstsein ausstrahlt und wenn er den Mitarbeitern und Kollegen auch Respekt zollt. Ob draußen im heiß-feuchten Mangrovendschungel oder innerhalb der kühlen Wände der Firma: Ohne Respekt geht gar nichts!

Selbstdisziplin und Disziplin allgemein
Disziplin macht alles rentabler. Sie fördert die Rationalität, ist somit quasi der „Sparfaktor". Den Kassen zumindest tut es keinen Abbruch.

Erfolgreiches Outdoor fördert den „Biss" des Chefs, seinen *„Einfalls- und Ideenreichtum"* ebenso wie sein *„scharfes Assessment"*, das „schnelle Abwägen der Lage" innerhalb von Sekunden, aber auch die *„in die Tiefe gehende Reflexion"*. Das sind alles Attribute, über die eine moderne Führungskraft unbedingt verfügen sollte. Erlebtes Survival gibt Lust, jeden Tag voller Energie neu durchzustarten, weil man es geschafft hat und nun von einer Siegermentalität beflügelt ist; und weil man weiß: „Game Over" ist ein anderes Mal!

… sind das Gründe genug?

Ich habe „Total" auch deshalb dem Buchtitel hinzugefügt, weil Survival immer etwas mit dem *Überleben des Zwischenmenschlichen* zu tun hat, denn ohne das macht Überleben keinen Sinn. Wer will schon in einer Welt ohne Leidenschaft, mitten in einem Meer der Gleichgültigkeit leben bzw. überleben? Das *Miteinander* kommt also nicht zu kurz. Damit nun der Leser einen kurzen Abriss bekommt, wo ich meine Erfahrungen gesammelt habe und was mich überhaupt qualifiziert, so ein Buch zu schreiben, hier ein kurzer Auszug aus meiner Vita:

- 1979 bis 1984 Soldat auf Zeit bei den Fallschirmjägern der Bundeswehr in Calw und Nagold. 1983 Einzelkämpferlehrgang im „Sauwald" an der Luftlande- und Lufttransportschule (LL/LTS) in Altenstadt/Schongau.

- 1985 bis 1987 Fremdenlegion – 3e REI (3e Régiment étranger d'infanterie)
Dschungelkampfschule in Französisch Guyana, im Centre d'Entraînement en Forêt Équatoriale (CEFE). Leben und Überleben in Extremsituationen/Milieu Urwald. Erster Kontakt mit den Oyampi-Indianern am Oyapoque[4]. Mehrere über lange Wochen hinweg dauernde Aufträge im Dschungel Guyanas an der Grenze nach Brasilien und Surinam.

- 1987 bis 2002 Fremdenlegion – 2e REP (2e Régiment étranger de parachutistes)
Mehrere Kampfeinsätze als einfacher Soldat, aber auch als Zugführer, unter anderem Tschad/Kongo/Gabun/Zentralafrikanische Republik/Bosnien (UN.PROFOR 1992). Einsatz im afrikanischen Busch gegen Wilderer (1988) und gegen Straßen-Banditen, sogenannte *„Zarguinas"* (1995). Bewachung des Zentralafrikanischen Nationalparks Saint-Floris („la Gounda").

- 1988 – 1991 / Kommando-Lehrgänge in Montlouis
Im Centre National d'Entraînement Commando (CNEC). Vier Lehrgänge und Erlangung des Diploms: *Brevet Moniteur des Techniques Commando „stage froid"*. Ausbilder Leben und Überleben im Milieu Winter. Alle Lehrgänge fanden im Februar in den französischen Pyrenäen in 1650 Metern Höhe statt.

- 1989 Kommandoschule CECAP / Lehrgang in der Wüste
Centre d'Entraînement au Combat d'Arta Plage. Ausbildung in Überlebenstechniken im Milieu Wüste.

4 Ich schrieb darüber in: „GUYANA – Faszination Fremdenlegion", Epee Edition.

• 1995 und 1997 Kommando-Lehrgänge in Gabun / Zentralafrika Centre d'Entraînement Commando en Forêt Équatoriale du Gabon (CEFOGA). Diese Lehrgänge fanden zur Gänze im Dschungel Gabuns statt. Es handelte sich um *„Stages Jungle"*, reine Überlebenslehrgänge im Milieu Dschungel.

• 1999 Stellvertretender Offizier für militärischen Nachrichtendienst, Sarajevo / Bosnien (NATO - Legion / 2e REP). Multinationale Division Süd-Ost (MND SE) / *„Salamandre"*.

• Februar 2002 bis Februar 2014
Der Autor arbeitete im Sicherheitsbereich, der Reihenfolge nach in: Saudi Arabien, Haiti, Israel (Bewachung der jeweiligen *Delegation der Europäischen Kommission*. Nähe zum Klienten) und im Jemen (YLNG Projekt). In allen Ländern war er im strategischen Bereich tätig, aber vor allem in Sachen Taktik (Im Gelände. Nähe zur lokalen Bevölkerung).

• Ab März 2014
Es folgten Lehrgänge am Centre d'Entraînement des Techniques Individuelles de Survie, (C.E.T.I.S) in Marseille sowie das *Basic Survival Training* (BST) und die *Techniques Individuelles de Survie* (TIS), Überlebenstraining Milieu Meer.

• Ab Juni 2014
Unmittelbar im Anschluss heuert der Autor in einer renommierten britischen Sicherheitsfirma als MSO[5] an. Seine neue Aufgabe ist die Piratenbekämpfung vom Roten Meer (ab 17ter Breitengrad Nord) bis südlich durch den *Bab-el-Mandeb,* hinein in den Golf von Aden und in das Arabische Meer: *Dschibuti, Somalia, Kenia,*

---

5 Maritime Security Officer (PCASP - **privately contracted armed security personnel**). Die Latte, um als PCASP einen Job bei einer renommierten Sicherheitsfirma zu bekommen, liegt sehr hoch. Generell benötigt man eine ganze Reihe teurer Lehrgänge und viel Geduld. Hier die Lehrgänge, die unbedingt erforderlich sind: **SSO** - Ship Security Officer. **STCW 95** - *Standards of Training Certification and Watchkeeping*. **Prevention of Acts of Piracy & Armed Robbery Training** - (*Vorbeugung gegen Piraten und bewaffnete Überfälle*). **FPOS** - *First Person on Scene* (Ersthelfer). Waffenschein **MFCC** (*Maritime Firearms Capacity Certificate*). Von medizinischen Zertifikaten **- ENG 1** -, Führungszeugnissen, Seamansbook (Seefahrerbuch) sowie einem aussagekräftigen Background in einer Armee, Spezialeinheit etc. gar nicht zu reden.

Tansania und von dort weiter nach *Indien, Sri Lanka* und über die Straße von *Malakka* nach *Singapur*. Der Autor spricht Deutsch, Englisch, Französisch und Arabisch.

Ab und zu, generell am Ende einer Beschreibung oder eine Kapitels, füge ich ein von mir sogenanntes *„Zwischenspiel"* ein. Es handelt sich dann meist um kleine Anekdoten am Rande oder um Storys zum Schmunzeln oder auch nicht, alles ist wahr, entspricht den Tatsachen. Einige meiner Ansichten oder Vorgehensweisen in bestimmten Situationen mögen schockieren, doch ich weise darauf hin: Auch die haben sich als *geeignet* hervorgetan, denn ich hatte stets das Bestreben, zu überleben; und wie Sie sehen, hatte ich damit bislang Erfolg. Ganz bewusst gehe ich oftmals „sehr nahe" an den Leser heran. Man möge mir verzeihen, aber dieses *Grenzwertige* ist notwendig ... *um zum Überleben „anzustacheln"*. Ich wünsche viel Spaß beim Lesen.

1 ALLGEMEINES

„Wer keine Siegermentalität in sich trägt,
ist für viele Schlachtfelder des Lebens ungeeignet."
Thomas Gast

1

Survival – die doppelte Gefahr

„Überleben" war in Deutschland einst nur ein vager Begriff, mit dem niemand wirklich etwas anfangen konnte. So lange zumindest nicht, bis ein heute in die interessanten Jahre gekommener Konditor, Globetrotter und Überlebensexperte erschien und diesem Wort endlich ein Gesicht und einen Namen gab: *Survival*. Natürlich spreche ich von Herrn Rüdiger Nehberg[6]. Und in der Tat, niemand hat sich den Titel *„Sir Vival"*

6 Autor u.a. von: „Survival. Die Kunst zu überleben". In Fachkreisen nennt man ihn auch den Survival-Gott.

besser verdient als er. Survival, wie ich es unserer Zeit angepasst neu definiere, ist das Meistern von zwei unterschiedlichen Bedrohungsarten die gleichsam auf zwei Säulen ruhen

1. Das ***Überleben*** ... in der Natur im Allgemeinen oder nach Unfällen, Katastrophen, Flugzeugabstürzen, Notlandungen etc. im Speziellen. Man ist in der Gruppe (oder auf sich alleine gestellt), lebt mit dem, was man gerade zur Verfügung hat und schlägt sich durch, wobei unser Einfallsreichtum, sprich: unser Genie, uns tatkräftig unterstützt.

2. Das ***Überleben*** ... in allen Situationen, in denen es sprichwörtlich um Kopf und Kragen geht und in denen die Gefahren vom Menschen und von der modernen Gesellschaft ausgehen, sprich: Raub, Einbruch, Diebstahl (Banditentum), bewaffnete Krisen, Kidnapping, Terror, Irrsinn (Größenwahn) und Macht.

Die Naturvölker[7] unserer Erde haben die erste Säule des *Überlebens* seit Urzeiten mit Brillanz gemeistert und das tun sie immer noch. Doch leider ist die Tendenz zur zweiten Säule hin absehbar, denn mit Macht drängen die zerstörerischen Einflüsse unserer zivilisierten Welt in ihr teilweise noch heiles Universum. Ich habe es in Französisch Guyana selbst erlebt. Diese Menschen fochten ihren ersten Kampf, indem sie instinktiv stets das Richtige taten: sich anpassen, mit der Natur leben, von der Natur leben, die Natur respektieren. Die Natur, ihr gewöhnliches Umfeld also, war das höchste aller Güter. Und dieses galt es zu schützen. Und ihm zu huldigen! Das war Bedürfnis und Pflicht zugleich, und dieses Pflichtbewusstsein wurde von Generation zu Generation weitergegeben.

Der zweite Kampf, der diesen Menschen wohl nicht erspart bleiben, der aber hoffentlich ebenso von Erfolg gekrönt sein wird, steht ihnen nun bevor. Die Indianer Nord- und Südamerikas, die Eskimos, Aborigines,

---

7 Nicht-industrialisierte Gesellschaften ... wäre das der bessere Ausdruck? Ich zweifle daran, benutze das Wort Naturvolk, ohne suggerieren zu wollen, dass es sich um Gesellschaften handelt, die rückständig sind. Ganz im Gegenteil. Ich denke, dass solche Völker uns einiges voraus hatten und (immer noch) haben.

Tuareg, Mayas, die Veddas (Wanniyalaetto) auf Sri Lanka, die Buschmänner (San) oder Pygmäen (Pygmaíos) in Afrika u.v.a., alle bisher in vollkommener Harmonie mit der Natur: Sie sind teilweise bereits heute dazu verdammt, genau das zu tun, was wir in unserer „zivilisierten" Welt jeden Tag, ohne manchmal großartig viele Gedanken daran zu verschwenden, in unserem Umfeld und umgemünzt auf unsere Zeit auch machen: sich gegen Machenschaften zur Wehr setzen, die proppenvoll sind mit krimineller Energie. Mit dem „Überleben" der vorausgegangenen Kategorie hat das längst nichts mehr zu tun. Damit umzugehen jedoch ist für uns sehr wohl möglich. Naturvölker hingegen tun sich dabei viel schwerer, denn unsere meist negative Einflussnahme auf sie (*Jeder Mensch solle doch bitte gefälligst genauso leben wie wir!*) ist in den vergangenen Jahrzehnten übermächtig geworden. Das wirklich Beunruhigende an diesem Übergang vom Überleben im ursprünglichen Sinn hin zum Überleben mitten in den von uns selbst generierten Gefahren ist diese feine Nuance der steten Ungewissheit, in welche Ecke wir diese einst fröhlichen und naturverbundenen Völker als Nächstes drängen werden. Können sie, ohne großen Schaden zu nehmen, in einem System weiterbestehen, das unserem ähnelt? Mit allen Vor-, aber vor allem mit allen Nachteilen, die dieses mit sich bringt? Ich hoffe es, habe aber so meine Zweifel.

Dann gibt es die Geschichten von Buschläufern, Trappern (Fallensteller), Landvermessern und anderen diversen Abenteurern, und auch hier kommen wir der Transition, dem Übergang von *Überleben Punkt 1* ins *Weiterbestehen*, wie ich es in *Punkt 2* definiere, sehr nahe. Die Natur war nicht unbedingt ihr gewöhnliches Umfeld, sondern oftmals ihr ärgster Feind. Um darin bestehen zu können, benötigten sie eine gut gewählte Ausrüstung, Wissen und etwas Glück. In derselben Epoche hörte man auch bereits von Soldaten, die, hinter den feindlichen Linien verschollen, sich zum nächsten Stützpunkt durchkämpfen mussten: Survival fand seinen Weg ins Militär. Damals jedoch deutete sich bereits an, dass parallel zum puren Überleben in der Wildnis und in Extremsituationen diese zweite Säule der Bedrohung emporwuchs, die es zu überleben galt: die Tücken und Boshaftigkeiten der existierenden Gesellschaft!

Wer nun in dieser Gesellschaft bestehen will, muss in der Lage sein, sich beiden Bedrohungen zu stellen, muss diese „doppelte Gefahr“ meistern. Und genau davon handelt dieses Buch.

*

Im Zivilleben schufen teilweise erschütternde Ereignisse immer schon besondere Situationen, denken wir nur an abgestürzte Flugzeuge, deren Besatzung und Passagiere sich, urplötzlich völlig von der Außenwelt isoliert, in einer Situation befanden, die mit dem Alltäglichem nichts mehr zu tun hatte. Hier das wohl bekannteste Beispiel.

Am 13. Oktober 1972[8] *zerschellte eine Fairchild F-27 der Luftwaffe Uruguays (Flug 571) mit 40*[9] *Passagieren an Bord in etwas über 4000 Metern Höhe in den Anden. Bei den Passagieren handelte es sich hauptsächlich um Mitglieder der Rugby Mannschaft „Old Christians“, die, von Montevideo (Uruguay) aus kommend, zu einem Freundschaftsspiel nach Santiago de Chile unterwegs waren. Siebzehn von ihnen starben während des Absturzes oder in den Tagen darauf an den unmittelbaren Folgen der davongetragenen Verletzungen. Die Überlebenden, nach acht Tagen offiziell für tot erklärt (die Suche nach ihnen wurde eingestellt), kämpften bei Temperaturen um die minus 30° Grad Celsius ums pure Überleben. Mehrmals versuchten sie vom Berg, einem vereisten Pass, herunterzukommen, doch umringt von einigen Sechstausendern war es ein sinnloses Unternehmen. Drei Männern gelang schließlich das Unmögliche. Sie fanden den Weg ins Tal und nach siebzig Tagen, gefangen in einer Eishölle, wurden die Überlebenden*[10] *gerettet.*

Nun könnten wir festhalten, dass die Menschen um zu überleben Schnee zu Wasser schmolzen, dass sie Rasierwasser tranken, Zahnpasta und sogar Menschenfleisch[11] aßen etc., doch es war mehr als nur das. Damit nämlich ein Überleben überhaupt erst möglich war, und das ist auch die Kernaussage, mussten folgende Kriterien aufeinandertreffen.

---

8 Dass der Tag des Unglücks ein „Freitag, der 13.“ war, speichern wir mal in die Schublade: Zufall!

9 Offiziell waren insgesamt 45 Menschen an Bord.

10 Es gab sechzehn Überlebende.

11 Sie überlebten nur, weil sie das Fleisch der anderen (bereits toten) Opfer aßen

.

• **Körperliche Fitness:** Fast alle Menschen an Bord des Fluges 571 waren robust. Ihr Körper konnte mit Strapazen umgehen. Lange Märsche in dieser Höhe, im Schnee, unter extremen Temperaturen und mit nichts Konsequentem im Magen, hätte jemand, der körperlich nicht fit gewesen wäre, kaum durchstehen können. Gleiches gilt auch für diejenigen, die in der Eiswüste am Pass auf Hilfe warteten. Als Teil einer Rugbymannschaft waren die meisten von ihnen eher sportlicher Natur. In einem fitten, gesunden Körper steckt ein gesunder Geist und so vereinten sich Kraft und Ausdauer auf der einen und klare Gedanken und moralischer Biss auf der anderen Seite.

• **Zusammenhalt & Aktion:** Man bildete „Korps"! Nach anfänglichen Streitereien und dem Egoismus einiger entwickelte sich schnell ein Gefühl des Miteinanders. Korpsgeist machte sich breit. Das „sich zusammenrotten" führte wiederum dazu, dass Anführer[12] sich aus der Masse herausschälten. Das ist ein ganz natürlicher Prozess, der nie ausbleibt. Diese Führer nehmen *im gegenseitigen Einvernehmen mit den anderen* (oft auch aus Eigeninitiative und gegen den Willen einiger) das Heft in die Hand. Sie bestimmen, organisieren und teilen ein, sie entscheiden!

• **Glaube, Wille & Risikobereitschaft:** *... versetzen, wie wir wissen, Berge!* Die geistige Kraft ist ein Motor, der mächtiger ist, als viele von uns zunächst glauben. Der Wille zum Überleben spielt dabei eine essentielle Rolle. Auch der Glaube an die eigenen

---

12 Fernando „*Nando*" Parrado war so ein „Anführer". Er war es, der die Entscheidung traf, eine Expedition in den Bergen zu unternehmen, um Hilfe zu holen. Mit Erfolg. Anführer werden als solche oftmals schon geboren. Man erkennt sie nicht immer sofort, denn sie sind, meiner Erfahrung nach, im Alltag recht graue Mäuse. Die Wortführer und Schreihälse im normalen Alltag werden komischerweise oft ziemlich still, wenn sie in Extremsituationen geraten. Ein wahrer Anführer hat Charisma, ist jedoch von Natur aus etwas zurückhaltend. Erst in Extremsituationen, oder wenn seine Fähigkeiten gefragt sind, kommt er aus sich heraus. Es handelt sich um Männer oder Frauen (oder Kinder), die bei Bedarf handeln, während andere nur reden oder sich gar wortlos ihrem Schicksal ergeben. Oft ist es besser, eine falsche Entscheidung zu treffen, als gar keine, ganz nach dem Motto: Wer kämpft, kann verlieren, wer nicht kämpft, hat schon verloren. Ganz gleich ob der Spruch nun von Rosa Luxemburg, Bertolt Brecht oder gar von Winston Churchill stammt, wichtig ist: Er stimmt! Anführer haben Vorbildfunktion, die sie auch gerne übernehmen. Stecken sie den Kopf in den Sand, und das wissen sie, gibt es niemanden mehr, der den Karren wieder aus dem Dreck zieht.

Fähigkeiten, der Glaube an Gott, an die Familie und an die Macht einer echten Freundschaft sind oft dafür ausschlaggebend, dass man einen eventuellen Tod einfach weit von sich schiebt ... und kämpft! Die Männer, die sich an den Abstieg wagten, hatten diesen Glauben. Sie setzten sich Etappenziele. Diese waren überschaubar: *„Von hier bis dorthin!"* oder *„heute dreitausend Schritte"* oder *„höchstens zehn Minuten pro Stunde pausieren, dann geht es weiter!"* Je höher die Ziele gesteckt wurden, desto geringer wurde auch die Wahrscheinlichkeit, dass der Wille groß genug war, sie zu erreichen. Ist das Ziel (Landmarke, Geländeabschnitt oder auch ein zu erreichender Effekt, ein Wunsch) so weit entfernt, dass man Mühe hat, es zu erkennen, dann taugt es nichts. Es ist dann kontraproduktiv. Aus den Augen ... aus dem Sinn, und ohne ein konkretes Ziel vor Augen stirbt es sich schnell. Die hohe Risikobereitschaft war im Beispiel von Flug 571 ausschlaggebend dafür, dass es zu einer Rettung kam. Sie hatten Einfälle und wurden sofort aktiv. Es heißt nicht umsonst, dass *Erfolg ein Sieg der Einfälle über die Zufälle* ist. Hätten die „Old Christians" passiv auf einen göttlichen Zufall gewartet, so würden sie heute noch auf ihrem Berg sitzen.

Ist es Ihnen aufgefallen?

Es gibt drei wichtige Komponenten, die, wenn man sie besitzt, ein Überleben wahrscheinlicher machen.

- Körperliche **Fitness**
- Zusammenhalt & **Aktion**
- Glaube, **Wille** & Risikobereitschaft

2

Die Einstellung muss stimmen

Survival als solches kam also bei genannten Beispielen massiv ins Spiel, wurde zu einem Begriff! Nicht einfach „leben", sondern „überleben" war gefragt. Überleben in einer Extremsituation. Wer in einer solchen Lage keine Überlebensinstinkte entwickelt wie *Nahrung finden, fliehen oder sich auf Teufel komm raus verteidigen, Gefahren ausweichen, Risiken abwägen, töten, um selbst am Leben zu bleiben etc.*, dessen Überlebenschancen waren oder sind verschwindend gering. Hunger, Durst, Kälte und Isolation sind jedoch nur Fragmente von möglichen Szenarien, deren Opfer wir sein können, denken wir nur an andere Situationen, in denen der Tod durch Ertrinken, durch Hitze, Gewalt, Katastrophen und andere, nicht alltägliche, bedrohliche Abläufe eine Rolle spielt. Auch wenn ich von einem Menschen oder einem Tier angegriffen werde, befinde ich mich in einer *Extremsituation.*

In unserer Zeit kann es vorkommen, dass unser Flugzeug abstürzt. Es kann passieren, dass wir brutal von heute auf morgen aus unserem sicheren, natürlichen Umfeld gerissen werden oder dass wir plötzlich Extrembedingungen ausgesetzt sind. Die Chancen hierfür sind aber, nüchtern betrachtet, verschwindend gering.
Das könnte man so stehen lassen!
Nun verhält es sich im Leben eines jeden von uns aber stets so, dass jahre- oder jahrzehntelang alles in trockenen Tüchern ist. Wir haben die Kontrolle. Nie geht etwas schief. Bis dann dieser eine, verdammte Tag

kommt, an dem dieses unvorhergesehene Ereignis geschieht, das unser sauberes, sicheres und geregeltes Leben radikal auf den Kopf stellt. Ein Ereignis, das uns ruiniert, unsere Gesundheit oder die unserer Familie gefährdet, oder schlimmer noch: ein Ereignis, das tödlich endet.

Vorboten für unsere ganz persönliche Katastrophe gibt es oft keine, oder wir übersehen sie, weil es zwielichtige Kleinigkeiten sind, Banalitäten, die wir nicht ernst nehmen. Was ich damit sagen will ist: *Seien Sie ständig auf der Hut!*

Survival sollte zu einem *État d'Esprit,* zu einer Lebenseinstellung werden. Für alles ein *Worst-Case-Szenario*[13] in Betracht zu ziehen ist eine Kunst, die, widmen wir ihr täglich nur ein paar Minuten, uns gelassener und abgeklärter zurücklässt, gewappneter auch fürs Leben und mit einem Gefühl der relativen Sicherheit.

Hier ein kurzes Beispiel, in dem Menschen Opfer ihrer eigenen Nonchalance, ihrer Nachlässigkeit wurden:

In der letzten Maiwoche 2007 erfroren drei Touristen (darunter ein Deutscher), auf Korsikas bekanntestem Wanderweg, dem GR 20. Schlecht ausgerüstet (teils in Sommerbekleidung), begaben sie sich auf die bis zu 2090 Meter hoch liegenden, schmalen Steinpisten, wo sie mitten im Vorsommer von einem schrecklichen Wintersturm überrascht wurden.

Vielleicht waren die Menschen einfach nicht verrückt genug, sich für diese doch relativ überschaubare Tour[14] ein Worst-Case-Szenario vorzustellen. Wären sie es gewesen, würden sie sicher noch leben.

Verrückt?

---

13 Den ungünstigsten Fall.

14 Der knapp 200 Kilometer lange und fast schon mythische GR 20 verläuft von Conca im Süden Korsikas bis nach Calenzana in der Balagne. Ich habe ihn bestimmt schon zwanzig Mal hinter mich gebracht. Es ist vielleicht der schwierigste, aber gleichzeitig auch der schönste Wanderweg Europas. Bei sieben Stunden Marsch pro Tag benötigt man knapp zwei Wochen. Ein Zug (Einheit von 35 Soldaten) der Fremdenlegion macht's in vier bis fünf Tagen, da werden die Etappen einfach übersprungen. Der Spanier Kílian Jornet Burgada hat den Rekord inne, und der liegt bei sagenhaften 33 Stunden!

Da kenne ich einen!
Mich selber nämlich. Beispiel: Wir haben ein Auto, das schon ein paar Jahre auf dem Buckel hat. Auch wenn meine Frau dies oft belächelt, habe ich, Sommer wie Winter, immer folgende Dinge im Kofferraum: ein Messer, drei ausgediente Schlafsäcke, die aber noch taugen und eine dicke Decke. Drei Jacken, alte Mützen und Handschuhe, einige Flaschen Trinkwasser und was zu knabbern (Trockenfrüchte, Nüsse etc.). Weiterhin eine Taschenlampe, ein kleines Basis-Überlebens-Kit, Kaffee, Esbit-Kocher, Trockenmilch, mindestens zwei paar Gummihandschuhe und einen batteriebetriebenen Weltempfänger (Radio). In der Nähe der hinteren Sitze ist stets ein schwerer Gegenstand, der es mir erlaubt, damit die Heckscheibe einzuschlagen, falls dies die einzige Möglichkeit ist, ein z. B. brennendes Auto zu verlassen. (*Frontscheiben lassen sich nicht so ohne weiteres einschlagen. Sie splittern nicht und brechen kaum wie normales Glas, was bei einem Unfall auch fatal wäre, deswegen die Flucht nach hinten.*)

Nein! Ich habe keine apokalyptischen Vorstellungen und ich weise auch Wahn- oder Katastrophengedanken weit von mir, aber: Wir sollten das Leben und seine manchmal irrwitzigen Situationen meistern, nicht „uns von unvorhergesehenen Ereignissen meistern lassen". Ich denke immer an den schlimmsten Fall. Was, wenn wir (Kinder sind dabei) im Winter nachts auf einer Landstraße im Gebirge (Hochwald) auf vereisten Straßen bei minus 22 Grad unterwegs sind und es passiert Folgendes: Der Motor fällt aus (Kolben festgefressen). Es gibt Eisregen. Die Batterie unseres Handys ist leer. Der Notruf kommt nicht durch, weil im ganzen Umkreis die Hölle los ist und sechzehntausend Leute gleichzeitig dieselbe Nummer wählen. Unser ADAC ist mit der Situation überfordert (ups!), THW und Feuerwehr sind anderswo nonstop im Einsatz und, und, und …!

Und?

Ich steige aus, klappe die hinteren Sitze um, damit genug Liegefläche da ist, und mache vor der Hecktür ein kleines, gemütliches Feuer. Wenn das geschehen ist schalte ich das Radio an, koche Kaffee, gebe den Kindern was zu essen und stecke sie dann in die kuscheligen Schlafsäcke, während „Belächler" oben aufgeführter Vorsichtsmaßnahmen sich halb zu Tode frieren, hungern und fluchen würden.

> *Das Taschenmesser habe ich in Griffweite zwischen Fahrer und Beifahrer befestigt. Sollte nach einem Unfall der Wagen zu brennen beginnen und ein Mitfahrer oder ich sitzen fest, weil der Sicherheitsgurt klemmt und sich nicht mehr öffnen lässt, dann können wir diesen mit dem Messer durchschneiden.*
>
> *Wussten Sie übrigens, dass Sie als Frau, nachts allein auf schlecht beleuchteten Landstraßen unterwegs (Ihre Sicherheit ist nicht garantiert), oder als Mann mit einem Baby oder einem kleinen Kind als Passagier (Aufsichtspflicht zu 100%), nicht unbedingt anhalten, aussteigen und Erste Hilfe leisten müssen, wenn Sie an einer Unfallstelle vorbeikommen? Beides ist unzumutbar[15]. Was Sie aber tun müssen, ist den Unfall unverzüglich melden. In Zentraleuropa, so auch in Deutschland, sind derzeit Banden unterwegs, die sich darauf spezialisieren, auf einsamen Landstraßen (aber auch nachts, frech auf der Autobahn!) Unfälle vorzutäuschen, um den Helfer sprichwörtlich über den Tisch zu ziehen (zu überfallen). Wenn der eifrige Helfer dann auch noch eine wehrlose Frau ist … das Banditentum bedankt sich! Also: Vorsicht ist die Mutter der Porzellankiste!*

Bevor es weitergeht, ein paar kurze Zeilen zu dem, was ich „durchgeknallt"[16] nenne. Ich meine die Einstellung: *„Jeden Tag etwas*

15 Sichern Sie sich für Ihre nächste Fahrt ab, indem Sie im Internet (oder direkt bei der Polizei) den zutreffenden Gesetzestext aufrufen und kurz studieren.

16 In den Augen aller meiner Freunde war es „durchgeknallt", dass ich an einem verregneten Februartag nach Straßburg fuhr, in die Legion eintrat und siebzehn Jahre später wieder auftauchte, als ob nichts gewesen wäre. Bereut habe ich das keine einzige Sekunde. Mein Leben wurde bereichert, mein Horizont erweitert, mein Körper gestählt und ich sage: Danke, Legion!

tun, wonach uns gerade der Sinn steht", auch dann, wenn es von der von Menschen geschaffenen Norm abweicht ... (aber nur, wenn anderen dadurch kein Schaden entsteht).
Leben wir nicht nur einmal?
Warum müssen wir stets das machen, was andere von uns erwarten?
Sollte etwa auf unserem Grabstein einst stehen: „Ich lebte das Leben der Anderen"?
Sie sind eine Frau? Was würde denn zum Beispiel Ihr Mann sagen, wenn Sie sich beim gemütlichen, verregneten Spaziergang sonntagmorgens im Wald (die feinen, sorgsam gebügelten Sonntagsklamotten an) plötzlich vom sauberen Waldweg abwenden, nur um sich, querfeldein, bergauf und bergab, dem Matsch und dem dichten Gebüsch zum Trotz, einen Kilometer lang durch das Gelände zu kämpfen?
Klar. Er würde an Ihrem Verstand zweifeln!
Zunächst zumindest.

Wenn er aber sieht, dass es Ihnen wirklich Spaß gemacht hat und Sie dann nass, mit verdreckten Schuhen, schwitzend, keuchend, mit vielleicht einigen blutigen Kratzern im Gesicht wieder vor ihm stehen und sagen: *Wow, klasse, mal was anderes!*, spätestens dann wird er Sie insgeheim bewundern, denn er hätte das NIE getan.
Beobachten Sie ganz genau seine Reaktion auf Ihren Ausriss. Geht ihm das Verständnis dafür total ab, dann ist es an der Zeit, ernsthafte Gespräche zu führen.

Zu verrückt für Sie?

Wenn ja, dann vergessen Sie die ganze Sache einfach. Es braucht nämlich Mut, auch mal verrückte Dinge zu tun und es benötigt Courage, die Konsequenzen daraus zu tragen, und beides haben Sie anscheinend nicht, deshalb mein Tipp:
Leben Sie weiter das Leben der Anderen!

Es ist ganz und gar nicht abwegig, wenn ich behaupte, dass der, der sich in regelmäßigen Abständen auch mal mit der anderen Seite der „Normalität" beschäftigt, größere Chancen hat, Extremsituationen zu überleben. Das mit dem Spaziergang im Wald war jetzt nur ein

Beispiel. Welche Verrücktheit Sie sich gönnen, ist Ihre Sache, wichtig ist nur, sich dem Alltäglichen mindestens einmal wöchentlich (besser täglich) zu entziehen. Meine Erfahrungen zeigen unter anderem auch, dass Menschen, die ihre Komfortlatte stets niedrig legen, viel besser mit unvorhergesehenen Situationen oder gar mit Extremsituationen fertig werden als andere. Niedrige Komfortlatte? Einfach einige Dinge (auch verrückte Dinge) machen, die unserer Bequemlichkeit den Krieg erklären:

- Zur Arbeit laufen oder mit dem Rad fahren, anstatt bequem mit dem Auto.

- Keine Rolltreppen oder Aufzüge benutzen, sondern tapfer die Treppen hochsteigen.

- Öffentliche Verkehrsmittel benutzen, anstatt den Land Rover oder den Mini Cooper.

- Ab und zu kalt duschen (oder Wechselduschen), auch wenn die Zähne dabei knirschen. Geht nicht? Irrtum, es geht doch!

- Dann mit dem Essen aufhören, wenn man eigentlich noch könnte.

- Frage: Braucht eine vierköpfige Familie drei Autos?

- Aktiv- und Abenteuerurlaub anstatt Vier-Sterne-Hotel.

- Einmal im Jahr für drei oder vier Tage fasten.

- Augen auf: Brauchen Menschen um uns herum Hilfe? Wenn ja, worauf warten wir noch!

- Spenden (aber nur, wenn glaubhaft nachvollzogen werden kann, dass die Spende auch diejenigen erreicht, die sie nötig haben und für die sie auch gedacht ist und nicht *umgeleitet* wird!)

Bezüglich der Mahlzeiten gab es in der Fremdenlegion eine Gewohnheit, der ich heute noch mit Eifer fröne. Unmittelbar vor jedem Essen (also dreimal am Tag) nahmen wir unseren *„Aperitif"*. Das hieß, ein paar Minuten für sportliche Übungen aufwenden. Liegestütze, Sit-Ups, Klimmzüge etc. Das war Usus. Sind Klimmzüge & Co für Sie zu „heavy", dann tun es auch ein paar einfachere Übungen. Das Ziel ist, sich an den Tisch zu setzen und sich sagen zu können: Das Essen hab ich mir verdient! Glauben Sie mir eins, man isst dann viel bewusster.
Und dann fällt mir noch ein Zitat von Lafayette ein:

„Mein langes Leben hat es mich gelehrt,
dass man in wichtigen persönlichen Fragen am besten daran tut,
gegen das eigene Interesse zu entscheiden!"

Auch das hat mit Komfort (oder eben den Verzicht darauf) und der Lebenseinstellung was zu tun. Allzu sehr zwischen den Zeilen zu lesen braucht man bei dem Zitat nicht, denn zu einer positiven Einstellung gehört im kleinen Rahmen auch eine feine Nuance Masochismus. Inwiefern? Nun, nicht unbedingt immer auf die eigenen Rechte bestehen oder Recht haben wollen um jeden Preis. Andere wichtiger nehmen als sich selbst. Besser zuhören als zu viel reden und: die eigene körperliche und seelische Schmerzgrenze etwas nach hinten schieben, wenn es sein muss, das hat noch niemanden umgebracht. Menschen, die sich bei jeder Gelegenheit selbst bedauern, vor Selbstmitleid dahinschmelzen und dies auch noch lautstark offen kundtun, suchen in schwierigen Situationen nicht nach einem anstrengenden Ausweg, sondern nach sofortigen und einfachen Lösungen aus ihrer Misere. Das Finden der richtigen Lösung jedoch überlassen sie lieber den anderen. Sie selbst warten, wollen gerettet werden, und genau das kann ins Auge gehen. In Extremsituationen körperlichen Schmerz gut wegzustecken oder gar zu ignorieren und sich selbst zu überwinden, ist Grundvoraussetzung, wenn man über sich hinauswachsen und Großes leisten, oder wenn man einfach überleben will.

Schmerz ignorieren?

Im Februar 1988 machte ich meinen ersten Winter-Kommandolehrgang im schönen, aber stets kalten, französischen Montlouis. Unsere Ausbilder waren die *„Roten Berets"*, Nachfolger des 1er Régiment de Choc, kantige, hohlwangige Männer vom alten Schlag. Sie mochten uns, schenkten uns wohl deswegen auch rein gar nichts, im Gegenteil. Von uns Legionären forderten sie viel mehr Härte als von anderen Lehrgangsteilnehmern. So erinnere ich mich heute noch ganz genau an die erste Lektion der Überlebensausbildung. Sie fand im Freien statt. Der Boden? Eis, hartgefroren wie Beton. Der Ausbilder reihte uns in einer Linie auf. Wir mussten uns hinknien und dann laut durchzählen. „Vierundzwanzig?", fragte er lächelnd. „Schön!" Er kniete sich ebenfalls, ballte seine bloße, nackte Faust und schlug mit brutaler Gewalt auf den Boden, wo sich sofort ein roter Blutfleck bildete. „Handschuhe ausziehen", befahl er. „Ihr seid dran!" Dabei sah er uns herausfordernd der Reihe nach an. „Na kommt schon. Ich will vierundzwanzig Blutflecke sehen, sonst schlaft ihr heute Nacht nicht im Zelt, sondern auf blankem Boden im Wald bei den Wildsäuen." Als einer von uns zu fragen wagte, was für einen Sinn das gab, klopfte der Ausbilder sich gegen die Stirn und erwiderte nur knapp: *„Überleben fängt hier oben an."* Zehn Sekunden später war vor jedem von uns ein Blutfleck im weißen Eis. *„Überleben fängt im Kopf an."* Ich habe diesen Satz und dessen Bedeutung nie vergessen.

Sich überwinden?

Während desselben Lehrgangs waren wir einmal für längere Zeit ohne Nahrung und mit einer minimalen Ausrüstung ganz auf uns gestellt. Da wir uns auch taktisch (hinter den feindlichen Linien operierend) anpassen mussten (keine Spuren hinterlassen, keine Geräusche etc.), konnten wir nicht auf Jagd gehen, fischen, oder etwa Fallen stellen. Am dritten Tag, uns hing der Magen schon in den Kniekehlen, kamen die Ausbilder. Sie hatten einen Eimer voller frischer, teilweise noch zappelnder Sardinen dabei. In unseren Köpfen entwickelten wir sofort Pläne, wie, wo und mit welchen Mitteln wir ein Feuer machen konnten, um die Dinger zu braten, doch die Ausbilder winkten sofort ab. „Alle hersehen!" Einer von ihnen nahm eine fast zwanzig Zentimeter lange, noch zappelnde Sardine am Schwanz, warf seinen Kopf in den Nacken und verschlang den Fisch – roh, wie er war (mit Schuppen, Kopf und Innereien). Wir hatten begriffen. „Wie ihr seht, leben einige noch, also: Beißt ihr erst in den Kopf, um sie zu töten und dann kaut jeden einzelnen Bissen mit Genuss." Die Sardinen wurden verteilt und los ging's. Nun, der Fisch-Geschmack war nicht umwerfend und satt wurden wir an diesem Tag auch nicht. Darum ging es auch nicht. Man wollte sehen, ob wir unseren Ekel überwinden konnten. Wer einen lebenden Fisch herunterschlingt, isst auch Regenwürmer oder andere Insekten, auf gut Deutsch: Er überlebt, während der Verächter solcher Methoden auf der Strecke bleibt.

3

Körpersprache (… der innere Schweinehund)

Dass die bloße Lebenseinstellung, „der Geist", natürlich nicht genügt, versteht sich von selbst. Knowhow, Fähigkeiten und robuste Grundkenntnisse müssen her. Ein Wissen also, das wir, ist die Zeit dafür gekommen, ständig abrufen können. Wie aber bereits gesagt, muss auch unser Körper seine Rolle spielen, denn er leistet den größten Teil der Arbeit. Es nützt einem nichts, wenn der Kopf sagt: Flieh!, wenn die Beine einen dann nicht tragen, und es ist schade, wenn die Augen eine Bedrohung wahrnehmen, der Arm aber zu schwach ist, eine schützende Geste zu vollführen. Was bringt es uns, wenn wir beherzt an die Sache gehen, wir voller Ideen und guter Absichten sind, wenn wir alle Kniffe und Tricks beherrschen, wenn uns dann im entscheidenden Augenblick unser Körper im Stich lässt?

Gar nichts!

Darum mein Tipp: Trainieren Sie Ihren Körper, er wird es Ihnen danken, wenn es so weit ist. Gehen Sie laufen, jagen Sie Treppen hoch, springen Sie über umgefallene Bäume und kriechen Sie auf allen vieren, je robuster und naturverbundener, umso besser.[17] Übungen gibt es wie Sand am Meer! Ziel ist es nicht nur, unsere vernachlässigten Körper auf Trab zu bringen, damit auch die Seele heil bleibt, nein! Das entfernte Ziel ist das Überleben an sich, denn darauf kommt es an.
Sport?

Für eingefleischte Stubenhocker gibt es immer Ausreden:

- „Ich habe noch nie Sport gemacht."
- „Sport habe ich jeden Tag genug auf der Arbeit."
- „Es regnet! Bei dem Wetter bringen mich keine zehn Pferde nach draußen, geschweige denn in den Wald."
- „Sport ist Mord!"
- „Dafür habe ich keine Zeit."

Nun, wer so lächerlich argumentiert, hat Unrecht. Es gibt nähmlich kaum einen guten Grund, keinen Sport zu machen. Jedoch gibt es zahlreiche Gründe, die dafür sprechen. Hier einige davon:

- Sport fördert den Stressabbau, ist also gut für jede Art von Stressbewältigung.
- Sport ist enorm wichtig für ein ausgewogenes Herz-Kreislauf-System.
- Er schüttet, glaubt man den Spezialisten, ein Glückshormon aus.
- Die Durchblutung wird gefördert.
- Es verbrennt Kalorien, hilft also maßgeblich beim Abnehmen.
- Ihr Körper bekommt Form.

---

17 Wenn Sie nach der Sport-Session heimkommen und Ihr Trainingsanzug und Ihre Sportschuhe sind genauso sauber wie vorher: Denken Sie darüber nach, ob Sie nicht ein ganzes Stück weit weg von der angesprochenen Naturverbundenheit waren.

• Das Sexualleben profitiert.

• Sport kanalisiert überschüssige Energie und Gewaltbereitschaft und baut diese ab. Kinder, Jugendliche oder Erwachsene, die nicht wissen, wohin mit ihrer Unrast und ihrer Rage, sollten deshalb unbedingt Sport machen.

• Sie haben Kinder und Enkel, beinsteife Nachbarn? Seien Sie Vorbild!

Brauchen Sie noch mehr Motivation? Um aktiv zu werden, benötigen wir Gründe, die haben Sie jetzt. Um passiv zu bleiben, benötigen Sie höchstens Ausreden. Zwingen Sie sich dazu, etwas Sport zu machen. Sie sind Anfänger? Das war jeder mal, na und? Einfache Übungen stählen mit der Zeit nicht nur Ihren Körper, sondern auch Ihren Geist. Ihre Sinne werden geschärft, Ihre Gedanken haben endlich Urlaub und der Alltag prallt mit der Zeit an Ihnen ab. Sport, über einen längeren Zeitraum hinweg praktiziert, macht Sie stark. Bevor Sie mit den Übungen anfangen, hier einige allgemeine Tipps dazu:

• Machen Sie drei Mal in der Woche Sport. Alter, schlechtes Wetter, Lustlosigkeit, zu viel Arbeit, wichtige zu erledigende Sachen etc. sollten NIE eine Ausrede sein. Der Kniff bei der Sache ist, es auch wie ein Schweizer Uhrwerk durchzuziehen. Lassen Sie diese 20 Minuten Ihre kleine Welt sein, und gestatten Sie es „Niemandem", unbefugt in diese Welt einzudringen. Schalten Sie währenddessen total ab und lassen Sie *daheim* einfach mal *zuhause*! Sie sehen, ich schließe Gruppensport zunächst aus.[18] Selbstbewusstsein in der Konfrontation mit sich selbst erfahren, das macht Sinn und Spaß und es ist eine Vorstufe für mehr.

• Werden Sie erst zwei Stunden nach dem Essen sportlich aktiv.

---

18 Erfolg und Stärke der französischen Fremdenlegion basieren auf ihrem Zusammenhalt. Doch diese kollektive Stärke trägt nur deshalb Früchte, weil jeder Einzelne für sich selbst zunächst einen starken Willen entwickelt, seine eigenen Grenzen abtastet und dadurch dann eine individuelle Wertschätzung und ein persönliches Selbstbewusstsein erfährt. Sport ist da ein wichtiges Instrument: „Ich bin wertvoll! Ich bin stark und stolz auf mich!" Wenn man dann Einheiten bildet, die sich aus einer bestimmten Anzahl solcher selbstbewusster Menschen zusammensetzen: Dann ist Erfolg nur noch eine Frage der Zeit.

- Trainieren Sie im Freien. Im Wald, im Park oder im Garten.
- Es sollten nicht weniger als 20 Minuten sein. Für die unter Ihnen, die mehr trainieren möchten, bitte! Aber hören Sie auf Ihren Körper: Der sagt Ihnen schon, wann Schluss ist.
- Trinken Sie Wasser. 2,5 Liter über den ganzen Tag verteilt dürften nicht zu viel sein.

Machen Sie keine Wissenschaft daraus! Der Spaß-Faktor? Ist eindeutig gegeben! Er stellt sich spätestens dann ein, wenn der Stolz, den inneren Schweinehund definitiv besiegt zu haben, überhandnimmt. Schweiß schmeckt dann nicht mehr nur salzig, sondern er schmeckt nach *Wow*! Sie haben irgendwann ein bedeutendes Attribut mehr in der Waagschale, wenn es vielleicht einmal heißt: Leben oder Tod! Sicherlich lachen Sie jetzt, aber ... *es könnte durchaus einmal so geschehen wie in folgendem Beispiel:*

Sie sind eine Frau. Eine, die nachts ihren Collie spazieren führt. Vergeblich versuchen Sie dem Mann davonzulaufen, der Ihnen auflauert – und der Sie womöglich vergewaltigen will. Sie fliehen und fast entkommen Sie ihm, es fehlen nur noch diese zwanzig Meter bis ans Licht der ersten Häuserreihe da vorne ...!

„Geh nie mit einem Fremden und auch nie nachts alleine in den Wald!" Trotz dieser Warnungen kommt es immer wieder zu sexuellen Belästigungen und Übergriffen. Was die Frauen benötigen, um sich zu wehren, sind Erfahrungen. Kurse, die ihnen wirkungsvolle Verteidigungstechniken beibringen, sind aber teuer, die Griffe erst effizient, wenn man sie tausend Mal geübt und in der Praxis auch angewandt hat, was mitunter Jahre dauern kann. Weitaus wirkungsvoller als alle Selbstverteidigungskurse sind die Ihnen angeborenen Waffen: ***Wille, Wut und Selbstvertrauen.***

Grundsätzlich gilt: Männer, die Frauen vergewaltigen, sind erbärmliche Feiglinge. Feiglinge haben Angst, und in dieser Situation gibt es nur eins. Dem Feigling den Kampf ansagen, und zwar bis aufs Blut. Er will Ihnen ans Leder? Gut, rennen Sie um Ihr Leben! Da Sie nun Sport treiben, sind Sie vielleicht schneller als er, oder Sie können eine längere Strecke laufen, ohne gleich völlig außer Atem zu sein. Erwischt er Sie trotzdem, dann schätzen Sie die Situation ganz schnell ab, und sollten Sie einen Hauch von Zweifel, eine Sekunde der Unentschlossenheit oder gar des Zögerns spüren, dann kämpfen Sie! Drehen Sie den Spieß einfach um, und gehen Sie auf ihn los wie eine Furie. Das ist umso effizienter, wenn Sie dabei auf ihn einschlagen, ihn kratzen[19], spucken, beißen und laut schreien. Die (bald täglichen) 20 Minuten Sporteinlagen haben Ihnen dazu die nötige Kraft, das nötige Selbstbewusstsein gegeben, sich wütend zu wehren. Ja ... seien Sie wütend. Seien Sie entschlossen dem Mann sehr, sehr weh zu tun. Konzentrieren Sie sich ganz gezielt darauf, ihm die Augen auszukratzen. Sie sind Mutter? Stellen Sie sich einfach vor, dieser Scheißkerl hätte Ihr einziges Kind misshandelt und jetzt muss er dafür büßen. Ich weiß, das zu schreiben ist sicher schlimm, doch ich möchte Ihnen damit nur den *„Grad der Wut“* vermitteln, den Sie unbedingt entwickeln müssen, um diese Situation zu Ihren Gunsten zu drehen: Es geht vielleicht um Ihr Leben!

Selbst wenn der Aggressor Ihnen ein Messer an den Hals setzt, so ist er wohl der Letzte, der damit rechnet, es wirklich zu benutzen, denn er spekuliert fest darauf, dass Sie vor lauter Angst nur noch mit dem Kopf nicken können, rechnet daher mit einem total passiven Opfer und nicht mit dieser entschlossenen und geballten Gegenwehr.

In neun von zehn Fällen wird Mister Feigling vor einem „Fels aus Entschlossenheit und Rage“ kapitulieren. Bei dem einen Fall, bei dem es misslingt, hätten Sie wohl sowieso kaum eine Chance gehabt, aber Sie hätten zumindest alles getan, was in Ihrer Macht stand. Sie hätten alles versucht, es abzuwenden, hätten, um Ihre leibliche Unversehrtheit zu schützen, Ihren überaus hohen Mut, Ihre ganze Kraft und Ihren Glauben eingesetzt.

---

19 Zu Ihrer (ausschließlichen) Selbstverteidigung: Stecken Sie sich zwei oder drei Stück Würfelzucker lose in die Jacken- oder Hosentasche. Am besten an drei oder vier verschiedenen Stellen, sollte eine nicht zugänglich sein. Würfelzucker wie ein Messer angewandt, schneidet ins Fleisch und hinterlässt im Gesicht schreckliche Narben. Das hat zwei Effekte. Einmal blutet es sehr stark und ist extrem schmerzhaft, und zum Zweiten: Die Narbe bleibt, Leugnen wäre zwecklos! Ich weiß, das hört sich brutal, scheußlich und schmerzlich an und ich gebe Ihnen die Garantie: Das ist es auch. Aber es geht um nichts weniger als um Ihr Leben.

Nun gibt es diejenigen, die ängstlich um sich blickend sagen: *Bloß nicht wehren, das macht alles nur noch schlimmer, sich wehren macht ihn nur noch wütender. Vielleicht tut er ja gar nichts, wenn man sich still verhält ... es stumm über sich ergehen lässt!* Nun, wenn Sie auf diese Stimmen hören, haben Sie eine Garantie: Der Aggressor wird genau das tun, was er sich vorgenommen hat. Wollen Sie das wirklich? Wollen Sie, dass jemand über IHR Leben bestimmt, beziehungsweise frei über IHREN Körper verfügt?

Ich spreche im nächsten Kapitel von Angst, weiß selbst sehr wohl, wie lähmend sie manchmal sein kann, weiß um ihre Macht unser rationales Denken außer Kraft zu setzen und ein entschlossenes Handeln bereits im Ansatz zu unterbinden, deshalb: Egal welches Verhalten Ihnen Ihr Verstand (oder eben diese Angst) letztendlich diktiert hat, und was auch immer geschehen ist - es ist generell richtig, alle Schuldgefühle, die aufkommen könnten, zu verbannen, und zwar definitiv. Sie waren ein Opfer, haben sich als solches Ihr Schicksal nicht ausgesucht.

Zwischenspiel

Sie wollen einen Oberkörper wie ein gewisser Stallone, oder den eigenen Körper ohne Hanteln und schwere Gewichte trainieren?

Zu Beginn des Monats Juni im Jahr 2014 begann ich meine neue Arbeit für eine britische Firma. Für meine 53 Jahre war ich noch ziemlich fit und recht stolz auf meinen Körper. Durch Zufall stieß ich auf Dimitri, einen alten Bekannten. Dimitri war Ukrainer, zwei Jahre älter als ich, wie ich wusste und knapp einen Kopf größer. Zu meiner größten Überraschung besaß er immer noch einen Körper wie aus Granit gemeißelt. Besonders eindrucksvoll waren seine breiten Schultern, an denen die Muskelstränge bei jeder Bewegung wie Drahtseile hervortraten. Als ich ihn fragte, wie er das mache, lachte er: *„Im Alter muss man sich gesund und diszipliniert ernähren und ständig in Bewegung bleiben. Jeden Tag 45 Minuten joggen, weil erst ab der 30. Minute der Körper auf unsere Fett-zellen zurückgreift. Einige Serien Sit-Ups, und zwar vor dem Joggen, was die Defini-*

tion der einzelnen Muskeln fördere, und jeden Tag zwischen früh um 8 und abends um 16 Uhr alle volle Stunde sechs Liegestütze, wobei täglich einer dazukommt, und das Ganze so lange, bis ich es für gut befinde. Sonntag und Mittwoch ist Pause!"

Ich war erstaunt über so viel Energie!
Inzwischen, so sagte er mir recht glaubhaft, mache er spielend 100 Liegestütze am Stück und nehme an jedem Halbmarathon der Region teil, von dem er Wind bekomme.

Sie sind ein *Gym- und Fitnessstudio-Fanatiker*, und Sie wollen Ihren Körper einmal wirklich effizient trainieren? Dann halten Sie es wie Fremdenlegionäre. Gehen Sie in das nächste, darauf spezialisierte Geschäft und kaufen Sie sich ein dickes Hanfseil. Länge: 6 Meter. Durchmesser: 4 bis 4,5 Zentimeter. Knüpfen Sie das Seil frei hängend an einen hohen Baum in Ihrem Garten und üben Sie sich darin, nur mit der Kraft Ihrer Hände und Arme daran hochzuklettern. Auch wenn es anfangs misslingt und Sie nach einem Meter schon zu Boden plumpsen: Nie aufgeben! Irgendwann schaffen Sie zwei Meter, dann drei und das ist bereits exzellent. Das Seil trainiert Finger, Hände, Handgelenke, Hals und Nacken, jeden einzelnen Muskel an Ihrem Oberkörper sowie die komplette Bauch- und Rückenmuskulatur. *All in one!*

Eine ebenfalls sehr effiziente Methode seinen Körper in Schuss zu halten, sind die Bänder des *TRX Suspension Trainer*. Hierbei handelt es sich um ein einziges (handliches und leichtes) Fitnessgerät, das jeden einzelnen Muskel am Körper trainiert. Erfunden wurde dieses System von einem *Ex-Navy Seal / Absolvent der Stanford Graduate School of Business.*

4

Angst und wie wir sie überwinden

„Die wichtigsten Werkzeuge in unserer Survivalkiste sind unser Mut und unser Wille."

Unser oberstes Ziel?
Das Überleben!

Der hinterlistigste Faktor, der sich unserem angestrebten Ziel in den Weg stellt und der, gegebenenfalls, eine sehr dominante Rolle spielt?

Die Angst!

Angst, Frust, Scham, Langeweile, Depression und Einsamkeit ... das alles steht auf dem Menü derjenigen, die sich plötzlich in Extremsituationen wiederfinden. Alleine und verlassen vom Rest der Welt, in einem Umfeld, das uns feindlich gesinnt ist, ist es ganz normal, dass Angst ein Thema ist. Um eine Stresssituation zu meistern, benötigt man jedoch Mut, und wir wissen ja bereits, um zu überleben, brauchen wir *Wissen, Praxis,* etwas *Glück* und einen eisernen *Willen.* Warum und wovor genau wir Angst haben, spielt vorerst keine Rolle. Wichtig für uns ist es nur, zu wissen, dass die Angst immer ein steter Begleiter ist, und dass sie *lähmt* oder *beflügelt*.

- Ist Angst „positiv", werden all unsere Überlebensinstinkte geweckt. Wir gelangen an einen Punkt, an dem wir, hellwach und vollgepumpt mit Adrenalin, nach Lösungen Ausschau halten. Auch Flucht kann dann eine Lösung sein. Die Lust zu überleben ist enorm, der Wille das Leben zu meistern, ein Fels. Angst spornt hier an. Wir sind auf alles gefasst, auch auf das Schlimmste, doch wir haben unsere Furcht immer so weit im Griff, dass nichts schiefgehen kann, im Gegenteil: Diese Art Angst ist die Motivation, die wir benötigen, an der aktuellen extremen Lage, die vorherrscht, schnell etwas zum Positiven hin zu ändern.
- Ist Angst „negativ", kann sie schnell Panik auslösen. Auch hier werden zunächst unsere Überlebensinstinkte hellwach sein, aber es macht sich schnell Verzweiflung breit, unser Wille wird gebrochen. Das kann so weit führen, dass wir trotz aller Gefahren nicht agieren oder dass uns unser Körper einfach im Stich lässt. Wir sind wie paralysiert. Dieser Art Angst kann man nur selten Herr werden. Im Leben führt sie zum Ruin, denn Angst steckt an, Angst riecht, und schlimmer noch: Man sieht sie einem an! In Überlebenssituationen führt Angst oft zum sicheren Tod, doch so weit muss es nicht kommen!

Jeder Mensch hat Angst. Sie ist die emotionale Antwort auf Gefahr. Wenn wir unserem Urinstinkt Glauben schenken, so ist es hauptsächlich die Angst vor dem eigenen Tod. Angst ist also Wurzel und Beginn unseres Überlebensinstinktes und das ist nur gut so, denn wären wir ganz frei von Angst, so wäre unser Leben oftmals keinen Pfifferling mehr wert! Nun stellt sich uns natürlich die Frage, wie man es schafft, die Angst so zu neutralisieren, dass sie nicht lähmt oder gar eine unkontrollierbare Panik auslöst.

Vertrauen in seine eigenen Fertigkeiten.

„Heldentum zeichnet sich nicht durch ein Fehlen von Angst aus, sondern durch die Umwandlung dieser Angst in Taten."
(Doric Germain)

Eliminieren können wir unsere Angst nicht, aber wir sollten ihr mit der wichtigsten Waffe begegnen, die wir besitzen: Vertrauen in uns selbst! Im Laufe meiner Dienstzeit bei der französischen Fremdenlegion kam ich sehr oft in Situationen, in denen ich Angst hatte. Keine Angst zu haben, war nicht der Normalfall. Manchmal hatte ich so viel Angst, dass ich in ein *Loch* fiel und mir das Denken schwerfiel. In solchen Momenten, in den ersten Sekunden der Bedrohung im scharfen Einsatz, ist man wie *„von der Außenwelt isoliert"*. Man kommt sich vor wie einer, der von der Loge aus zusieht, wie die anderen ein Theaterstück aufführen. Dass man selbst dazugehört, will man zunächst nicht glauben. Man lehnt es einfach ab! Das war bei mir hin und wieder so. Dieses Zögern, diese Leere im Kopf, dieses Starre, dieser Film mit Namen „Blackout". Das alles dauerte jedoch nie länger als eine halbe bis zwei Sekunden, höchstens drei. Die jedoch kamen mir stets vor wie eine Ewigkeit, was es auch ist, wenn schnelle Entscheidungen hermüssen. Eine Ewigkeit, in der die Realität verzerrt ist, in der die Uhren stehen bleiben und alles keinen Sinn macht. Sinn, so denkt man, würde es nur machen, einfach heimzugehen oder sich hinzulegen, aufzugeben also, aber, und jetzt zurück zu mir: Irgendwann handelte ich dann, und als sich die Starre definitiv gelegt hatte, stellte ich oft überrascht fest, dass zwischen *Erstarrung* und *Handlung* nur eine minimale Zeitspanne lag und dass ich gar nicht nachgedacht hatte über das, was getan werden musste oder was nicht. Die Körper-Mechanismen hatten reibungslos ineinandergegriffen, denn unbewusst hatte ich Bilder in meinem Kopf heraufbeschworen, Bilder von: Drill, Übungen, Training, ständigem Wiederholen, Manövern, alten Erfahrungen in ähnlichen Situationen. Ich hatte einfach gehandelt wie im Training oder in der Ausbildung[20], ohne nachzudenken und wie eine gut geölte Maschine, denn ich wusste

20 Training, Ausbildung, Drill, ständiges Wiederholen von einfachen Dingen! Das macht sich bezahlt, kann Leben retten.

... *Ich kann das alles!* Angst war plötzlich Nebensache, mein Vertrauen in mich selbst hatte sie zerstört. Dasselbe ist mir auch im Zivilleben oft geschehen, so erinnere ich mich an die eine oder andere Situation, in der mir plötzlich jemand gegenüberstand, der mir ans Leder wollte, oder an die Augenblicke, in denen unvorhergesehene gefährliche Dinge geschahen. Ich bekam eine schreckliche Leere im Kopf, reagierte aber instinktiv genau richtig und rechtzeitig, indem ich, ohne nachzudenken, wie eine gut geölte Maschine selbst die Initiative übernahm.[21]

Wie konnte das passieren?

Nun, ich denke, es hat damit zu tun, dass ich vollstes Vertrauen in meine Fähigkeiten (und in die meiner Männer) hatte. Ich wusste instinktiv, dass, wenn jeder von uns den Großteil seines Potenzials und seiner Leistung abrief, gar nichts schiefgehen konnte. Ich wusste, dass, beginnt das böse Spiel erstmal, jeder die gleiche Ausgangsposition hat, auch der, der mir gegenüberstand (eine Person oder eine Situation). Nur gab es eben diesen feinen Unterschied: Ich hatte mich durch ständiges Üben und durch meine äußerst rege Vorstellungskraft im Kopf bereits auf alle nur möglichen Szenarien eingestellt, konnte spontan *Bilder zuordnen* und sofort reagieren, während meinem Gegenüber nur die kaum fassbare *„Überraschung"* blieb.

Vertrauen in seine eigenen Fertigkeiten! Das zieht der Angst den Boden unter den Füßen weg. Ist man hingegen schlecht vorbereitet und ist man unsicher, weil man weiß: Man kann sich höchstens auf sein Glück verlassen ... *dann sieht die Sache leider anders aus!*

Sie sind ein Mann und jemand (oder mehrere) will/wollen Ihnen ernsthaft ans Leder. Angst macht sich in Ihnen breit!

Hier ein paar Ratschläge:

> **1.** Sagen Sie sich zunächst, dass es normal ist, Angst zu haben, und schämen Sie sich nicht dafür: „Ich habe Angst, na und? Dafür

21 Angriff ist oftmals die beste Verteidigung!

weiß ich, was ich kann." Schuldgefühle werden dahin verbannt, wo sie auch hingehören. In die Ecke!

2. Vorstellungskraft ausschalten! Denken Sie nicht ständig daran, was Ihnen passieren könnte, sondern konzentrieren Sie sich ausschließlich darauf, was im Augenblick tatsächlich geschieht. Der Schwerpunkt liegt auf der Konzentration. Atmen Sie tief ein und aus. Sie wissen um Ihre Stärken und konzentrieren sich auf den Augenblick.

3. Wägen Sie Ihre Chancen genau ab. Gekämpft wird nur, wenn Sie fühlen, dass Sie auch gewinnen können. Es gibt den *Kämpf-oder-Flieh-Instinkt,* den schon unsere Vorfahren hatten. Adrenalin wird frei, Stress beherrscht unseren Körper und der schaltet auf Alarmstufe Rot! Sie sind eine sportliche Kämpfernatur? Lassen Sie's, wenn der Ausgang sehr ungewiss scheint. Fliehen ist hier die bessere Option, vor allem wenn Waffen (Schusswaffen, Rasierklingen, Messer etc.) im Spiel sind. Eine weitere Option ist die, mit dem Gegenüber zu verhandeln. Dafür benötigen Sie Argumente: gute Argumente und etwas Verhandlungsgeschick.

4. Geht es um die Wurst (Fliehen unmöglich, Verhandeln trägt keine Früchte), dann seien Sie ein Fatalist. Haben Sie die Courage zu überleben, denn sterben kann jeder. *„Ich soll heute sterben? Gut! Aber bevor es so weit ist, zeige ich mir selbst und dem Gegenüber, aus was für einem Holz ich geschnitzt bin, Ehrenwort."* Ihr Gegenüber hat sein Szenario (wie er mit Ihnen fertigwerden will) bereits im Kopf fixiert. Er kalkuliert mit Ihrer Angst und Unentschlossenheit. Greift er Sie an, dann machen Sie ihm einen saftigen Strich durch die Rechnung und kämpfen Sie wie ein Löwe. Alle Mittel sind recht, schließlich wurden Sie angegriffen, Sie verteidigen sich, Ihre Familie und deren leibliche Unversehrtheit (lieber am Montagvormittag wegen Körperverletzung ins Gefängnis, als bereits am Freitagnachmittag zuvor ins kühle Grab). Sie sind Kampfsportler, können Judo, Karate, Jiu-Jitsu, Taekwondo oder Krav Maga? Wenden Sie es an! Ohne Wenn und Aber, auch wenn das Protokoll anderes sagt. Sie können nichts dergleichen? Dann ist das fast ein Vorteil. Ihnen bleibt also gar keine andere Wahl, als die Waffen zu benutzen, die allen Menschen mit in die Wiege gegeben sind: Mumm, Wut, Stolz! Woran Ihre Wut auslassen? An Augen, Kehlkopf und Genitalien des Gegenübers. Mit was? Wenn der Gegner eine Waffe hat, dann mit allem, was Ihnen gerade unter die Hände kommt! Zeigen Sie nie Ihre Angst. Geben Sie niemals auf! Hören Sie erst auf sich zu verteidigen, wenn die Aggression spürbar nachlässt. Achten Sie stets auf die Verhältnismäßigkeit der eingesetzten Mittel. Das heißt so viel, als dass Sie nicht mit Kanonen auf Spatzen schießen sollen. Jemand greift Sie mit nackten Fäusten an? Dann begegnen Sie ihm höchs-tens mit nackten Fäusten, und nicht mit einem Messer oder gar mit einer Schusswaffe!

In der Tierwelt verhält es sich so, dass, gerät man in das Territorium eines anderen, es zu einer Aggression durch diesen kommt. Man selber ist im Unrecht, und die Aggression endet generell, wenn man sich wieder auf neutralen oder eigenen Boden zurückzieht. Durch Erfahrungen nun auf uns umgemünzt, lernen wir, dass der Hausherr dem Eindringling oft haushoch überlegen ist: Lohnt sich also ein Kämpfen, wenn ich augenscheinlich im Unrecht bin? Sicher nicht!

Bevor es nun ans Eingemachte geht, einige wahre Situationen. Auch hier geht es um Angst.

An einem lauwarmen Abend im Herbst des Jahres 1977 lief ich von meinem Heimatort in die nächste Stadt, um mit Freunden zu feiern. Die Strecke betrug knapp acht Kilometer. Nach Mitternacht, die Party war fast zu Ende, verabschiedete ich mich und trat den Rückweg an, alles banal, alles Alltag. Bis dahin! Ich war leicht beschwipst, trug Jeans und T-Shirt. Einmal aus der Stadt heraus, führte die Strecke durch Wiesen und über Felder. Ich orientierte mich an den fernen Lichtern meines Heimatdorfes und die waren zum Greifen nahe. Noch! Urplötzlich kam es zu einem Wetterumschwung. Erst regnete es, dann begann es zu hageln und schließlich fiel dichter Schnee. Und es wurde von Minute zu Minute kälter! Innerhalb von zehn Minuten stürzte die Temperatur von fünfzehn Grad Plus hin zu zehn, zwölf Grad Minus! Und dunkel wurde es, die fernen Lichter waren weg, der Weg war es auch. Ich sah nur noch Schneegestöber, war orientierungslos. Finger, Nase und Ohren spürte ich bald nicht mehr. Die Finger waren weiß und taub, die Ohren steif vor Kälte! Panische Angst nahm von mir Besitz, und diese Angst zerstörte mein klares Denkvermögen. Ich schrie, begann zu rennen, fiel, rappelte mich auf und rannte weiter. Das wiederholte sich einige Male. Als ich irgendwann nur noch ein erschöpftes, willenloses, erbärmliches Häufchen Elend war und ich mich fast schon damit abgefunden hatte, hier draußen zu erfrieren, mich deswegen einfach hinsetzen und sterben wollte, dachte ich nach. Herrje! Ich war die ganze Zeit bergauf gelaufen, zum Dorf aber musste es leicht bergab gehen. Ich änderte also sofort die Richtung, lief bergab. Dann, so sagte ich mir, hatte ich mal gehört, dass man über den Kopf die größte Hitze abgibt. Noch im Laufen zog ich mein T-Shirt aus und wickelte es mir um den Kopf, und als Letztes bläute ich mir ein, dass Jammern nichts bringen würde. Handeln, um jeden Preis: Besser falsch entscheiden als gar keine Entscheidung mehr treffen! Und plötzlich sah ich Lichter. Ich stand am Dorfrand, war eine Minute später schon im Warmen und in Sicherheit. Mit Erfrierungen zweiten Grades wurde ich ins Krankenhaus eingeliefert. Knappe Kiste, fand nicht nur ich. Lektion?

1. ***Aus „harmlos" kann ganz schnell „brandgefährlich" werden.***
2. ***Gehirn einschalten und denken!***
3. ***Agieren.***
4. ***Niemals aufgeben.***

Nachdem der Kelch gerade noch mal an mir vorübergegangen war, machte ich mich schlau. 1975 war es ein Mythos, dass der Mensch 40 bis 45 Prozent seiner Wärme über die Kopfhaut verliert. Zum Vergleich, heute spricht man eher von 15 bis 20 Prozent. Das scheint wenig, ich hatte in der Situation aber trotzdem den Eindruck gehabt, dass es mir erst etwas besser ging, als ich meinen Kopf mit dem T-Shirt umwickelt hatte: Doch was ist dran am Mythos? Weiter. Um ständig die nötigen siebenunddreißig Grad Celsius Körperwärme (Durchschnitt) zu gewährleisten, erzeugt unser Körper Energie, immerfort, ohne Pause. Wird uns auf Grund niedriger Außentemperaturen kalt, bekommen wir eine Gänsehaut. Wir beginnen unkontrolliert zu zittern und es kommt irgendwann zu einer Vasokonstriktion (Gefäßverengung). Der

Körper schützt sich, indem er die Blutgefäße verengt. Organe wie Hirn, Leber, Nieren und Herz werden via „Schaltzentrale" (Hypothalamus/ Thermoregulation) bevorzugt mit Energie/Wärme beliefert und weniger wichtige Peripherien wie Beine und Arme haben das Nachsehen. Derweil aber arbeitet das „Heizwerk" Herz weiter auf Hochtouren, während Blutdruck und Herzfrequenz unaufhaltsam steigen. Das Aus ist nur noch eine Frage der Zeit!

Extremer Kälte ausgesetzt, heißt das für uns Folgendes.

- ***In Bewegung bleiben:*** Ja!
- ***Sich verausgaben:*** Ein klares Nein!

Wir merken uns:

- Angst ist normal, akzeptieren Sie das. In Zeiten der Angst versuchen wir, uns auf unsere Fähigkeiten zu konzentrieren.
- Wir halten uns fit und bleiben ständig am Ball, wenn es darum geht, uns fort- und weiterzubilden. Jährlich einen Erste-Hilfe-Lehrgang besuchen macht Sinn, weil ständig neue Topics erscheinen. Der freiwilligen Feuerwehr beitreten? Warum nicht! Ein Abenteuerurlaub, ein Outdoor- oder Survival-Lehrgang mit der ganzen Familie? Das kann nie schaden!
- Wir hören oder lesen Geschichten von Unfällen oder Unglücken? Überlegen wir: Wie hätte ich mich denn in dieser Situation verhalten, damit alles gut gelaufen wäre?

2 „SURVIVAL" DAHEIM, AUF REISEN, IM URLAUB UND IM BERUF

„Wer sein Land nie verlassen hat, ist voller Vorurteile."
Carlo Goldoni 1707–1793

5

Urlaub und Reisen: Allgemeine Tipps

Dass Sie an folgende Punkte bereits gedacht haben, davon gehe ich aus.

- Gültigkeitsdatum Ihres Reisepasses. Der Reisepass sollte sechs Monate über den Beginn Ihrer Reise hinaus noch gültig sein. Einige Länder geben andere Fristen vor. Erkundigen Sie sich.
- Allgemeine Visabestimmungen. Visa rechtzeitig beantragen!
- Abschluss einer privaten Reiseversicherung (das Büro der Agentur sollte nonstop 24/7 über Hotline erreichbar sein. Achten

Sie darauf, dass eine Rückholung im Unfall-, Krankheitsfall mit eingeschlossen ist).

• Erforderliche Impfungen? (Gelbfieber? Tetanus? Hepatitis?) Malaria-Prophylaxe?

• Währung? Wo tauschen, damit es am billigsten kommt?[22]

• Wie sind die Verhaltensregeln, die Religion und die gesellschaftlichen Gebräuche des Landes?

• Bescheinigung eines Arztes über die Medikamente, die Sie regelmäßig mitführen und einnehmen müssen. Sie haben ein Rezept? Umso besser! Nehmen Sie es mit. Wichtig: Die Medikamente immer in der Originalverpackung lassen und im Handgepäck mitführen.

Denken Sie daran, Ihren PC (Laptop/Notebook etc.) und alle Datenträger von *gewissen* Dateien zu bereinigen: Keine Daten/Bilder etc., die pornographischer Natur sind oder die sonst irgendwie brüskieren könnten. Überwachen Sie am Flughafen/Bahnhof Ihr Gepäck rund um die Uhr und überlassen Sie dieses nie jemandem zur Aufsicht. Vergessen Sie die verschiedenen Zeitzonen nicht, und stellen Sie dementsprechend Ihre Uhr um. Global gilt, die Uhr von einer Zeitzone in die nächste eine Stunde vor- oder zurückzustellen. Reisen Sie von Ost nach West: Uhr zurückstellen. Reisen Sie von West nach Ost: Uhr vorstellen. Haben Sie die richtigen Stecker (Adapter), um Handy und Laptop zu laden? Diese Gadgets bekommt man an jedem größeren Flughafen.

Zwei kleine Tipps, bevor es weitergeht:

Schalten Sie im Ausland bei Ihrem Handy „Mobile Daten" (Internet) nur dann ein, wenn es wirklich dringend ist. Arbeiten Sie, wenn schon, dann hauptsächlich mit WLAN, „Wireless". Fast alle Hotels oder Cafés haben WLAN. Sagen Sie das auch Ihren Kindern, und sehen Sie ruhig ab und zu nach: Vertrauen ist gut, Kontrolle ist besser! Bei der gering-

22 Ein Wechsel ist bei der eigenen Bank, sofern diese über fremde Devisen verfügt, oft günstiger als vor Ort und ganz bestimmt vorteilhafter als am Flughafen. Die Banken können rare Devisen auch bestellen, doch das benötigt genügend Vorlauf.

sten Nachsichtigkeit könnte Sie sonst, einmal zurück im kühlen Lande, eine horrende Rechnung erwarten.
Sollten Sie in kleineren, weniger renommierten Hotels unterkommen: Vorsicht! Heutzutage floriert das Business mit nackter Haut, Tendenz ständig steigend. Bevor Sie also allzu sorglos mit Ihrem Partner intim werden, gehen Sie doch mal zum übergroßen Wandspiegel und halten Sie Ihren Daumennagel dagegen. Zwischen dem echten Daumennagel und dem im Spiegel gezeigten sollte ein gut sichtbarer und auch messbarer Abstand (etwa zwei, drei Millimeter) vorhanden sein. Ist das nicht der Fall, können Sie getrost davon ausgehen, dass jemand nicht nur Ihr Liebesleben, sondern auch das aller anderen Zimmerbewohner vor und nach Ihnen filmt bzw. gefilmt hat. Eine Erpressung, auch noch Jahre später, scheint durchaus möglich. Dies ist umso wahrscheinlicher, sofern Ihre Gespielin (oder Ihr Spielgefährte) nicht der Ihnen angetraute Ehepartner, sondern eine delikate „Affäre" nebenbei war!

Informieren Sie sich über das Reiseziel:

- Vermeiden Sie Regionen/Länder, in denen es politische Spannungen gibt oder in denen kriegs- oder kriegsähnliche Konflikte ausgetragen werden.[23]

Sie sind beruflich in Ländern unterwegs, in denen Geiselnahmen oft vorkommen[24]? Hier einige Tipps.

- Zusammenarbeit mit den lokalen Behörden: Geplante Touren ins Hinterland immer den Behörden melden. Die können Ihnen sagen, wo es am gefährlichsten ist und Ihnen eventuell abraten oder Schutz anbieten. Hinterlassen Sie immer eine Notiz, wohin Sie gehen, mit wem, wie Sie erreichbar sind und wann Sie beabsichtigen wieder zurück zu sein.
- Die Türen und alle anderen Zugänge Ihrer Villa oder Ihrer

23 Georgien, Syrien, Libyen, Jemen, Irak, Afghanistan, Ukraine, Zentralafrikanische Republik, Ägypten, (Sahelzone), Nigeria, Mali, Sudan, Somalia, Pakistan, Nicaragua, Honduras, Venezuela, Kolumbien, einige Regionen in Indien, Myanmar, Bangladesch und die Philippinen ... nur um die wichtigsten zu nennen.

24 Insbesondere: Haiti, Nigeria, Niger, Mali, Jemen, Kamerun, Algerien, Kolumbien, Somalia, Syrien, Irak, Mexiko, Afghanistan.

Wohnung stets verschließen und wenn möglich einen „Guardy" einstellen, der Ihnen empfohlen worden ist. Die Fluchtwege und Notausgänge sind Ihnen bekannt? Verzichten Sie darauf, nachts das Haus zu verlassen und halten Sie eventuelle Sperrstunden strikt ein. Empfangen Sie keine unangemeldeten Besuche.

• Keine Alleintouren!

• Beherzigen Sie Ratschläge, die aus Ihrem engsten Umfeld kommen: Einheimischer Hotelstab, Hausangestellte, Verbindungsmänner oder Frauen, abgestellte Führer etc.[25]

• Versuchen Sie Ihren Tagesablauf so unmethodisch wie nur irgend möglich zu gestalten: Nie dieselben Gewohnheiten, Zeiten, Orte, Abläufe, Transportmittel! Keine Routine!

• Zeigen Sie Ihre Reichtümer nicht! Sie haben eine teure Rolex, einen maßgeschneiderten Anzug, Schmuck von Tiffany & Co? Lassen Sie diese Accessoires am besten daheim. Wie gesagt, es gibt Menschen, die Ihnen für ein paar gute Schnürsenkel den Kopf abschneiden würden. Bevor Sie Banken betreten und verlassen, oder sich der Geldautomaten (auch: *ATM/Fast Cash* etc.) bedienen, sehen Sie sich genau um. Sie kommen wieder aus der Bank und dort steht von *ungefähr* ein Taxi, von dem vorher weit und breit nichts zu sehen war? Eine Gruppe Halbwüchsiger lungert wie *zufällig* an der nächsten Straßenecke, schaut verstohlen in Ihre Richtung? Sie haben verstanden, um was es mir geht! Führen Sie nur kleine Geldbeträge bei sich, mit US-Dollars[26] können Sie nichts falsch machen.

---

25 Taxifahrer zum Beispiel gehören eindeutig nicht zu Ihrem engsten Umfeld. Als ich Ende Juli 2008 am Flughafen in Port-au-Prince ankam, wusste ich bereits, dass ein Taxi zu nehmen zu 50% hieß, gekidnappt zu werden. In Haiti werden Kidnappings mit brutaler Gewalt durchgeführt und alle Mittel sind recht. Wird das Lösegeld nicht in genannter Höhe und innerhalb der von den Entführern geforderten Frist bezahlt, wird die Entführung als Misserfolg eingestuft, das Opfer einfach getötet.

26 2009 wurde ein Freund von mir dringend in den Jemen beordert. Er hatte kein Visum, und im Jemen konnte man dummerweise damals offiziell keines käuflich erwerben, zumindest am Flughafen nicht. Als der Beamte in Sanaa ihn abwies, und mit dem nächsten Flugzeug wieder zurückschicken wollte, stellte er sich einfach wieder in die Warteschlange, und siehe da: Derselbe Beamte gab ihm ein Visum. Der Unterschied? Nun, beim zweiten Mal hatte mein Freund zwei noch nach Druckerschwärze riechende Hundert-US-Dollarnoten in den Reisepass gelegt, die „wortlos" in der Tasche des Beamten verschwanden.

• Dokumente: Machen Sie es sich zur Angewohnheit, von allen wichtigen Dokumenten eine Kopie zu haben. Originale und Kopien immer getrennt aufbewahren. Das sind wichtige Dokumente: Reisepass, Personalausweis, Visum, Impfpass, e-Tickets für den Flug, Hotelbuchung, Kreditkarten. Auch einige Passfotos könnten helfen.

Anbei ein ausführliches Beispiel, das zeigt, wie gefährlich es sein kann, wenn gerade die wichtigsten Punkte, die „Zusammenarbeit mit den lokalen Behörden" und das „ständige Informieren", total ignoriert werden.

Februar 2007
Saudi-Arabien, Ausgrabungsstätte Mada'in Salih.
400 Kilometer nördlich von Medina

In der dritten Woche des Februars 2007 verließ ein kleiner, fröhlicher Konvoi Riad in Richtung Nordwesten. Es sollte ein Ausflug unter Freunden und Gleichgesinnten werden, . Es waren Männer und Frauen, mehrere Familien mit Kindern, Franzosen und Belgier. Neun Menschen insgesamt. Vier von ihnen sollten Riad nie wiedersehen. Bei Tabuk, ganz hoch oben im Norden, unweit der Grenze zum Irak und nur einen Katzensprung von der Ausgrabungsstätte Mada'in Salih entfernt – in einer Region also, in der nur Muslims sich aufhalten sollten, weil es alte, heilige Stätten sind, wie Mekka und Medina – legten sie eine kurze Pause ein. Sie waren unbewaffnet und ohne Polizeieskorte in ein Gebiet eingedrungen, das Unvorsichtigen schnell zur Falle werden konnte, und genau das war es auch: eine tödliche Falle. Ein islamisches Killerkommando mit Verbindungen zu Al-Qaida überfiel den Konvoi. Zwei Männer starben sofort im Kugelhagel, ein dritter erlag seinen schweren Verletzungen nur einige Stunden später. In einem Krankenhaus in Medina verstarb einige Tage darauf das vierte Opfer. Eines dieser Ehepaare (zu den Überlebenden zählend), beide belgischer Nationalität, kannte ich sehr gut. Er, Chris, arbeitete als Head of Administration für die Delegation, die wir bewachten, war also der Verantwortliche für alles, was so im verwaltungsmäßigen Bereich anfiel, sowie auch für den Zweig

„Sicherheit“ innerhalb der Delegation selber. Ich habe mich oft mit ihm unterhalten, kannte ihn demnach recht gut, und so war es mir ein Rätsel, wie er so unüberlegt das Leben seiner Frau und sein eigenes noch dazu in Gefahr gebracht hatte. Chris, der auch das eine oder andere Mal mit uns zum Schießen kam, war ein junger und ehrgeiziger Mann. Sprachbegabt und brillant in allem, was er tat, war er immer für ein Späßchen gut. Seine Frau kam ihn oft besuchen, brachte ihm Pizza, blieb eine Weile und war sich auch nie zu schade, mit uns Sicherheitsleuten einige Worte auszutauschen. Wir erfuhren von der Sache noch am selben Tag und schickten sofort eines unserer bewaffneten Teams Richtung Tabuk. Natürlich konnten wir nichts mehr tun, außer die beiden durch unsere Präsenz in Sicherheit wiegen. Der Konvoi kam uns aus nordwestlicher Richtung bereits entgegen: Mehrere Polizeiautos und ein Polizeihubschrauber begleiteten diejenigen, die den Überfall überlebt hatten. Wir hatten mit Chris vorher schon per Telefon Kontakt aufgenommen, wussten also, wie es um ihn und seine Frau stand. Der Schock saß tief. Bis zum Kingdom Compound, in dem sie logierten, ließen wir sie nicht mehr aus den Augen. Dieser Vorfall zeigte uns einmal mehr, dass wir in einem Land tätig waren, in dem man ohne adäquate Sicherheitsmaßnahmen zu treffen (vorab, währenddessen und danach) nichts unternehmen sollte. Oft, wie im oben genannten Fall, kommen gute Ratschläge zu spät, doch wie immer im Leben muss erst etwas Schlimmes geschehen, damit Menschen überlegen und dementsprechend klug handeln. Wir hatten nichts von dem geplanten Ausflug gewusst, denn wäre das der Fall gewesen, hätten wir ihnen natürlich davon abgeraten, gerade in diese Region zu fahren, oder wir hätten angeboten, sie mit zwei oder drei Leuten zu begleiten, auch wenn die Region um Medina schon immer „out of bounds“ war. Außerhalb des zulässigen Bereichs.

6

Verhalten bei Entführung und Geiselnahme

Hinter einer Entführung steckt kaum mal ein Zufall, obwohl auch das ab und zu vorkommt. Sie sind in der Regel also Opfer eines bis ins kleinste Detail ausgeklügelten Planes und der ist grob in wenigen Punkten dargelegt.

- ***Die Auswahl.***
  Die Auswahlkriterien richten sich nach Ihrer „Lukrativität"! Hier wird von den Entführern unter anderem auch ermittelt, ob Sie ein „soft target" sind oder nicht. Unter Berücksichtigung aller auftauchenden Schwierigkeiten, die Ihre Entführung mit sich bringen kann, wird in dieser Phase entschieden, ob Sie wirklich das geeignete Opfer sind.
- ***Die Beobachtungsphase / Observierung.***
  Gut! Sie sind das auserwählte Opfer, aber wie und wann kommt man am besten an Sie heran?[27] Die Durchführung wird geplant! Dafür benötigen die Entführer Informationen. Das ganze

27 Die Terroristen „Die mit dem Blut unterschreiben", die 2013 das Gasfeld bei Ain-Amenas (Algerien) in der Sahara überfielen, wussten ganz genau, wann sie zuschlagen mussten: während eines Schichtwechsels auf der Anlage. Sie hatten ihr Ziel minutiös observiert, vermutlich Zubringer eingeschleust, die schließlich die Schwachstelle ausfindig gemacht hatten.

Projekt wird von allen Seiten beleuchtet, eigene Risiken abgewogen. Diese Phase kann lange dauern, alle nur erdenklichen technischen Hilfsmittel und Methoden kommen zum Einsatz: Abhören Ihres Telefons. Ausspionieren all Ihrer Social Networks. Fotos von Ihnen und Ihrer Familie werden geschossen. Wie ist Ihr Tagesablauf, wo verbringen Sie Ihre Abende, mit wem? Wo gehen Ihre Kinder zur Schule? Was sind Ihre sexuellen Präferenzen … Nichts bleibt den (guten) Entführern ein Rätsel. Ihr ganzes Verhalten ergibt ein Bild, das den Entführern für die nächste Phase extrem wichtig sein wird.

• ***Die eigentliche Entführung.***
Eine sehr kritische Phase für alle Beteiligten. Für das Opfer, weil es aus heiterem Himmel kommt und für die Täter, weil sie noch nicht wissen, ob ihre Rechnung einer sauber geplanten Durchführung aufgeht. Das Opfer hat Angst, der Täter ist nervös und so ist jedes Szenario möglich!

• ***Der Transport in ein sicheres Versteck.***
Egal wie der Abtransport geplant ist, es kann zu Pannen kommen. Das Opfer sollte sich also darauf einstellen, lange Strecken zu Fuß zurückzulegen, einige Zeit gefesselt und geknebelt in einem Kofferraum zu verbringen, oder aber es kann sich später an nichts erinnern, weil es betäubt wurde. Es ist Usus, dass die Entführer das Versteck von Zeit zu Zeit wechseln und sich auch untereinander die Hand geben.

• ***Der Kontakt mit Verhandlungspartnern / die Geldübergabe und eine eventuelle Freilassung.***
Zu einer Kontaktaufnahme seitens der Entführer mit der Familie des Opfers (seltener mit den Behörden) kommt es generell sehr schnell, oft innerhalb weniger Stunden. Es geht immerhin – zumindest in den meisten Fällen – um Geld, und hier ist es wieder, das absolute Misstrauen. Die Entführer wollen keine Polizei, keine Medien, und sie wollen natürlich alle ihre Forderungen erfüllt sehen, während die Familie des Opfers die Geisel schnell und bei bester Gesundheit wiedersehen will. Gelegentlich, eigentlich immer, bevor es zu einer Geldübergabe kommt, fordert die Familie einen Beweis, dass die Geiseln noch am Leben sind.

Ihr Auftrag: ÜBERLEBEN

Jeder einzelne Fall ist unterschiedlich, Muster oder feste Regeln, denen der betroffene Personenkreis folgen kann, gibt es deshalb keine. Doch es gibt einige brillante Tipps, um, einmal gekidnappt, erfolgversprechend und unversehrt an Leib und Seele wieder aus dieser Situation herauszukommen, denn das sollte Ihr einziger Auftrag, Ihr oberstes Ziel sein: Überleben! Bevor wir jedoch die Opferrolle annehmen, auf die ich gleich zu sprechen komme, noch eines: Es liegt an Ihnen und Ihrem der momentanen Lage unterworfenen Urteilsvermögen, abzuschätzen, ob Sie sich beim Zugriff, also im Augenblick der Entführung, zur Wehr setzen oder nicht. Manchmal gibt es gerade hier Lücken groß wie Scheunentore, denn fast alle Entführer machen Fehler, sind verunsichert etc. Die Entscheidung zu handeln nimmt Ihnen leider niemand ab, Sie sollten aber wissen, dass eine Gegenwehr, gerade in diesen ersten Augenblicken, höchst gefährlich ist.

- Egal wer Sie sind, aus welchem *Stall* Sie kommen oder was Sie bis unmittelbar vor der Entführung noch darstellten: Sie hatten nicht *low profile* genug gelebt und/oder Sie haben es mit absoluten Profis zu tun, aber egal: Nehmen Sie Ihre Rolle an! Die des Opfers nämlich. Je nachdem, wo die Entführung stattfindet, unter welchen Umständen und in welchem Grade die Entführer dafür qualifiziert sind[28], werden Letztere sehr unruhig sein, und je höher der Stress, umso ungleich höher ist auch deren Gewaltbereitschaft. Der erhöhte Stress sorgt dafür, dass ungeplante Handlungen stattfinden. Eine ungeplante Handlung könnte zum Beispiel sein, Sie sofort umzubringen, was schade wäre, denn generell kommen über 85% der Entführten wieder lebend frei. Teilweise lässt man dem Opfer gar nicht die Möglichkeit, überhaupt ein Wort an den Mann zu bringen oder zu handeln, aber das ist nicht immer so.

- Die Angst getötet oder verletzt zu werden, ist eine normale Reaktion, doch irgendwann stellen Sie verwundert fest: Ich lebe und bin unverletzt! Also entspannen Sie sich, atmen Sie tief ein

28 Auf Entführung spezialisierte Profis, Schwerkriminelle als Quereinsteiger oder gar unbedarfte Anfänger.

und aus und die Angst wird schwinden. Kooperieren Sie mit den Entführern, und tun Sie, was von Ihnen verlangt wird, immer! Bleiben Sie höflich, aber distanziert. Reden Sie nur dann, wenn Sie dazu aufgefordert sind und starren Sie die Entführer nicht ständig an.

• Zeigen Sie den Entführern immer Ihre Handflächen. Sie sitzen zum Abtransport hinten im Auto und wollen in Ihre Tasche greifen, um ein Taschentuch hervorzuholen? Fragen Sie vorher! Sagen Sie denen ruhig, was genau Sie jeweils vorhaben.

• Sind die Täter maskiert, versuchen Sie unter keinen Umständen, einem von ihnen die Maske vom Gesicht zu reißen. Fühlen sich die Entführer erkannt, ist die Chance, lebend wieder freizukommen, vielleicht dahin.[29] Quergedacht kann man davon ausgehen, dass Ihre Chance freizukommen bei maskierten Tätern ungleich höher ist. Sie wollen nicht erkannt werden, um später nicht an den Pranger gestellt zu werden. Tote können nicht reden, also ist es primär nicht die Absicht der Entführer, das Opfer zu töten. Vermitteln Sie den Entführern nie den Eindruck, Sie würden sie „studieren" und ständig beobachten! Aber: Prägen Sie sich dennoch ein Maximum an Details ein. Achten Sie auf das Umfeld, auf Geräusche, genannte Namen, Sprachfehler, Dialekte, Tattoos etc.

• Tut sich Ihnen unerwartet eine Möglichkeit zur Flucht auf, nutzen Sie diese ohne Wenn und Aber. ABER – flüchten Sie nur, wenn die Erfolgsaussichten auch wirklich vielversprechend sind, denn: Werden Sie erwischt, verschlimmert sich Ihre Lage drastisch!

• Die Entführung kann lange dauern.[30] Achten Sie deshalb jeden

---

29 Das Risiko getötet zu werden ist während der eigentlichen Entführung (während des Überfalls) am höchsten. In den folgenden 24 Stunden ist es hoch. Sind Sie am dritten Tag noch am Leben: Durchatmen! Nicht dass Sie es geschafft hätten, sicher nicht. Aber die größte Gefahr ist gebannt, weil die Tötungsabsicht ihren niedrigsten Punkt erreicht hat. Kritisch wird es meist erst wieder kurz vor und während der Phase der Geldübergabe/Freilassung.

30 Siehe das Beispiel Ingrid Betancourt/Kolumbien. Sie wurde von FARC-Rebellen entführt. Ihre Entführung dauerte vom 23. Februar 2002 bis zum 02. Juli 2008. Ein weiteres Beispiel wäre die Affäre Claustre. Françoise Claustre, eine französische Archäologin, wurde am 21. April 1974 im Tschad von Hissène Habrés Toubou Rebellen entführt. Erst am 31. Januar 1977 kam sie frei. Unter den Entführten war auch der Deutsche Christophe Staewen, dessen Frau beim Überfall ums Leben kam. Staewen kam frei, weil die Bonner Regierung sich für ihn einsetzte.

Tag auf Ihre Gesundheit. Essen Sie, was man Ihnen vorsetzt (auch wenn Sie nicht hungrig sind). Trinken Sie ausreichend, und bewegen Sie sich viel, wenn es machbar ist. Ihre Fitness kann noch gebraucht werden. Beschäftigen Sie sich geistig. Wie? Rufen Sie sich Szenen von früher ins Gedächtnis: Welche Filme haben Sie gerne gesehen, wer spielte mit und um was genau ging es? Ihr Hochzeitstag. Wer war Gast, was hat Sie bewegt und wie und unter welchen Umständen haben Sie Ihre Frau (Ihren Mann) kennengelernt etc.?

• Sind Sie von Medikamenten abhängig, dann sprechen Sie die Entführer unvermittelt darauf an. Genauso verhält es sich, wenn Sie Dinge benötigen wie Schreibzeug, Bücher oder was Besonderes zum Essen: Fragen kostet nichts, und mehr als nein sagen können die Entführer nicht. Es gibt einige seltene Fälle, da lebten Menschen während ihrer Entführung besser als je zuvor. Übrigens: Verwechseln Sie „fragen" nicht mit „um etwas betteln" oder gar mit „unterwürfig bitten"! Tun Sie alles, damit die Entführer Respekt vor Ihnen haben. Wenn Sie allzu unterwürfig daherkommen, ist es damit aus.

• Sie haben einen Namen: Sofern es möglich ist, fordern Sie die Entführer freundlich auf, auch so angesprochen zu werden. Sie sind eine Person, wollen auch so gesehen werden. Hüten Sie sich jedoch davor, ein sogenanntes „Stockholm Syndrom" zu entwickeln. Das ist immer dann gegeben, wenn die Geiseln ihren Entführern gegenüber eine positive Haltung einnehmen und sich schließlich mit ihnen identifizieren.

• Bereiten Sie sich von Beginn an darauf vor, physisch wie auch psychisch missbraucht zu werden!

• Unmittelbar nach der Entführung (nach dem Überfall auf Sie) haben die Entführer Sie durchsucht, wenn nicht, haben Sie es mit Amateuren zu tun. Könnte es sein, dass man Ihnen das Portemonnaie gelassen hat? Darin haben Sie sicher eine Kreditkarte, oder/und, wenn Sie im Ausland sind, eine dieser kreditkartengroßen Prepaid-Telefonkarten mit der Pin zum Rubbeln? Beide eignen sich als Waffe. An einem Stein (Steinboden, Kellerboden etc.) fein geschliffen, können deren Kanten scharf wie Rasierklingen werden. Damit kann man mühelos Fesseln, Panzertape oder Zugbänder aus Plastik durchschneiden – oder sie bei akuter Lebensgefahr als Waffe benutzen.

- ***Sollten Einsatzkräfte der Polizei oder Spezialkommandos der Armee der Entführung durch eine Blitzaktion ein Ende setzen, so werfen Sie sich, wo Sie gerade sind, zu Boden. Drehen Sie Ihr Gesicht nach unten, verschränken Sie Ihre Hände gut sichtbar im Nacken und bewegen Sie sich unter keinen Umständen, bis alles vorüber ist.***

Ist die Entführung einmal beendet, begeben Sie sich in die Hände eines Psychotherapeuten, denn je schneller Ihre Seele das entstandene Stresssyndrom abwirft, umso besser. Sie sind hart im Nehmen, denken … es geht auch ohne? Irrtum! Es gibt immer ein dunkles „Danach" und die unschönen Seiten kommen erst ans Tageslicht, wenn Sie schon längst nicht mehr damit rechnen. Das kann Monate oder Jahre dauern. Also: Ab zur Therapie.

7

50 lausige Dollar! Tipps und Ratschläge für Journalisten und Reporter in Krisen- und Kriegsgebieten

Am Straßenrand liegt ein Mann. Er war angezogen, recht schick sogar, doch etwas fehlte. Sein Kopf! Zulu-Rebellen hatten den Mann mit einer Machete enthauptet. Etwas weiter an einem Checkpoint wird ein etwa siebzehnjähriger Junge auf die Knie gezwungen und mit einem Schuss ins Genick exekutiert, bevor wir eingreifen können. Angeblich, so erklärte man uns später, hatte er an der Plünderung eines Supermarktes teilgenommen. Der Hunger war sein Verhängnis. Wir fahren weiter. Kurz vor einer Kreuzung liegen zwei nackte Menschen, eine Frau und ein Mann. Ihre aufgedunsenen Bäuche und grotesk verdrehten Gliedmaßen schimmern weiß in der bleiernen Mittagssonne, große grüne Fliegen haben sich darauf niedergelassen. Eine Ameisenkolonne führt direkt darauf zu. Eine Szene aus einem Film? Nein! Alles ist echt! Dem Reporter Yves Debay[31] scheint das nichts auszumachen. Kühl und professionell schießt er ein Foto nach dem anderen. Er war darauf vorbereitet, hatte schon Schlimmeres gesehen. Es ist Mitte Juni, 1997. Meine Einheit ist im brodelnden Hexenkessel von Brazzaville (Kongo) engagiert. Wie üblich kam es gleich zu Beginn zu einem regelrechten Ansturm durch die in der Mehrzahl französischen Auslandsreporter, die alle hautnah berichten wollten. Yves Debay war einer von ihnen. Er war „embedded", arbeitete aber in eigener Sache für das Magazin RAIDS[32]. Die Krisen- und Kriegsberichterstattung hatte er seit seiner Jugend schon im Blut, und bei der Fremdenlegion war er bereits ein Urgestein, denn er berichtete nicht zum ersten Mal über uns, besser gesagt aus unserer Mitte heraus, über einen blutigen Krieg. Der Zufall wollte, dass er diesmal mit mir und meiner Einheit unterwegs war. Ich war Zugführer (Einheitsführer), und Yves unterlag quasi meiner Aufsichtspflicht und was soll ich sagen? Ich war gar nicht erfreut.

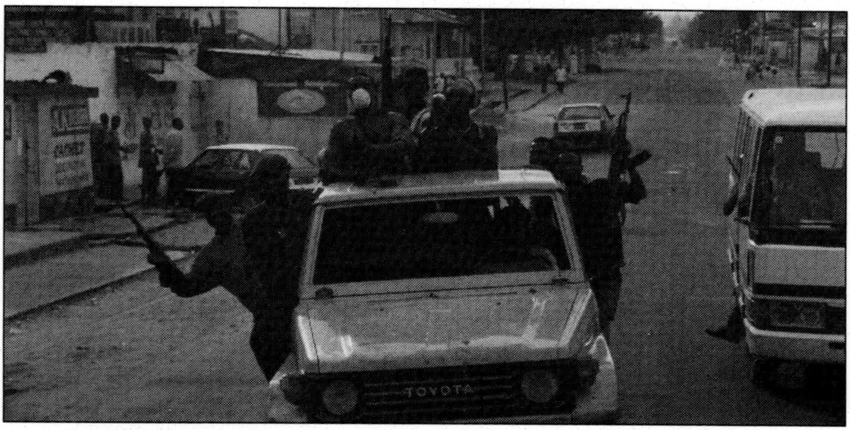

Kämpfe in Brazzaville, Juni 1997

---

31 Das Magazin Marianne schrieb über ihn:„ … er liebte den Krieg, die Soldaten, den Geruch des Schießpulvers und das Bier!"

32 Später, im Jahr 2008, gründete er das Magazin „Assault".

Die Einsätze überschlugen sich, Tote und Verletzte hatte es in unseren Reihen bereits gegeben. Und jetzt sollten wir auch noch „Aufpasser" für einen Reporter spielen? Außerdem wusste ich aus Erfahrungen vorausgegangener Konflikte, dass Journalisten und Reporter in Krisengebieten[33] *immer geeignete Zielscheiben waren, das Feuer geradezu magisch anzogen. Und so war es auch diesmal. Sobald der Draufgänger Yves Debay sich offen mit seiner Fotoausrüstung auf meinem gepanzerten Fahrzeug zeigte, oder zu Fuß neben uns auf Patrouille ging und dabei Fotos machte, wurden wir unter Beschuss genommen. In einer ruhigen Minute redete ich mit ihm. Er musste vorsichtiger sein! Mit seinem provokantem Gehabe, seinen Kameras und der ostentativ trotzig wirkenden Aufschrift PRESSE brachte er nicht nur sich, sondern auch meine Männer unnötigerweise in Gefahr. Er lachte, verstand sofort, was ich meinte, wollte mir gar einreden, dass eine „offensive" Berichterstattung nötig sei und dass er gut selbst auf sich achtgeben könne. Ich lachte nicht. Einige Jahre später (Januar 2013), ich hatte die Legion bereits verlassen, hörte ich, dass Yves tot war. Ein syrischer Sniper (Scharfschütze) hatte dem Leben des alten Haudegens ein Ende bereitet.*[34]

Knapp zwei Jahre später saß ich mit Sonia Seymour Mikich[35] *(„Monitor", „die Story") beim Lunch in einem Restaurant im Hafen von Calvi (Korsika). Sie war mit einem kompletten Team angereist, um eine Reportage über Russen in der Fremdenlegion zu drehen. Während des Essens ließ Frau Mikich nur wenig über ihren bis dato brillanten beruflichen Werdegang durchdringen. Unter anderem, so erzählte sie, war sie die einzige westliche Journalistin, die aus der von den Russen eingekesselten, massiv bombardierten Stadt Grosny Bericht erstattete. So sympathisch, kühl und sicherlich auch gewollt distanziert ihr Auftreten mir gegenüber war, so wenig konnte sie ihre Emotion über das dort Erlebte doch verbergen. Immer wieder drang, kaum spürbar, durch, welche Gefahren ihr Metier als Reporterin so mit sich geführt hatte. Ich kenne sehr viele gestandene Männer, die sich nicht in dieses Abenteuer Grosny gewagt hätten, deshalb: Hut ab, Frau Mikich!*

---

33 In Brazzaville herrschten kriegsähnliche Zustände. Wir waren jeden Tag in Scharmützel verwickelt, kurz: … es war ein gefährliches Pflaster! Siehe dazu auch „*Die Legion – Mit dem 2^{e} REP in den Krisenherden dieser Erde*".

34 Glaubt man unbestätigten Quellen, so gibt es bereits Belohnungen für diejenigen, die einen Berichterstatter kidnappen oder ermorden. ARD-Korrespondent Jörg Armbruster wurde im März 2013 fast Opfer einer solch abscheulichen Terrorstrategie.

35 Damals Leiterin des ARD-Studios in Paris.

Auch mit Adrien Jaulmes hatte ich einige Gespräche. Er war erst Offizier in der Fremdenlegion[36] *und danach Krisen- und Kriegsreporter. Jaulmes hat damals alle Krisenregionen mit seinen Reportagen abgedeckt: Libanon, Syrien, Palästina, Irak und Afghanistan. Im Jahr 2010 berichtete er für das Magazin „Le Figaro" unter anderem aus vorderster Front vom Einsatz der Fallschirmjäger der Legion (2*^e^ *REP) in Afghanistan. Die Fotos, die er und sein Team damals schossen, gingen um die Welt. Mit seiner kühl abwägenden und sehr sympathischen Stimme sagte er mir klipp und klar, was die anderen nur angedeutet hatten: „Die Risikobereitschaft ganz nach vorne zu gehen hat man oder man hat sie nicht. Viele haben sie nicht ... aber ohne, so kommen wir alle zum selben Schluss, ohne geht es nicht."*

Einschränkung der Pressefreiheit oder gar ein Verbot, Sklaverei, Unterdrückung, Korruption, Folter und sexuelle Gewalt, in welcher Form auch immer, gehen uns alle an. Zeitnah, direkt und objektiv darüber zu berichten, ist jedoch die Aufgabe derer, die es sich zum Metier gemacht haben. Journalist, Korrespondent, Reporter, Krisen- und Kriegsberichterstatter oder Redakteur wird, wer vier Eigenschaften besitzt, die wie Blitz und Donner aufeinandertreffen. Neugier, Mut, Ritterlichkeit und Intelligenz! Hinzu kommt eine Berufs-Ethik, die besticht.[37] Diese Dinge fielen mir bei Adrien Jaulmes und ganz besonders bei Sonia Seymour Mikich auf. Was mich jedoch irritierte (mich insgeheim aber auch sehr beeindruckte), war ihr verdammter Mut! Denn trotz hinterhältiger Heckenschützen (deren ebenso simples wie krudes Motto lautet: Leute von der Presse, vom Radio und vom Fernsehen sind Zeugen, und Zeugen müssen weg!), trotz heimtückischer Artillerie, trotz aufgebrachter und nach Blut lechzender Menschenmassen lassen sie sich kaum davon abhalten, ihren Auftrag auszuführen, der da lautet: die Wahrheit ans Tageslicht bringen und/oder einfach neutral zu berichten! Wer nicht aufpasst und die einfachsten Regeln bricht, der stirbt, so einfach ist das.

---

36 Er diente in derselben Kompanie wie ich als Zugführer.

37 Diese Einschätzung betrifft die Mehrzahl der Reporter und Journalisten, mit denen ich in Krisenregionen Kontakt hatte. Leider sind nicht alle so „nobel". Einige Reporter, die sich in diese Kriegs- und Krisengebiete wagen, wägen die Gefahren häufig nicht genau genug ab, sie halten sich für schlauer als erfahrene Militärs und ältere Kollegen vor Ort und wollen sich (am liebsten vor einem Millionenpublikum) profilieren bzw. den Rest der Zunft in den Schatten stellen.

Wie bei uns, dachte ich, nur dass wir Waffen haben, um uns zu schützen!

Und die Waffen der Reporter? Nun, um diese *Ritter der Wahrheit* zu schützen, gibt es eine ganze Artillerie von Resolutionen, Deklarationen, Absprachen, Konventionen, Abkommen etc., doch einmal Fuß am Boden und mittendrin im Geschehen (Krisengebiet), kann man sich hinter diesen Ausdrücken kaum vor den tatsächlichen Gefahren verstecken. Das, was in diesem Metier, das teilweise längst zu einem tödlichen Wettbewerb ausgeartet ist (*Konkurrenz, Zeitdruck, am besten mehrere Spots gleichzeitig und für verschiedene Zeitungen oder andere Medien abdecken*), an oberster Stelle steht, ist das reale *Survival* des Momentes, ohne Wenn und Aber. Den Augenblick überleben, um sich bei bester Gesundheit in den nächsten, ebenso gefährlichen, zu stürzen, damit der Job getan, damit Bericht erstattet wird.

Sie arbeiten also demnächst in einem Gebiet, in dem Waffen im Einsatz sind? Hier das A und O:

- Eine optimale und gezielte Vorbereitung.
- Ein adäquates Training.
- Eine „rundum“ soziale Absicherung.
- Eine breitgefächerte Information über den Einsatzort.
- Exzellente Sprachkenntnisse.
- Kenntnisse über die am häufigsten auftretenden Gefahren.
- … und wie man ihnen begegnet!

... 50 lausige Dollar.

Weiterhin gibt es keine Entschuldigung, in Krisengebieten keine Schutzkleidung zu tragen.[38] Sagen Sie das auch Ihrem Chef. Zu teuer für ihn? Dann wird es Zeit, sich einen anderen, seriösen Arbeitgeber zu suchen. Einen, für den ein Menschenleben absolute Priorität hat!

---

38 Das gilt auch und vor allem für einheimische/lokale Reporter.

Hier die Mindest-Anforderung:

Helm	Schutzklasse (SK) 3 A	Neutrale Farbe
Schutzweste	Schutzklasse (SK) 4	Mit Aufschrift: PRESSE

Die Schutzweste (*weichballistische Weste*) sollte mit Hartballistikplatten (Keramikplatten; diese sind leichter als Stahl), eine vorne und eine hinten, aufgerüstet werden und einen Nacken- und Kehlkopfschutz haben. Es gibt Ausführungen mit Genitalienschutz. So eine Weste wiegt zwar zwischen 12 und 15 Kilo, aber Sie sind relativ gut vor der von Snipern gewöhnlich eingesetzten Munition geschützt. Tipp: Nehmen Sie die Platten heraus und sehen Sie sie sich genau an. Sind kleine Risse oder gar Spuren von Einschlägen zu sehen, ist der Schutz nicht garantiert. Dann gilt: Auf jeden Fall umtauschen! Für Kameramänner gibt es Spezial-Schutzkleidung, die es ihnen erlaubt, zu filmen, sodass nur das Kamera- und Filmmaterial sowie Hände und Arme exponiert, letztere aber geschützt sind. Es gibt Kameras, die man an Helmen befestigen kann, um eben die Hände frei zu haben. Trotz Helm und Weste ist damit nur ein Teil Ihres Körpers geschützt. Doch eben diesen *geschützten* Teil zu knacken, ist, vor allem im eingeschworenen Snipermilieu, längst schon zu einer Art Wettbewerb geworden. Es gibt nämlich bereits Munition, die mühelos Keramik- und Metallplatten durchschlägt, doch Gott sei Dank ist diese teuer. Pro Schuss 50 Dollar sind keine Seltenheit. Fazit? Das Leben eines Reporters ist nur 50 lausige Dollar wert! Traurig, aber wahr: Das ist leider die Welt, in der wir leben.

Kommunikation: Eine Ausstattung mit der modernsten Mobilfunk-Satellitentechnik (SAT-Telefone/Inmarsat-Mobilfunkdienst über Satellit etc.) sollte üblich sein. Vielleicht könnten die Telefone der Reporter und Journalisten gar mit einem Tracking System ausgerüstet werden, sodass man immer ihren Standort hat und weiß, wo man nach ihnen suchen muss, falls nötig.

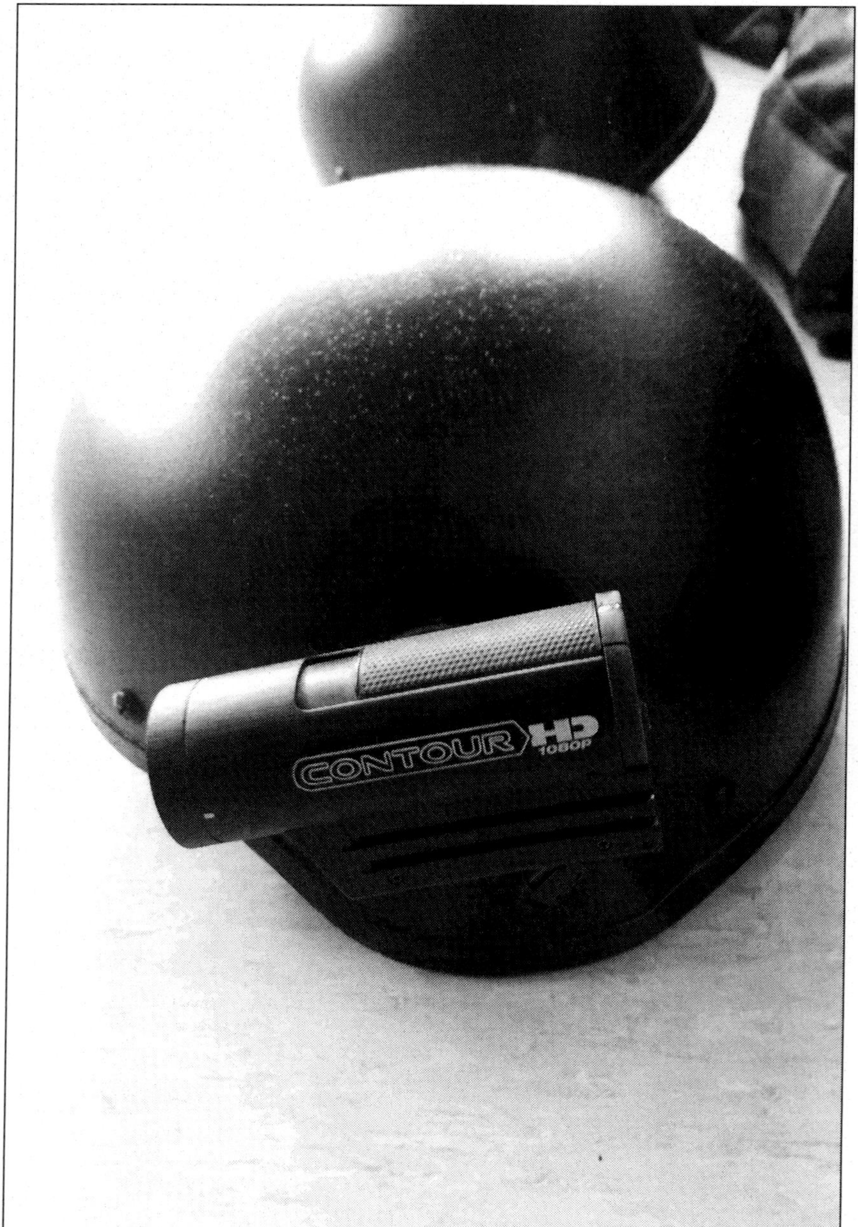

Helm mit Kamera

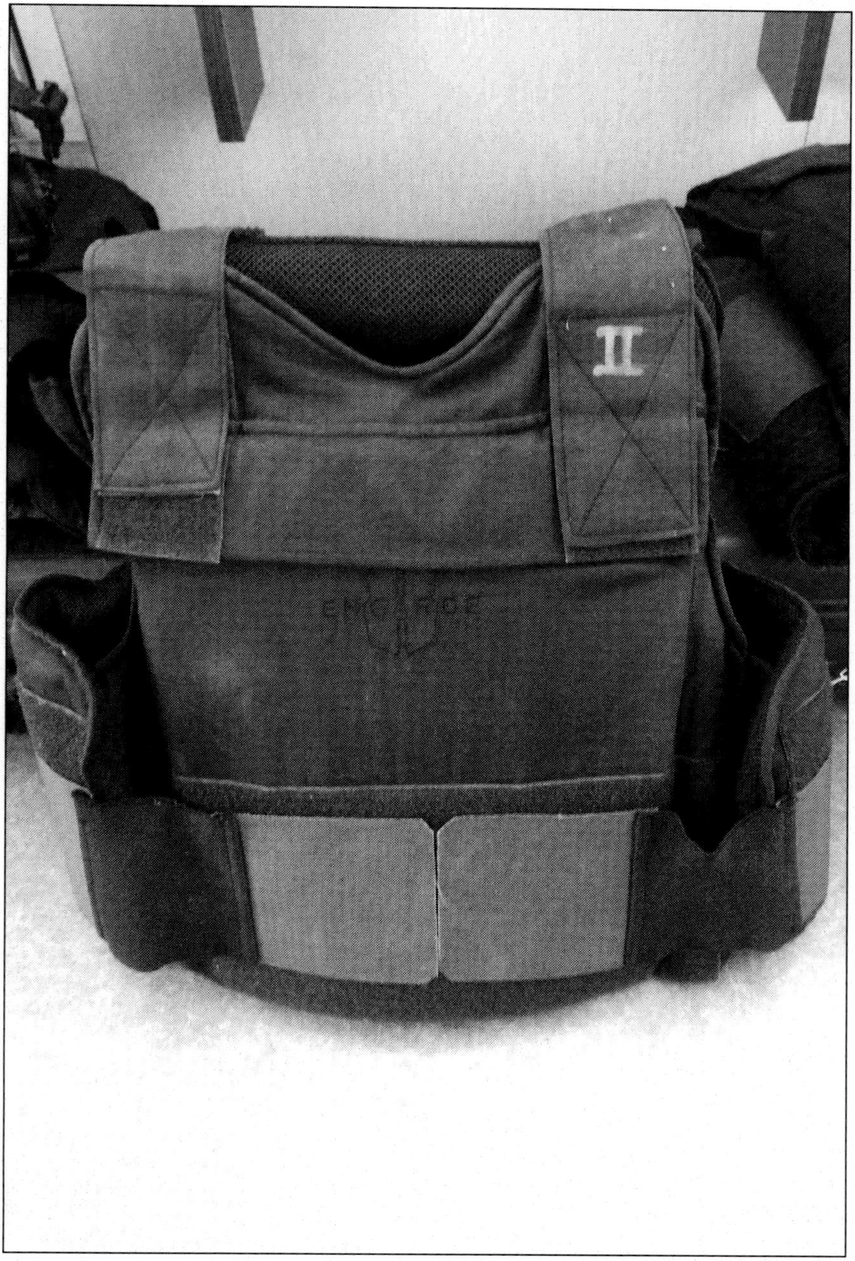

Schutzweste SK-4

Ihre persönliche Checkliste

Bevor Sie überhaupt in Krisengebieten eingesetzt werden, sollten Sie folgende Überlegungen anstellen:

Vorbereitung:
Medical Check-up, Ärztliche Untersuchung, Ärztliches Attest

Das alles benötigen Sie für den Arbeitgeber und für Ihren Versicherungsträger. Sicherlich handelt es sich um eine Untersuchung, die nur bestimmte Ärzte durchführen können. Ein HIV-Test ist in vielen Ländern Pflicht. Fragen Sie bei der Gelegenheit, welche Blutgruppe Sie haben. Im Einsatzgebiet sollte diese an Ihrem Helm und an der Schutzweste deutlich sichtbar angebracht sein.

Pflichtuntersuchungen durch:
Augenarzt, Zahnarzt, Ohrenarzt (HNO), Allgemeinarzt, Radiologie, Tropeninstitut

---

Vorbereitung:
Impfungen, Vorbeugung

Malaria, Gelbfieber, Meningitis, Cholera, Hepatitis A + B und Tetanus: Machen Sie sich schlau und begegnen Sie diesen Krankheiten. Lassen Sie sich impfen. In vielen Ländern ist zum Beispiel ein Nachweis über die Gelbfieberimpfung Pflicht. Andere Länder fordern einen negativen HIV-Test. Je nachdem, wo Sie eingesetzt werden, benötigen Sie eventuell Malaria-Prophylaxe. Gehen Sie sorgsam mit dem Impfbuch um.

Ihr internationales Impfbuch ist „up to date"?

Training:
Erste-Hilfe-Kurs

Erste-Hilfe-Ausbildung. Eventuell ein FPOS-Kurs (First Person on Scene), vergleichbar mit Ersthelfer.

Keine Pflicht: Ein Muss !

Training:
Sicherheits- Spezialkurs für Journalisten

Diese Kurse sind keine Überlebensgarantie, aber sie helfen Ihnen, in schwierigen Situationen besser zurechtzukommen. Sie lernen, wie Sie sich am besten schützen können, und werden für alle nur möglichen Gefahren sensibilisiert.

Höchst empfehlenswert !

Soziale Absicherung:
Versicherung

Angestellte bei Rundfunkanstalten, Nachrichtenagenturen und Pressebüros sind sicherlich über den Arbeitgeber pflichtversichert, doch wie sieht es mit den sogenannten Freelancers bzw. den freien Mitarbeitern/ Journalisten und selbstständigen Kameramännern aus? Nun, die müssen das in eigener Regie in die Hand nehmen und sich selbst um ihren Versicherungsschutz kümmern. Eine Versicherung sollte all die Länder abdecken, in denen Sie eingesetzt werden (Länder mit allgemein hohem Risiko. Länder, in denen kriegsähnliche Zustände herrschen). Sind Länder eingeschlossen, für die das Auswärtige Amt eine aktuelle Reisewarnung ausgesprochen hat? Achten Sie genau auf den Text und auf die Formulierungen. Die Versicherung sollte u.a. eine Verletztenrente, eine Hinterbliebenenrente und eine Evakuierung/Überführung aus medizinischen Gründen (MEDEVAC engl./EVASAN fr.) beinhalten und 24/7, also jede einzelne Minute im Einsatzgebiet abdecken.

- Wer übernimmt die Ausgaben für eine medizinische Versorgung vor Ort?
- Krankenhauskosten?
- Haftpflicht: Wie sieht es damit aus?
- Wer übernimmt die Kosten bei einem Unfall, der nicht direkt mit meinem Beruf in Verbindung gebracht werden kann?
- Denken Sie auch an Ihre Familie: Was passiert, wenn Sie tödlich verletzt werden – sind Ehepartner und Kinder gut versorgt?

• Gibt es nach einem schwierigen Einsatz eine psychologische Betreuung?

Die Ausreden, keine zu haben, sind vermutlich immer dieselben. Zu teuer? Zu uninformiert? „Mir passiert schon nichts"!

Information:

Bin ich hinreichend über das Land, in dem ich eingesetzt bin, informiert?

• Religion/Kultur, aber auch politische wie wirtschaftliche Verhältnisse des Ziel- und des Einsatzgebietes
• Sprache, Sitten und Gebräuche
• Dos and Don'ts
• Der Streitpunkt, die verschiedenen Gegner/Parteien (Was ist die reale Natur des Konflikts?)
• Wird mein Statuts anerkannt oder eher nicht?
• Durchschnittseinkommen?
• Wo genau sind die High Risk Areas?
• Gibt es Karten?
• Wo sind: Ärzte (Ärzte ohne Grenzen?) und Krankenhäuser, NGO's, Kasernen der UN-Truppen, UN-Organisationen wie z.B. das UNHCR etc.
• Wie ist die Stimmung der Menschen vor Ort?
• Und: Gibt es ein Netzwerk mit verlässlichen Kontakten?
• ... wer, welcher Kollege war vor mir hier, hat die ERFAHRUNG und das WISSEN?

Legen Sie sich einen Notizblock an und machen Sie Vermerke.

Es bleiben natürlich die Fragen zu klären, ob Journalisten von ihrem Arbeitgeber dazu gezwungen werden können, in Ländern eingesetzt zu werden, in denen es nachweislich höchst gefährlich ist, oder ob dies ausschließlich auf Freiwilligenbasis geschieht, bzw. ob der Einsatz immer dann abgebrochen werden kann, wenn die Lage im Empfinden des Journalisten „zu heiß" wird,und: Wer bezahlt, wenn bei einem Kid-

napping plötzlich Lösegeldforderungen auftauchen? Unsere Regierung?
Die augenscheinlichsten Gefahren in Kriegs- und Krisengebieten sind schnell genannt.

Die Gefahren

- Sniper- und Scharfschützenfeuer.
- Artillerie und Mörser-Beschuss.
- Hinterhalte und IED's.[39]
- Minen.
- Kidnapping.

Sniper- oder Scharfschützenfeuer

Ein kleiner Gebäudekomplex, inmitten von einem etwas größeren, umgeben von verschachtelten Bauwerken. Von dort späht er seine Opfer aus.

Die Liste der durch Sniper getöteten Reporter ist lang, es ist also an der Zeit, die Sache ernst zu nehmen. Ein Sniper ist ein Scharfschütze, der außer seiner Waffe und dem ganzen Zubehör auch die Taktik (Bewegungen zum Feind, Annäherung, Infiltration, Exfiltration), sich in Position bringen und die Psychologie des Feindes bis zur Perfektion beherrscht bzw. durchschaut. Er ist ein *Maître, ein Meister* der Manipulation, denn er berührt Ihre Seele, indem er Angst und Hoffnung gegeneinander ausspielt. Er will pokern, hat aber stets das bessere Blatt! Und er weiß, dass Sie das auch wissen!

---

39 Improvised Explosive Device – Sprengfalle oder auch Unkonventionelle Spreng- oder Brandvorrichtung, kurz USBV. Hierbei handelt es sich in Krisen- oder Kriegsgebieten meist um „zweckentfremdete" Panzerminen oder um Mörser- oder Artilleriegranaten (120 mm und größer), die mit einem Zünder und einem Auslöse-System versehen, versteckt am Straßenrand, in Gebäuden oder in an Checkpoints heranfahrenden Fahrzeugen untergebracht werden. Selbstmordattentäter tragen sie versteckt am Körper. Beim Nähern (oder beim Vorbeifahren des „Zieles", genannt auch „Target") an das zu zerstörende Ziel wird der Auslöser manuell oder remote (per Hand oder aus der Ferne z.B. über Funk, per Handy) betätigt: Die Granate (oder ein anderer Explosivstoff) explodiert! IED's sind verantwortlich für zehntausende von Toten und Verletzten in Krisen- und Kriegsgebieten. Im Irakkrieg kamen bisher mehr Soldaten der Koalitionsstreitkräfte durch IED's ums Leben als durch die eigentlichen Kampfhandlungen. IED-Anschläge werden fast immer mit „begleitetem Beschuss" aus dem Hinterhalt kombiniert, was deren Wirkung (und die Abschreckung) beträchtlich erhöht.

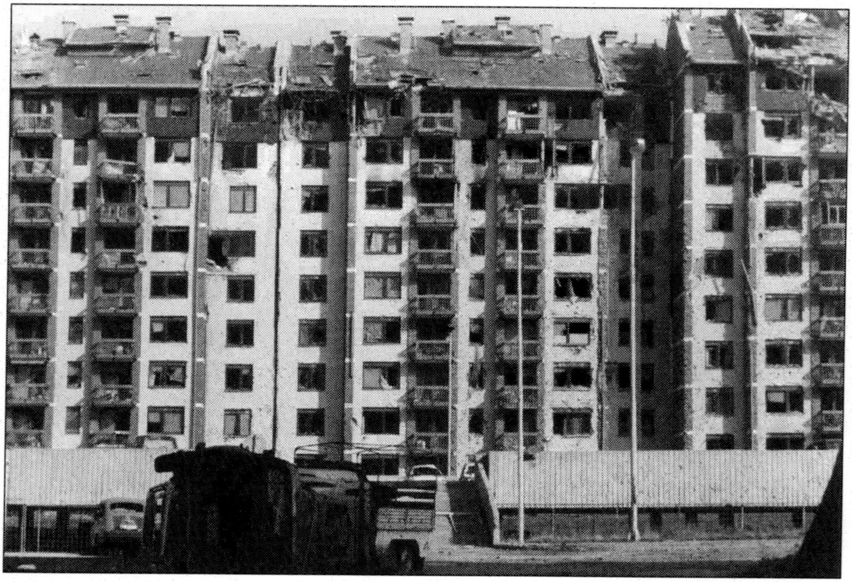

Sarajevo, 1992. Typisches Sniper „Territorium".

Weiterhin ist er dahingehend gedrillt, sehr viel Geduld zu haben und seine Emotionen, sollte er denn welche besitzen, in Schach zu halten. Technisches Verständnis und Bauernschläue, gepaart mit Kaltblütigkeit, machen ihn aus. Sniper, und auch das sollte man wissen, praktizieren *Teamwork*. Es sind immer zwei[40], manchmal drei und zusammen haben sie mehr Reporter auf dem Gewissen als jede andere der oben genannten Gefahrenquellen. Ich habe selber Sniper ausgebildet und ich weiß, wovon ich rede.

40 Ein klassisches Sniperteam besteht aus einem *Spotter* und dem *Schützen*, die jedoch wie ein Mann operieren. Der Spotter leitet den Schützen und füttert ihn mit wichtigen Informationen wie: Ziel, Entfernung, Wind- und atmosphärische Verhältnisse. Er hält Tabellen für die Schusskorrektur vor und verfügt oft auch über einen Mini-PC, der, mit allen Daten gefüttert, die Einstellungen für das Zielfernrohr berechnet. Der Spotter gibt Korrekturen an, wenn der Schütze das Ziel verfehlt und hält nach Gefahren Ausschau. In der Legion arbeiten wir im Dreierteam. Ein Schütze, ein Spotter – der gleichzeitig der Teamchef ist – und ein zweiter Schütze, der das Team nach allen Seiten absichert, damit dieses in aller Ruhe „arbeiten" kann. Es gibt Scharfschützenwaffen, mit denen ein guter Schütze bei optimalen Bedingungen (kein Wind, gutes Licht, wenig Gefälle, perfekte Außentemperatur, perfekte Temperatur der Munition und des Rohrs, atmosphärischer Luftdruck im grünen Bereich) in der Lage ist, ein unbewegliches Ziel noch auf 1500 Meter zu treffen.

Hier meine Tipps:

- Ganz nahe fallen Schüsse, die Luft ist plötzlich erfüllt von dem charakteristischen Sirren, das immer dann entsteht, wenn ein Geschoss vorbeifegt. Auch wenn Sie Zweifel haben, ob Sie es mit einem Sniper zu tun haben oder nicht: ***Gehen Sie sofort in Deckung.***

- ***Warnen Sie die Anderen:*** Ihre Begleitung, *Bystanders* etc. Diese haben die Gefahr vielleicht noch nicht erkannt oder falsch zugeordnet. Woher ein einzelner Schuss gekommen ist, ist sogar für alte, erfahrene Militärs nicht immer mit Gewissheit zu sagen.

- ***Versuchen Sie NIE, den Sniper ausfindig zu machen.*** Was Sie riskieren, ist nichts weniger als eine Kugel in den Kopf! Außerdem ist es Zeitverschwendung, denn seine Stellung werden Sie kaum entdecken. In dem Augenblick nämlich, in dem die erste Kugel an Ihnen vorbeisirrt, wird keine Bewegung ihn mehr verraten, und das, obwohl er bereits einige Augenblicke später schon eine sekundäre Stellung bezogen hat. All seine Stellungen liegen in der Tiefe eines Raumes, der zwischen der zweiten und vierten Etage eines Gebäudes liegt. Er hat sie so gewählt, dass es um ihn herum tausend andere Möglichkeiten gäbe, sich zu verschanzen. Manchmal befindet sich zwischen dem Schützen und seinem Opfer ein Gebäude, durch dessen geöffnete Fenster er beobachtet und schießt. Nur ein Sniper kann einen Sniper entdecken! Hat er einen Ihrer Kameraden angeschossen? Vorsicht! Das hat er womöglich absichtlich getan. Er hätte ihn bereits mit dem ersten Schuss töten können, wartet aber auf den Moment, in dem Sie oder ein anderer Ihre Deckung verlassen, um ihm zu Hilfe zu eilen. Motto: Zwei zum Preis von einem!

- Sehen Sie sich genau um. Es könnte kein Zufall gewesen sein, dass der Schütze Sie genau an dieser Stelle in Deckung zwang. Möglicherweise ist ein IED gar nicht weit weg.

- Warten Sie ab, bis die herbeigerufenen lokalen Sicherheitskräfte oder das Militär die Situation bereinigt haben. Sollte das nicht der Fall bzw. nicht möglich sein, dann nutzen Sie die erstbeste Gelegenheit, die den Sniper ablenkt oder in der Zielaufnahme stört

(Einbruch der Dunkelheit, Vorbeifahren einer Fahrzeugkolonne, starker Wind oder Regen, Rauch etc.), und rennen Sie in Sicherheit.

Distanzen zwischen 300 und 600 Metern (nachts bei besten Verhältnissen bis zu 300 Meter) deckt ein geübter Sniper zielsicher ab. Darüber hinaus wird es für ihn schwierig, vor allem wenn sein Opfer sich bewegt. Sollten Sie sich also bewegen müssen, weil weitere Gefahren im Anzug sind, dann rennen Sie im Zickzack und mit brüsken Richtungsänderungen in die nächste sichere Deckung.

Nach dem Metier eines Berufssoldaten im Einsatz ist das der Reporter und Journalisten, die aus Krisengebieten berichten, wohl mit das gefährlichste. Die Zahl der in Krisengebieten getöteten, entführten oder als Geisel genommenen Auslandsreporter und Journalisten ist in den letzten Jahren ständig gestiegen. Artillerie-Beschuss (bzw. Mörser) ist eine der größten Gefahren. Was tun, wenn ich unter Beschuss gerate?

Artillerie und Mörser-Beschuss

Mörser und Artillerie zu vergleichen schafft bei den jeweiligen Spezialisten stets böses Blut. Der Unterschied liegt in der Flugbahn des Geschosses (Steil- bzw. Flachfeuer), in der Reichweite sowie in der Effizienz (tödlicher Radius), mehr müssen wir nicht wissen. Was aber wichtig ist: dass beide aus erheblicher Distanz abgefeuert werden und dass die Granaten oder Geschosse, die durch Beobachter ins Ziel gelenkt werden, immer näher kommen, immer näher, bis sie schließlich im Ziel sind. So lange dürfen Sie aber nicht warten. Was also tun, wenn unweit von Ihnen die erste Granate einschlägt und die Splitter gefährlich nahe an Ihnen vorbeisausen?

- Sofort Deckung suchen! (Bei Mörserfeuer ist es oft so, dass die zweite Granate kaum eine bis zwei Sekunden danach und gar nicht weit weg von der ersten einschlägt.)
- Ist die zweite Detonation erfolgt oder ist nach weiteren zehn Sekunden gar nichts weiter geschehen, dann springen Sie los,

suchen Sie sich eine bessere Deckung als die erste. Diese sollte außerhalb der 100-Meter-Grenze liegen.

• Denken Sie an Schutz von oben, denn Artillerie wie auch Mörser könnten ihre Munition mit Bodenabstandszündern versehen haben. Außerdem kann so ein Geschoss so eingestellt werden, dass es mit Wucht zwei oder drei Etagen durchbricht, um erst nach einer gewissen Zeit in der Etage darunter zu explodieren. Ein Keller wäre die beste Lösung für Sie. Da Sie das Gebäude, in dem Sie Schutz suchen, nicht kennen, gilt: Nichts anfassen. Keine Schalter betätigen. Nicht auf einen Stuhl oder das Sofa setzen und auch den Kühlschrank nicht öffnen.

• Für alle Fälle gilt: Gibt es Verletzte, dann leisten Sie Erste Hilfe, aber erst dann, wenn es sicher ist, dies zu tun. Dazu bringen Sie den Verletzten zuerst aus der Gefahrenzone.

• Halten Sie sich so kurz wie nur möglich in Gebieten auf, die unter intensivem Mörser-, Artillerie- bzw. Panzergranaten-Beschuss lagen. Die Legierungen der in der Munition verwendeten Schwermetalle der Panzergranaten sind krebserregend und in der Regel radioaktiv, auch die neueren Wolframgeschosse.[41] Hochgiftig sind auch die Gase, die bei der Explosion herkömmlicher Sprengstoffe entstehen. Das Gelände drum herum ist sicherlich verseucht.

Hinterhalte und IED's

Es geht los, Sie müssen raus. Mit dem Fahrzeug zum ersten Einsatz.

• Sie haben eine Unbedenklichkeitsbescheinigung, eine Sicherheitsprüfung oder eine *Clearance*? In Krisengebieten können Sie sich nicht bewegen, wie Sie es gerne hätten. Meistens benötigen Sie grünes Licht von der Einsatzleitung und den lokalen Autoritäten. Fragen Sie, bevor Sie Ihre Route planen. Dabei können Sie auch die Frage stellen, ob es angeraten ist, sich von Sicherheitskräften (lokale Kräfte oder Armee) und/oder einem Verbindungsmann bzw. Dolmetscher eskortieren zu lassen und natür-

41 Früher wurden Urangeschosse verwendet. Das ist in einigen Armeen noch Usus.

lich müssen Sie Ihr Fahrzeug checken: Öl, Wasser, Werkzeugkiste, Ersatzrad, Wagenheber und ein voller Reservekanister! Natürlich ist vorne und an den Seiten gut zu sehen ein Schild mit der Aufschrift PRESSE angebracht. Einige Journalisten lehnen Letzteres ab!

• Ein Plan ist dazu da, über den Haufen geschmissen zu werden, gewöhnen Sie sich das an. Wollten Sie, um von *A* nach *B* zu kommen, eine ganz bestimmte Route nehmen, zu einem ganz bestimmten Zeitpunkt? Dann ändern Sie eine der Komponenten, sofern die Clearance (also die Verantwortlichen) dies zulässt. Keine Routine einreißen lassen.

• Sie fahren in einem Konvoi? Gut! Bevor es losgeht, findet normalerweise ein Briefing statt. Daran teilzunehmen ist Pflicht. Der Verantwortliche *„convoy commander"* erörtert einige wichtige Dinge wie: Einzuhaltende Route, Reihenfolge, Abstände, Geschwindigkeiten etc. Je größer der Konvoi, desto besser. Falls nicht anders angeordnet, halten Sie 50 bis 70 Meter Abstand zum Fahrzeug, das vor Ihnen fährt. Sollte Ihr Fahrzeug nicht gepanzert sein, tragen Sie Helm und Schutzweste (im gepanzerten Fahrzeug liegen diese sowie Ihr First Aid Kit griffbereit in Reichweite, falls nicht, sorgen Sie dafür!).

• Stapeln Sie die Ausrüstung nicht so ungeschickt, dass Ihnen nach hinten und zu den Seiten die Sicht versperrt ist, und anstelle sich mit dem Beifahrer über Nichtigkeiten zu unterhalten, sollten Sie lieber Ausschau nach ungewöhnlichen Dingen an den Straßenrändern halten: ein Steinhaufen, der gestern noch nicht da war, ein an einem ungewöhnlichen Ort geparktes Auto etc. Details können lebensrettend sein!

• Fahren Sie – wenn möglich – aggressiv (schnell) und: Keine Waffen!

Sie sind alleine oder in einem Konvoi unterwegs, als plötzlich das erste Fahrzeug (oder ein Fahrzeug vor oder hinter Ihnen) auf eine Mine fährt oder von einer Roadside-Bombe zerfetzt wird:

• Sind Gewehrschüsse zu hören und ist die Straße frei, dann geben Sie Gas, um so schnell wie möglich aus der Gefahrenzone zu kommen. Kümmern Sie sich primär um Ihr Fahrzeug, um die Menschen in Ihrem Fahrzeug und um sich selbst.

• Ist die Straße durch das erste Fahrzeug blockiert und zeigt Ihnen der Blick in den Rückspiegel, dass nach hinten ausgewichen werden kann, dann drehen Sie sofort um und verlassen Sie so schnell Sie können die gefährliche Zone, denn Sie sind in einem andauernden Hinterhalt. Nach Verletzten zu suchen, um zu helfen, ist in dieser Situation alles andere als vernünftig. Sie bringen sich nur in Gefahr.

• Ist die Straße vorne und hinten blockiert, dann flüchten Sie aus Ihrem Wagen. Bleiben Sie nicht in der unmittelbaren Nähe. Einige *Gruppen* haben es sich angewöhnt, nach der ersten Schießerei herauszukommen, die Toten zu zählen und die Überlebenden und Verletzten ebenfalls zu töten[42] und das nicht immer *„sauber"*. Suchen Sie nach Schleichwegen, die von der Straße wegführen. Stellen Sie sich tot, wenn ein Weglaufen aussichtslos scheint. Sich tot stellen ist jedoch in 90% aller Fälle ein hoffnungsloser Versuch, da der Angreifer, sollte ihm die Zeit dazu bleiben, sein Opfer *nochmals* tötet.

• Geschieht dasselbe im offenen Gelände und ist ein Ausweichen unmöglich, dann springen Sie aus dem Wagen und suchen Sie Schutz hinter dem Motorblock oder den Felgen (die einzigen Stellen am PKW, die eventuell vor Geschossen schützen), und halten Sie stets nach einer IED Ausschau. Eine gute IED sieht nicht nach einer IED aus. Ein Stück von einem Rohr. Ein am Straßenrand abgestellter Wasserkanister. Ein Moped mit einem Plastiksack am Lenker. Ein Autowrack! Der Tod in Form einer IED hat tausend Gesichter und: IED-Anschläge werden in den meisten Fällen mit einem Beschuss aus dem Hinterhalt kombiniert. Für Sie heißt das *… erstmal in Deckung bleiben nach einer Explosion!*

---

42 So geschehen dem Japaner A. SAITO (Ex-Hauptfeldwebel der Fremdenlegion) im Irak. Sein Konvoi wurde aus dem Hinterhalt überfallen, er selbst schwer verletzt. Unmittelbar nach dem ersten Kontakt kamen die vermummten Heckenschützen aus ihren Verstecken heraus und töteten den verwundeten und somit völlig wehrlosen Mann.

Minen (Landminen)

Merken Sie sich: Wo eine ist, da sind gleich mehrere!

- Wenn Sie Anzeichen dafür erkennen, dass Sie in ein Minenfeld oder in vermintes Gelände geraten sind (Draht, wo keiner sein dürfte, plötzliche Explosion, Verpackung von Minen am Straßenrand, Schild mit der Abbildung einer Mine etc.), dann halten Sie sofort an, legen Sie den Rückwärtsgang ein und fahren Sie langsam auf Ihren Spuren zurück.

- Ist das Minenfeld überwacht und tritt man an Sie heran, dann verhandeln Sie die sichere Durchfahrt[43]. Ist es unbewacht, umfahren Sie es.

- Wenn Sie eine Karte dabeihaben, dann tragen Sie den Standort der Mine (Minen) genau ein, um ihn später den Behörden zu melden. Falls nicht, merken Sie sich die Stelle. Es schadet nicht, über den Vorfall per Telefon eine Information an der richtigen Stelle zu hinterlassen, um zu verhindern, dass andere nach Ihnen derselben Gefahr ausgesetzt sind.

- Sie sind auf eine Mine aufgefahren, es gibt Verwundete und Ihr Fahrzeug ist nicht mehr einsatzbereit? Evakuieren Sie zunächst den/die Verwundeten nach hinten durch die Heckklappe (Kofferraum).

Minen (Anti-Personen-Minen)

Sie enthalten zwischen 50 und 350 Gramm Sprengstoff, werden per Hand ausgelöst, oder per Funk. Die Zünder reagieren auf Druck, auf Zug, auf Entlastung und auf Temperaturschwankungen. Sie reißen Waden, Fersen und Beine ab. Jeder ächtet sie (siehe: Ottawa-Konvention[44]) und schreit „Skandal", aber alle benutzen sie: die Anti-Personen-

---

43 Jetzt könnten sich die mitgeführten Dollars bewähren. Merken Sie aber, dass die Menschen beim Anblick des Geldes empört oder mit Unverständnis reagieren, stecken Sie es sofort weg.

44 Der völkerrechtliche Vertrag, Resultat der Ottawa-Konvention, verbietet Einsatz, Produktion, Lagerung und Weitergabe der A.P. Minen. Weltweit fordern diese Minen jährlich hunderte von Opfern. Unter den Ländern, die die Ottawa-Konvention noch nicht ratifiziert haben, sind unter anderen die USA zu finden.

Mine! Sie sind so angelegt, dass man sie gar nicht oder erst dann sieht, wenn es bereits zu spät ist.

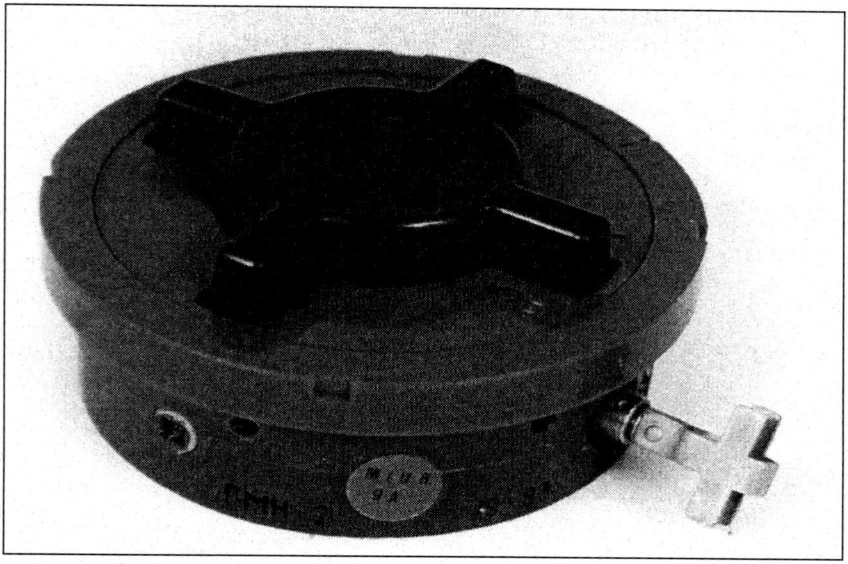

Russische AP Mine PMN-2

Egal ob Granate, Mine, IED, oder Booby Trap[45]: Rühren Sie niemals ein Ihnen unbekanntes Objekt an.

Kidnapping (siehe vorausgegangenes Kapitel: Verhalten bei Entführung/Kidnapping und Geiselnahme)

Einige weitere Tipps:

- Wer die Reflexe eines Soldaten nachahmt, sich ähnlich kleidet, wird auch als Kombattant aufs Korn genommen. Tragen Sie keine Militärsachen und keine Waffen (und keine Munition), auch nicht aus Spaß oder um behilflich zu sein.

45 Sprengfalle.

• Neutrale Kleidung: Ihre Kleidung sollte keine Tarnfarben, keine Fleck-Tarnung oder Camouflage aufweisen.

• ACHTUNG! Von weitem können ein Mikrofon, eine Kamera oder ein simpler Fotoapparat mit einer Waffe verwechselt werden. Wenn Sie Fotos schießen, überlegen Sie es sich dreimal, ob Sie dabei den *Blitz* verwenden. Es könnte ggf. sein, dass Ihnen, zwanzig Sekunden nachdem Sie auf den Knopf gedrückt haben, eine Salve MG-Feuer entgegenschlägt oder um Sie herum die Erde plötzlich bebt, weil Mörsergranaten genau die Stelle umpflügen, an der Sie eben das Foto geschossen haben.

• Wenn Sie auf einen von der Armee oder von Sicherheitspersonal besetzten Checkpoint zufahren, dann ist Vorsicht geboten. Es gilt: Fahren Sie langsam. Beschleunigen Sie nicht. Lesen Sie, was auf den Schildern steht, und achten Sie genau auf die Zeichen, die man Ihnen gibt. Die Hände bleiben immer sichtbar. Nachts keine Scheinwerfer. Steigen Sie erst aus, wenn man es Ihnen sagt. Den Motor lassen Sie am besten laufen, und natürlich tun Sie genau, was Ihnen gesagt wird und zeigen auch unaufgefordert Ihre Papiere vor. Hände weg vom Handy, auch wenn es klingeln sollte. An Checkpoints wurden schon Menschen erschossen, weil sie unangekündigt plötzlich ihr Handy zückten. Das Telefon könnte ein Remote-Auslöser für eine Autobombe sein! Wenn man Sie filzt, dann zeigen Sie, dass Sie damit nicht einverstanden sind, versuchen Sie aber nicht den starken Mann zu markieren, um sich der Durchsuchung zu entziehen. Man lässt Sie nicht passieren? Die Männer am CP sind generell einfache Soldaten oder Milizionäre. Verhandeln Sie nicht weiter mit ihnen, sondern fragen Sie nach ihrem Chef. Bleiben Sie dabei aber immer freundlich (keinesfalls aber unterwürfig). Zeigen Sie nie, dass Sie Angst haben!

• Wohin Sie auch gehen, haben Sie immer eine Art *Grab-Bag*/ kleinen Rucksack dabei. Darin befinden sich die notwendigsten Sachen wie die Kopie des Ausweises und des Führerscheins (die Originale haben Sie am Mann und eine zweite Kopie im Hotel), etwas Bargeld, eine warme Jacke, eine Decke, Klopapier, einige Hygienesachen, ein kleines Radio (Weltempfänger) und Batterien dafür, Zigaretten (auch wenn Sie Nichtraucher sind[46]) und Feuerzeug, Wasser und einige Fertiggerichte. Sie sind Brillenträger? Dann vergessen Sie auf keinen Fall eine Ersatzbrille.

• Müssen Sie, aus welchem Grund auch immer, die Nacht draußen verbringen, dann schlafen Sie in Ihrem Fahrzeug. Schließen Sie die Türen von innen ab. Sie sind mehrere, mindestens zu zweit? Dann schieben Sie Wache.

• Wenn es nicht sein muss, dann arbeiten Sie nie allein. Bevor Sie zum Einsatzort losziehen, stellen Sie sicher, dass Sie die Telefonnummern der wichtigsten Kontaktpersonen haben. Hinterlassen Sie immer eine Notiz, wo Sie hingehen, mit wem, welche Route Sie nehmen, und geben Sie unbedingt eine Zeit an, wann Sie wieder zurück sind. Arbeiten Sie mit einer oder mit mehreren Vertrauenspersonen einen sogenannten *mini* „contingency plan" (Plan B) aus.

- Sie sind nicht pünktlich zurück?
- Sie rufen nicht wie geplant um eine gewisse vorher festgelegte Uhrzeit an?
- Die Person, mit der Sie unterwegs waren, taucht ohne Sie auf?
- Sie melden sich, doch Ihre Kontaktperson hat Zweifel, ob da nicht Fremdeinwirkung und Zwang dahintersteckt?
- Was tun, wenn ein Notfall eintritt: Krankheit/Unfall/Kidnapping?

In jedem einzelnen Fall tritt der Plan B in Kraft, Telefone klingeln, Depeschen gehen raus, kurz: Man kümmert sich. ***Und zu guter Letzt:***

1. Nachts sind alle Katzen grau. Fahren Sie NIE nachts! In der Zeit zwischen Sonnenauf- und Sonnenuntergang ist Ihr Leben keinen Pfifferling wert.

46 Zum Raucher wird man in bestimmten Situationen sehr schnell. Andererseits kann eine offerierte Zigarette (oder eine andere Kleinigkeit) in bestimmten Situationen die Lage drastisch entspannen. Ich erinnere mich an eine total verfahrene Situation, in der mir die halbvolle Flasche Slibowitz, die ich aus dem Rucksack zauberte, das Leben gerettet hat!

2. Hören Sie unbedingt auf Ihr Bauchgefühl. Wenn es sich meldet und sagt „Vorsicht“, dann lassen Sie Demut walten und nehmen Sie es ernst … machen Sie einen Rückzieher. Halten Sie es dann ganz einfach wie Terry Anderson (Ex-Bürochef der *Associated Press* in Beirut), der, nachdem er fast sieben Jahre im Libanon als Geisel gehalten wurde, sagte: *„There is no story worth getting killed for!“* (keine Geschichte ist es wert, für sie zu sterben).

Ein paar Wörter, die nützlich sein könnten:

Deutsch	Englisch	Französisch	Arabisch	Chinesisch	Russisch
Presse	Press	Presse	Sahaa-Fa	Ing-Swoa	Priéss
Journalist	Journalist	Journaliste	Sahh-Fi	Dzid-So	Zhurnalist
Ich bin Journalist	I am a journalist	Je suis journaliste	Ana Sahh-Fi	Wo-sh'-DzidSo	Ya-hurnalist
Ich bin Deutscher	I am German	Je suis Allemand	Ana Allmani	Wo-sh'-De-Guo	Ny-miézki
Gefahr	Danger	Danger	Xhatar	Wi-Shi - Fēngxin	Ya Ny-miézki
Bombe	Bomb	Bombe	Gonbola	Zsatan	Bomba
Explosivstoff	IED	Explosives	Mutafatscharat	Boatsa/Zsatan	Wudrovnoie
Armee	Army	Armee	Tschaisch	Tshin-Dwui	Armijé
Soldat	Soldier	Soldat	Askari	Tshin-An	Ssoldad
Pistole	Pistol	Pistolet	Musadas	Sowat-Chang	Gun
Gewehr	Rifle	Fusil	Raschascha	Buat-Chang	Arujée
Krank	Sick/Ill	Malade	Mareed	Bing	Seschsctoke Balnoï
Essen	Eat	Manger	Akl	Chih	Yest'a
Trinken	Drink	Boire	Sharib	Huh	Pit'
Hotel	Hotel	Hôtel	Fundugk	Nykwoa	Ad'tel
Ja	Yes	Oui	Aiwa/Naam	Sih-De	Da
Nein	No	Non	La	May-o	Niet

1	One	Un	Wahid	Yi	Adine
2	Two	Deux	Ithan	Er	Dva
3	Three	Trois	Thalatha	San	Tri
4	Four	Quatre	Arba'a	Si	Tchettyrié
5	Five	Cinq	Xams'a	Wu	Piat'
6	Six	Six	Sitt'a	Liu	Chest
7	Seven	Sept	Saba'a	Qi	Siem
8	Eight	Huit	Thamania	Ba	Vossiém
9	Nine	Neuf	Tiss'a	Jiu'	Diéviat'
10	Ten	Dix	Aschara'a	Shi'	Diéssiat'

Und danach?

Der Schock über das Erlebte sitzt oft tief. Meist wird er von Erfolgsmomenten und vom Alltag nur verdrängt, aber dann kommt alles wieder. Das Sinnieren. Das unbestimmte Grübeln, das in den Eingeweiden nagt. Diese Bauchschmerzen, von denen man nicht weiß, wo sie herkommen, oder die Lust auf ein Glas, obwohl man eigentlich keinen Alkohol trinkt (oder seit Jahren trocken ist!). Haben Sie schon mal darüber nachgedacht, dass Sie Opfer einer Posttraumatischen Belastungsstörung, PTBS, sein könnten? Reden Sie mit anderen Kollegen darüber und offenbaren Sie sich Ihren besten Freunden oder Ihrem Partner bzw. der Partnerin. Meist sind sie es, denen zuerst auffällt, dass Sie ein Problem mit sich herumtragen. Sollten Sie Zweifel haben, dann suchen Sie einen *Seelenklempner* auf.

8

Reisewarnungen

In den Jahren 2005 bis 2008 arbeitete ich in Riad/Saudi-Arabien. Ständig hellwach unterwegs, den Notizblock immer zum Greifen nahe, fiel mir so einiges auf. Hier einige Dinge, die für Reisende in diese Region sehr wichtig sein könnten.

1. Tragen und Zurschaustellen religiöser Wahrzeichen

Ob in Berlin, in Genf, Rom, London oder in Paris, verschleierte Frauen, den Koran, Moscheen und den Ruf der Muezzin findet bzw. hört man überall. Das hat mit Toleranz zu tun. Und mit Politik. In Riad, der Hauptstadt Saudi-Arabiens, sowie auch in anderen Städten einiger arabischer Länder ist dem nicht so. Dort weht nicht der Wind der Langmütigkeit, dort herrscht nicht immer diese Duldsamkeit unseren christlichen Wahrzeichen und Zeremonien gegenüber. Für einen Reisenden, ganz besonders in Riad, wäre es ein grober Fehler, religiöse Zeichen wie die Bibel oder das Kreuz offen zur Schau zu stellen oder sichtbar bei sich zu tragen. Es käme einem nicht zu verzeihenden Affront gleich und könnte Sie schneller ins Gefängnis bringen als Mord oder Totschlag.

2. Über Religion debattieren

Lassen Sie es bleiben! Sofern man Sie nicht dazu auffordert, hüten Sie sich vor allem davor, über den Islam zu debattieren. Alles, was Sie als Christ oder als Nicht-Muslim darüber sagen, kann nur falsch sein und ist es richtig, so wird man es falsch interpretieren, weil Sie als Ungläubiger nicht das Wissen haben können. Kurz: Reden Sie nicht unbedingt über Religion und Politik und noch weniger über Sex!

3. Sittlichkeit

Die Religionspolizei „Muttawa" ist besonders in Riad sehr aktiv und präsent. Kleiden Sie sich dezent (lange Ärmel, keine Shorts, Kopftuch für die Frau), vermeiden Sie den Freitag, um Ihre Einkäufe zu machen, und denken Sie ständig daran: Alles, was mit Sex (insbesondere Pornographie) und Alkohol zu tun hat, kann Sie im schlimmsten Fall den Kopf kosten und das im wahrsten Sinn des Wortes. Hinrichtungen durch das Schwert finden in Riad öffentlich einmal die Woche auf dem Platz *Ad-Dirah* statt, den die Filipinos ironisch auch den *Chopchop* Markt nennen. Auch ziemt es sich nicht, einer Frau länger als drei Sekunden am Stück in die Augen zu sehen. Sollte ihr das nämlich missfallen oder sie legt es falsch aus, drohen Ihnen einige Schikanen. Viele Restaurants und Einkaufszentren oder kleine Läden darin unterliegen der Geschlechtertrennung, d.h. wo eine Frau hineindarf, müssen Sie als Mann draußen bleiben oder umgekehrt!

Als „Consultant" in der Sicherheitsbranche kam ich einmal mit jungen Hitzköpfen vorwiegend aus dem US-amerikanischen und dem englischen Sprachraum zusammen. Einige trugen T-Shirts mit rassistischen Texten, die sich gegen Araber und Muslime richteten. Nun, zu diesen jungen Männern, die solche Parolen auf T-Shirts zur Schau stellen, zwei Anmerkungen.

- ***Dieses Verhalten ist ebenso unreif und geschmacklos, wie es unverantwortlich ist. Es schürt Hass und Wut, und diese Wut richtet sich, wie so oft, immer auch gegen Unschuldige.***
- ***Dieses Gebaren zeugt von rasant dahinschwindender Lebenslust.***

Zwischenspiel

In einigen Staaten der USA gilt das Gesetz der sogenannten *Castle-Doctrin*. Bürger Floridas oder Montanas dürfen sich – wie in rund der Hälfte aller 50 US-Staaten – mit Waffengewalt verteidigen. Laut der „Castle Doctrine" (Schloss-Doktrin) ist der Einsatz tödlicher Gewalt gegen Eindringlinge in Haus und Garten in den meisten Fällen erlaubt. Bricht dort also einer in mein Haus ein und ich fühle mich bedroht, so darf ich mich mit allen mir zu Verfügung stehenden Mitteln verteidigen, auch wenn diese Verteidigung so aussieht, dass der Eindringling danach tot auf dem Boden liegt[47]. Das schließt den Schusswaffengebrauch ein. Ich selber bin ein absoluter Gegner dieser Doktrin, allein auch schon deshalb, weil viele Schießwütige damit Missbrauch üben. Die Verhältnismäßigkeit der Mittel stimmt nicht mehr. Ich war zufällig in Florida, als dort dieses Gesetz (Paragraph 3 des Chapter 776.013 der Florida Statutes – Abschnitt 16/Verbrechen) eingeführt wurde. Die Mehrzahl der Menschen dort begrüßte es, mich erfüllte es höchstens mit Skepsis und Ablehnung. Als ich dann auch noch erfuhr, dass die damalige Lobbyistin der National Rifle Association (NRA), und zugleich deren ehemalige Präsidentin, beim Aufsetzen des Textes dieses zweifelhaften Gesetzes mit am Tisch saß und vermutlich auch die Feder schwang, hatte ich alles begriffen.

47 So geschehen in Misoula, im US-Bundesstaat Montana. Dort ist im April 2014 ein deutscher Austauschschüler getötet worden. Der Vorfall ereignete sich nachts. Offenbar hatte der Hausbesitzer „angenommen", dass der Jugendliche in seine Garage eindringen wollte. Der Schütze hat mit einer Schrotflinte auf den vermeintlichen Einbrecher geschossen. Hinterher erfuhr die Öffentlichkeit, dass der beinahe dreißigjährige Schütze sich richtiggehend auf die Lauer gelegt hatte. Der Austauschschüler hatte nie auch nur die geringste Chance.

9

Mein Haus ist meine Burg

Aber wir sind in Europa und das ist gut so. Aus Erfahrung schlau geworden, behaupte ich, dass auch bei uns Survival bereits im engsten Umfeld, sogar im Schlafzimmer anfängt. Zuhause sollten die einfachsten Dinge Normalität sein. Stellen Sie sich doch vor, Sie liegen nachts im ersten Stock Ihres Hauses im Bett und werden gegen drei Uhr morgens von eindeutigen Einbruchs-Geräuschen geweckt? Richtig! Der erste Reflex ist: runter und nachsehen! Oder gleich die Polizei rufen? Mist, wo ist überhaupt das Telefon? Unten natürlich, auf der Ladestation, dort wo es auch hingehört! Bevor Sie sich entschließen können, werden auch schon Schritte im Treppenaufgang laut. Jemand kommt nach oben, *Sie besuchen* und … Sie sind allein zuhause! Nun, wir sind in Deutschland und nicht in Florida oder gar in Montana, und Gott sei Dank haben nur die wenigsten von uns eine Schusswaffe. Aber man kann Vorsorge treffen. Und das sollten wir auch, denn alle dreieinhalb Minuten wird in Deutschland in ein Haus oder in eine Wohnung eingebrochen. Es lohnt sich, für die Integrität Ihres Hauses und für die Unversehrtheit der Personen, die mit Ihnen unter einem Dach wohnen, etwas Geld auszugeben!

Abschreckung

Einbrecher geben schnell auf. Schaffen sie es in den ersten drei bis fünf Minuten nicht, das Schloss ihrer Wahl zu knacken, verschwinden sie in der

Regel. Licht, Lärm und Zweifel (und Hunde[48]) sind ihnen ein Gräuel. Legen Sie also Wert auf einige Sicherheitstechniken, wie Bewegungsmelder (an der Hausfront und zum Garten hin), robuste Türen, eventuell eine Alarmanlage etc. Lassen Sie Einbrecher immer im Zweifel[49], ob sich jemand im Haus befindet oder nicht, und schließen Sie nachts systematisch Türen und Fenster (natürlich erst, nachdem alle Gegenstände, die als Ein- oder Aufstiegshilfen benutzt werden können – ein großer Mülleimer, der Gartentisch, Stühle, Leitern etc. –, weggeräumt oder weggesperrt sind).

Abschreckung klappt nicht und die Einbrecher sind bereits im Haus?

Türe zum Schlafzimmer abschließen und sofort die Polizei anrufen! Das Schlafzimmer (eventuell mit einem stärkeren Schloss versehen, das niemand so schnell knacken kann, außer mit einem Vorschlaghammer) ist Ihre Zitadelle! Neben Ihrer Schlafstelle (der Mann schläft idealerweise auf der Seite, die näher zur Tür liegt) sollte immer ein geladenes Handy[50] liegen. Setzen Sie im Notfall einen Notruf ab, *Nummer* ***110***. Geben Sie Ihren Namen an, die genaue Adresse und was gerade geschieht. Legen Sie nicht auf! Fluchtszenario im Kopf? Es kostet Sie nichts, vorher schon darüber nachzudenken, wie Sie Ihr Haus oder die Wohnung schnellstens verlassen können, wenn die Flucht durch die vordere Eingangstüre keine Alternative mehr ist. Verhalten Sie sich zunächst still. Sollte der Einbrecher sich anschicken, gewaltsam in Ihr Schlafzimmer einzudringen, dann rufen Sie ihm zu, dass Sie die Polizei angerufen haben und dass Sie bewaffnet sind. Ob es stimmt oder nicht: Die Zweifel sind auf seiner Seite. Jedenfalls: Sofort greifbar unter Ihrem Bett befindet sich ein vom Gesetz erlaubtes Verteidigungsmittel[51], zum Beispiel ein Stock, der keine Merkmale einer Waffe aufweist (*der Tonfa, Mehrzweck-Einsatz-Stock MES, und Schlagstöcke mit Griffen, Schlaufen und/oder beweglichen Teilen etc. weisen solche Merkmale auf. Es sind Waffen, ihr*

---

48 Ehemalige Nachbarn und gute Bekannte von mir hatten einen Rottweiler. Mir fiel auf, dass er so gut wie nie bellte. Als ich nachhakte, erklärte mir der Besitzer, dass der Hund auch nachts nie bellen würde, wenn ein Einbrecher sich in die Villa „*verirren*" würde. Aber gnade Gott dem Maskierten, wenn ihm bei völliger Dunkelheit und absolut lautlos plötzlich 55 Kilo geballte Zerstörungswut entgegenkommen!

49 Bei Abwesenheit immer ein kleines Licht oder ein Radio anlassen.

50 Diese Nummer funktioniert auch dann, wenn Ihre Karte kein Guthaben mehr aufweist.

51 Neues Waffengesetz beachten!

Führen verboten). Auch CS oder CN Abwehrsprays bieten sich an. Natürlich: Setzt man sich zur Wehr, so ist die Gefahr eines Gewaltszenarios groß, aber hilft alles nichts und sollten Sie tatsächlich tätlich angegriffen werden, dann zeigt der Täter bereits eine aggressive Kurzschluss-Reaktion, die womöglich auch dann nicht endet, wenn Sie passiv bleiben. Geht er auf Sie los und ist Ihre körperliche Unversehrtheit oder gar Ihr Leben in Gefahr, so agieren Sie aus der Notwehr heraus. Diese Notwehr sollte jedoch dann enden, wenn auch der Angriff, wenn die Aggression stoppt. Wie gesagt, das gilt nur, sollten Sie wirklich angegriffen werden. Bleiben der oder die Einbrecher nämlich „gewaltfrei", dann spielen Sie nicht den Helden und tun Sie einfach, was von Ihnen verlangt wird, vor allem wenn Waffen im Spiel sind.

Ihre Zimmer sind natürlich mit Brand- bzw. mit Rauchwarnmeldern[52] versehen. Weiterhin ist es nützlich, immer einen Ersatzschlüssel des Haupteinganges außerhalb des Hauses oder der Wohnung an einem sicheren Ort zu deponieren (ein verlässlicher Nachbar?). Der Zugriff darauf soll innerhalb einer Minute möglich sein. Sie wohnen in einem Hochhaus und es brennt? Nie den Aufzug benutzen! Der ist nämlich der erste, der ausfällt und stehen bzw. stecken bleibt.

Tipps in letzter Minute:

- Legen Sie sich einen Safe mit Zahlenschloss zu. Ihre Wertgegenstände bedanken sich.
- Sind an Ihrer Hauswand oder an der Tür plötzlich Werbeaufkleber, Kreidemarkierungen oder andere Zeichen, die vorher nicht dort waren? Vorsicht! Entfernen Sie diese sofort und achten Sie die nächste Zeit peinlichst genau darauf, nachts Fenster und Türen geschlossen zu halten. Ein unauffälliges Kreide-Kreuz oder ein Haken könnte nämlich bedeuten, dass Sie bald „Besuch" bekommen.
- Lassen Sie niemals den Haustürschlüssel unter der Fußmatte!

... sonst grüßt die Mafia!

52 Siehe auch Rauchwarnmelderpflicht in den verschiedenen Bundesländern.

3 WARUM OUTDOOR SO WICHTIG IST

„Es ist eine gefährliche Sache, aus deiner Haustür hinauszugehen. Du betrittst die Straße und wenn du nicht auf deine Füße aufpasst, kann man nicht wissen, wohin sie dich tragen!"
(BILBO aus „Der Herr der Ringe")

10

Der erste Schritt ins satte Grün

Bilbo wollte uns damit keine Angst einjagen, sondern wohl eher unsere Neugier herausfordern. Bereits Lehrmeister Konfuzius sagte, *„dass auch der weiteste Weg mit einem ersten Schritt beginnt"*. Und er hatte Recht! Unsere bereits hinterm Haus angrenzenden Wälder sind Oasen der Schönheit und der Ruhe, und sie verbergen so manch Geheimnis für diejenigen, die sich ganz bewusst in dieses Umfeld hineinwagen, und wer Geheimnis sagt, der meint auch Abenteuer! Manchmal helfen uns die Helden aus den Büchern (ob Autoren oder deren Protagonisten), diesen ersten Schritt, von dem Konfuzius sprach, zu tun; ich denke vor allem an die, die wir alle als Kind schon bewundert haben: Christoph Columbus, Jack London und seine Romanhelden, Huckleberry Finn, Henry de Monfreid, Robinson Crusoe, Kim von Rudyard Kipling, Lederstrumpf von James Fenimore Cooper, der Graf von Monte Cristo, oder denken wir nur an „Cast Away“ und den brillanten Tom Hanks aus der jüngeren Zeit (und an seinen treuen Freund „Wilson“!). Einige von den soeben Genannten traten wider Willen an die Herausforderung Outdoor, oder wohl eher *Survival*, heran, doch am Ende hatten sie alle etwas gemeinsam. Ein Leben voller Abenteuer und vor allem die Liebe zur Natur!

Ich selbst wundere mich immer wieder, dass es tatsächlich noch Menschen gibt, die sich nie ihr eigenes Essen kochen mussten, die nie ein Feuer angezündet haben und die, um Wasser zu bekommen, nichts anderes kennen, als einfach den Hahn aufzudrehen. Manche haben noch keine einzige Nacht in ihrem Leben im Freien verbracht, haben nie gefroren, nie gehungert und nie übermäßigen Durst verspürt. Sicher, die Nachteile, die *Outdoor* so mit sich bringt, sind beträchtlich: Hunger, Durst, körperliche Strapazen, Kälte, Ungewissheit, Hitze, Regen und Winterstürme, von den anderen Risiken gar nicht zu reden.

Doch dem gegenüber steht die andere Seite und genau die treibt uns Insider immer wieder hinaus: blauer Himmel, reine Luft, die Haare im Wind, unendliche Weiten, tiefe grüne Täler, atemberaubende Sonnenauf- und Untergänge, ganz zu schweigen von dem, was die Natur uns sonst noch bietet:

- Mentale Kraft.
- Innere Ruhe und Ausgeglichenheit.
- Ein Wieder-Erwachen Ihrer Sinne und Emotionen.
- Das Gefühl einer neuen Identität.
- Ein Lachen, wo vorher keines war!

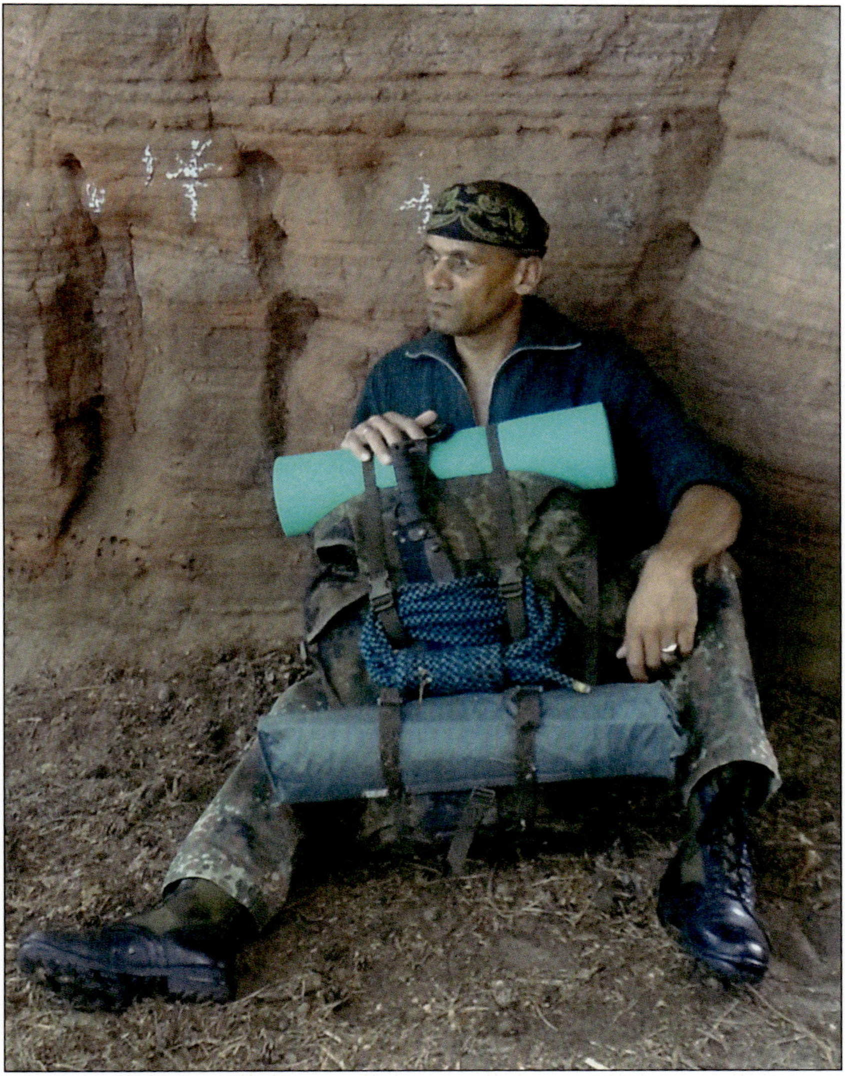

Der Autor in seinem Element

Die *„Wahrheit"* findet sich nicht im kuscheligen, gut geheizten Wohnzimmer einer Großstadt, sondern hinter der nächsten Biegung eines einsam im Halbdunkel liegenden Waldpfades, denn nur wer regelmäßig seinen Rucksack schultert, der kann auch die Indoor-Zivilisation richtig schätzen lernen. Was liegt also näher, als einfach mal den ersten Schritt zu wagen?

Gehen Sie mit einer Behelfs-Ausrüstung in Ihren Garten oder in den nahen Wald, und schlagen Sie dort ein Biwak (Zelt, Zeltlager) auf. Und wenn dann der Tag schwindet, machen Sie mit den Hilfsmitteln, die Ihnen zur Verfügung stehen (Feuerzeug/Streichhölzer/trockenes Holz), ein Feuer, versuchen Sie mit wenig Essen und Trinken auszukommen, beobachten Sie den nächtlichen Sternenhimmel und üben Sie sich darin, mit seiner Hilfe die Richtung zu bestimmen. Probieren Sie sich im Zuordnen der vielfältigen Geräusche der Natur, und schärfen Sie Ihre Sinne dabei. Ein Plus wäre es, wenn Sie ganz bewusst spät schlafen gingen, am besten weit nach Mitternacht, und bereits aufstehen, bevor es wieder hell wird. Der am Feuer erste, selber gemachte Schluck Kaffee oder Tee schmeckt dann am besten, wenn Venus[53] sich als Morgenstern dort zeigt, wo die Sonne am Osthimmel aufgeht, jedoch: Bereits lange vorher hören Sie, wie Vögel anfangen zu singen; schon mal den Begriff „Vogel-Uhr" gehört? Wie reagiert Ihr Körper auf all das? Wie lange benötigen Sie, um beim ersten Tageslicht: Zu verpflegen, das Biwak abzubauen, das Feuer zu löschen und, Rucksack auf dem Rücken, wieder unterwegs zu sein?

Ja! Es ist eine Herausforderung. Eine jedoch, die wir gerne in eine Unter-Kategorie vom „*Sinn des Lebens*" abspeichern dürfen!

Und sonst? Der Nebeneffekt? Bleiben Sie doch noch die Zeit draußen, die es benötigt, endlich mal wieder ganz bewusst mit Ihren Fingerspitzen einen Baum zu berühren. Wissen Sie, wie sich seine raue (oder glatte) Rinde anfühlt? Versuchen Sie zu erahnen, wie alt er sein könnte und was er alles schon gesehen hat. Ist es eine Tanne oder eine Eibe? Oder gar eine Buche? Könnten Sie wirklich, ohne sich zu täuschen, behaupten, das Aussehen von Eiche, Ulme, Pappel, Fichte, Föhre oder einer Weide mit geschlossenen Augen zu beschreiben? Wie fühlt es sich an, bewusst barfuß durch eine vom Regen nasse Wiese im Garten oder

53 Venus dominiert die Sonne jeweils um etwa 45 Grad.

auf einem nach Lehm, frischer Erde und altem Blätterwerk riechenden Waldpfad zu laufen?

Beobachten Sie die Tiere. Ob Specht, Fuchs, Eichhörnchen oder Ameise, alle haben eines gemeinsam, was uns Menschen längst abhandengekommen ist: Sie leben in Harmonie miteinander. Riechen, Fühlen, bewusstes Beobachten, hören, was die Natur so spricht, und derweil die frische Morgenluft tief in sich aufsaugen ... das alles sind Sensationen, die extrem bereichernd sein können. Jeder Beginn ist schwierig, aber spätestens dann, wenn die Natur Ihren Einfallsreichtum, Ihren Stolz und Ihren Willen herausfordert, wendet sich das Blatt. Outdoor wird plötzlich spannend wie ein Krimi, denn sind Sie einmal dem Charme der Natur erlegen, können Sie sich kaum wieder davon befreien. Und nun mal Hand aufs Herz: Wann haben Sie sich schon mal den Kopf über solch einfache, aber essentielle Dinge zerbrochen? Nie? Dann wird es spätestens jetzt Zeit, denn jeder noch so armselige und bescheidene Outdoor-Freak ist reicher als der wohlhabendste und selbstgefälligste Stadtmensch!

4 GEPLANTE OUTDOOR-TOUREN / AUSRÜSTUNG

„Zwei … drei Streichhölzer und ein gutes Messer[54] haben oder nicht kann den Unterschied zwischen Leben und Tod ausmachen!“
(… aus „The Hunger Games“ / Die Tribute von Panem)

11

Outdoor unterwegs (längere Tour)

Sind längere, vielleicht anstrengende Touren geplant, ist es angeraten, sich individuell darauf vorzubereiten. Der allergrößte Wert sollte auf eine gute Ausrüstung gelegt werden[55]. Da alles auf dem Rücken getragen werden muss, sind drei Faktoren essentiell:

---

54 Ich glaube, man kann es nicht oft genug wiederholen: Das Messer ist das wichtigste Werkzeug für uns. Es immer scharf und sauber (und griffbereit) zu halten ist Pflicht.

55 Und auf Information. Informieren Sie sich zum Beispiel über das Wetter. Manchmal sind mitten im Sommer heftige Regenstürme angesagt, aber auch Hitzeperioden mit über 35 Grad, oder plötzliche Kälteeinbrüche. Darauf sollte man sich einstellen, denn das Wetter nimmt Einfluss auf so manche Dinge. So zum Beispiel auf die Länge unseres geplanten Trips und sicherlich auch auf die Liste der Dinge, die in den Rucksack kommen.

- Ein Körper, der die Strapazen aushält.
- Ein guter Rucksack.
- Gutes Schuhwerk.

Ihr Körper

Wir haben bereits im Abschnitt Körpersprache *(... der innere Schweinehund)* ausgiebig darüber gesprochen. Wenn ich es jetzt noch einmal betone, dann weil von diesem Faktor *ALLES* abhängt. Ob Frau oder Mann, Kind oder Greis, jung oder alt, ob Professor an der Uni, Postbote oder Verkäufer bei Aldi Süd: Sie werden kaum ein Ziel erreichen, wenn Ihr Körper es nicht zulässt, deshalb: Halten Sie sich fit, trainieren Sie Motorik und Ausdauer, und lernen Sie, zumindest ein Minimum körperlicher Strapazen auf sich zu nehmen.

Der gute Rucksack

Was den Rucksack anbelangt, so lassen Sie sich von einschlägigen Outdoor- oder Survival-Spezialisten beraten. Ein guter Sack sollte leichtgewichtig (leichter Rahmen) sein, durch Langlebigkeit überzeugen und einen guten Tragekomfort haben. Außentaschen braucht es, und zwar mindestens vier. Früher hatten die Rucksäcke ein einziges Kompartiment mit höchstens zwei großen Außentaschen. Benötigte man etwas, zum Beispiel den Erste-Hilfe-Kasten – *First-Aid Kit* – oder die Wasserflasche, sofern sie nicht am Koppel getragen wurde, so konnte es durchaus vorkommen, dass man erst den ganzen Rucksack auf den Kopf stellen musste, um heranzukommen. Doch diese Zeiten sind Gott sei Dank vorbei. Für 120 Euro bekommt man heute einen praktischen Rucksack bester Qualität, und der hält auch mal über die Jahre hinweg. Lassen Sie sich bitte nicht vom nächsten Foto beirren oder gar beeinflussen, denn ich selber stehe eher auf rustikal und unorthodox, deswegen auch der Rucksack *Typ Militär*.

Wer kann (Kostenfrage), sollte Ultralight Ware (UL) bevorzugen. Zelt, Rucksack, Matte etc., alles in UL, dann wiegt der Rucksack anstatt zwanzig gleich mal nur zwölf Kilo, wobei wir schon beim Gewicht wären: 12 bis 15 Kilo! Mehr darf oder sollte ein fertig gepackter Rucksack im

Durchschnitt und bei einer normalen Outdoor-Aktivität (Wanderung) nicht wiegen.

Gutes Schuhwerk

Bei Schuhen wird nicht gespart! Ich selber laufe mit ganz normalen Turnschuhen (auch wenn es regnet oder schneit) und habe immer ein zweites, trockenes Paar im Sack. Anfänger in Sachen Outdoor sollten gutes, festes Schuhwerk tragen und sich das auch was kosten lassen. Am besten sind solide Wanderstiefel, die bis über die Knöchel reichen. Diese sollen auf der einen Seite gegen Feuchtigkeit schützen, also wasserabweisend sein, auf der anderen Seite aber auch „atmen". Wählen Sie den Schuh weder zu groß noch zu klein. Die Sohle ist am besten dick und rutschfest. Bevor eine längere Tour unternommen wird, laufen Sie die Schuhe/Stiefel im Rahmen kleiner Tagesausflüge sorgsam ein.[56] Müssen Sie einen Bach durchwaten, ziehen Sie die Schuhe vorher aus (Achtung, Glassplitter!). Reserve-Schnürsenkel, Schuhcreme und eventuell Schutzspray haben Sie natürlich im Rucksack! Packen Sie eine von diesen winzigen Tuben mit Atom- oder Sekundenkleber gleich mit ein. Sollte sich unerwarteterweise die Sohle lösen, sind Sie damit eindeutig im Vorteil.

56 Niemals mit nagelneuen Wanderschuhen eine längere Tour unternehmen.

12

Wie packe ich meinen Rucksack / Was muss rein

Er soll gut gepackt sein, wir dürfen aber keine Wissenschaft daraus machen. In der Regel hat er ein Hauptkompartiment und dann eben vier Außentaschen für den „schnellen Zugriff“. Von letzteren befinden sich am besten zwei seitlich, eine oben und eine etwas größere unten am Sack. Achten Sie auf eine optimale Lastenverteilung. Schwere Sachen sollten tief in das Hauptfach und so nahe an den Rücken wie nur möglich. In die obere Außentasche kommt das Erste-Hilfe-Set, das, da wir uns (noch) nicht im Krieg befinden, deutlich gekennzeichnet wird. Seitlich verpacken wir Dinge wie Fernglas[57], Poncho oder Regenumhang, leichte Nahrung (für den kleinen Hunger zwischendurch, ohne eine größere Pause einzulegen), eine Wasserflasche etc. Das untere Fach wird für den im Plastiksack verpackten Schlafsack reserviert. Über das Ganze kommt eine Regen abweisende Schutzhülle und schon kann's losgehen. Tipp: Auch wenn der Rucksack wasserdicht ist und/oder eine äußere Schutzhülle hat, packen Sie die wichtigsten Dinge noch einmal separat in Plastiktüten oder Plastiksäcke. Feste Müllsäcke sind dafür ideal. Besonders der Schlafsack darf nie nass werden!

---

57 Ein gutes Fernglas in Kombination mit einer Karte kann uns sehr viele umsonst gelaufene Kilometer ersparen!

Und das muss alles rein:

- Vergrößerungsglas (Lupe). Wichtig zum Lesen des Kleingedruckten auf Karten und zum Feuermachen.
- Feuerstein oder Magnesium Feuerstarter (mit einem Messer einige Späne vom Magnesium-Block schaben; Messerrücken oder Klinge gegen den integrierten Feuerstein schlagen, bis die Funken die Späne entflammen). Einfach, praktisch, gut! Dann natürlich Streichhölzer/Sturmfeuerzeug/Kerzen.
- Kompass (trägt man alternativ, oder sogar besser, am Mann!).
- Signalpfeife/Laserpointer (Achtung! Direkte Blend-Attacken auf Flugzeuge oder Hubschrauber gab es schon. Das kann Sie Kopf und Kragen kosten. Laserpointer sind dazu da, um SOS-Signale zu senden und um im Notfall auf die eigene Position aufmerksam zu machen).
- Taschenlampe. Stirnlampen[58] bieten sich an, man hat so die Hände frei.
- Esbitkocher oder Notkocher mit Brennpaste.
- Ein oder zwei Karabinerhaken.
- Etwas Salz.
- So viele Essensrationen, wie Sie es für nötig halten.
- Eine Notration und diese immer unten im Sack: Die Betonung liegt auf NOT-Ration!
- Zwei gefüllte Wasserflaschen: Je nach Gelände, Klima, Vorhaben etc.
- Toilettenpapier.
- Seil. Durchmesser 1,5 cm, Länge: 25 Meter (zum Spannen einer Plane, zum Herstellen einer Trage oder auch im Notfall zum Absichern).

58 Vorsicht ist im tropischen Regenwald geboten. Fliegende Insekten stürzen sich auf alles, was leuchtet. Ist das Insekt so groß wie eine Fledermaus, wiegt 300 Gramm und landet mitten aus dem Nichts heraus plötzlich in Ihrem Gesicht, dann bekommt das ganze schnell einen „Wow"-Faktor.

• Ein Dreieckstuch (kann für vieles benutzt werden: als Schlinge für einen ausgerenkten Arm, als Wasser-Filter, als Kopftuch oder auch zum Anlegen eines Druckverbandes etc.).

• Eventuell eine Gaslampe.

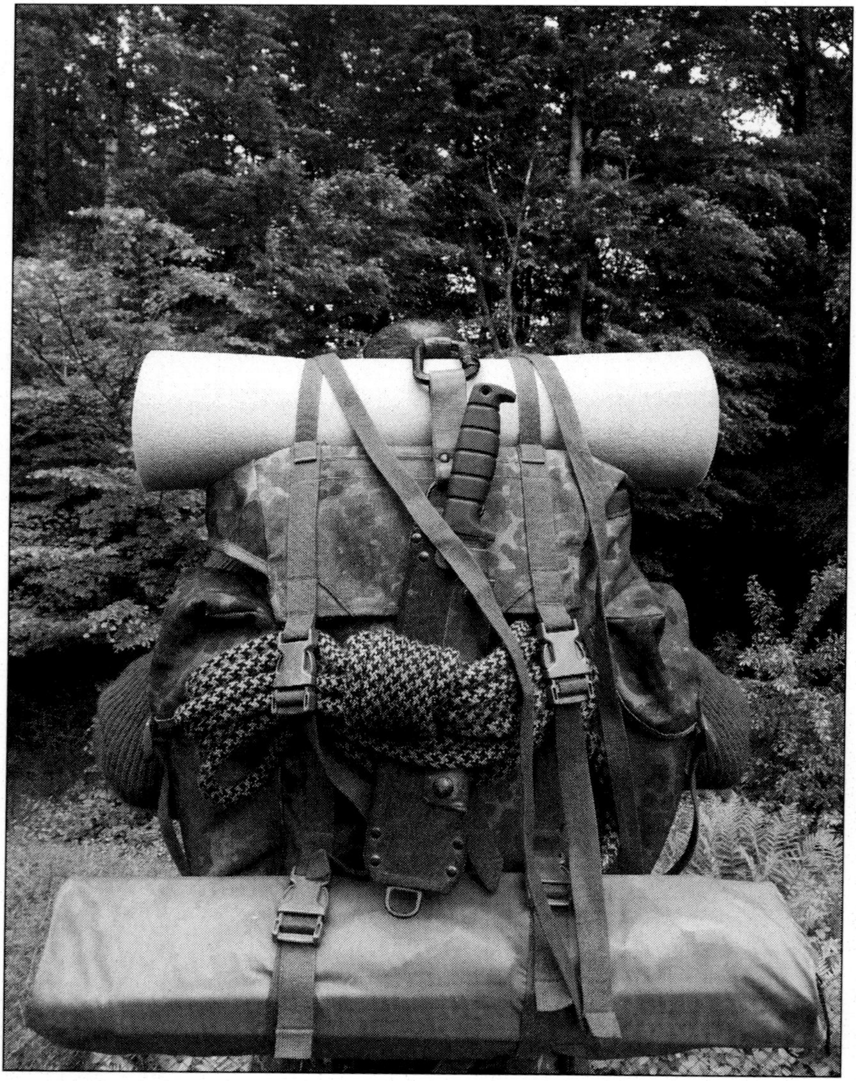

Gepackter Rucksack

• Multitool Typ **Leatherman**: Mit Messer, Korkenzieher, Ahle, Säge, Zange, Schere und Dosenöffner etc.

• Taschenmesser/Machete (*coupe-coupe*) oder ein Messer mit fest stehender Klinge.[59]

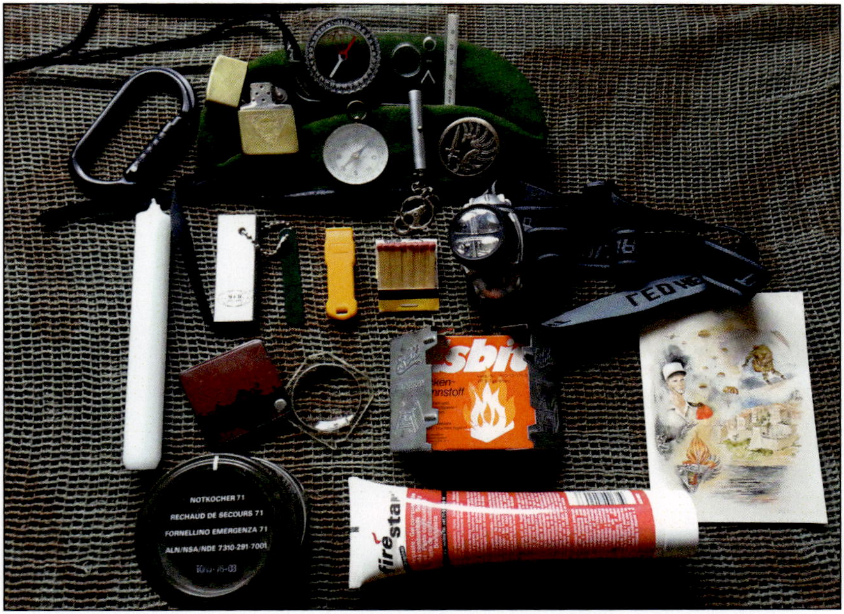

Ausrüstung Teil 1

Was ich immer dabeihabe, ist ein kleiner Schlauch. Länge: 80 cm, Durchmesser: 6 cm. Sehr biegsam und farblos dient er dazu, aus unzugänglichen Steinritzen, Spalten, Rillen, hohlen Baumstämmen und Erdlöchern Regenwasser ans Tageslicht zu fördern.[60] Das Teil wiegt nichts und nimmt keinen Platz weg, und ich sage mir immer: Besser

59 Ganz wichtig: Rechtslage beziehungsweise Waffengesetze beachten. In Deutschland und vielen anderen Ländern ist das Mitführen von Einhandmessern mit feststellbarer Klinge verboten. Machen Sie sich schlau, inwiefern Ausnahmen (Outdoor-Aktivitäten, Campen und Zelten etc.) gemacht werden.

60 Diejenigen, die einst auf diese Art und Weise des Nachts Sprit aus den Tanks geparkter Autos saugten, sind eindeutig im Vorteil.

es dabeizuhaben und am Ende nicht zu brauchen, als es dringend zu brauchen und nicht dabeizuhaben. Unterschätzen Sie bitte auch nicht die Wichtigkeit, ein Messer bei sich zu führen, dass sich mit nur einer Hand öffnen lässt! Vielleicht ist dieser Aspekt in normalen Situationen und in Europa nicht von Wichtigkeit. Aber wie sieht es in Situationen aus, in denen Sie an einer Hand verletzt sind (ein oder mehrere Finger abgerissen?) und nur das Messer einen Angreifer davon abhalten kann, Ihnen den Garaus zu machen? Oder vielleicht müssen Sie ein Seil durchzuschneiden, das Ihnen die Luft abschnürt? Oder, oder, oder ...!

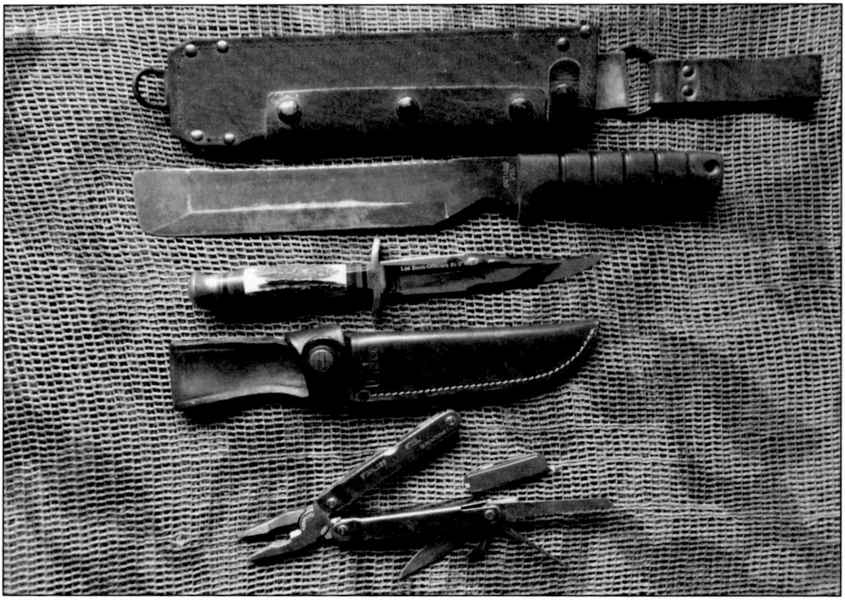

Ausrüstung Teil 2

Wichtig: Wenn Sie sich ohne Ausrüstung wiederfinden sollten, was heißt: auch ohne Messer, suchen Sie quarzhaltige Steine oder große Kiesel, die sich in Bächen finden und schmettern Sie diese gegeneinander. Die so erzielten Splitter sind scharf, eignen sich hervorragend als Werkzeug- und Messerersatz. Außer der bereits gezeigten Ausrüstung versteht es sich von selbst, dass man stets Folgendes dabeihat:

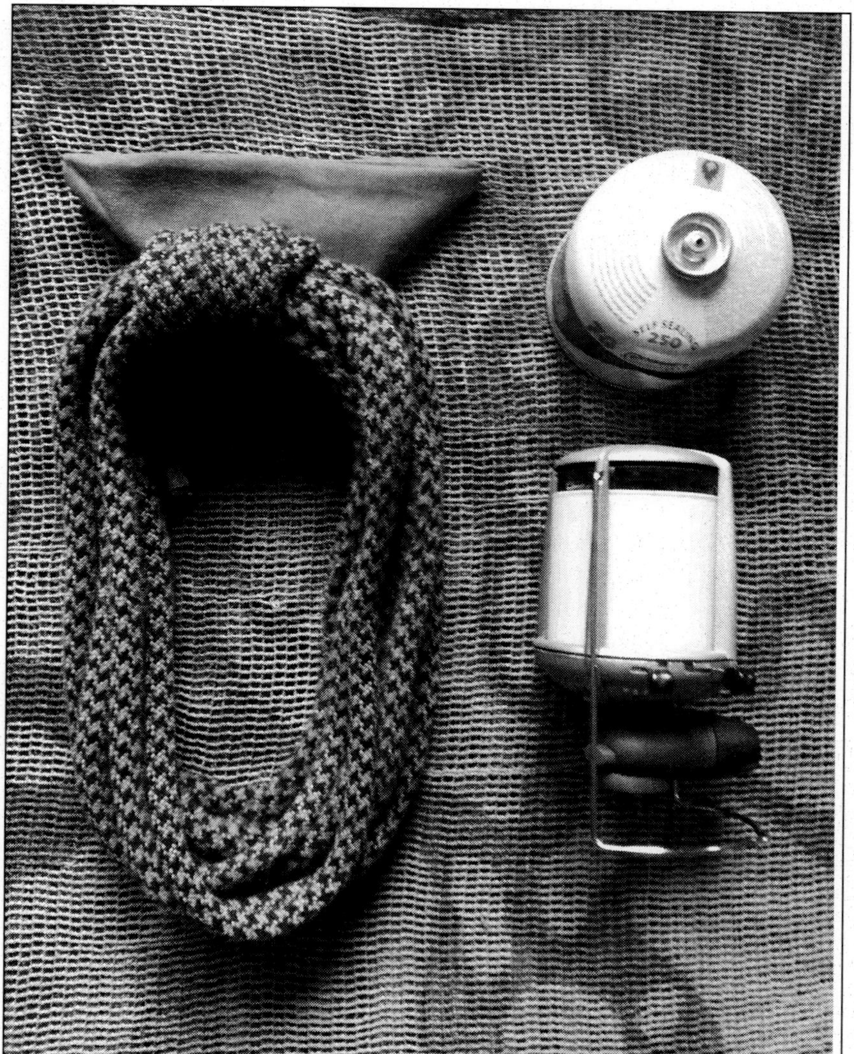

Ausrüstung Teil 3

- Schlafsack, ein Mumienschlafsack eventuell. Daune oder eine gute Kunstfaserfüllung heben sich von der Qualität her meist auf.
- Schlafsackhülle aus Goretex.

- Isoliermatte.
- Eine Regenplane, mindestens drei mal drei Meter.
- Einmannzelt oder etwas Vergleichbares.
- Nähzeug, Waschzeug/Hygieneutensilien (Handtuch, Zahnbürste, Zahncreme, Rasierer, Seife etc.).
- Erste-Hilfe-Set (Minimum: Pflaster, Verband, Desinfektionsmittel, Garotte[61], Tampons[62], Schmerz- und Wasseraufbereitungstabletten, Tabletten gegen Durchfall (Imodium), ein Breitbandantibiotikum, Zeckenzange, Rettungsdecke).
- Aufgeladenes Handy (... für einen Notfall! Kabel dabei?)/etwas Bargeld/Ausweis in Plastikhülle.
- Wechselwäsche, ein Paar Turnschuhe für den Abend.
- Schnur/etwas Draht/Insektenspray/zwei einfache Angelhaken/Schleifstein/einen kleinen zusammenklappbaren Spaten.
- Poncho oder Regenumhang.
- GPS[63], falls notwendig.
- Wasseraufbereitungstabletten: z. B. Micropur oder Aquamira.

Das alles hört sich nach sehr viel an, ist es aber nicht. Mit etwas Erfahrung, vor allem was den Vergleich der möglichen Materialien qualitativ betrifft, aber auch in Bezug auf die Gewichtsreduzierung, packen Sie den Rucksack bei jedem Ausflug besser und zweckmäßiger. Es versteht

---

61 Tactical Tourniquet, wie die Amerikaner sie nennen. Sie sind dafür gedacht, Blutungen durch Abbinden zu stoppen. Man kann sie mit einer Hand bedienen. Im Gegensatz zu alten Weisheiten ist heute eines klar: Eine einmal angelegte Garotte wird NIE geöffnet, außer von Fachpersonal (von Ärzten).

62 Wir denken immer ans Schlimmste und im Schlimmsten immer an die einfachsten Dinge, die sich bewährt haben. Schuss- oder Stichverletzung? Führen Sie einen Tampon in Schuss- oder Stichkanal ein! Er saugt sich voll, dichtet gut ab und verhindert so, dass Schmutz in die Wunde gelangt. Er verhindert auch hohen Blutverlust, was schon so manchem Menschen das Leben gekostet hat. Wir sind zwar nicht in Kriegsgebieten unterwegs, aber es kam schon vor, dass Wanderer aus Versehen von Jägern angeschossen oder von skrupellosen Banditen überfallen wurden. Wie Sie Ihrer Frau erklären, was Sie als Mann mit Tampons im Wald machen, ... das ist wieder eine andere Sache!

63 Global Positioning System / Globales Positionsbestimmungssystem

sich von selbst, dass die Ausrüstung sich den klimatischen Bedingungen und der Jahreszeit anpasst, denn Sahara ist nicht gleich Antarktis. Hier ein paar summarische Gedanken vorneweg, ich komme später aber im jeweiligen Kapitel noch detaillierter darauf zurück.

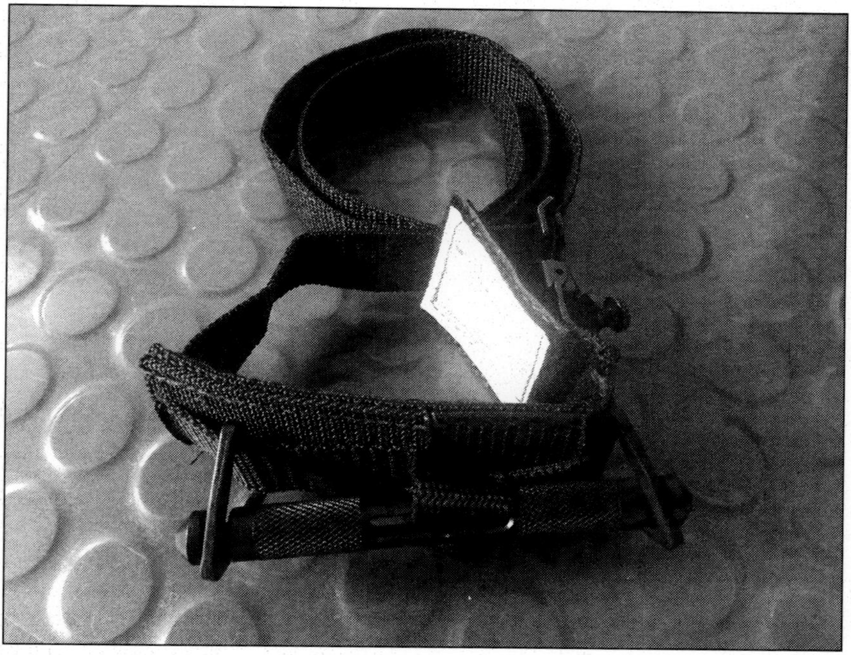

Tactical Tourniqué/Garotte

Wüste / heißes, trockenes Klima

Wir benötigen Sonnenschutz in Form von Hut, Sonnencreme, Sonnenbrille, lange, leichte und helle Kleidung aus Baumwolle, die unsere nackten Körperpartien, wie Arme und Beine bedeckt, Nackenschal Typ „chèche“ etc. Drei oder vier[64] Wasserflaschen, um mindestens vier bis fünf Liter Wasser transportieren zu können.

64 Nicht eine Flasche, in die vier Liter passen! Hat die nämlich ein Loch oder leckt, sind vier Liter Wasser im Wüstensand. Also: Wasser auf mehrere Behälter und in verschiedene Taschen bzw. Fächer verteilen!

Urwald / tropisch feuchtes Klima

Im Dschungel z. B. nehme ich eine brasilianische Haushängematte und einen Poncho Liner, anstatt einen Schlafsack. Moskitonetz, Fliegen abweisende Sprays (Autan) oder Cremes, leichtes Schuhwerk, große Plastikplane etc. (siehe Spezial ‚Dschungel'). Die Machete ist Pflicht!

Gebirge

Sonnenbrille und Sonnencremes, beide mit einem starken UV-Schutz. Es gibt spezielle Gletscher-Sonnenbrillen für Alpinisten. Warme Kleidung, die gegen Wind, Regen und Kälte schützt. Goretex und Polarwesten haben sich bewährt. Festes Schuhwerk, Handschuhe, Wollmütze, Zelt, Matten und Schlafsack sollten den im hohen Gebirge zu erwartenden Temperaturen gewachsen sein.

13

Lager-, Biwak-Suche

Folgende Kriterien machen einen gut gewählten Biwak-Platz aus.

Trockene, ebene Liegestelle von ca. 2x2 m.

Sie sollte von dichtem Gebüsch umgeben sein. In einem mir unfreundlich gesonnenen Umfeld krieche ich in das Gebüsch und schaffe mir dort den Platz, den ich benötige. Nicht in Mulden, aber auch nicht am

Schräghang. Haben Sie kein Zelt dabei, dann bauen Sie sich in weniger als einer Stunde eine Not-Unterkunft, siehe Zeichnung. Und so wird's gemacht:

- Wählen Sie sechs oder acht kleinere junge und biegsame Bäumchen (oder Äste großer Sträucher) aus, die ungefähr kreisförmig (Durchmesser des Kreises etwa drei Schritte) zueinander stehen.
- Schneiden Sie alle Äste und Zweige ab, die nach innen wachsen, und säubern Sie grob die Fläche innerhalb des Kreises.
- Biegen Sie die Spitzen der Äste auf Kopfhöhe so, dass sich alle in der Mitte treffen, und binden Sie sie fest zusammen.
- Achten Sie darauf, dass der Eingang auf der windabgewandten Seite entsteht!
- Die so entstandene Kuppel mit dünnen, biegsamen Ästen und Zweigen horizontal verflechten, und schließlich Blätter in das Gebilde mit einbinden. Baumrinde eignet sich ebenfalls. Eine andere Variante wäre, Gras zu bündeln und, wie an der beigefügten Skizze zu sehen, in mehreren Lagen an das Gerüst zu flechten. Dies alles würde uns nur dann wirksam vor der Kälte schützen, solange es nicht anhaltend regnet, deshalb …
- … haben Sie einen Poncho, eine oder zwei Zeltbahnen oder eine Plane, dann werfen Sie diese darüber, festbinden nicht vergessen. Jetzt wären wir im Trocknen und, nachdem wir ein kleines Grubenfeuer gemacht haben, auch im Warmen.
- Um die Hütte herum wird ein Regengraben ausgehoben.

Wenn Sie das drei- oder viermal praktiziert haben, so werden Sie erstaunt sein, wie einfach und vor allem wie schnell es geht, und wie dicht und warm so eine Hütte selbst im tiefsten Winter sein kann.

Die Afar bauen das Gerüst aus Ästen und Zweigen. Bedeckt wird der Toukoul dann mit Ziegenfellen oder Matten aus Gras, die von den Frauen geflochten werden. Die Zulus machen es ähnlich. Sie stecken lange Stangen im Kreis in den Boden und binden sie oben in der Mitte zusammen.

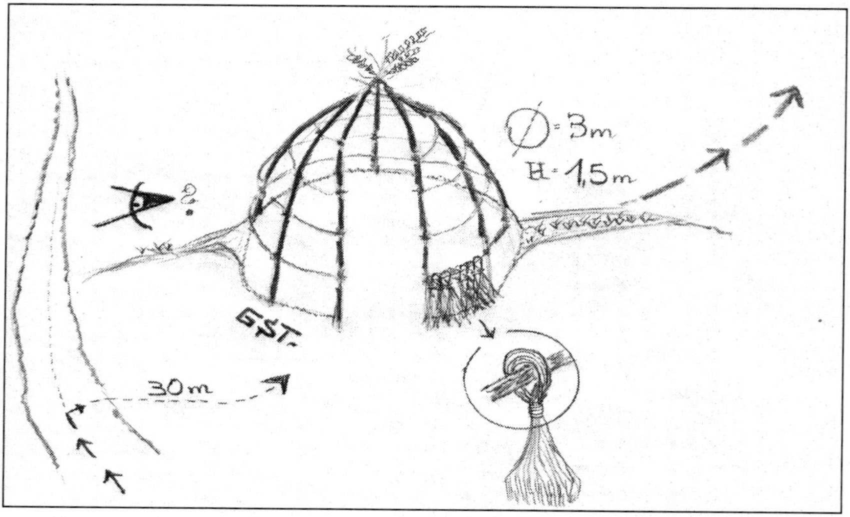

Schnelle Unterkunft
Die nach der Art „TOUKOUL" der Afar-Nomaden Dschibutis gebaute Hütte.

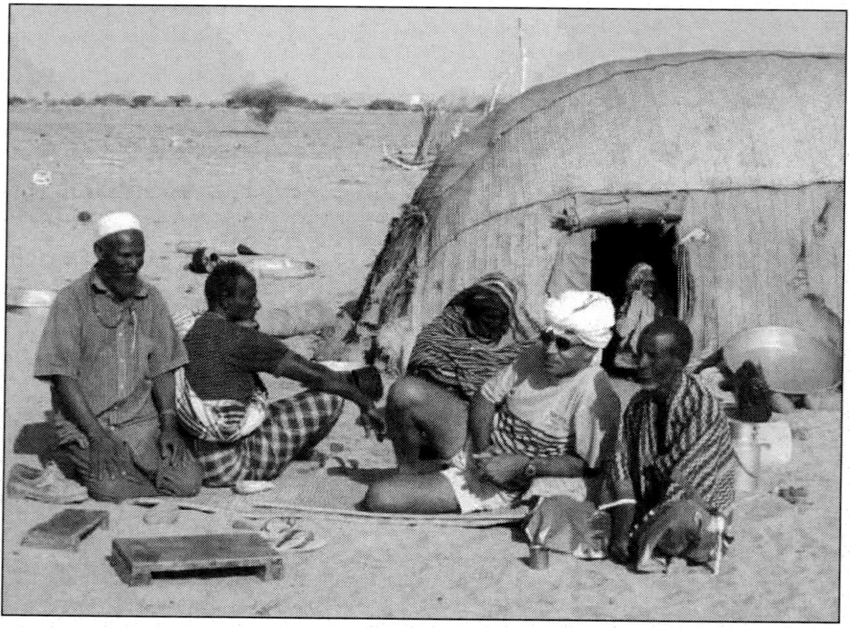

Toukoul Afar

Schutz vor Blicken und allzu neugierigen Menschen

Ich wiederhole immer wieder gerne, dass das Biwak bei Tageslicht aufgeschlagen werden sollte. Es gibt aber Situationen, die alles ändern. Bin ich zum Beispiel alleine in einem Gelände unterwegs, dessen Umfeld (Sicherheitslage/Anwohner) ich schlecht einschätzen kann, so marschiere ich bis in die Nacht hinein.[65] Meine Hände sind beim Marschieren immer frei! Kurz bevor die Sonne untergeht, halte ich bereits diskret Ausschau nach einem geeigneten Ort. Sehe (oder erahne) ich einen, lauf ich ohne anzuhalten daran vorbei, kehre nach Einbruch der Dunkelheit auf meinen eignen Spuren zurück und schlage mich dann seitlich ins Gebüsch, wobei ich peinlichst darauf achte, alle Spuren meines *Ausweichens* zu verwischen. Das Lager wird bei völliger Dunkelheit aufgeschlagen. Kein Licht, kein Feuer, so wenig Geräusche wie möglich! Sollten Sie ein Feuer benötigen, dann halten Sie es grundsätzlich klein. Wenn es aus 30 Metern Entfernung noch sichtbar ist, ist es zu groß, lockt eventuell Menschen an, deren Absichten zweifelhaft sein könnten. Ein verdecktes Grubenfeuer bietet sich an. Sind Sie alleine unterwegs, dann lassen Sie etwaige Fremde darüber im Ungewissen, denn in der Regel möchte sich niemand gerne mit mehreren anlegen; weiß man jedoch, Sie sind alleine, vielleicht weiblich und müde ... Gut – ich muss keine Zeichnung machen, damit Sie verstehen. Stellen Sie sicher, dass Sie innerhalb von Minuten das Lager abbrechen und unterwegs sein können. Wenn Sie in der Gruppe unterwegs sind, schieben Sie Wache! Die Annahme, Europa wäre überall ein sicheres Pflaster, ist absurd.

Bauen Sie Ihr Camp oder das Biwak ab, bevor es hell wird, und laufen Sie los, bevor die ersten Sonnenstrahlen herauskriechen. Lassen Sie nichts zurück, woraus jemand Schlüsse ziehen kann, was Sie als Nächstes vorhaben und: Kein Müll! Die Natur respektieren ist mit unsere

---

65 In der Fremdenlegion habe ich es mir angewöhnt, bei kurzen Märschen von zwei bis drei Tagen eine Variante des Legionärs-Schrittes strikt einzuhalten: Etwa 80 Meter mit langen weit ausholenden Schritten marschieren, um dann für 20 Meter in eine Art Laufschritt zu verfallen. 80/20 ist mäßig, 50/50 brutal! Der Vorteil ist, dass man diesen 80/20 Rhythmus sehr lange aufrechterhalten kann, nicht leicht müde wird und man die Distanzen richtiggehend in sich hineinfrisst. Man sollte aber darauf achten, die Pausen einzuhalten, sprich in diesem Fall zirka 45 Minuten Marsch bei fünfzehn Minuten Pause. Weiterhin geht man dieses Tempo nur mit leichtem Gepäck an, in ebenem Gelände und unter „normalen“ Bedingungen (also nicht im Dschungel, im Gebirge oder im Schnee, Matsch etc.).

oberste Priorität! Haben Sie trotz allem Feuer gemacht, so gehen Sie auf Nummer sicher, dass keine Rest-Glut bleibt, die einen Waldbrand entfachen kann.
Der Leser sieht sicher schon, dass wir hier ins „*Taktische*“ übergreifen. Das ist in unseren Zeiten jedoch mehr als berechtigt, vor allem wenn Sie, wie bereits erwähnt, alleine unterwegs sind. Ein einsamer Zeltler (oder auch eine kleine Gruppe), an einem abgelegenen Ort, ist nun mal das ideale Opfer für irgendwelche Banditen.

> ***Tipp zwischendurch:*** *Wenn Sie im Sommer ein Streichholz benutzen, um ein Feuer anzuzünden, dann werfen Sie dieses nicht einfach weg, sondern halten Sie es mit den Fingern an beiden Enden und brechen es in der Mitte durch. Sollte es nämlich noch glimmen, so wird der kurze Schmerz, den Sie dabei empfinden, Sie daran erinnern, dass der Wald knochentrocken ist und Äste, Zweige und trockenes Laub wie Zunder brennen. Im Hochsommer 1998 war ich mit meiner Gruppe in der korsischen Maquis unterwegs. Die Hölzer schlugen fast drei Meter hoch über unseren Köpfen zusammen. Den Pfad hinauf in den Pass hatte ich in der Dunkelheit verloren. Andere Wege gab es nicht und so übten wir uns die ganze Nacht im „casser le bois ...!“. Das heißt so viel wie sich mit Gewalt den Weg in gerader Linie bergauf durch das dichte Holz zu schlagen. Es war heiß, knochentrocken, und mit den schweren Rucksäcken kamen wir in der Stunde höchstens 300 Meter voran. Und es war windig! Die Chancen, da rechtzeitig heil herauszukommen, hätte es einen Brand gegeben? Absolut null! ... und Brände gibt es im Sommer in Korsika sehr viele. Wir wären alle ums Leben gekommen.*

Nähe zu Wasser

Wasser ist Luxus. Und der wiegt schwer. Selbst in Zeiten, in denen das Wasser unserer Flüsse, Bäche, ja manchmal sogar Quellen teilweise ungenießbar ist, sollte man nur etwas Wasser mit sich führen. Zwei Liter maximal! Den Rest holen wir uns aus der Natur. Wasseraufbereitungstabletten haben wir dabei, und kochen können wir es im Zweifelsfall auch. Errichten Sie Ihr Biwak, wenn es geht, in Bach- oder Flussnähe. Bei Flüssen liegt die Betonung auf „NÄHE“! Also lassen Sie einen gebührenden Sicherheits-Abstand. Kleine Boote, Kanus etc. ans Ufer bringen und ins Trockene ziehen (außer in Regionen, in denen man evtl. schnell das Weite suchen müsste, Krisengebiete etc.). Das klingt recht übertrieben, zahlt sich aber aus. Mein Tipp: Errichten Sie niemals ein Camp, ein Zelt oder ein Biwak in einem ausgetrockneten Flussbett oder in einem Wadi[66]. Warum?

Hier zwei Beispiele:
Im Jahr 1988 befand ich mich in Arta, einem kleinen Felsendorf in Dschibuti. Nachts gegen drei begann es zu regnen. Um fünf saß unsere ganze Kompanie auf LKWs (GCB) auf, um ins 40 Kilometer entfernte, am Meer gelegene Dschibuti (Hauptstadt) zu fahren. Dazu mussten wir das der Stadt vorgelagerte Wadi *Ambouli* durchqueren: hundert Meter breit, drei Meter tief, trocken, wie Wüstenstaub nur sein kann! Auf der Rückfahrt vier Stunden später (wir durchquerten gerade den Ambouli in die entgegengesetzte Richtung) dann die Katastrophe. Von einer Sekunde auf die nächste schossen enorme Wassermassen von den Bergen herab. Das Ganze geschah so urplötzlich, dass selbst Menschen, die hellwach und auf der Hut waren und die hören konnten, wie das Wasser von den Bergen kam, kaum Zeit hatten, sich in Sicherheit zu bringen. Wer im trockenen Wadi sein Zelt aufgeschlagen hatte, hatte kaum Chancen mit dem Leben davonzukommen, denn die zerstörende Wucht des Wassers begrub alles unter sich. Wir hatten Glück. Unsere Fahrzeuge wogen jedes an die zwölf Tonnen und sie waren recht hoch. Viele Zivilfahrzeuge um uns herum hatten nicht dieses Glück. Die meisten wurden umgerissen und samt Insassen einfach Richtung Meer davongespült. Es gab an diesem Tag zahlreiche Tote.

Ein weiteres Beispiel dafür, dass man die Gefahren der Nähe zum Fluss ernst nehmen sollte:

1986, im Regenwald Guyanas, hatten wir unser Biwak nah am Fluss Inipi aufgeschlagen. Als wir am Morgen erwachten (es hatte die ganze Nacht geregnet), war der nahe Fluss über seine Ufer getreten. Hätten

---

66 Isabelle Eberhardt (1877–1904), starb mitten in der Sahara. Sie war Opfer einer Sturmflut, die, von den Bergen herab, das Wadi überflutete, in dem sie ihr Nachtlager aufgeschlagen hatte. Isabelle war Abenteurerin, Reiseschriftstellerin und Kriegsreporterin zugleich. Der Lebenslauf der Schweizerin, die einst in arabischen Männerkleidern die Sahara durchstreifte, ist faszinierend!

wir nicht unsere gesamte Ausrüstung am Abend zuvor auf rasch angefertigte Holzgerüste (etwa einen Meter über dem Boden) gelegt, so wäre es eine Katastrophe gewesen.

Andere Gefahren

Um Blitzschlag zu vermeiden, campen Sie nicht auf einem einzelnen, isolierten Hügel, auf einer Bergkuppe oder unter großen Bäumen.

Gefährliche Raubtiere weltweit

Um die bekanntesten beim Namen zu nennen: *Löwen, Tiger, Wölfe, Bären, Jaguare, Paviane*[67] … Die Liste ist ellenlang! Gehen Sie ihnen ganz einfach aus dem Weg.

- Ein ***Löwe*** überwindet die ersten 50 Meter, die ihn von seinem Opfer trennen, in weniger als zwei Sekunden. Es geschieht so rasch, dass es einem die Sprache verschlägt, und wer das nie gesehen hat, wird die Situation (*Entfernung/sich in Sicherheit wiegen*) immer falsch einschätzen. Dieser explosionsartigen Urgewalt kann der Mensch nichts entgegenstellen. Es bliebe uns wohl nicht einmal genügend Zeit, eine Waffe in Anschlag zu bringen. Halten Sie Löwen gegenüber immer einen großen, respektvollen Abstand ein.

- Ein ***Bär*** riecht *ihr* Parfüm oder *sein* Rasierwasser über mehrere Kilometer hinweg. Wenn Sie in sein Revier eindringen, werden Sie es an den Kratzspuren (tiefe Furchen) erkennen, die er in zwei bis drei Metern Höhe an den Bäumen hinterlässt. Machen Sie Geräusche: Singen Sie laut oder führen Sie Selbstgespräche! Wenn Sie mit dem Wind marschieren, wird der Bär Sie wittern, und zwar lange bevor Sie ihn eventuell zu Gesicht bekommen. Er wird Ihnen ausweichen. Marschieren Sie jedoch gegen den Wind (Wind im Gesicht), so kann es passieren, dass Sie ihm unmittel-

---

67 Im Gegensatz zu gewissen Geschichten, die über Paviane kursieren, lassen Sie es sich gesagt sein, dass diese niedlichen Affen allesamt Fleischfresser sind! Ich habe sie als unberechenbar und extrem aggressiv in Erinnerung. Wo einer ist, da sind zwanzig andere nicht weit. Bleiben Sie immer auf Distanz. Ein verärgerter Mandrill ist nicht weniger gefährlich.

bar gegenüberstehen. Seine Reaktion kann durchaus der *schnelle Angriff* sein: Also *Wind im Gesicht = Geräusche machen!* Schnitzen Sie sich einen Knüppel und schlagen Sie damit alle hundert Meter kräftig gegen einen Baumstamm, oder rufen Sie alle fünf Minuten laut *„Bär, ich komme!"*.[68] Spät im Herbst bis in den April hinein hält der Bär seinen Winterschlaf. Stören Sie ihn nicht dabei, und seien Sie auf der Hut, sollten Sie plötzlich Bärenjungen sehen. Die Mutter ist sicher nicht sehr weit entfernt. Es gibt inzwischen Bären-Pfefferspray, das das Tier, Berichten nach, sehr wirkungsvoll fernhält. In Kanada kann man sich für ein paar Dollar sogenannte „Bear Bangers" kaufen. Das sind nichts anderes als große Knaller, wie wir sie zu Silvester anzünden. Nur eine großkalibrige Waffe könnte einen ausgewachsenen Bären, der auf Sie zurast, stoppen. Sollten Sie über eine solche verfügen, dann versuchen Sie ihn dennoch zuerst mit viel Krach und eventuell einem oder mehreren Warnschüssen einzuschüchtern. Überschreitet er die 50-Meter-Linie, bleibt Ihnen jedoch kaum eine Wahl mehr.

• Finden Sie sich plötzlich Nase an Nase mit einem Bären wieder, dann bleiben Sie sofort stehen. Er wird Sie zunächst eine gute Weile beobachten. Bewegen Sie sich nach ein paar Sekunden langsam von ihm weg, und sprechen Sie dabei mit einer leisen, tiefen und monotonen Stimme. Im Gegensatz zu einigen anderen Raubtieren sollte man einem Bären nicht in die Augen sehen, drum lassen Sie Ihren Blick demütig gesenkt. Sollte er angreifen, dann werfen Sie sich zu Boden und spielen „toter Mann". Schützen Sie dabei vitale Stellen wie den Hals, die großen Arterien an Armen, Leisten und an den Beinen. Setzen Sie sich erst dann zur Wehr, wenn er nicht von Ihnen ablässt. Es wäre Ihre einzige Chance.

• Wenn ein ***Jaguar*** Sie angreift, wäre alles, was Sie von ihm mitbekämen, sein heißer Atem in Ihrem Nacken, denn er kommt von hinten. Er versteckt sich, greift erst dann an, wenn er des Erfolges absolut sicher ist, doch er trifft seine Wahl nach Kriterien, die alle in die Richtung gehen, die uns glauben machen, dass er eine

68 Das machen tatsächlich viele Outdoor-Freaks, und so unsinnig ist es auch nicht. Natürlich: Ob man nun „Bär, ich komme" ruft oder ein Halleluja vom Stapel lässt, kommt sicher auf dasselbe raus. Der Bär hat Zeit, sich ins Gebüsch zu schlagen, was auch in seinem Sinne ist.

schwache Beute bevorzugt. Ein aufrecht gehender Mann, groß und kräftig (und geräuschvoll!) einher marschierend, ist keine schwache Beute!

Attacken dieser Tiere kann man nur bis zu einem gewissen Grad vorbeugen: Sorgsame Müllbeseitigung, nicht unbedingt Fleisch braten, wenn ich weiß, dass Raubtiere in der Nähe sind, sich sauber waschen, niemals ihre Jungtiere streicheln wollen oder ihnen sonst irgendwie zu nahe kommen und niemals schnell davonrennen (außer zu einem *sicheren* Versteck in unmittelbar erreichbarer Nähe) … all das hilft!

Immer einen „Plan B" (Alternative für Unvorhergesehenes) haben

Für jedes Übel, das geschehen könnte: Entwickeln Sie in Ihrem Kopf ein (oder mehrere) Reaktions-Szenario(s). Was tue ich, wenn ...? Im Zweifel gilt immer: *Das Leben ist wichtiger als unser Stolz, wichtiger als die Ausrüstung oder der Geldbeutel,* also nie den Helden spielen. Angst ist oft ein sehr guter Berater, und wir alle wissen … Helden sterben früh!

Sonstiges

Sind Sie alleine unterwegs, sorgen Sie dafür, dass Angehörige oder Freunde wissen, was für eine Route Sie nehmen, wie lange Sie unterwegs sind und wie man Sie erreichen kann. Die Parameter werden von Ihnen festgelegt, doch es ist angeraten, mindestens einmal am Tag (per Handy) Kontakt aufzunehmen. Sagen Sie Ihren „Leuten", dass Sie z.B. jeden Tag zwischen 15h00 und 15h30 erreichbar sind, und geben Sie, kommt es zum Gespräch, Ihre Position durch: immer! Ansonsten lassen Sie das Handy ausgeschaltet. Den Saft der Batterie brauchen wir nämlich für den Notfall.

Ohne Information keine Hilfe!

Irgendwann an einem Samstag, in einem Sommer in den Jahren 1998/1999, stieg ein Caporal unserer zweiten Kompanie (des 2e REP) in das nahe Monte Grosso Massiv. Was genau er vorhatte, und wohin seine Tour ihn führte, sagte er niemandem. Er war ein unternehmungslustiger und erfahrener Bergsteiger, doch dies sollte definitiv seine letzte Tour werden. Als er am nächsten Tag nicht zurückkam, machte sich keiner Sorgen, erst am Montag wurde er vermisst. Sofort wurde eine großangelegte Suchaktion mit Hubschraubern, Bergsteigern und dem zivilen Rettungsdienst gestartet, und unser ganzes Regiment begab sich zu Fuß mit auf die Suche. Am Mittwoch wurde er tot gefunden. Er war in eine Spalte gefallen und hatte sich bei dem Sturz einige Knochen gebrochen, sodass er sich unmöglich aus eigener Kraft daraus hätte befreien können. Höchstwahrscheinlich bei vollem Bewusstsein, jedoch hilflos eingeklemmt, ist er durch Verdursten (tagsüber dreißig bis dreiunddreißig Grad. An sein Wasser kam er nicht heran) und durch Blutverlust über die Tage hinweg gestorben, hat dabei die Sonne dreimal auf- und wieder untergehen sehen.

Ich war bei der Beerdigung dabei: Nie zuvor in meinem Leben hatte ich eine Mutter gesehen, die so stolz und würdevoll, aber auch gleichzeitig so bewegend, von ihrem Sohn Abschied nahm. Ich bekam eine Gänsehaut, hatte Lust, laut zu schreien. Hätte der junge Mann nur einer einzigen Person anvertraut, in welcher Region er unterwegs sein würde, so wäre seiner Mutter, seiner Familie und seinen Freunden wohl viel Leid erspart geblieben. Fazit: Stets jemanden zurücklassen, der über unsere Absichten informiert ist und der *Wissen und Informationen* zeitgerecht weitergeben kann. Das ist extrem wichtig.

Managing Outdoor

Sie planen einen Outdoor-Trip mit einer Gruppe? Bravo! Das ist immer eine enorme Bereicherung für jeden Einzelnen. Bevor man jedoch aufbricht (spätestens aber zwei, drei Wochen vorher), sollte man sich kurz ganz ungezwungen um eine Kanne guten Kaffees treffen, um sich näher kennenzulernen. Ob es sich um einen kleineren Fußmarsch wie zum Beispiel von Garmisch-Partenkirchen die Partnach-Klamm hoch zur Zugspitze handelt, oder gar um eine längere Tour wie den korsischen GR 20 von Conca nach Calenzana: Zu wissen, wer hinter und vor einem läuft, ist essentiell! Bei dieser Gelegenheit wird zunächst festgelegt, wer die Führung übernimmt[69] und wie man sich den ganzen Ablauf vorstellt. Auf gut Deutsch heißt das nichts anderes, als dass man sich organisiert. Sind Sie der auserkorene Anführer? Schön! Treffen Sie noch vor dem Start ins Abenteuer eine kurze Gruppenanalyse.

- ***Welches „Niveau" hat jeder Einzelne der Gruppe?***
  Hier ist die körperliche Fitness ebenso gemeint wie die allgemeinen Erfahrungen im Outdoor-Bereich. Das ist wichtig für die Festlegung der Strecke, der einzelnen Zwischenziele (Etappen) und der Laufgeschwindigkeit. Mit anderen Worten: Was kann ich der Gruppe zutrauen? Wie viel Rücksicht muss ich nehmen?
- ***Wer kennt sich am besten mit Erster Hilfe aus?***
  Dieses Gruppenmitglied (idealerweise eine Frau) könnte sich darum kümmern, einen Erste-Hilfe-Kasten zusammenzustellen. Lassen Sie sich eine Liste machen, was sie mitzuführen gedenkt, überfliegen und korrigieren Sie diese, falls nötig, und kümmern Sie sich schon mal um die Kostenfrage.
- ***Wer kann gut Karten lesen, sich orientieren?***
  Dieses Gruppenmitglied kümmert sich um das Kartenmaterial, prüft Kompass und GPS und andere technische Hilfsmittel.
- ***Wen würde ich losschicken, um im Notfall Hilfe zu holen?***
  Jemand, der sich nicht verläuft, weil er sich im Gelände gut auskennt! (Jemand aus der Region?) Er ist idealerweise verlässlich, körperlich sehr fit und voller Optimismus. Das vorher zu regeln macht Sinn.

Vorab haben Sie derweil auf Ihrem Kalender mit Rotstift einen Eintrag gemacht, der so aussehen könnte: Wettervorhersage ab dem ... (*Datum des Beginns unseres Trips*) für die betreffende Region und den zutreffenden Zeitraum studieren.

69 In einer Gruppe gehen so viele Meinungen und Ideen herum, wie es Personen gibt, die zur Gruppe gehören. Das Ziel scheint allen klar, nur ist es dann oft so, dass man sich irgendwann über den Weg gar nicht mehr einig ist. Einige wollen früh los, am besten um 06h00, die anderen würden aber gerne bis 09h00 schlafen. Manche wollen eher „spazieren gehen", andere hingegen zügig marschieren. Tut jeder, wie es ihm beliebt, dann macht ein Ausflug im Gruppenrahmen keinen Sinn. Demzufolge übernimmt jemand die Führung, und kommen Differenzen auf, entscheidet „der Boss", und seine Entscheidungen werden von jedem akzeptiert.

Legen Sie jetzt die Dauer der geplanten Aktivität und danach die genaue Route fest. Letzteres ist zwar ein gemeinsamer Prozess, doch Ihre Meinung als Anführer sollte nicht unter den Tisch gekehrt werden. Wählen Sie dann die jeweiligen Tages-Etappenziele und prüfen Sie den Schwierigkeitsgrad der Strecke. Studieren Sie zwischen Apfeltorte und Cappuccino kurz ein, wie sich jeder verhalten soll, sollte die Gruppe überfallen werden, oder was getan werden muss, wenn plötzlich einer fehlt (vorher oder unterwegs bestimmte Anlauf- bzw. Sammelpunkte[70]), wenn es einen Verletzten oder einen Kranken gibt.

- Jemand (Frauen können auch das wohl am besten) könnte sich damit auseinandersetzen, wo sich auf der geplanten Route Ortschaften, Krankenhäuser, Ärzte, Polizei etc. befinden, und es frisst kein Brot, bevor es losgeht, eine Liste zu erstellen, wer welche Blutgruppe hat, wer Medikamente nehmen muss etc. Die letzteren Details gehen per Liste an unseren Chef (an Sie), mit Kopie an den „Erste-Hilfe-Spezialisten". Lassen Sie sich bei der Gelegenheit auch eine Liste der Telefonnummern der *„im Notfall zu kontaktierenden Person"* eines jeden Einzelnen anfertigen.

- Es könnte sich als nützlich herausstellen, jetzt noch einmal darauf hinzuweisen, dass der Rucksack nicht 50, sondern eher 15 Kilo wiegen sollte.

- Sie, der Chef, haben immer ein leichtes Seil (25 Meter) sowie einige Karabinerhaken im Rucksack, und Sie kümmern sich auch um Spezial-Equipment, sollte dies notwendig sein.

Tauschen Sie sich mit Ihrem Team, drei oder vier Tage bevor es dann losgeht, noch einmal kurz aus, und regeln Sie nun die Feinheiten der Aktion, wie Treffpunkt, Eckzeiten, Beförderungsmittel bis zum Startpunkt, Problembehandlung allgemein (mitzuführende Papiere, Pässe eventuell etc.).

Das hört sich alles sehr „militärisch" an, aber es ist in erster Linie

70 Zum Beispiel am Ende jeder vollen Stunde einen markanten Geländepunkt (Kreuzung, große Eiche, Bauernhütte etc.) als Sammelstelle benennen, Beispiel: „Sollten wir getrennt werden, hier letzter Sammelpunkt! Und an dem wartet jeder mindestens 45 Minuten (oder 2 Stunden), bevor andere abgesprochene Maßnahmen durchgeführt werden."

einfach nur hilfreich und auch logisch. Sich im Unternehmen gut zu organisieren, spart Geld. Sich aber in einer Survival- oder Outdoor-Situation gut zu strukturieren, spart Zeit, Nerven und manchmal auch Blut. Im Kollektivrahmen sollte auch das Erste-Hilfe-Set erweitert werden. Jetzt macht es Sinn, eine Trage im Rucksack dabeizuhaben. Es gibt welche aus Stoff. Ihr Nachteil ist, dass man bei einigen Modellen mindestens eine fünf Mann starke Truppe benötigt, den Verletzten inbegriffen. Man kann so eine Trage auch selbst herstellen.

14

Transport eines Schwerverletzten

Bewährt hat sich die Stangentrage. Dazu benötigen wir:

- Einen Poncho (oder eine Zeltbahn)
- Ein Seil, 25 Meter
- Eine vier bis fünf Meter lange Holzstange (im Wald dürfte es daran nicht mangeln)

Zeitaufwand: 30 Minuten

Vorteil: Sehr robuste Trage, der Verwundete kann gut immobilisiert werden und sie eignet sich gut für lange Distanzen.

Nachteil: Für den Verwundeten nicht gerade angenehm, denn er ist festgeschnürt wie ein Presssack, kann sich kaum bewegen.

Und so geht's:

• Seil S-förmig auf dem Boden auslegen.

• Das obere Drittel mit dem Poncho (oder der Zeltbahn) abdecken.

• Den Verwundeten (oder Toten[71]), auf das Seil legen, Kopf und Schulter auf dem Poncho.

• Die Stange vorsichtig genau in der Mitte auf den Verletzten legen (Vorsicht: Verletzungsgefahr im Gesicht).

• Die Schlingen wie auf dem Bild gezeigt über der Stange zusammenknoten. Richtig gemacht, entstehen zwei Ösen an jeder Verknotung.

• Das Seilende zu Füßen des Verwundeten durch die rechten Ösen fädeln, bis hinter den Kopf durchziehen und dort an der Stange mit einem Mastwurf[72] befestigen. Mit dem oberen Seilende verfahren wir genauso. Wir fädeln es durch die linken Ösen und binden es hinter den Füßen an die Stange.

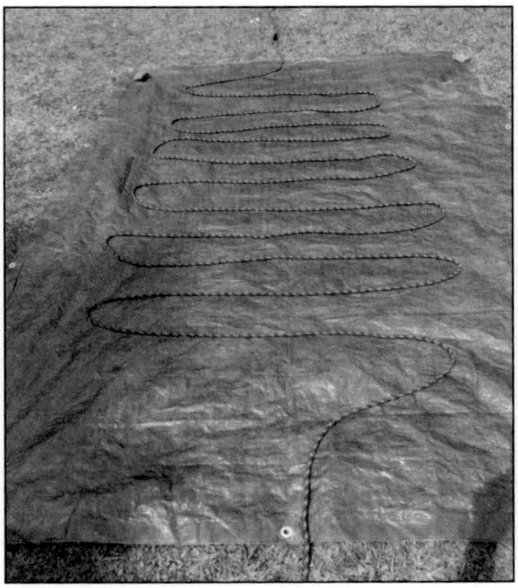

Trage 1

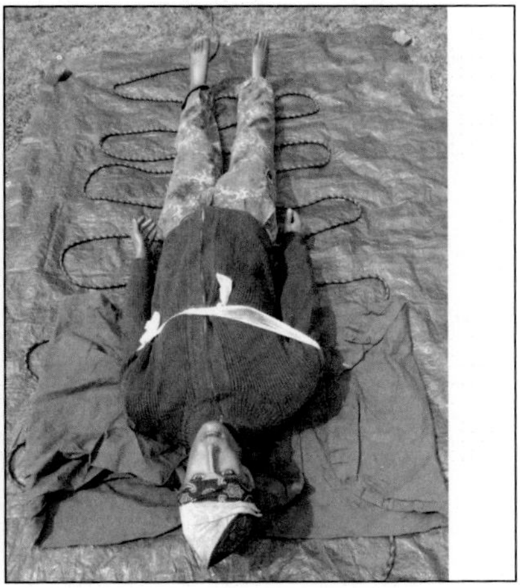

Trage 2

71 Je nachdem, wo wir uns befinden, sollte ein Toter auf jeden Fall mitgenommen werden. Man könnte ihn zeitweilig auch vor Ort begraben oder einfach zurücklassen, doch die Risiken sind klar: Wilde Tiere graben ihn aus und bedanken sich bei der Gelegenheit. Vielleicht findet man den Ort nicht mehr etc.

72 Siehe Foto im Anhang: „gebundener Mastwurf."

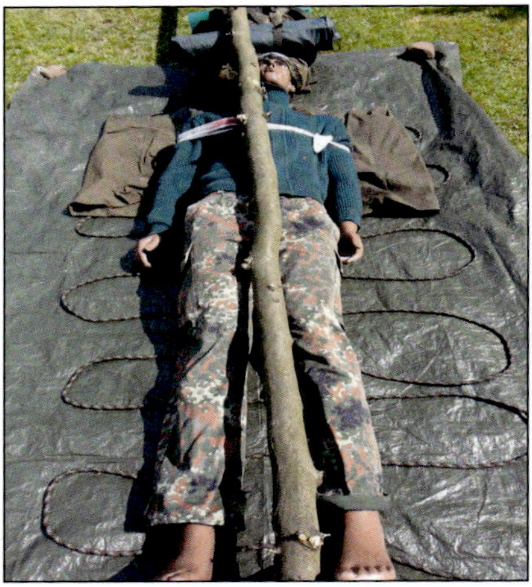

Trage 3

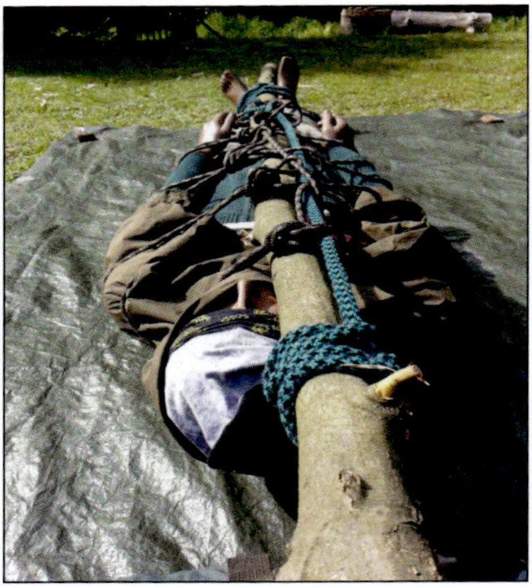

Trage 4

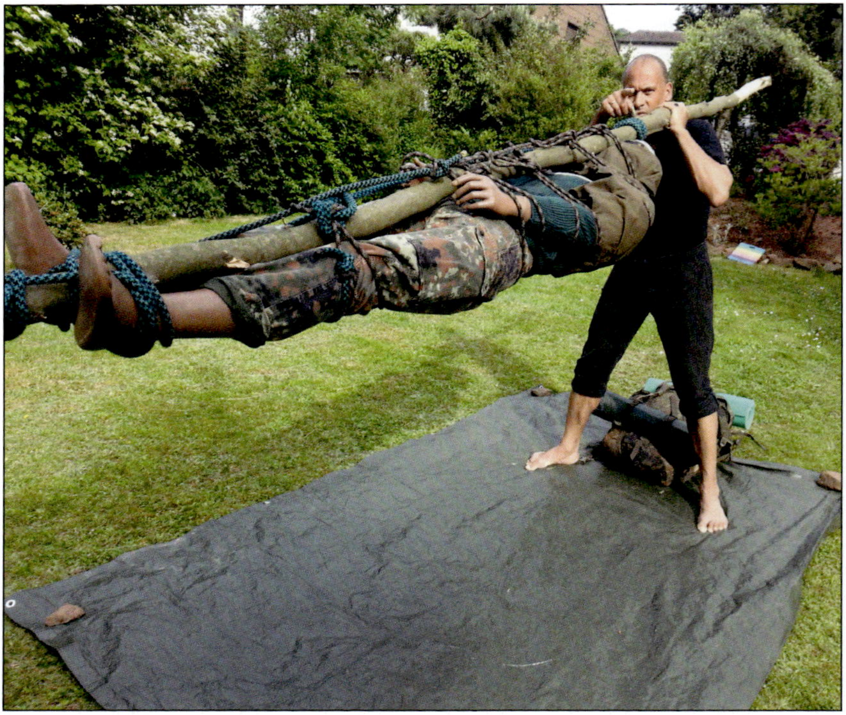

Trage 5

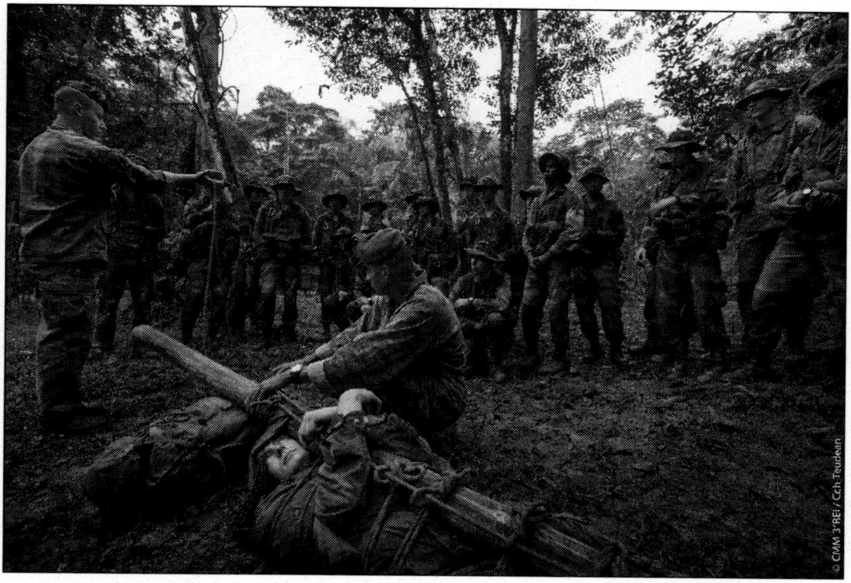

Trage in Guyana

Anmerkung: Der Kopf ist mittels Poncho immobilisiert, die Beine mit einem Mastwurf an die Stange gezurrt. Stehen zwei Ponchos zu Verfügung, ist es angeraten auch einen unter den Hüftbereich des Verwundeten zu legen, weil gerade diese Stelle nach längerem Tragen immer durchsackt. Zwei Mann genügen, den Verwundeten zu tragen, aber dennoch, vier wären besser, und: *Ganz methodisch alle zweihundert Meter durchwechseln.* Es gibt noch die Variante, in der der Rucksack und die Ausrüstung des Opfers mit am Kopfende unter den Poncho gelegt werden, doch das Gewicht ist dann auch dementsprechend.

15

Notizen am Rande

Heuschrecken / Ameisen / Würmer / Maden

Eine große Heuschrecke besteht zu sechzig Prozent aus Proteinen und hat etwa fünf Gramm Fett. Eine Handvoll davon zu essen (gegrillt), kommt vom Nährwert in etwa einem Steak gleich. Grillen und Grashüpfer stehen der Heuschrecke nur um weniges nach. Beine und Flügel werden entfernt, die Leiber dann etwa zehn Minuten in einer Pfanne, einem Blech oder auf einem heißen Stein gegart. Sie können auch gekocht werden. Auch die Puppen von Ameisen sind essbar, man findet sie samt ihren Eiern direkt im Ameisenhügel. Am besten kocht man sie. Regenwürmer werden getrocknet und dann quasi als Fleischeinlage in den Topf geworfen. Oft genug kommt es vor, dass Früchte halb verfault am Boden liegen. Man kann sie nicht mehr essen, sollte aber nach den Maden suchen, die sich in ihnen bewegen. Viele Früchte bedeuten viele Maden und viele Maden stillen den Hunger, helfen zu überleben. Egal wo Sie gerade unterwegs sind, halten Sie stets Ausschau nach diesen essbaren Delikatessen. Jedoch: Es gibt Länder, in denen stehen bestimmte Arten von Ameisen unter Naturschutz. Wenn Sie nach Puppen in einem Ameisenhügel graben, dann schließen Sie das Loch wieder mit Erde, damit der Ameisenkolonie nicht noch mehr Schaden entsteht. ***Die Natur zu schützen ist ein Muss!***

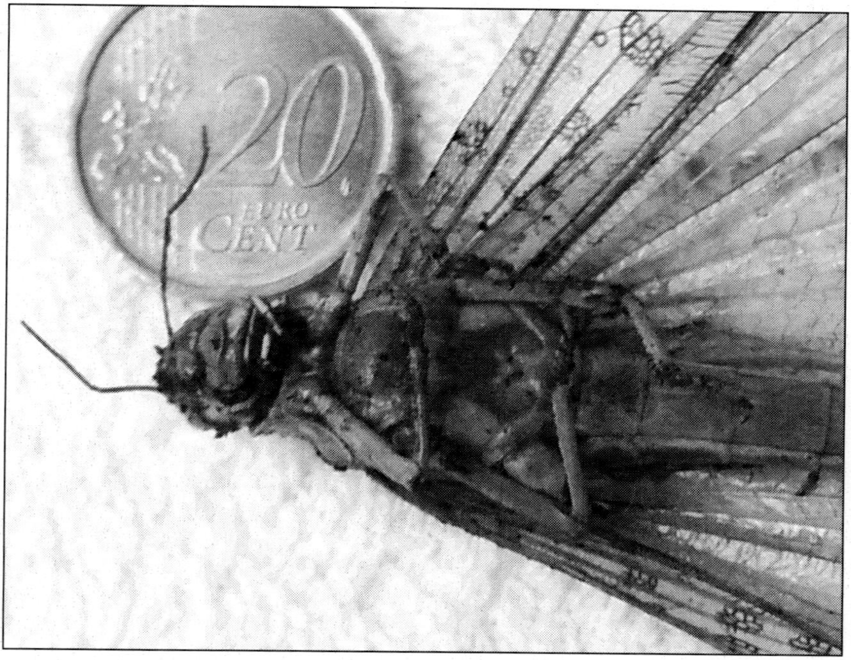

Wanderheuschrecke aus der Sahara

5 KNOWHOW, FÄHIGKEITEN UND ROBUSTE GRUNDKENNTNISSE

„Ein Mann zu sein, benötigt es drei Dinge:
1. Wissen, wo man ist.
2. Wissen, wo man hinwill.
3. Den Willen haben, dorthin zu gelangen."
(Kardinal Mercier)

A

Sich orientieren

Im Jahr 2004 lief ich von Wipfeld (von meiner Wohnung in Unterfranken) nach Bindlach im schönen Oberfranken. Meine Mutter feierte dort ihren siebzigsten Geburtstag und ich wollte natürlich dabei sein, aber nicht mit dem Auto anreisen, sondern zu Fuß. Ich hatte Urlaub, zwei gesunde Beine und als Begleiter meinen treuen Vierbeiner Hin-Tza[73]. Die

73 Hin für „Achtung" und Tza für „los"! Die Worte kommen aus dem Südafrikanischen. Wenn Jagdhunde (vornehmlich Rhodesian Ridgebacks) einer Beute nachstellen sollten, sagten die Jagdfarmer Tza, und schon schossen sie los, kamen generell nicht ohne Beute zurück. Mein Hin-Tza war damals ein junger, prächtiger Golden Retriever, den leider etwa 20 Kilometer vor unserem Ziel die Kräfte verließen. Ich musste uns abholen lassen.

Strecke betrug Luftlinie 125 Kilometer (im Gelände um einiges mehr), und ich hatte mir vorgenommen, sie in zwei Tagen und zwei Nächten zurückzulegen. Ein weiteres Ziel war es, mir vor dem Start nur einmal kurz die Karte anzuschauen, mir die Geländeformen und wichtigsten, markantesten Punkte einzuprägen und mich nur nach Sternen, Mond und Sonne, meinem fotografischen Gedächtnis und unten aufgeführten Techniken zu orientieren. Während des ganzen Marsches sah ich kaum mal eine Straße, noch weniger sah ich Dörfer oder Städte, oder gar Menschen, denn ich lief „Schuss", was heißt querfeldein, aber ich schaffte es, ohne technische Hilfsmittel wie GPS/Kompass oder Karte, fast genau den Punkt (plus/minus 1 km) zu erreichen, den ich mir als Ziel gesetzt hatte - und das, wenn man bedenkt, dass die Methoden im Gegensatz zu Kompass und GPS nur grosso modo, „in etwa" genau sind, aber: Sie haben sich dennoch bewährt!

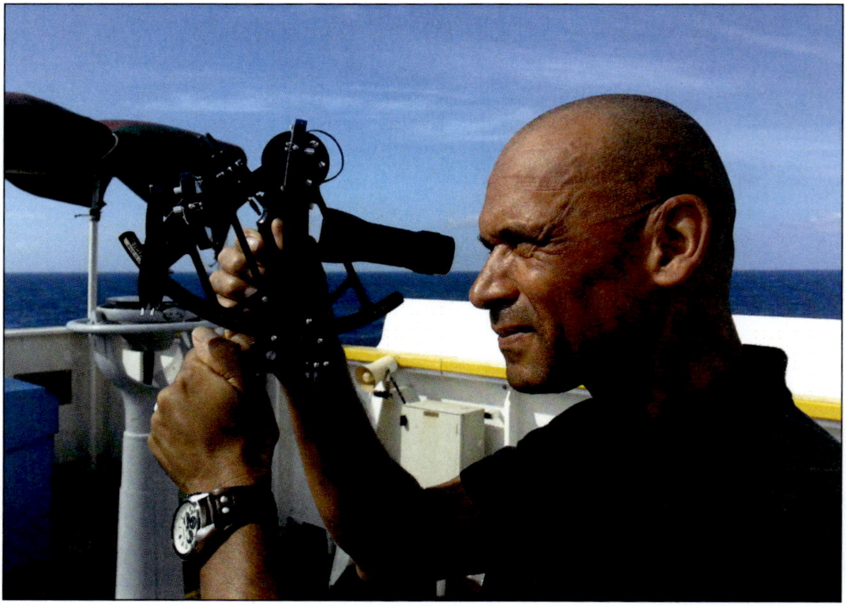

Der Autor mit einem Sextanten … den brauchen wir nicht mehr![74]

74 Selbst auf den modernsten chinesischen Tankern werden die Offiziere noch täglich im Gebrauch mit dem Sextanten gedrillt. Das Bild wurde im August 2014 an Bord des Tankers Chang Hang Cheng Gong mit freundlicher Genehmigung des zweiten Offiziers aufgenommen.

16

Marschkompass und Karte

In einer alten, chinesischen Legende aus dem Jahr 2634 vor Christus wurde er zum ersten Mal erwähnt, in Nordeuropa jedoch kam er erst 1187 Anno Domini so richtig zum Einsatz: der Kompass! Mit ihm umzugehen ist kein Geheimnis, doch es bedarf einiger Übung, denn, wie bekannt, nur Übung macht den Meister. Also legen Sie sich schnellstens einen Kompass zu, besorgen Sie sich ein paar Karten, schnüren Sie Ihre Wanderstiefel und los geht's.

Marschkompass

Der Marschkompass besteht essentiell aus:

1. einer Grundplatte
2. einem Gehäuse mit Kompassnadel
3. einer drehbaren Kompassrose mit Stricheinteilung
4. einem Richtungspfeil (oder Visier mit Kimme und Korn)
5. einer Ablesemarke

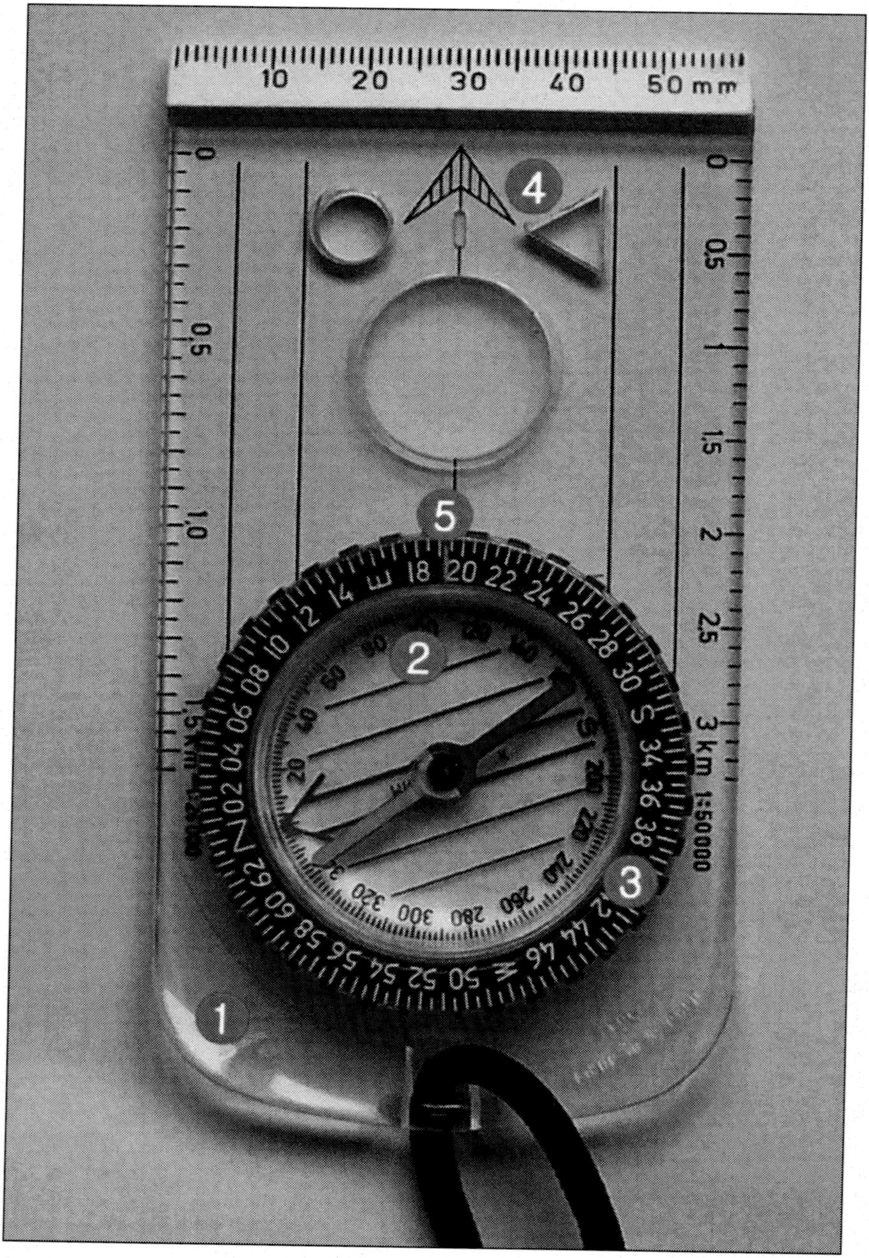

Marschkompass SILVA. Die Gradzahl (360°) ist hier im Innenkreis abgebildet.

Anhand der Windrose (siehe Zeichnung) sehen wir, dass es vier Kardinal-Himmelsrichtungen gibt. Im Uhrzeigersinn sind das:

- Norden (N)
- Osten (O oder E[75])
- Süden (S)
- Westen (W)

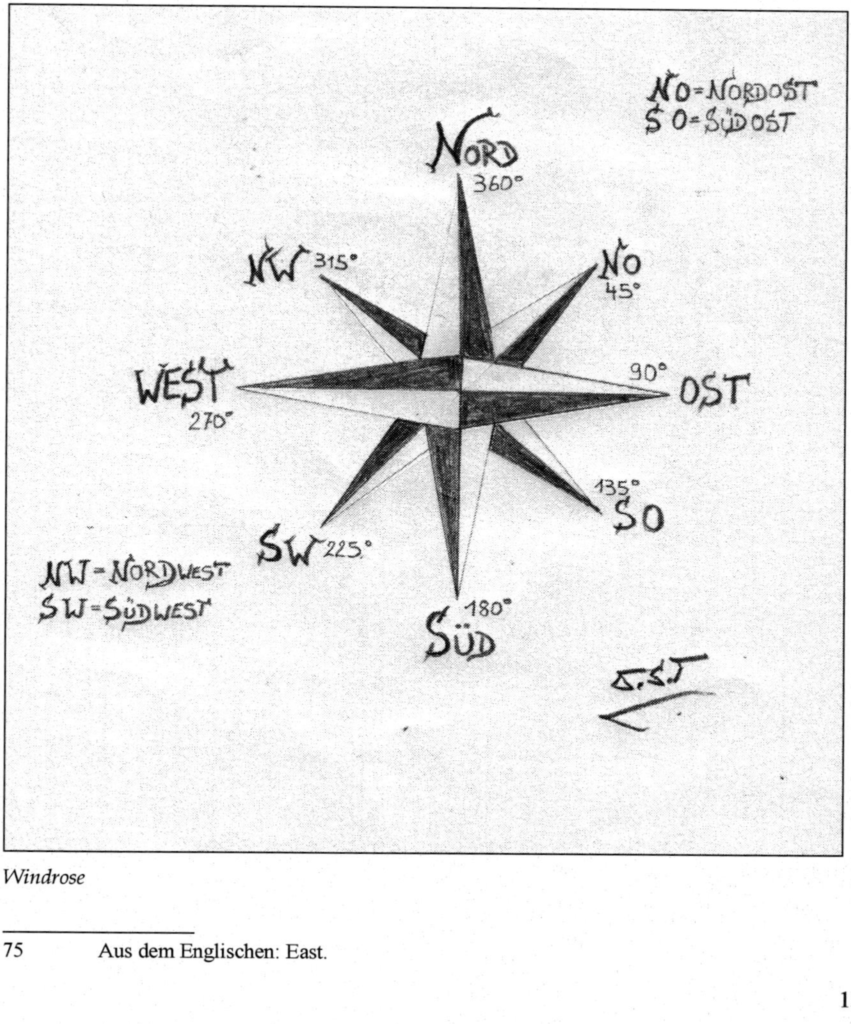

Windrose

75 Aus dem Englischen: East.

Die Kompassrose ist eingeteilt in Grad, das Zeichen dafür ist °[76]. Der Ausgangspunkt ist „0°", der volle Kreis hat „360°". Von „0°" zu „360°" hin wird im Uhrzeigersinn gearbeitet bzw. gemessen. Egal wie man einen Kompass dreht und wendet, die rote, oft phosphoreszierende Nadel, zeigt immer in ein und dieselbe Richtung: auf den Ausgangspunkt magnetisch Nord. Warum die Betonung „magnetisch" Nord? Richtig! Weil es mehrere Norden gibt!

- ***Geographisch-Nord***
  Hier ist der geographische Nordpol gemeint
- ***Magnetisch-Nord***[77]
  Die Nordrichtung, die uns die Kompassnadel anzeigt
- ***Gitter-Nord (Karte)***
  Richtung, in die die Gitterlinien (zum Beispiel des UTM Gitter-Systems) auf der Nordhalbkugel zusammenlaufen.

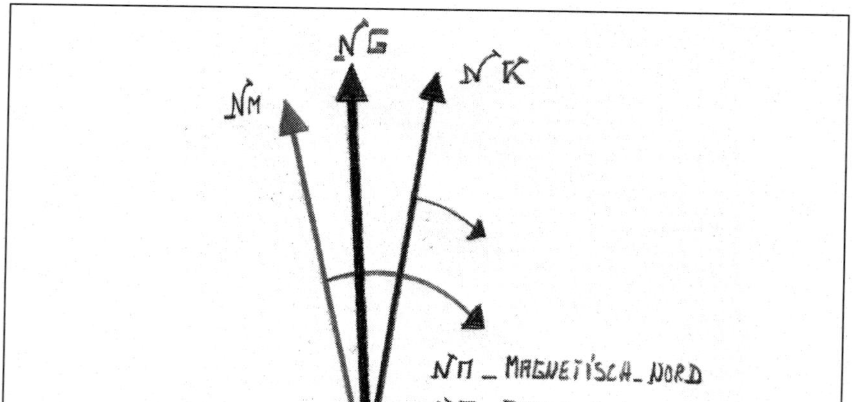

Die drei NORDEN

76 In Frankreich oder auch bei uns, je nachdem zu welchen Zwecken der Kompass eingesetzt wird (Militär/Artillerie), sind das 6400 Millièmes oder 400 Strich.

77 Der Winkel zwischen Geographisch-Nord und Magnetisch-Nord wird Deklination (Missweisung) genannt. Sie muss in Europa nicht unbedingt berücksichtigt werden, so minimal ist sie. Anders sieht es z.B. in den USA, Kanada oder auch in Neuseeland aus. Dort beträgt sie teilweise bis zu 20 Grad. Auf den meisten Karten wird auf die Deklination hingewiesen. Sie kann östlich oder westlich liegen, muss also je nachdem abgezogen oder dazugezählt werden.

Wenn Sie mit dem Kompass arbeiten, sollten Sie unbedingt darauf achten, mindestens 50 Meter von Hochspannungsleitungen, magnetischen Feldern, Bauten und Anhäufungen aus Eisen, Stahl, Bahngleisen etc. entfernt zu sein. Auch Macheten und große Messer lenken die Magnetnadel ab. Hat der Kompass (im Gehäuse) eine Luftblase, die größer ist als fünf Millimeter, dann taugt er zu nichts mehr. Einmal zurück vom Gelände hilft es, den Kompass dann auf eine Heizung zu legen. Die Luftblase verschwindet, kommt aber leider dann in absehbarer Zeit wieder. Folgende Basisprozeduren zu meistern ist Pflicht.

Ein Ziel anpeilen und seine (Himmels-) Richtung bestimmen

• Mittels des Visiers *Kimme und Korn* visieren wir das Ziel so an, dass unser Kompass direkt darauf zeigt. (Die Magnetnadel zeigt, wie wir wissen, weiterhin auf den magnetischen Norden.)

• Stets diese Visierung beibehaltend und ohne uns selber oder den Kompass weiterzubewegen, drehen wir die Kompassrose nun so lange, bis die Magnetnadel und die Nordmarkierung ***N*** perfekt übereinstimmen.

• Jetzt brauchen wir nur noch die Marschkompasszahl (MKZ) an der Ablesemarke abzulesen.

Mit dem Kompass einer vorgegebenen Marschkompasszahl folgen (Übertragen einer Kompasszahl ins Gelände)

• Die Windrose so lange drehen, bis die gewünschte Marschkompasszahl genau an der Ablesemarke steht.

• Den Kompass waagerecht vor dem Körper halten.

• Über Kimme und Korn peilend, sich mit dem Kompass so lange drehen, bis die Nadel sich genau auf ***N*** einpendelt.

• Vorwärts, den anvisierten Punkt nicht aus den Augen verlierend! Die Prozedur von einem markanten Geländepunkt (Zwischenziel) zum nächsten wiederholen.

Das Einnorden der Karte

Ziel ist es, die Karte (die zu unseren Zwecken *immer* in einer Plastikhülle steckt: *Karte nass = orientierungslos!*) und das Gelände in Gleichklang zu bringen. Grob: Die Nordseite der Karte (oben) muss exakt parallel dorthin zeigen, wohin auch die Nadel des Kompasses zeigt.

- Die Kompassrose mit Stricheinteilung so drehen, dass unsere Nordmarkierung ***N*** an der Ablesemarke liegt.
- Die Karte auf den ebenen Boden legen.
- Den Kompass an eine Außenlinie (oder eine andere x-beliebige Senkrechte) der Karte legen und die Karte mit dem Kompass darauf so lange drehen, bis die Magnetnadel auf die Nordmarkierung ***N*** des Kompasses zeigt. Die Karte ist eingenordet.

Eine Marschkompasszahl auf die Karte übertragen

- Die Marschkompasszahl an der Ablesemarke des Kompasses einstellen.
- Karte einnorden.
- Den Kompass mit der linken Kante an den eigenen Standort legen.
- Den Kompass (nicht aber die Karte!) nun so lange drehen, bis sich die Kompassnadel auf ***N*** einpendelt. Dabei muss die Kante immer auf dem Standort auf der Karte bleiben! Die Kante weist nun exakt in die gewünschte MKZ-Richtung

Bestimmen des eigenen Standortes

- Ich suche mir im Gelände drei markante Punkte aus und bestimme mit der oben bereits erklärten Methode ihre Richtungen. Nennen wir sie ***P1*** (Kirche auf einem Hügel: liegt bei 350°), ***P2*** (Funkmast: liegt bei 45°) und ***P3*** (Brücke: liegt bei 220°).

• Jetzt norde ich die Karte ein und suche die Punkte P1, P2 und P3 auch auf der Karte.

• Nun zeichne ich auf der Karte von P1 ausgehend eine Gerade in die Gegenrichtung[78] für P1 (also 170°).

• Ich wiederhole diese Prozedur auch mit P2 (also 225°) und P3 (also 40°). So entsteht im besten Fall ein kleines Dreieck auf der Karte, und genau in diesem Dreieck befinde ich mich.

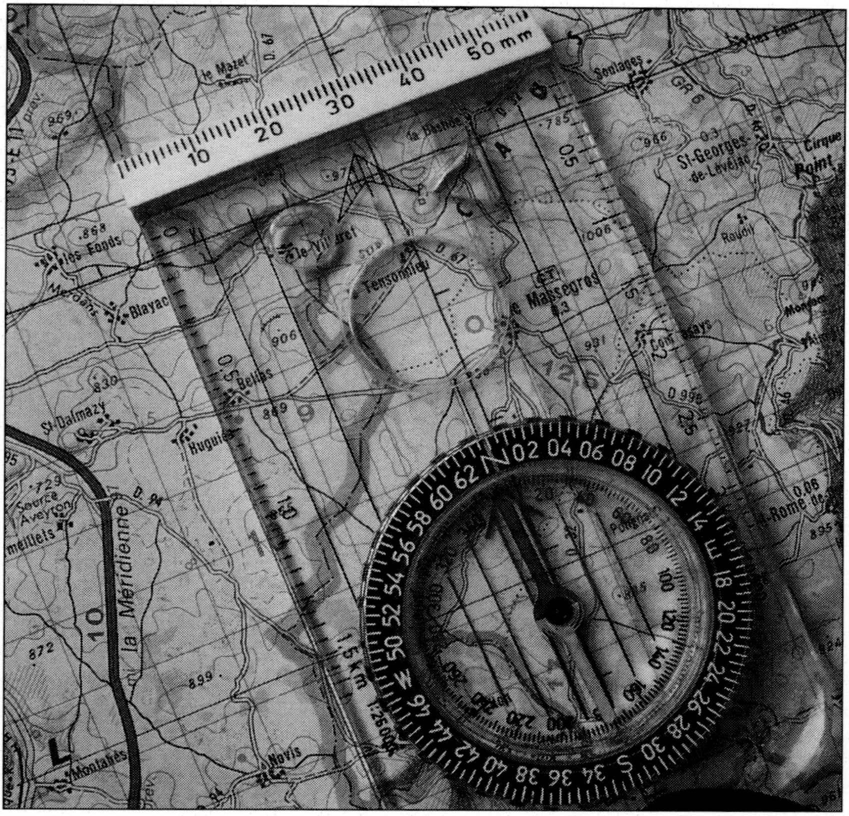

Karte einnorden

78 Die Gegenrichtung (umgekehrte Marschkompasszahl) ermittelt sich, indem 180° abgezogen oder dazugezählt werden, je nachdem ob der ursprüngliche Winkel, den es umzukehren gilt, größer oder kleiner als 180° ist. Ist er größer (oder gleich), werden 180° abgezogen, ist er kleiner, werden 180° dazugezählt.

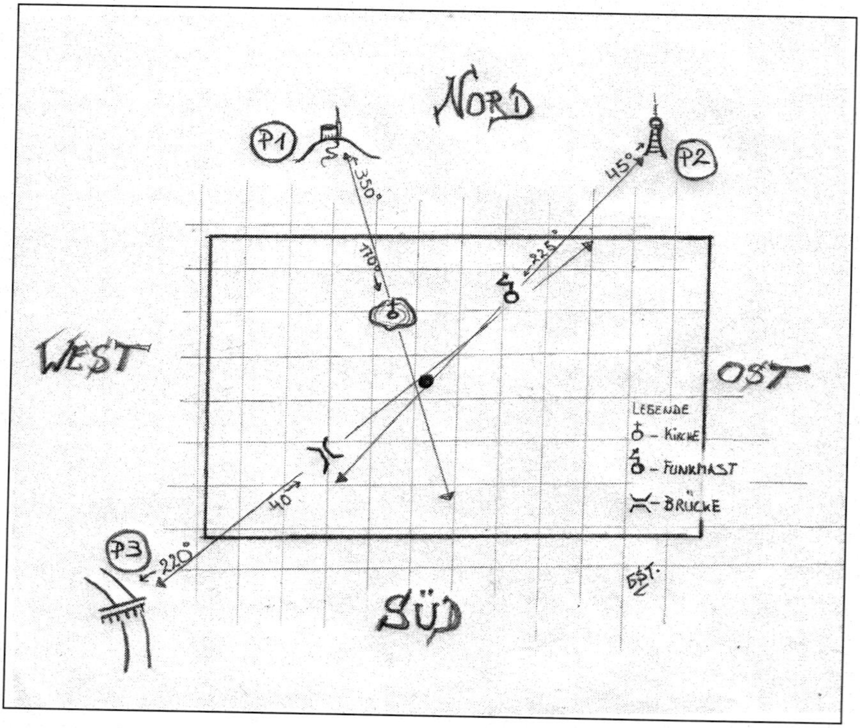

Bestimmen des eigenen Standortes

Die Karte

Vom Ansatz her ist eine Karte nichts anderes als ein auf einen verkleinerten Maßstab reduziertes Abbild der Natur, ein Stück Papier also, auf dem verschiedene Informationen über ein bestimmtes Areal unserer Erdoberfläche eingetragen und vermerkt sind. Diese Informationen vermitteln uns Bilder. Es ist an uns, diese Bilder in der Realität abzurufen, die Informationen auf der Karte und am Kartenrand richtig zu „lesen“. Verschiedene Zwecke benötigen verschiedene Informationen, das heißt verschiedene Karten. Für „Outdoor- und Survival-Freaks“ und um sicher von A nach B zu kommen, genügen uns („mittelmaßstäbige“) Landkarten vom Maßstab 1:25.000 bis 1:100.000. Wichtig zu wissen ist, dass auf der Karte Norden immer oben ist, Süden also unten. Dreht man die

Karte so, dass der obere Kartenrand tatsächlich nach dem Norden in der Natur zeigt, dann ist die Karte auch schon grob eingenordet. Zur Verfeinerung, das wissen wir bereits, hilft uns der Kompass.

Der Maßstab

Der Maßstab einer Karte gibt das Maß der Verkleinerung an. Hier das Beispiel am Maßstab 1:50.000.

1:50.000
1 cm in der Karte = 50.000 cm (also 500 Meter) in der Natur.

Weitere Beispiele:

Maßstab	Auf der Karte	Im Gelände in Meter
1:25.000	1 cm	250 Meter
1:50.000	1 cm	500 Meter
1:100.000	1 cm	1000 Meter

Die Legende

Ein extrem wichtiges Element, um eine Karte richtig zu lesen und zu interpretieren, ist die Zeichenerklärung oder Legende. Diese drückt sich durch Zeichen, Symbole und Farben aus. Man findet die Legende meist am rechten unteren Kartenrand.

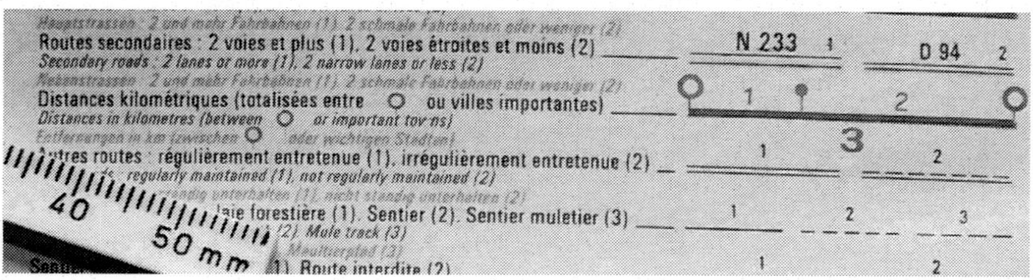

Auszug einer Legende

17

Die Mondphasenberechnung

Die Methode scheint auf den ersten Blick aufwändig und kompliziert, wenn man sie jedoch öfter praktiziert, gelingt es einem generell sehr schnell, damit die Himmelsrichtungen zu bestimmen. Was wir dafür brauchen?

Wichtige Wissenswerkzeuge sind:

- Das Wissen um den Stand der Sonne zu den verschiedenen Uhrzeiten, Tag wie Nacht.
- Eine Uhr.
- Den sichtbaren Mond.

Die Sonne steht auf der nördlichen Halbkugel der Erde, ob Sommer oder Winter:

Um 06h00 – im Osten *O* (Sonnenaufgang)/90°
Um 09h00 – im Südosten *SO*/135°
Um 12h00 – im Süden *S* (Höchster Stand[79]) 180°

79 Auf der südlichen Halbkugel erreicht die Sonne ihren höchsten Stand auch gegen Mittag, sie steht aber im Norden!

Um 15h00 – im Südwesten *SW*/225°
Um 18h00 – im Westen *W* (Sonnenuntergang)/270°
Um 21h00 – im Nordwesten *NW*/315°
Um 24h00 – im Norden *N* (*… ist sie bei uns nie zu sehen*) 360°

Wir gehen davon aus, dass der Mond sichtbar ist. Um die Berechnung durchzuführen, schätzen wir zunächst, wie viele Zwölftel der Mond hat, hier eine kleine Hilfe:

- Zwölf Zwölftel sind VOLLMOND[80]
- Sechs Zwölftel HALBMOND

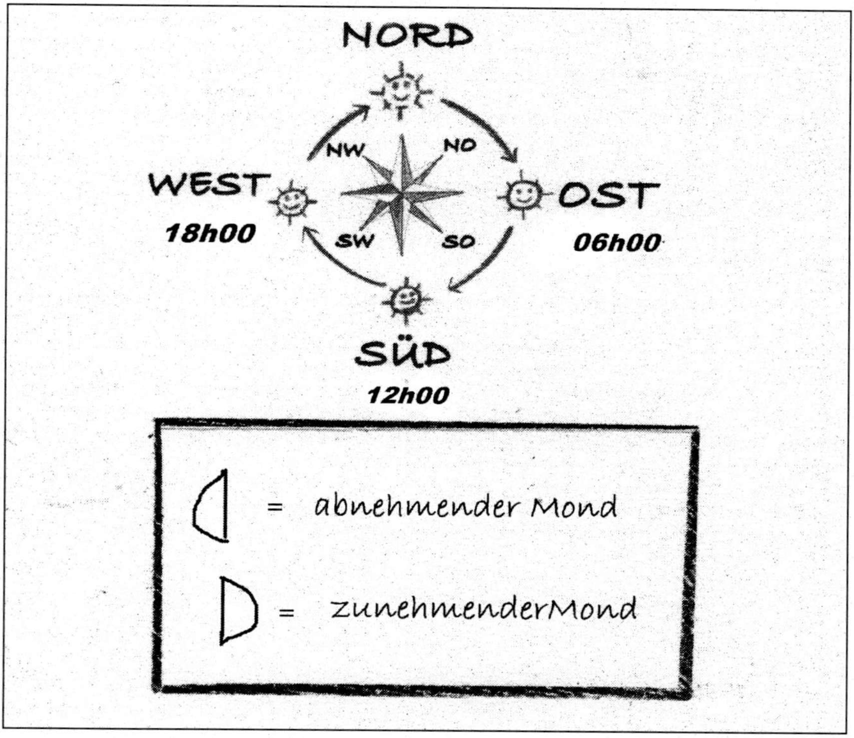

80 Anmerkung: Der Vollmond steht der Sonne genau gegenüber.

Dann sollten wir wissen, ob er abnehmend oder zunehmend ist. Als Eselsbrücke könnten wir sagen: Ist die Sichel gebogen wie ein kleines ***a*** (links rund), so haben wir es mit einem abnehmenden Mond zu tun. Ist sie auf der anderen, rechten Seite rund, haben wir zunehmenden Mond. Die Sichel nach ***links gewölbt = abnehmender*** und nach ***rechts gewölbt = zunehmender Mond.***

Für später merken wir uns: Ist der Mond abnehmend, zähle ich die geschätzten Mondzwölftel zu der Uhrzeit (24-Stunden-Format) dazu. Ist er zunehmend, ziehe ich die geschätzten Mondzwölftel von der Uhrzeit ab. Was wir demzufolge also auch brauchen, ist eine Uhr, besser gesagt die genaue Uhrzeit.

Beispiel:

Ich sehe: Einen abnehmenden Mond.

Ich schätze: Es sind 4 Zwölftel

Wir haben: 22h00.

Ich rechne: 22h00 (Uhrzeit) + 4 (Mondzwölftel)

Ich erhalte: 02h00

Ich sage mir: Der Mond steht jetzt genau dort (in der Richtung), wo die Sonne um 02h00 stehen würde.

Mit Blick auf die Skizze ergibt das grob: „Nord-Nord-Ost".

Habe ich die Windrose im Kopf, so kann ich alle anderen Richtungen davon ableiten.

Weitere Tipps:

Bei der Betrachtung des Sonnenstandes zu den jeweiligen Uhrzeiten ist Ihnen sicher aufgefallen, dass die Sonne pro Stunde 15° wandert (so zumindest nehmen wir es wahr). Natürlich ist auch das ein gutes Indiz, die Himmelsrichtung zu bestimmen.

Beispiel:

- Die Sonne, gesehen morgens um 09h00, steht in der Richtung …
  … 9 mal 15° = 135°
- Die Sonne befindet sich also im Südosten.

18

Bestimmen der Himmelsrichtung mit Hilfe der wichtigsten Sternbilder

Der Große Wagen oder der „Große Bär"

Ursa Major, lateinisch für „größere Bärin", ist wohl das augenscheinlichste und auch das bekannteste Sternbild der nördlichen Hemisphäre. Mit seiner Hilfe ist es ein leichtes, den Nord- oder Polarstern „Polaris" zu finden, den Stern also, der uns unfehlbar die Nordrichtung anzeigt. Polaris hat mir schon sehr oft wertvolle Dienste erwiesen. Er selbst ist nicht gerade der hellste Stern am Himmel, und so kann man ihn leicht aus den Augen verlieren oder ganz einfach übersehen.

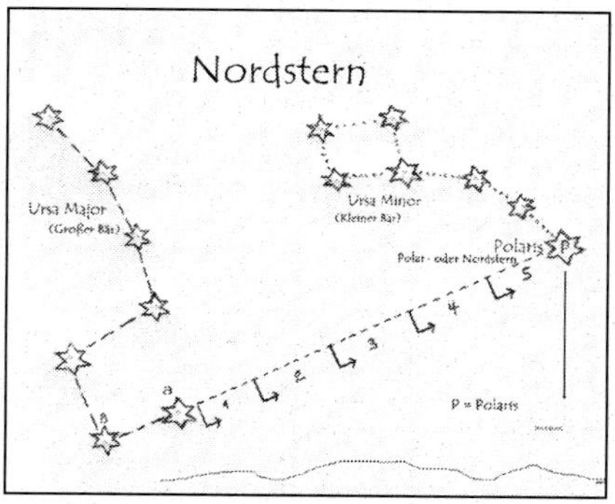

Der Große Bär und Polaris

Polaris ändert seine Position im Laufe der Nacht nicht, ist immer an der gleichen Stelle des Himmels zu finden: Im geographischen Norden! [81] Alle anderen Sterne wandern. Links im Bild sieht man den Großen Bären (auch Großer Wagen oder Ursa Major). Verlängert man die Gerade β - α fünf Mal, so stößt man am nächtlichen Sternenhimmel unweigerlich auf Polaris.

Kassiopeia (Cassiopée)

Kassiopeia hat die Form eines sehr offenen **W** (oder eines **M**, je nach ihrer Position.) Man erkennt ihr Sternbild auch ohne ein geübtes Auge am nächtlichen Sternenhimmel. Ihr mittiger Stern zeigt uns auf der geöffneten Seite des **W** den Weg zu Polaris. Dieser wiederum gibt uns die Nordrichtung an.

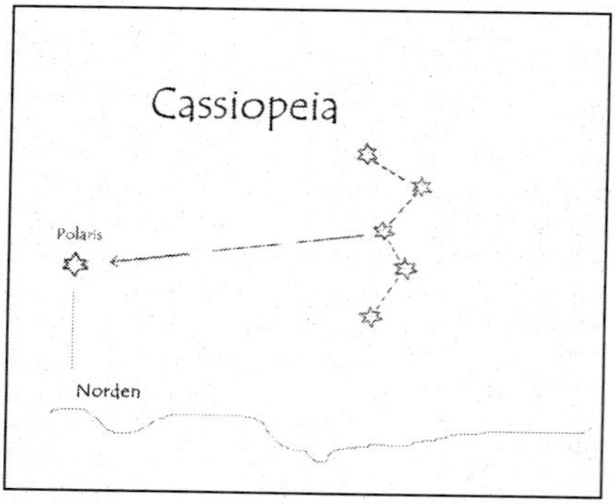

Kassiopeia

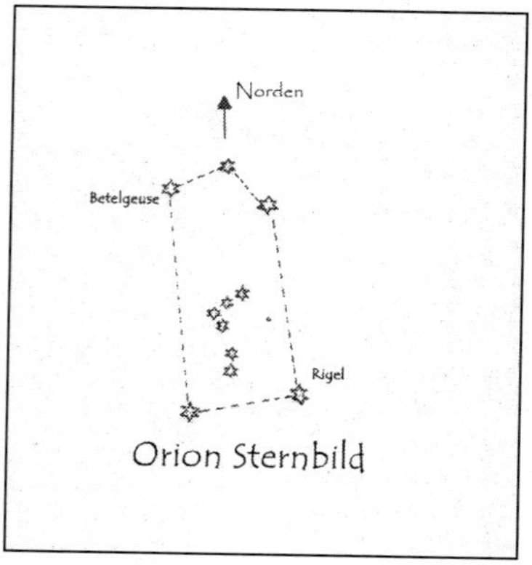

Orion

Die Konstellation des Orion mit seinen Gürtelsternen ist ebenfalls sehr leicht erkennbar. Sie sieht aus wie ein Rechteck, in dessen Mitte ein Pfeil schräg nach oben rechts zeigt.

Orion

---

81 Geographischer Punkt, wie wir ihn auch auf der Landkarte sehen. Der geographische Norden ist die Stelle, an der die Erdachse die Erdoberfläche quasi „durchstößt". Die Nadel in unserem Kompass jedoch zeigt immer nur in Richtung des nördlichen magnetischen Pols. Marschiert man mit dem Kompass über eine lange Distanz, und will man genau arbeiten, so muss die Abweichung (Deklination oder Missweisung) berücksichtigt werden.

Das Kreuz des Südens

Zum Auffinden des Himmelssüdpols (Punkt am Himmel, der senkrecht über dem Erdsüdpol/Süden liegt) kann man das Sternbild „Kreuz des Südens", *Crux*[82], verwenden. Der längere Balken zeigt zum Himmelssüdpol. Allerdings ist das Kreuz des Südens ein recht kleines Sternbild und nicht besonders auffällig. Um es zu finden, verwendeten Seefahrer einst die beiden hellsten Sterne des Sternbilds Centaurus als sogenannte Zeigesterne: Alpha und Beta Centauri weisen uns unfehlbar den Weg zum Kreuz des Südens. Wenn wir der längsten Achse des Kreuzes zum Horizont (nach unten) folgen und wenn diese Linie sich mit der Geraden trifft, die wir rechtwinklig durch Centaurus ziehen, haben wir die ungefähre SÜD-Richtung.

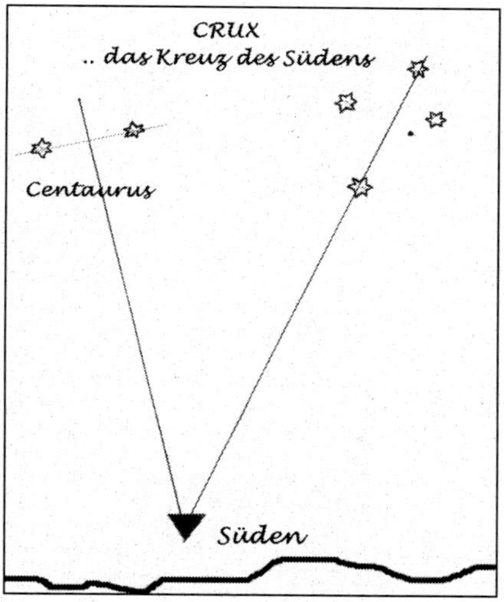

Das Kreuz des Südens

Zwischenspiel

Zeit: 30. Juni, 2014 / 21h00 LT [83]
Position: 13° 29.9296´ Nord/50°18.5750´ Ost
Kap: 73,5 Grad

Ich befand mich mitten im Indischen Ozean an Bord eines chinesischen Containerschiffs, zwischen Jemen (Mukalla) und Somalia (Caluula), wo

82 Vorsicht! Es gibt auch das „falsche" Kreuz des Südens. Für uns „Sterneeinsteiger" hat es vom Aussehen her dieselbe Form und sieht fast gleich aus, bis auf kleine Details. Am besten ist, man studiert bzw. prägt sich die symmetrische Form des echten Kreuzes (mit dem kleineren fünften Stern rechts in der Konstellation) gut ein.
83 Local Time.

ich für eine britische Sicherheitsfirma in Sachen Maritime Security arbeitete. Als ich zu oben genannter Zeit meinen Dienst antrat, staunte ich nicht schlecht. Backbord erhob sich deutlich, ja fast übergroß der Große Wagen, während steuerbord das Kreuz des Südens zwei Handbreit über dem Horizont thronte. Um das Ganze perfekt zu machen, konnte ich eine saubere Mondsichel (2 Zwölftel/zunehmender Mond) ungefähr dort erkennen, wo die zurückgebliebene Fahrrinne mit der milden Nacht eins wurde. Es war phantastisch! Natürlich versteht es sich von selbst, dass ich sofort, wie im Buch beschrieben, zunächst anhand des Großen Wagens, dann mit der Mondphasen-Berechnung und schließlich mit dem Kreuz des Südens die Himmelsrichtung berechnet habe. Als das geschehen war, überprüfte ich die Berechnungen mit dem Gyro-Bordkompass, und siehe da: Bis auf ein paar Grad hin oder her zeigten mir die verschiedenen Gestirne die Himmelsrichtung genau an. Es untermauert die Tatsache, dass auf die Methoden Verlass ist und bringt vielleicht den ein oder den anderen Skeptiker zum Schweigen.

19

Bestimmen der Himmelsrichtung mit Hilfe einer (Analog-)Uhr

Bevor wir loslegen, denken wir daran, die Uhr auf Winterzeit[84] einzustellen:

84 Die koordinierte Weltzeit (Coordinated Universal Time), sprich UTC, ist die anerkannte Weltzeit. Aus einer Zeitangabe in UTC ergibt sich die entsprechende, in Deutschland geltende Mitteleuropäische Zeit (MEZ, wir nennen sie Gesetzliche Zeit), indem man eine Stunde addiert, und die im Sommer geltende Mitteleuropäische Sommerzeit (MESZ), indem man zwei Stunden addiert. Also, Sommer: Gesetzliche Zeit = UTC + 2h (Sommerzeit) / Winter: Gesetzliche Zeit = UTC + 1h

Wir haben Sommer? Wir stellen also unsere Uhr eine Stunde zurück!

Vormittags: Uhr waagerecht halten, Zifferblatt nach oben. Wir richten den Stundenzeiger auf die Sonne[85] und ziehen von der Mitte der Uhr eine imaginäre Linie zur Zwölf an den Rand des Zifferblattes. Die Fläche zwischen Stundenzeiger und imaginärer Linie teilen wir genau in der Mitte. Die Teilungslinie zeigt nach Süden.

Nachmittags: Gleiche Prozedur. Wieder richten wir den Stundenzeiger auf die Sonne und ziehen eine Linie zur Zwölf hin. Dann die Fläche zwischen Stundenzeiger und der Linie, die zur Zwölf verläuft, teilen. Die Teilungslinie zeigt nach Süden.
Der Unterschied Vormittag-Nachmittag? Vormittags befindet sich der zu teilende Winkel links auf dem Zifferblatt (vor der Zwölf), nachmittags liegt er rechts (nach der Zwölf).

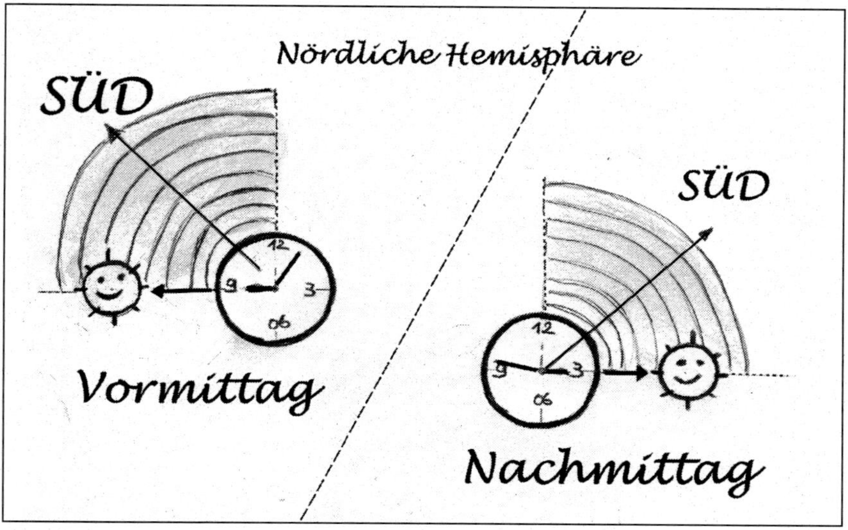

Nördliche Hemisphäre

85 In der südlichen Hemisphäre richten wir die Zwölf des Zifferblattes auf die Sonne. Die zu teilende Fläche (Winkelhalbierende) liegt dann zwischen dem kleinen Zeiger und der Zwölf. Die Teilungslinie zeigt nach Norden. Mit dem Wissen im Kopf, dass die Sonne auf der südlichen Halbkugel mittags im Norden steht, dürfte nichts schiefgehen!

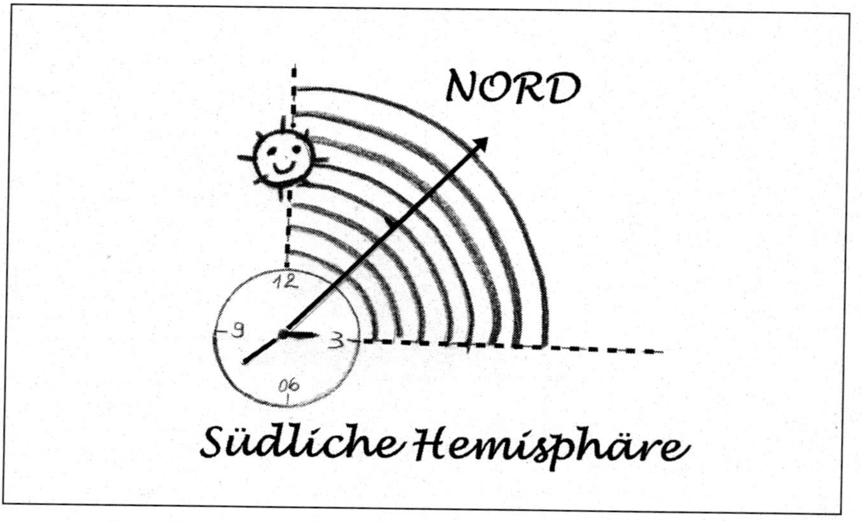

Südliche Hemisphäre

20

Die Schattenspitzmethode ...

Ich stecke: Am besten vormittags einen Stock (Länge etwa 50 cm) auf ebener Fläche in den Boden. Selbst wenn der Himmel leicht bewölkt ist, wird er einen Schatten werfen (**1** auf der Skizze). Legen Sie am Schattenende einen Stein oder markieren Sie die Stelle mit den Mitteln, die Ihnen zur Verfügung stehen (je kleiner das Objekt, desto präziser wird das Resultat ausfallen!).

Ich warte: Mindestens fünfzehn Minuten und markiere das jetzige Schattenende (**2** auf der Skizze) wie schon das erste.

Die Linie: Zwischen der Markierung **1** und der Markierung **2** ist die „West-Ost"-Linie, wobei die erste Markierung immer im Westen liegt.

Merke: Ob nördliche oder südliche Hemisphäre, die Methode ist immer anwendbar, nur: Blicken wir über den Stecken in Richtung Sonne und wandert, wie auf der Zeichnung, der Schatten nach links, so befinden wir uns auf der nördlichen Halbkugel. Wandert der Schatten hingegen nach rechts, befinden wir uns auf der südlichen Halbkugel! Je nachdem, wo wir uns befinden, müssen wir also umdenken.

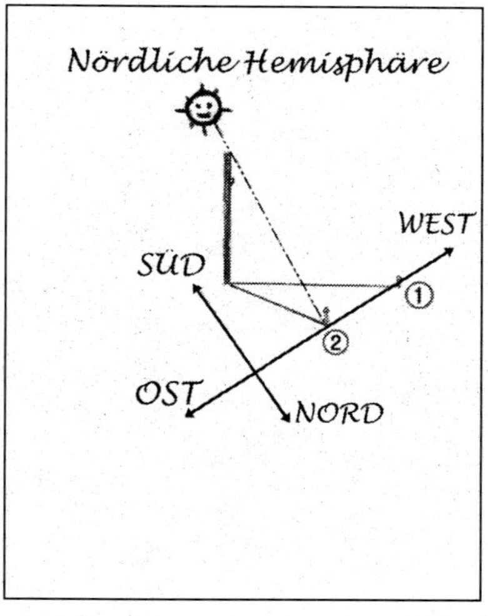

Schattenspitzmethode nördliche Hemisphäre

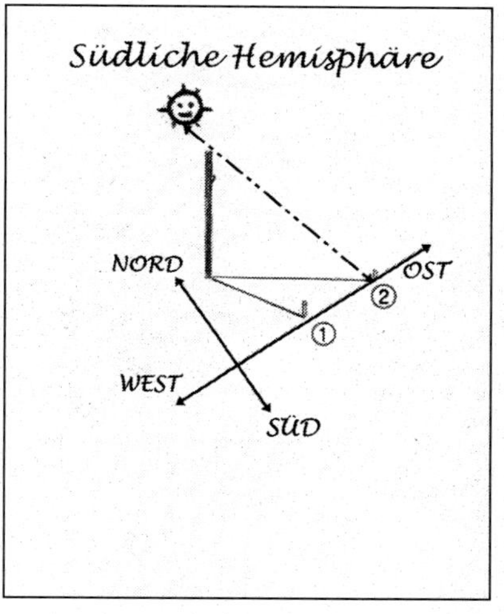

Schattenspitzmethode südliche Hemisphäre

… und die anderen ***alten*** Kamellen.

Man sagt, dass:

- … alte, romanische und gotische Kirchen mit dem Längsschiff von West nach Ost orientiert stehen. Der Kirchturm ist im Westen, Chor und der Altar wären nach Osten gerichtet.

• … auf der Stirnseite eines Trigonometrischen Punktes dessen Initialen T.P. eingemeißelt sind. Diese weisen nach Süden.

• … auf vielen, vor allem alten Friedhöfen, die beschriftete Stirnseite der Grabkreuze nach Osten zeige, weil im Osten die Sonne aufgeht: Aufgehendes Licht ist gleich Auferstehung.

• ... sich einzeln stehende Bäume meist nach Osten bzw. Südosten neigen. Der Wind kommt in unseren Gefilden (Ausnahmen bestätigen die Regel) aus dem Westen bzw. aus dem Nordwesten. Natürlich sollten diese Bäume, wenn man die Idee der Richtungsbestimmung mit ihnen aufgreift, am besten auf einer Anhöhe stehen, wo ständig der Wind bläst.

• ... die Venus kurz vor Sonnenaufgang im Osten (Morgenstern) und kurz nach Sonnenuntergang im Westen (Abendstern) zu finden ist.

• ... sich Moos an einzeln stehenden Bäumen, wenn schon, dann auf der Wetterseite, das heißt im Nordwesten, findet.

• ... wenn man einen älteren Igel in einen Jutesack steckt, den Sack dann wild über den Kopf wirbelt, dreimal links und dreimal rechts, das Tier anschließend wieder laufen lässt: Dass dieser Igel, obwohl völlig desorientiert, sich ohne zu zögern immer nach Süden wendet! Nummer 7 wäre somit mein Beitrag, den Sie gerne in der Kategorie „Humor“ speichern dürfen!

B

Feuer machen

… diese Kunst ist keine Ur-Eigenschaft des Menschen, denn es gab Zeiten, da machte er keines, sondern lebte ohne Feuer. Und er lebte gut, aß Baumrinden[86], Wurzeln, rohes Fleisch, Insekten, Nüsse, Früchte und Beeren. Nur durch das, was ihn grundsätzlich vom Tier unterscheidet, wurde er schlau: Durch seine übergroße Neugier! Blitzeinschläge, Vulkanausbrüche und eventuell auch die dadurch entstandenen Waldbrände brachten das Feuer auf die Erde, und des Menschen Neugier machte, dass er es bändigen und Nutzen daraus ziehen wollte. Den Wert eines Feuers wussten also schon unsere Vorfahren zu schätzen, doch das war vor langer Zeit. Und heute? Nun, heute braucht Otto Normalverbraucher kein Feuer. Der Großteil von uns sind Stadtmenschen, und des Stadtmenschen Energiequellen heißen Strom, Gas oder Öl. Feuer bequem per Knopfdruck!

Für diejenigen unter uns jedoch, die sich in einer Extremsituation wiederfinden, kann „Feuer haben“ oder „kein Feuer haben“ gleichbedeutend sein mit Leben oder Tod, so einfach ist es. Feuer bedeutet so vieles für uns. Licht, Wärme, Schutz vor Tieren, doch nicht nur das. Wir

86 Baumrinden sind gut zum Verzehr. Man sollte nur darauf achten, nicht die äußere, sondern die unmittelbar darunterliegende, weiße Schicht zu nehmen. Man kann sie roh verzehren oder kochen. Birkenrinde zum Beispiel schmeckt nicht mal so übel. Doch nicht nur die Rinde, sondern auch die Blätter der Birke können verarbeitet werden: zu Tee nämlich!

können nasse Kleider trocknen[87], unsere Nahrung garen oder kochen und sie durch Hitze und Rauch konservieren. Feuer kann als Waffe benutzt werden oder auch als Signal. Feuer heißt aber auch Moral, und daran hat sich seit Urzeiten nichts verändert. Jedes Kind weiß, dass man um ein Feuer zu machen und um dieses am Leben zu halten, drei Dinge benötigt:

- ***Brennbares Material (fest, flüssig oder gasförmig)***
- ***Wärme***
- ***Sauerstoff***

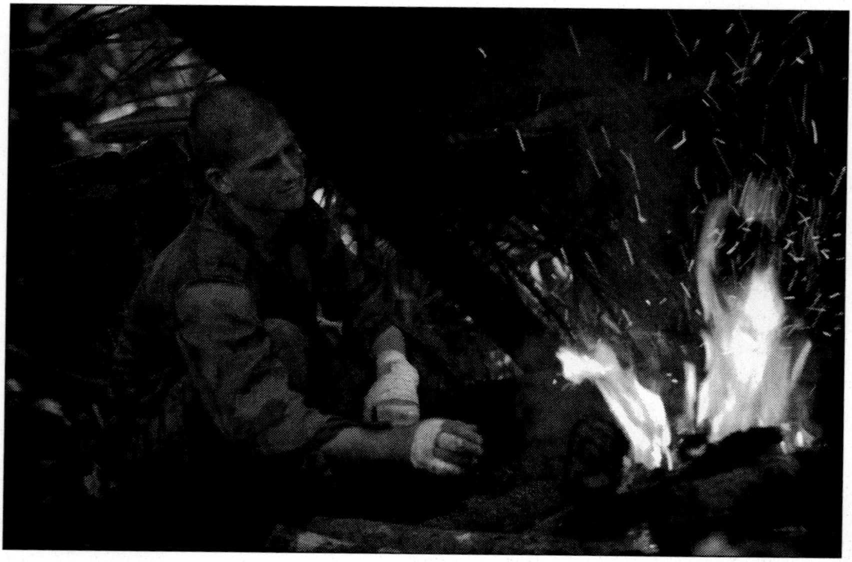

Feuer ist Leben

Entfernt man eine dieser Komponenten, geht das Feuer aus. Ein Feuer soll vor Wind und Regen geschützt werden, das brennbare Material

87 Vorsicht! Nasse Schuhe aus Leder sollten nicht über oder in der direkten Nähe zum Feuer getrocknet werden. Das Leder zieht sich zusammen, und am nächsten Tag müssen Sie barfuß laufen: Viel Spaß!

könnte idealerweise trocken sein und man könnte sich Gedanken machen, wie wir es von einem Ort zum nächsten transportieren. Was die meisten von uns nicht wissen, ist: Es klappt tatsächlich! Ein Feuer ohne Streichhölzer oder Feuerzeug zu machen, das ist kein „Klimbim". Die Technik, die bei mir bisher fast immer funktioniert, ist das Feuerbohren. Bevor ich sie zum ersten Mal anwandte, war ich noch skeptisch, doch nachdem die anfänglichen Schwierigkeiten mal überwunden waren und ich den Trick nach einigen Flüchen und fast schon „verzweifelten" Versuchen endlich raus hatte, klappte es immer wunderbar. Zumindest in trockenen Gefilden.

21

Feuer ohne Hilfsmittel

Feuerbohren

Wir benötigen:

- ***Ein Messer.*** Irgendein zweckmäßiges: robust, scharf!
- ***Eine Schnur:*** Durchmesser etwa 3 mm, Länge 1,5 m (langer Schnürsenkel).
- ***Einen Ast als Bogen:*** Biegsam, wenn möglich, Länge etwa 60 cm, Durchmesser 2,5 cm.
- ***Einen Drill (Spindel):*** Ich bevorzuge nicht zu weiches Holz. Länge 20 cm, Durchmesser 2 cm. Im Gegensatz zu anderen Mei-

nungen, spitze ich keine der beiden Enden zu, sondern runde sie eher ab. Auch bringe ich keine Rille (Kerbe) an, in der die Schnur verlaufen soll. Die Spindel wird mit einer einfachen Schlinge (Auge) in die Schnur gespannt.

- ***Ein Handstück:*** Das man in der Hand hält, damit der Drill gut rotiert und die Hand nicht verletzt wird. Ich persönlich verwende einen weichen Stein (Speckstein, Kalk[88]), in den ich mit dem Messer eine Mulde schneide und diese sauber schleife. Diese Vertiefung sollte mit einem Schmierstoff eingerieben werden. Schmalz, Fett, Öl etc.

- ***Ein Stück Holz/Brett:*** Gerne weicheres Holz. Durchmesser 2 cm. In das Brett schneide ich eine rundliche Vertiefung (kann man auch mit Drill und Bogen „anbohren"), in welche das untere Ende der Spindel gut passt. Von dort aus einen V-förmigen Ausgang anbringen, an dem das Brennmaterial herunterpurzeln kann.

- ***Trockenes Brennmaterial:*** Während des Marsches immer kleine Äste, totes Gras, Rinde (trockene Birkenrinde eignet sich besonders), Papierfetzen, abgestorbene Blätter etc. in die Hosentasche stecken, bis man eine ansehnliche Handvoll davon hat. Es trocknet am Körper sehr gut. So viel zum Zunder. Bereiten Sie auch Bruchholz vor, kleine Äste, Holzsplitter, trockene Zweige.

- ***Hartnäckigkeit und etwas Geduld:*** Es dauert – und klappt nicht immer auf Anhieb, wenn man nicht geübt ist.

Natürlich basiert die Technik auf Reibung. Bevor mit dem eigentlichen Bohren begonnen wird, sollten Sie einen Vorrat Holz verschiedener Größen bereitlegen: Von streichholzgroß über Mikado bis hin zu ganz kleinen Scheiten oder Ästen und so weiter. Während des Bohrens bitte darauf achten, die eigentliche Operation vor Regen und Wind zu schützen. Beim Bohrvorgang entsteht Wärme. Feine Partikel erhitzen sich und erzeugen eine winzige Glut. Blasen Sie vorsichtig hinein – und voilà! Es hört sich einfach an, weil es einfach ist!

---

88 Im Urwald Gabuns hatte ich zu diesem Zweck immer einen Mbigou Stein („Pierre de Mbigou") im Gepäck. Diesen kann man mit dem Messer bearbeiten. Da die Luftfeuchtigkeit am Äquator jedoch sehr hoch ist, gelang es mir nur selten, auf diese Art ein Feuer zu entfachen.

a. Legen Sie Ihr Holz-Feuerbrett (**1**) so auf den Boden, dass der V-förmige Ausgang in Kontakt neben dem Brennmaterial liegt.

b. Das abgerundete Ende (**2**) der Spindel wird in die Vertiefung des Feuerbretts gesetzt.

c. Drücken Sie mit dem Handstück (**3**) kontrolliert auf das obere Ende der Spindel, während Sie mit der anderen Hand den Bogen (**4**) halten.

d. Durch energische und kontinuierliche Bewegungen des Bogens, waagrecht hin und her, dreht sich die Spindel und bohrt sich quasi in das Brett. Die Reibung, die dadurch entsteht, erzeugt Hitze. Hören Sie nie auf mit der Bewegung. Wenn es anfängt zu rauchen, schneller werden und den Druck auf das Handstück leicht erhöhen. Glühende Partikel werden in den V-förmigen Ausgang fallen. Dort können sie aufgenommen und durch vorsichtiges Blasen entfacht werden.

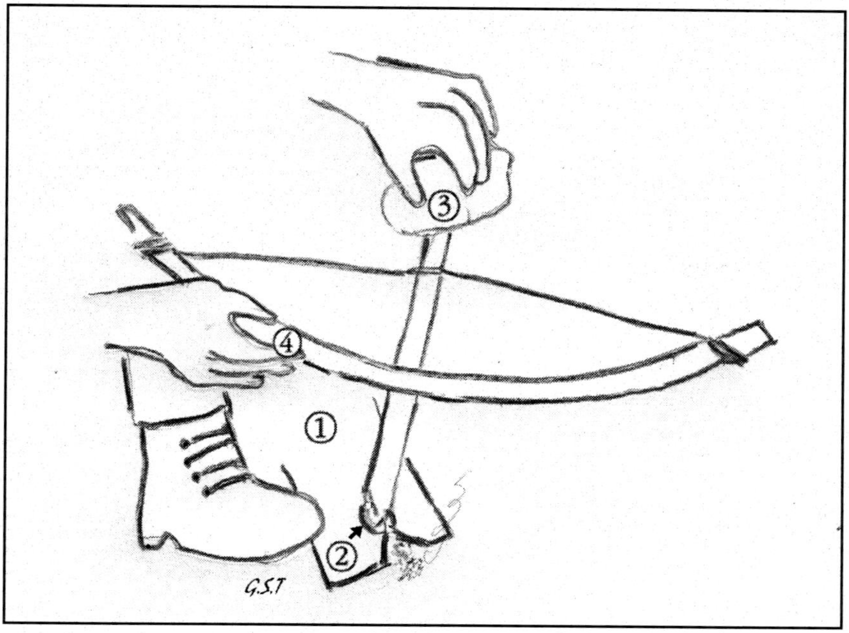

Feuerbohren

Müssen Bogen, Spindel, Brett beziehungsweise Holzstück erst angefertigt werden, so kann es im besten anzunehmenden Fall (Messer, Schnur, Holz … alles parat) zwanzig Minuten dauern, bis wir ein Feuer entfacht haben. Anstatt mit dem Bogen kann die Spindel auch mit beiden Handflächen „betrieben" werden. Wer keine Arbeiterhände hat, holt sich Blasen, und das Ganze funktioniert auch nur mit einer ausgewogenen Technik. Es ist interessant zu sehen, wie zum Beispiel die Massai mit der Methode innerhalb von 60 Sekunden Feuer machen. Mit anderen Worten: Es funktioniert auf Abruf!

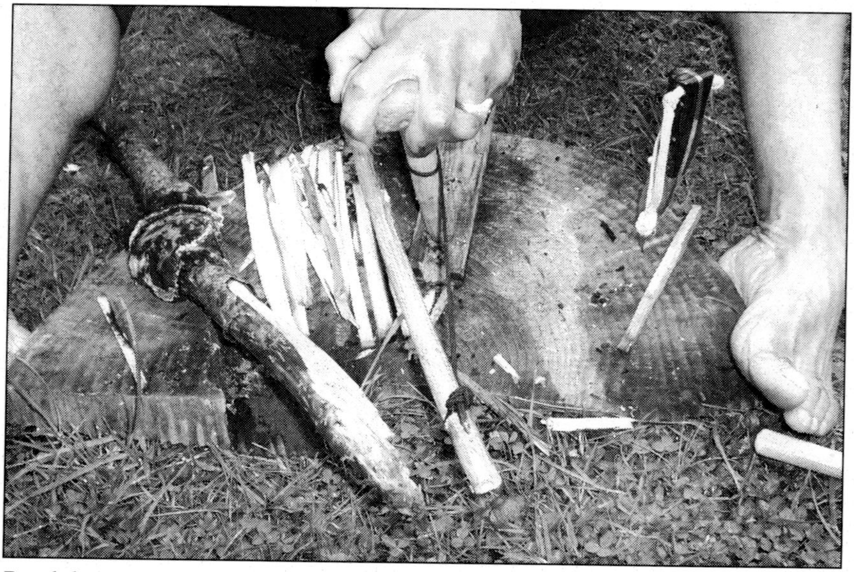

Feuerbohren

Bei dieser Technik des Feuermachens (wie auch bei allen anderen) gilt: Falls es auf Anhieb nicht klappt, dann weil irgendeine Komponente nicht die ihr zugedachte Rolle spielt. Wenn man nun ehrgeizig und blind mit denselben Parametern (dasselbe Holz, die gleichen Hilfsmittel und Bewegungen) von neuem beginnt, wird das Resultat höchstens dasselbe sein. Es raucht, aber es fehlt die Glut, und keine Glut = kein Feuer! Bevor Sie also all Ihre Energie dafür verschwenden, wieder und wieder zum selben Null-Resultat zu kommen, ändern Sie etwas. Versuchen Sie es mit einem anderen Holz. Mit einem längeren Bogen, einem dünneren Drill etc.

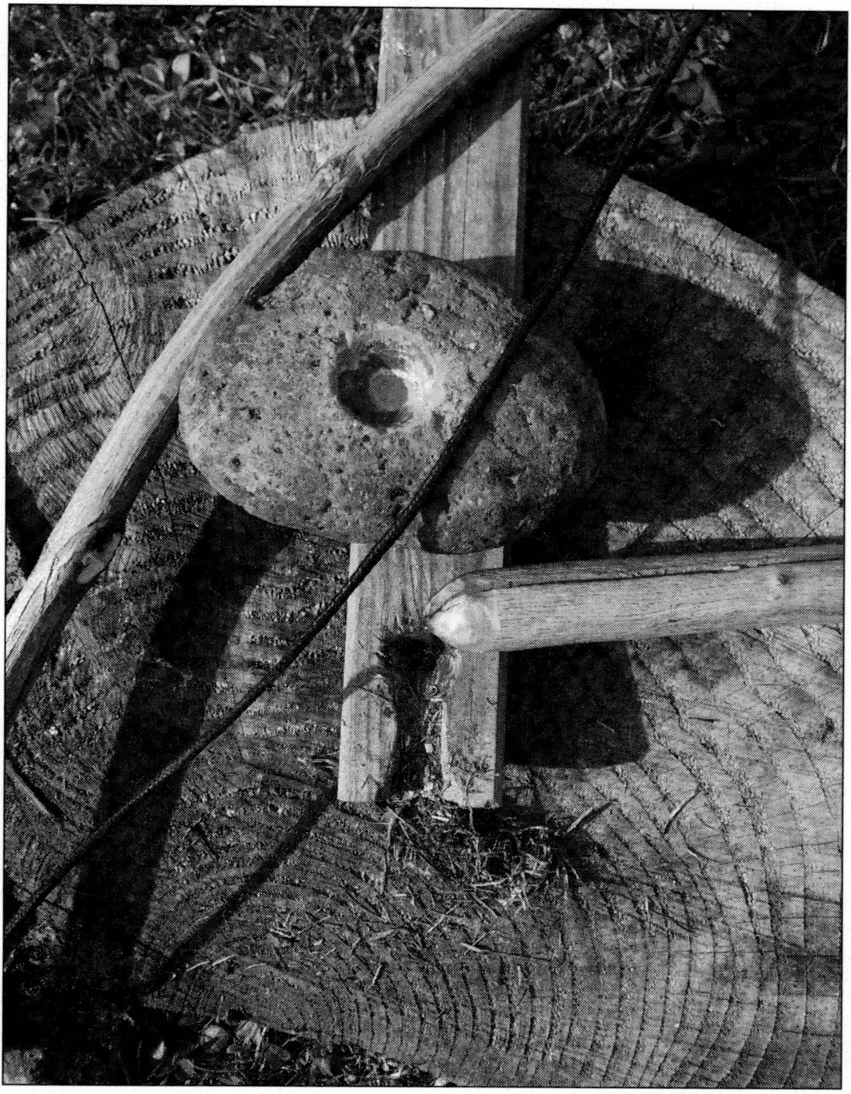

Feuerbohren

22

Feuer mit Hilfsmittel

Kerze / Harz

Die folgende Methode, bei der wir über ein Feuerzeug oder Streichhölzer[89] und diverses Kleinmaterial verfügen, ist einfach. Wir frieren. Es regnet. Alles ist pitschnass. Kein trockenes Holz. Was tun? Nehmen Sie ein nasses Stück Holz, auch gerne frisch vom Baum geschnitten. Schneiden Sie es mit dem Messer in zahnstochergroße Stäbchen. Nehmen Sie nun einen Kerzenstummel (vier, fünf Zentimeter), stellen Sie ihn an einer windgeschützten Stelle zu Boden, am besten in eine Mulde, und zünden Sie ihn an. Schichten Sie nun die „Zahnstocher" zu einer Pyramide darum herum auf (siehe Bild). Das nasse Holz wird in Windeseile trocken und beginnt zu brennen. Ist es windig, dann graben Sie eine Mulde und richten die Holz-Pyramide darin auf. Natürlich sollte für genug Luftzufuhr gesorgt werden. Diese Methode, auch nasses Holz zum Brennen zu bringen, klappt zu 100%.

---

89 Ich habe auf Einzelkämpfer-Lehrgängen gestandene Mannsbilder gesehen, die, in ihrer Verzweiflung oder Euphorie, mit einem brennenden Streichholz nasse, große, 1 Kilo schwere Holzscheite anzünden wollten. Das vorhersehbare Endresultat war natürlich ernüchternd: Es regnete immer noch, die Streichhölzer (eine ganze Schachtel) waren aufgebraucht, kein Feuer weit und breit – und eine weitere, bis auf die Knochen nasse Nacht war in Aussicht!

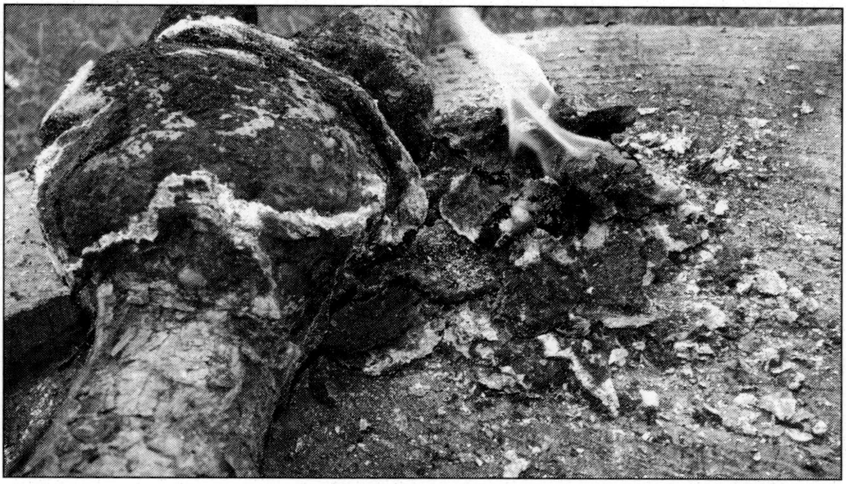

Baumharz

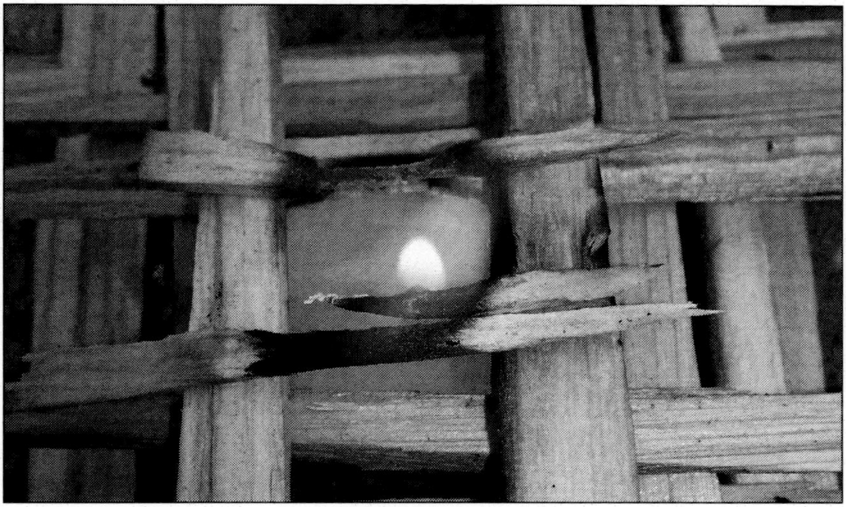

Pyramide

Im Urwald ist „Brayou“ (spezielles weißes Baumharz) eine Alternative zur Kerze. Auch hier in unseren Breiten ist Baumharz hervorragend dazu geeignet, ein Feuer zu starten.

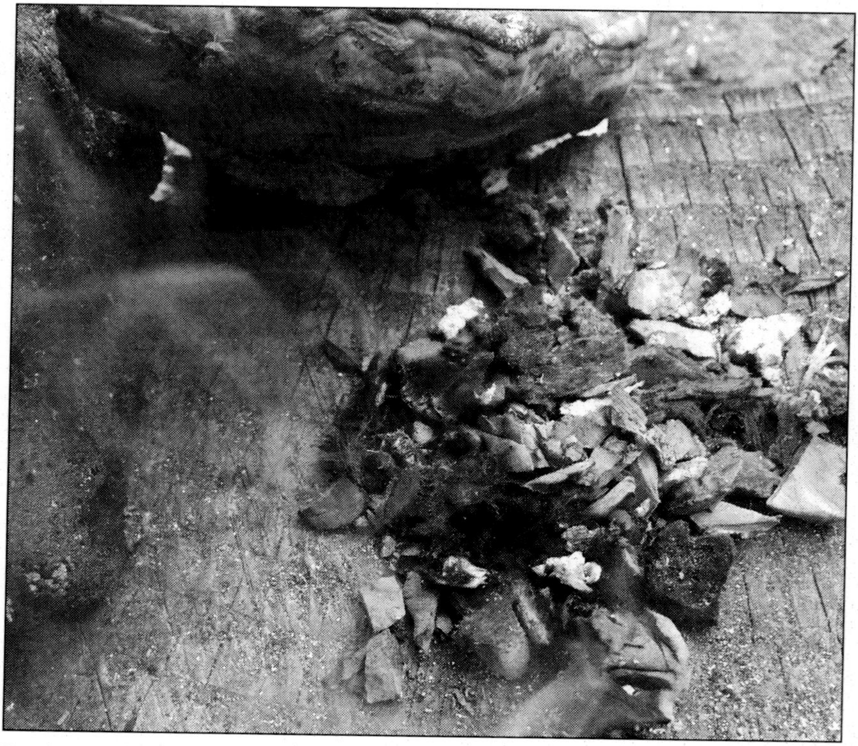

Zunderschwamm

Zunderschwamm und Feuerstein

Der echte Zunderschwamm wächst in ganz Europa und Nordamerika an hauptsächlich toten Laubbäumen, vorzüglich an Birken und Buchen. Ihn in seinem natürlichen Zustand als Zündmittel zu verwenden, das geht. Doch da muss schon alles zusammenpassen: Trocken muss er sein, genauso wie die Atmosphäre um ihn herum warm und trocken sein sollte. Und man benötigt einen guten Feuerstein, ... dann ist alles möglich. Besser jedoch ist, man schält ihn, löst die Kruste und Röhrenschicht vom eigentlichen Körper, schneidet ihn dann klein oder klopft ihn weich und legt ihn in Salpeter ein. Urin soll dieselbe Eigenschaft haben. Danach muss er so lange trocknen, bis er sprichwörtlich *knochentrocken* ist. So präpariert, ist das Resultat wirklich verblüffend.

Ein Funke genügt, und das Material beginnt zu glimmen. Wenn man viel Outdoor macht oder draußen in der Natur unterwegs ist, lohnt es sich, so eine Präparation herzustellen und das Ensemble Feuerstein und Zunderschwamm in einem Säckchen ständig im Rucksack bei sich zu tragen: Im Falle eines Falles! Für alle Prozeduren gilt: Wenn es regnet, spannen Sie eine Zeltbahn oder eine Plane über Ihren „Arbeitsplatz".

Hatte ich die positiven Seiten eines Feuers angesprochen, so bestehe ich auch darauf, die weniger guten Seiten zu betonen. Es gibt eigentlich nur zwei Aspekte, die unangenehm sind.

- Feuer kann uns und unsere Position verraten!
- Feuer verursacht Brände/Waldbrände.

Leider leben wir in einer Welt, in der Feuer und Rauch Raubgesindel, Plünderer und anderes Fußvolk anziehen wie frischer Kot die Schmeißfliegen. Die Absichten dieser Schurken variieren im Spektrum zwischen simpler Neugier und Diebstahl bis hin zu Mordlust. In Mitteleuropa trifft das sicher etwas weniger zu als in einigen anderen Regionen, in denen ein Europäer, sollte er alleine angetroffen werden, eine Überlebenschance von gleich null hätte, deshalb, wie bereits betont: Feuer immer klein halten. Holz nehmen, das wenig Rauch macht, und das Ganze gut abschirmen. Auch an den Sichtschutz nach oben denken.

Lupe / Vergrößerungsglas

Auch die Variante mit dem Vergrößerungsglas funktioniert bestens, vor allem natürlich, wenn der Zunder trocken ist.

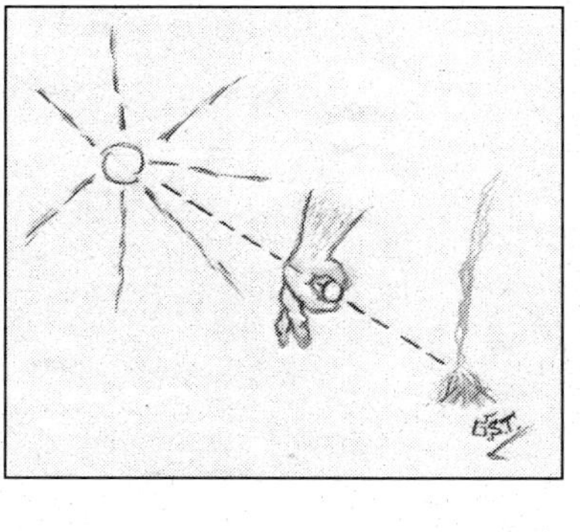

... mit der Lupe

6 ÜBERLEBEN IM DSCHUNGEL

Dschungel: Tropischer Regenwald, immerfeuchter, grüner, vom Urwald bedeckter Waldgürtel bis jeweils 15° nördlich und südlich des Äquators.

Es ist ein Milieu, das nur wenige kennen. Es ist ein Umfeld, das faszinierend und angsteinflößend zugleich ist. Angsteinflößend deshalb, weil es all unsere im Laufe der letzten Jahrzehnte verkümmerten Sinne zuhöchst fordert, was ungewohnt ist. „*Er*" ist Teil unserer Erde, und die Erinnerung des Stadtmenschen daran ist tief in seinem Gedächtnis gespeichert und schlummert möglicherweise in seinen Genen.

Der Urwald!

Reißende Flüsse, schwieriges, teilweise undurchdringliches Gelände, hohe Temperaturen, nahezu 95% Luftfeuchtigkeit bei fast konstanten Temperaturen zwischen 25 und 33 Grad Celsius das ganze Jahr über. Heftiger Regenfall, Giftschlangen, Skorpione, Malaria, Denguefieber, Leishmaniose, Bilharziose … die Liste der Gefahren, die im Dschungel auf uns lauern, ist lang, die Tücken sind real. Ich wehre mich gegen die Aussagen irgendwelcher *„Survival-Spezialisten"*, die den Urwald mit ihrem Garten vergleichen[90], in dem alles, was man zum Überleben benötigt, quasi vor der Haustüre wächst und wo nur Harmonie herrscht. Diese Aussagen haben ein Flair vom *Paradies*. Leider, oder Gott sei Dank, ist es jedoch so, dass das Überleben hier einem enormen Energieakt gleicht. Natürlich geht auch im Urwald (wie im heimischen Garten) hundert Tage lang alles gut. Schön! Aber dann kommt dieser eine Tag … *es genügt ein Fehltritt, ein Biss, ein Stich, ein Fehler beim Orientieren oder beim Abschätzen der Lage* … und aus Gartenharmonie wird ein nicht endendes Albtraum-Szenario. Nur gibt es dort kein Krankenhaus um die Ecke, keinen Arzt, der schnell vorbeikommt, und keinen Seelsorger oder Pfarrer, der die letzten Worte spricht. Vor allem für uns Europäer gilt: Ausgebildet oder nicht, der Wald schenkt einem nichts, und es gibt genug stille Gräber, die davon zeugen. *Demut* … wer die nicht mitbringt, hat das Überlebens-Spiel im Urwald bereits verloren, bevor es überhaupt richtig begonnen hat! Um sich hier zu behaupten, mussten sogar Einheimische ihren Blutzoll entrichten und lange an den notwendigen Kenntnissen und Techniken feilen, doch ihnen blieb keine Wahl. Wir hingegen haben diese Wahl. Keiner zwingt uns dazu, fremde Länder aufzusuchen, in tropische Gefilde einzudringen, um uns hier zu beweisen. Tun wir es dennoch, so gibt es Gründe. Diese Gründe wollen, dass wir im Normalfall stets mehr oder weniger gut ausgerüstet sind. Das ist der Ansatzpunkt für die folgenden Seiten. Männer oder Frauen, die sich im Wald verlieren, haben im Optimalfall eine minimale Grundausrüstung bei sich, einen kleinen Rucksack, einen Kompass, ein Messer, etwas Seil oder Schnur, eine Lampe, einen Schlafsack etc.

Für uns Europäer endet ein *„sich im tiefen Dschungel verirren, ohne ein Minimum an Ausrüstung dabeizuhaben"* meist tödlich. Kommt man zunächst mit dem Leben davon, keine Panik. Dem Verirrten bieten sich zwei Möglichkeiten. Entweder er bleibt vor Ort und richtet sich ein Camp ein, oder aber er versucht sich zu Fuß dorthin durchzuschlagen, wo ihm geholfen wird. Beides hat Für und Wider.

---

90 Wer nur ab und zu mal *schnell* in den Urwald geht, nie aber wirklich dort über einen langen Zeitraum leben, sprich: überleben musste, bei dem nimmt man solche Töne kaum ernst.

23

Sich durchschlagen oder bleiben?

Sich durchschlagen

Nachteile:

- Ein Marsch durch den Dschungel, diese Erfahrung habe ich oft schon gemacht, kann folgendermaßen aussehen. Sie marschieren morgens los, kämpfen sich unter hohem Kraftaufwand den ganzen Tag lang durch den Busch, nur um kurz vor Einbruch der Dunkelheit (oder irgendwann später) feststellen zu müssen, dass Sie gerade mal so achthundert Meter Luftlinie geschafft haben. Das ist real und nicht unüblich. Die Moral würde ihren ersten Kampf führen. Wenn Sie nämlich dreihundert Kilometer vom nächsten Ort entfernt sind, müssten Sie 375 Tage lang marschieren: *Ups!*

- Machen Sie Fehler in der Gelände-Orientierung, zum Beispiel in der Richtungsbestimmung, so könnten irgendwelche Archäologen in zweihundert Jahren Ihre Gebeine an einem Ort finden, wo Sie eigentlich niemals hinwollten.

- Bewegung zieht Aufmerksamkeit auf sich. Ein altes Sprichwort sagt: *„Im Urwald gibt es ebenso viele Blätter an den Bäumen, wie es Augen gibt, die dich beobachten."* Je nachdem, in welchem Land wir uns befinden, könnten Europäer leicht Ziel von Kidnapping werden. In einigen Ländern in Afrika oder in Asien würde man Ihnen die Kehle durchschneiden, nur um in den Besitz Ihrer abgelaufenen Turnschuhe oder Ihrer Armbanduhr zu kommen. Sind Sie eine Frau, besteht durchaus die Möglichkeit, dass Sie als *„Pferdchen"* im Bordell eines Goldgräbercamps landen (europäische Frauen sind dort sehr beliebt) und Ihr Leidens- oder Kreuzweg, wenn Sie ihn überleben, könnte unter Umständen Jahre dauern.

• Sie schlagen sich in einem Umfeld durch, das nicht Ihres ist, dringen in Reviere ein, die andere für sich schon vor langen Jahren in Anspruch genommen haben, die dort seit Urzeiten *zuhause* sind: Einheimische, Raubtiere, Schlangen etc. Eindringlinge sind zuerst einmal eines: ihre Feinde! Und so wird man Sie zunächst auch betrachten.

• Sie verbrauchen den Großteil Ihrer Kräfte damit, einen geeigneten Weg zu finden. Da bleibt wenig Kraft für elementare Dinge, die aber absolut notwendig sind (z.B. Nahrung und Trinkwasser finden).

Vorteile:

• Sie haben das Gefühl, aktiv zu sein, Ihr Schicksal selbst in die Hände zu nehmen. Das spornt an.

• Die Zeit, bis Sie Ihrer Misere entrinnen, könnte stark verkürzt werden, wenn Sie Glück haben und durchkommen.

Vor Ort bleiben und ein provisorisches Camp einrichten

Nachteile:

• Die Möglichkeit, dass Sie sehr lange auf Hilfe von „außen" warten müssen, ist durchaus gegeben.

• Die Moral kämpft auch hier, weil man das Gefühl hat, passiv zu sein.

• Langeweile kann sich einschleichen. Langeweile kann ein ebenso destruktiver Faktor sein wie übergroße Angst.

Vorteile:

- Sie sind nahe dem Punkt, wo Sie eventuell zum letzten Mal von jemandem gesehen wurden. Gibt es Suchaktionen, so beginnen diese hier.
- Sie bauen Ihr eigenes kleines Revier auf, bewegen sich mit jedem Tag, der vergeht, in einem Umfeld, das Sie, wenn auch gezwungenermaßen, kennen.
- Mit jedem kleinen Erfolg, den Sie in einem Camp verbuchen können – Feuer machen, Nahrung finden und zubereiten, sich gegen Tiere schützen etc. –, steigen Ihr Selbstvertrauen und der Wille zu überleben.

Für welche der beiden Optionen soll man sich also entscheiden? Nun, ich würde empfehlen, beide zu wählen, aber immer schön der Reihe nach. Zunächst bleiben und ein Camp einrichten, aber gleichzeitig eine Frist setzen (zum Beispiel zwei Wochen) und dann, komme was wolle, nach Ablauf dieser Frist losmarschieren. Zwei Wochen ist so ein Ansatz, wo man sagen kann, dass Hilfe von außen in Form irgendwelcher Suchaktionen sich verlagert. Die Kreise werden weiter gezogen, und keiner wird Sie mehr an der Stelle suchen, an der man Sie zum letzten Mal gesehen hat.

24

Trinkwasser / Feuer / Feste Nahrung

Vor Ort bleiben und ein provisorisches Camp einrichten

Sie bleiben also zunächst, und deswegen sollten Sie all Ihre Kräfte mobilisieren, um der Reihe nach:

- Sich Ihr Lager einzurichten.
- Trinkwasser zu finden.
- Feuer zu machen.
- Etwas Essbares aufzutreiben.
- Darüber nachzudenken, wie Sie auf sich aufmerksam machen können.
- Gefahren der Natur zu analysieren.

Sich im Dschungel ein Lager einrichten ist eine Sache, die recht einfach ist und die auch ziemlich schnell geht, wenn man die nötigsten Mittel dazu hat: ein Messer, eine regendichte Plane, ein Hamac (Hängematte), Seile und Schnur. Suchen Sie sich zuerst den idealen Platz aus; zur Erinnerung: in respektvoller Nähe zu einem Fluss, zwischen zwei Bäumen, die in sechs Metern Entfernung zueinander und ebenerdig stehen. Zuerst wird die Fläche zwischen den Bäumen gesäubert, und zwar gründlich! Es soll sich kein Versteck mehr für Giftschlangen, Skorpione oder den gefährlichen Hundertfüßer bieten.

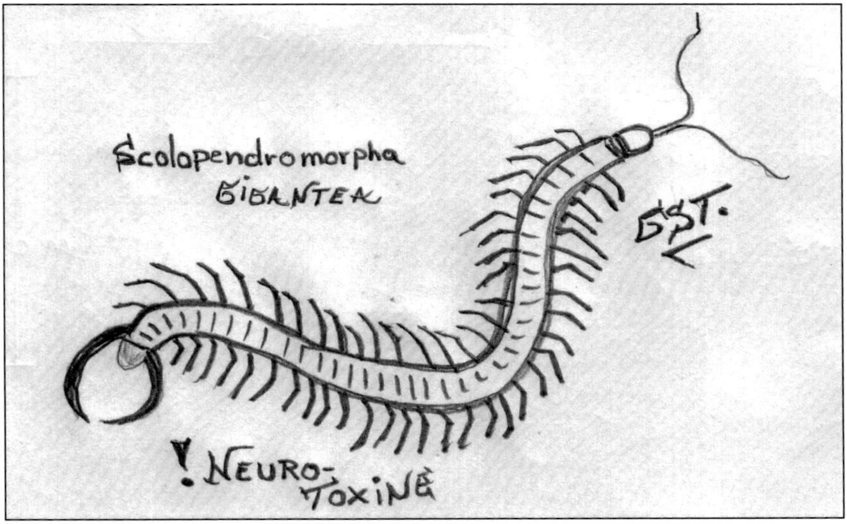

Hundertfüßer

Wichtig: Gibt es Anzeichen dafür, dass Jaguare[91] (oder Tiger, je nach Kontinent und Region) in der Nähe sind, ist Vorsicht geboten. Die Hängematte sollte mindestens drei, besser noch vier Meter über dem Boden gespannt sein! Das ist aber eine pure und wohl auch eher hypothetische Vorsichtsmaßnahme für besonders Ängstliche. In die Praxis umsetzen lässt sie sich nur selten, denn wer klettert schon vier Meter den Baum hoch, um dort seine Hängematte zu spannen? Sicherer wäre es, Gebiete, in denen es Tiger gibt, ganz einfach zu vermeiden. Jaguare als Menschenfresser gibt es selten, sie gehen dem Menschen normalerweise aus dem Weg. Bei Tigern ist das eine andere Sache. In Indien ist die Lage des Tigers alarmierend, denn der Lebensraum der Tiere reduziert sich im Stundentakt. Der Tiger findet keine lohnende Beute mehr, was ihn dazu zwingt, sogar am helllichten Tag in die Dörfer der vom Menschen bevölkerten ländlichen Regionen einzudringen, um sich seine „Beute" dort zu holen, immer wieder und immer wieder!

91 Jaguare töten ihr Opfer durch einen Kopfbiss.

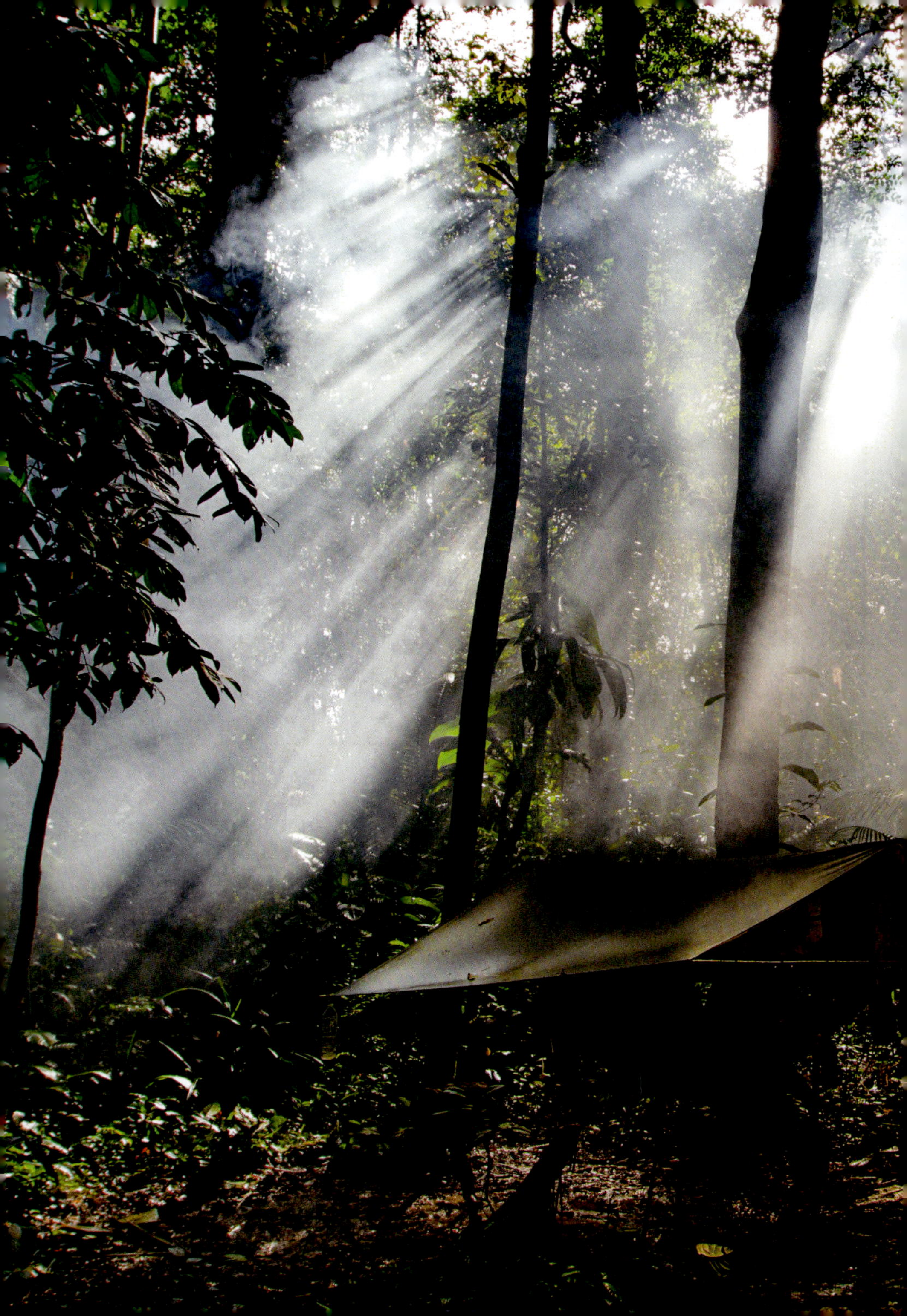

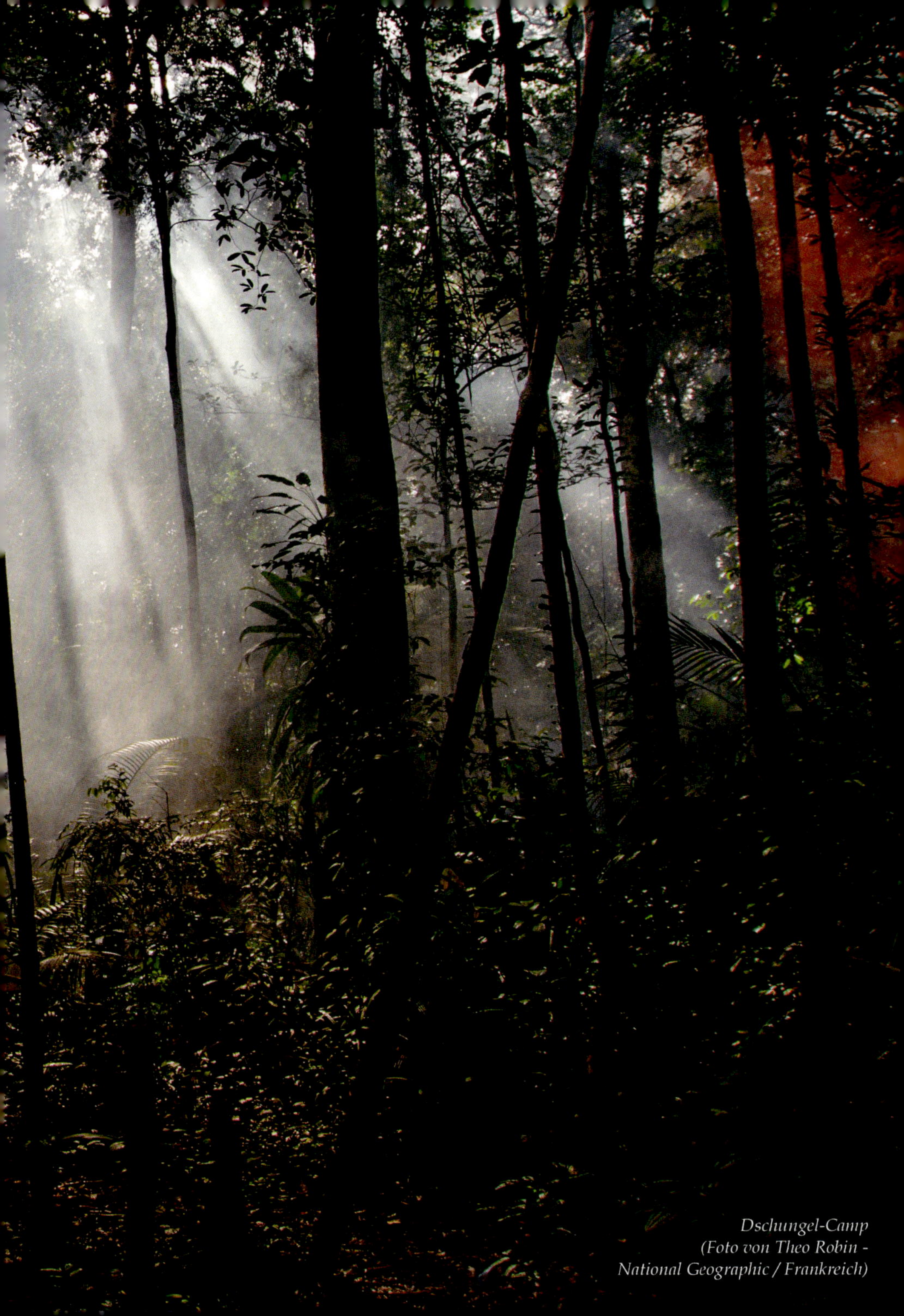

Dschungel-Camp
(Foto von Theo Robin - National Geographic / Frankreich)

Anstelle der Plane können Palmwedel herhalten[92] und Seile und Schnur kann man sich aus Lianen anfertigen. Wenn Sie sich aufmerksam umsehen, fällt Ihr Blick auch sicherlich auf die überall zu Boden hängenden Lianen. Diese können bis zu 300 Meter lang werden und einen Durchmesser von einigen Millimetern, aber auch von einem halben Meter erreichen. Um ein Seil zu fertigen, über das Sie eine schwere Regenplane spannen können, wählen Sie eine etwa fingerdicke Liane. Nehmen Sie diese in beide Hände und ziehen Sie mit ganzer Kraft daran. Sie wird oben in der Canopée reißen: Die Länge reicht also spielend. Nun suchen Sie sich einen harten Untergrund aus, ein am Boden liegender Baumstamm ist ideal, legen Sie die Liane darüber und klopfen Sie diese Zentimeter für Zentimeter, mit einem Knüppel oder mit dem Messerknauf, faserig und weich. Das Ergebnis ist ein schier unzerreißbares Seil (man kann gerne zwei oder drei Lianen zusammendrehen[93]). Spannen Sie es stramm in etwa zwei Metern Höhe zwischen den beiden ausgesuchten Bäumen. Ist eine Plane vorhanden, wird diese an jeder Ecke mit

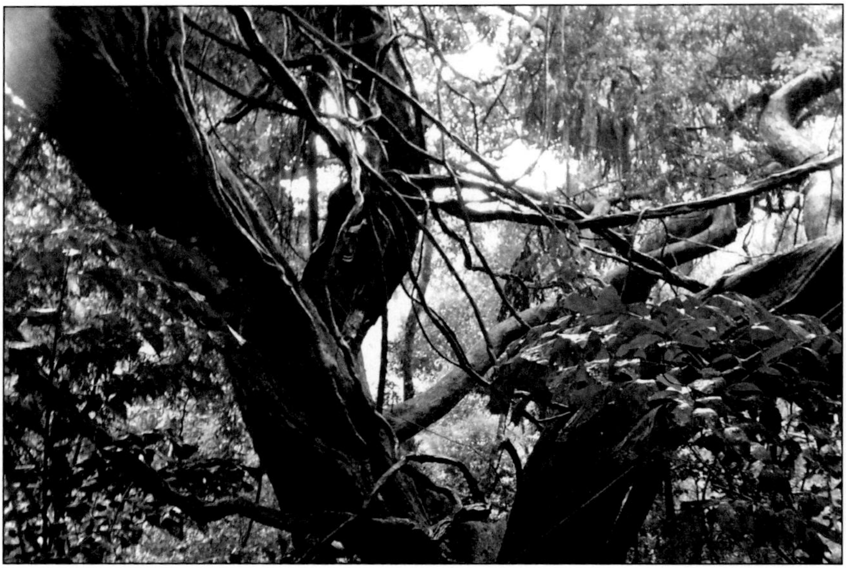

Lianen im Dschungel Sri Lankas

92 In diesem Fall wird ein Schrägdach bevorzugt.

93 In Europa eignen sich Haselnuss- und Weidensträucher für kleinere Schnüre ebenso.

einer vier Meter langen Schnur (oder einer „Lianenschnur") oder einem Spanngummi versehen, über das Seil gelegt und dann gespannt. Wir beginnen deshalb mit der Plane, weil es oft regnet (in einigen Breiten regnet es 300 Tage im Jahr!) und wir so im Trockenen arbeiten können.

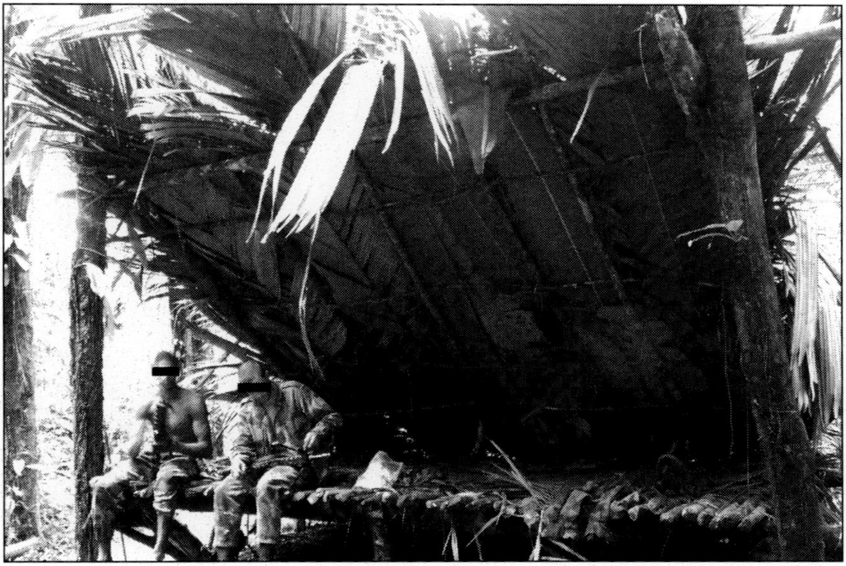

Schrägdach Legion

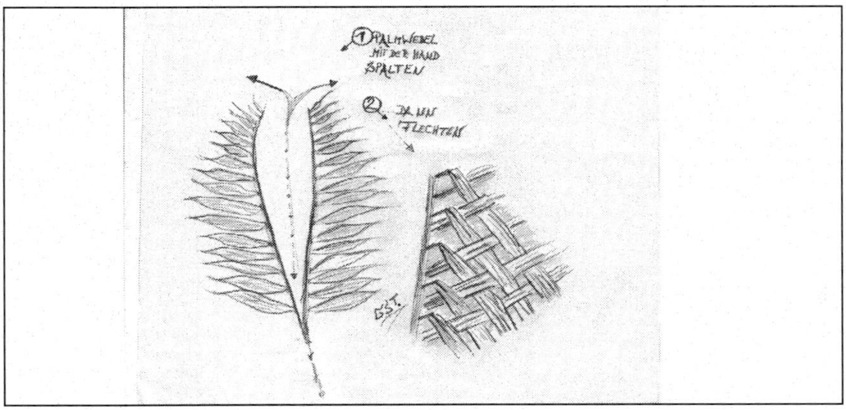

Spalten der Palmenwedel

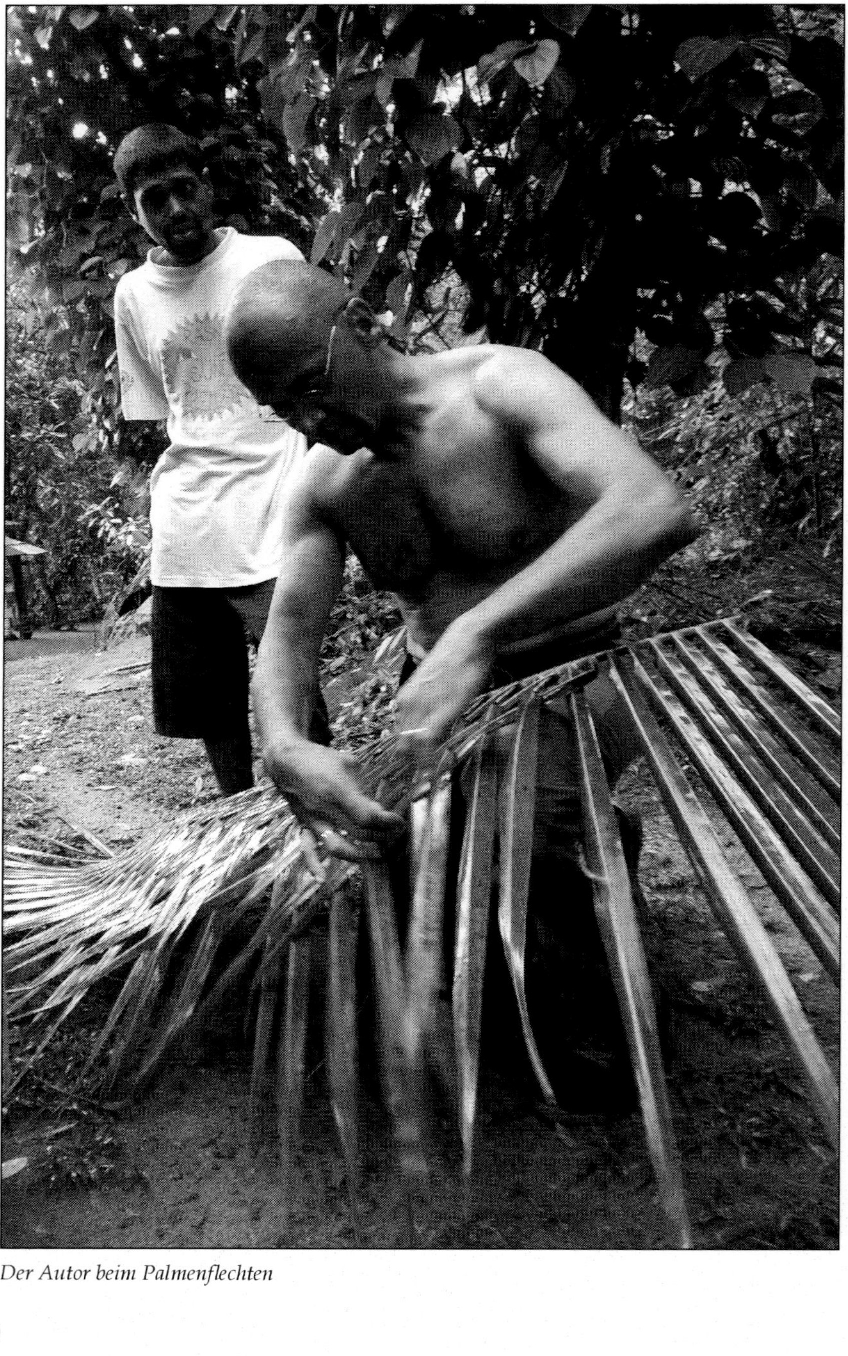

Der Autor beim Palmenflechten

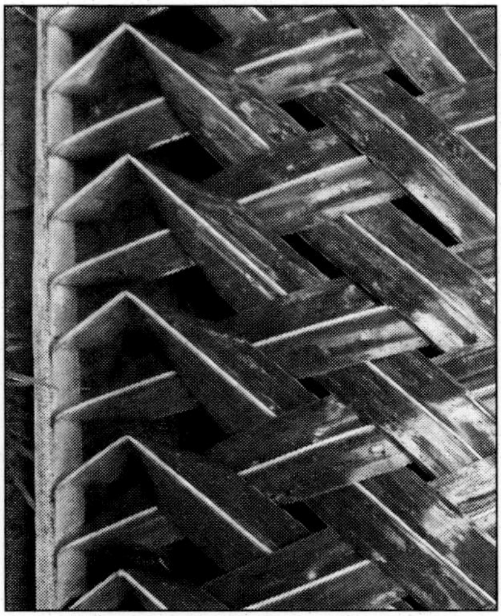

Palmenwedel frisch geflochten

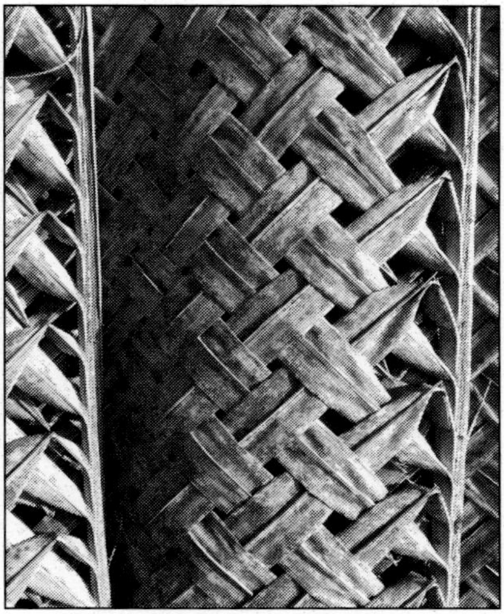

Palmwedeldach einmal getrocknet

Ein Wort zu den Palmwedeln. Man kann sie, wie auf der Zeichnung, mit der Hand von ihrer Spitze her spalten. So entstehen zwei Hälften. Jede wird nun einzeln verflochten, mit den so entstandenen mehrlagig übereinandergelegten Matten entsteht ein zu 100% wasserdichtes Dachwerk.

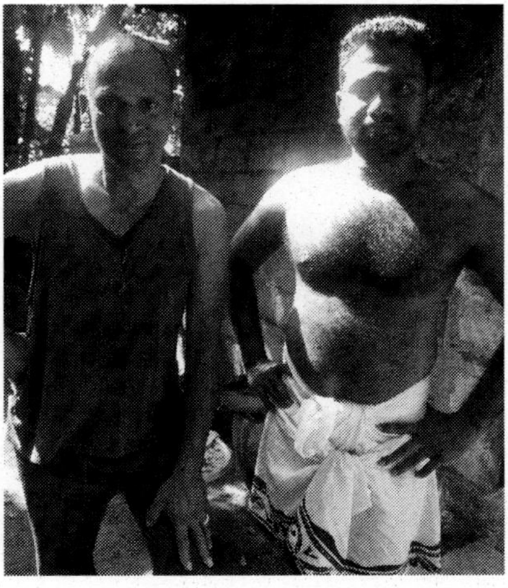

Mit einem Freund kurz vor einem „Ausflug" in den Dschungel Sri Lankas

Jetzt wird die Hängematte gespannt[94]. Alle Schnüre, Lianen oder Seile, die mit dem Baum per Schlinge oder Knoten in Berührung kommen, werden an diesen Stellen mit

94 Sollte man gezwungen sein, im Dschungel auf dem Boden zu schlafen, so hat es sich bewährt, um die Schlafstelle herum einen zehn Zentimeter tiefen Graben zu ziehen und vor den Graben noch Äste mit einem Durchmesser von etwa zehn Zentimetern zu legen, und zwar nahtlos 360 Grad. Dann wird einmal in den Graben uriniert (auch 360 Grad), und schon ist man vor den meisten Kriechtieren relativ sicher. In Ländern, in denen die Krait (Schlange) zuhause ist, sollte man sich auf diese Methode nicht verlassen!

Rasierschaum bestrichen (siehe Foto). Das verhindert, dass Insekten an den Seilen entlang in die Hängematte kommen. Außerdem ist es unabdingbar, an die Hauptseile nahe an den Bäumen eine Schnur oder einen Stofffetzen zu binden, der lose nach unten hängt. An den Seilen entlangrieselndes Wasser tropft so zu Boden, bevor es die Hängematte erreicht. Im Trocknen zu schlafen ist enorm wichtig.

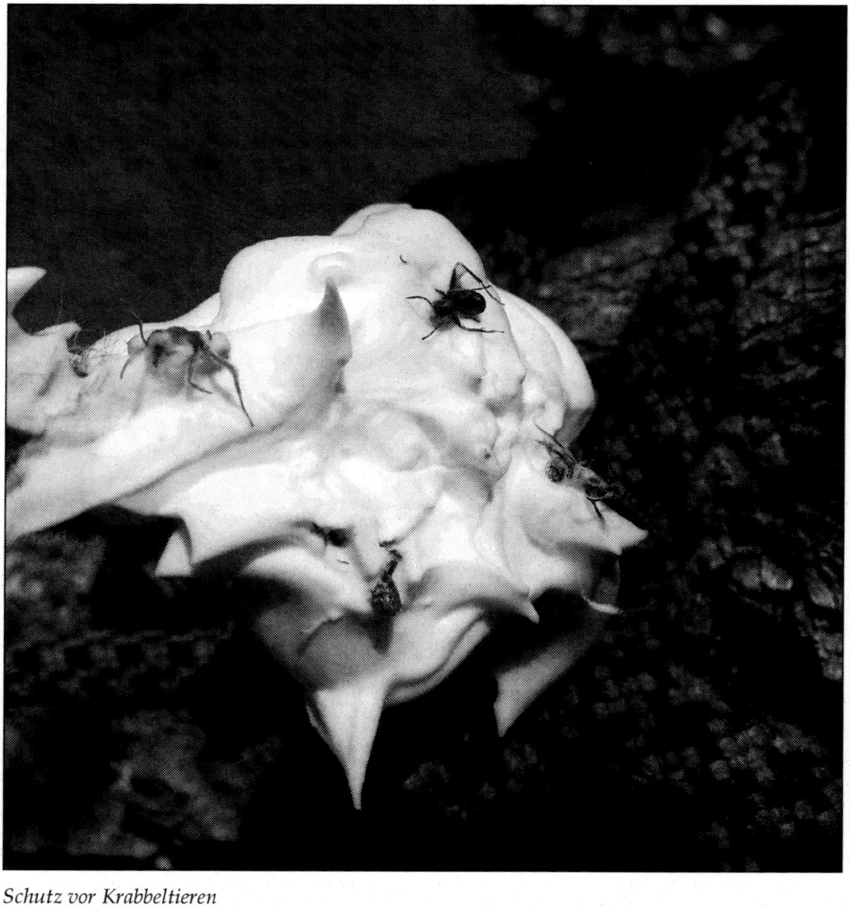

Schutz vor Krabbeltieren

Schneiden Sie jetzt zwei Stangen von etwa 80 cm Länge, spitzen Sie diese an und treiben Sie sie in einem Abstand von etwa 50 cm zueinander unter der Plane an der Kopfseite der Hängematte in den Boden. Darauf werden die Stiefel gestülpt. Mit einer dritten Stange, gerne etwas größer, verfahren wir genauso. Sie hält als Kerzenständer her. Die Waffe, in diesem Fall z. B. die Machete, ist nachts immer griffbereit. Wir schlagen also einen anderen Pflock, den wir, in Kopfhöhe und in Armeslänge zur Öffnung des Hamac hin, in die Erde treiben. Legen wir uns schlafen, ist die Machete sofort in Griffweite. Nasse Klamotten nehmen wir mit in die Hängematte. Das ist zugegebenermaßen etwas gewöhnungsbedürftig, aber trockene Kleider in der Früh sind gut für die Moral.

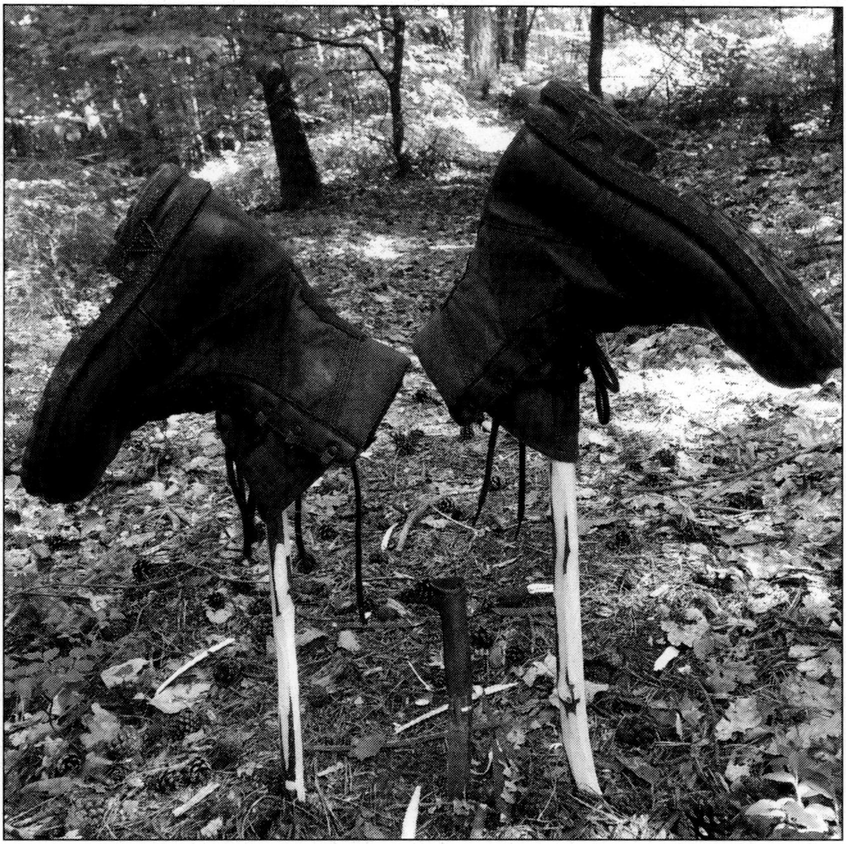

Outdoor-Schuhregal

Ein anderer Kerzenständer mit Rundumschutz gegen den Wind kann mit Hilfe einer Flasche gebaut werden. Nehmen Sie eine leere Flasche aus Glas, füllen Sie diese bis 4 cm Höhe mit Wasser (vom Flaschengrund aus gemessen) und stellen Sie das Ganze in die heiße Glut Ihres Lagerfeuers. Ist der Flaschenboden richtig heiß, springt er einfach ab. Eine andere Methode den Flaschenboden zu entfernen wäre die, ihn an der gewünschten Stelle einfach mit einem Messer lange und ausdauernd zu bearbeiten. Hat man die erste Rille, ein Millimeter ringsum genügt, hineingesägt, reicht ein beharrliches Klopfen von allen Seiten mit einem harten Gegenstand (Messerrücken), um ihn sauber zu lösen.

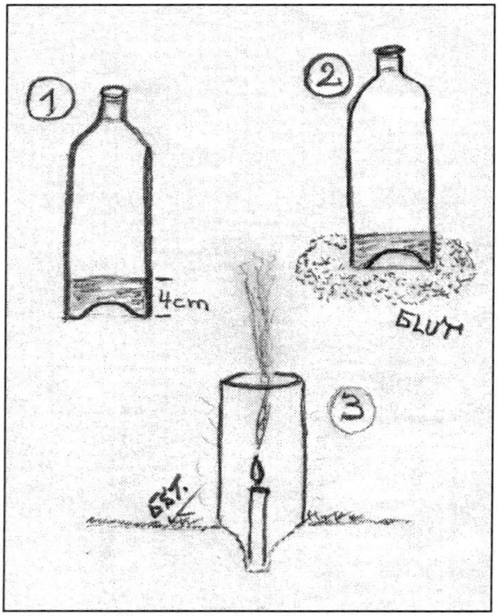

Laterne

Die Kerze wird nun dort aufgestellt, wo man sie hin haben will und die Flasche, Hals nach unten, darübergestülpt und etwas im Boden versenkt.

Trinkwasser

Es stimmt! Der Mensch kommt zwei bis drei Wochen ohne feste Nahrung aus, überlebt aber nur drei bis vier Tage ohne Wasser. Bei völliger Untätigkeit reichen uns dreimal 1,5 cl täglich zum Überleben, doch das ist über einen längeren Zeitraum tödlich. Ein Liter pro Tag ist ein Muss, damit der Körper keinen Schaden davonträgt, aber auch das ist viel zu wenig, denn unser Körper verliert Wasser über:

- Die Nieren (beim Urinieren): Etwa 1,5 Liter pro Tag

• Die Haut (beim Schwitzen): Etwa 0,5 Liter pro Tag

• Über die Atemwege (ausgeatmete Luft): Etwa 0,3 Liter pro Tag

• Über Mund und Darm (Erbrechen, Kot, Durchfall etc.): Etwa 0,2 Liter pro Tag

Nun, die Rechnung ist einfach und hier wird schnell klar: Wasser suchen und finden ist und bleibt eine absolute Priorität. Alles in allem wären täglich sieben Liter des köstlichen Nasses ideal. Sieben Liter, dabei berechne ich *All Inclusive*, also Wasser für: Trinken, Essen zubereiten (kochen) und für die Körperpflege. Der Regenwald ist ein Umfeld, in dem genug Wasser vorhanden ist, und so ist unser Problem nicht nur Wasser zu finden. Es geht vielmehr auch darum, Wasser zu finden und dieses dann genießbar zu machen.

Flüsse, Bäche, stehende Gewässer

Im Regenwald lebt eine Vielzahl von Tieren. Alle haben eines gemeinsam: Sie brauchen Wasser. Sehen Sie sich im Morgengrauen und in der Abenddämmerung um, und Sie werden feststellen, dass viele Spuren in ein und dieselbe Richtung verlaufen. Zum Wasser hin! Aber Vorsicht. In stehenden, aber auch in fließenden Gewässern lauern unsichtbare Gefahren: Keime, Bakterien und Würmer finden in der angenehmen Temperatur zwischen 25 und 33 Grad Celsius und bei 100% Feuchtigkeit einen tollen Nährboden. Das Wasser muss entweder mit Hitze oder chemisch behandelt werden. Hitze: eine Stunde kochen, wenn man auf Nummer sicher gehen will. Chemie: per Wasseraufbereitungstabletten. Einige Silberpräparate bereinigen das Wasser in wenigen Minuten. Keime, Bakterien und sonstige Erreger werden getötet, doch oft zeigen die Präparate bei Amöben oder irgendwelchen Viren keine Wirkung. Auch muss die Dosierung stimmen. Falsch dosiert und man hat den Salat.

Wasser in Pflanzen

Jede Pflanze ist ein Wasserreservoir, doch es gibt auch Pflanzen, deren Wasser ungenießbar oder giftig ist. Unser Ziel soll nicht sein, alle Pflanzen zu kennen, deren Wasser genießbar ist, da hätten wir viel zu tun, nein! Ziel soll es sein, die wichtigsten zu erkennen, um unser Überleben zu sichern. Und hier sind sie.

Liane

Die Liane *„chasseur"* oder Liane des Jägers enthält reines Trinkwasser, doch nicht nur das: Sie enthält viel Trinkwasser! Es genügt, sie mit der Machete zunächst auf Bodenhöhe, danach einen Meter höher mit einem sauberen Hieb durchzuschlagen und sich das untere Ende an den Mund zu führen.

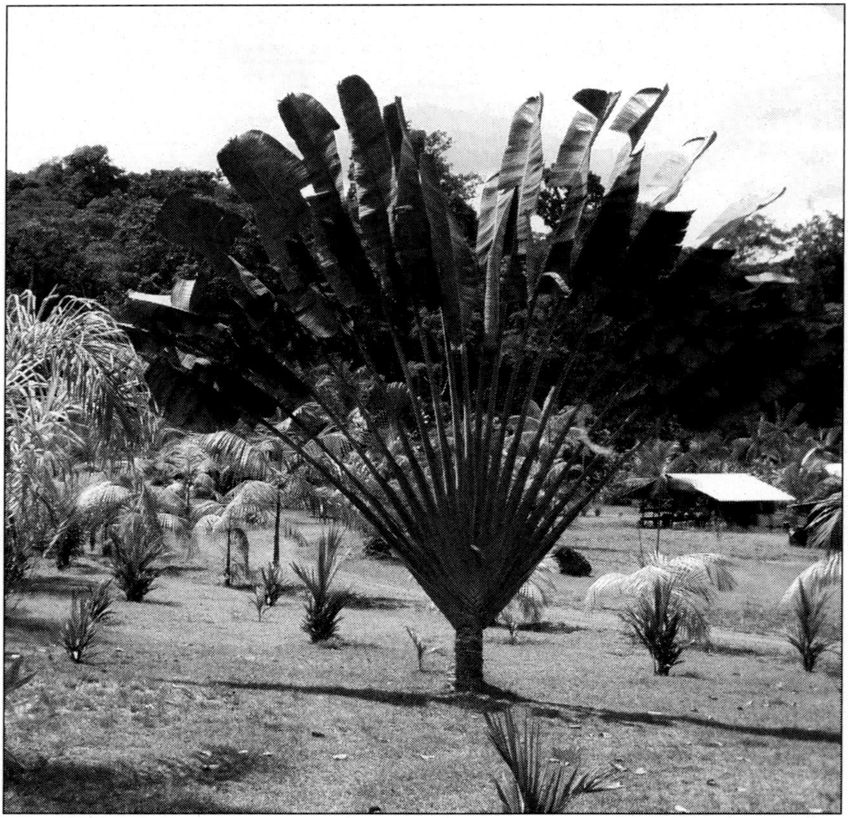

Baum der Reisenden

Bananenpalmen

Hier genügt es, den Stamm durchzuschneiden und etwas auszuhöhlen. Die Aushöhlung füllt sich nach und nach automatisch mit Trinkwasser. Das dauert etwas, doch wenn wir eines haben, dann ist es Zeit.

Bambus

Sein Rohr besteht aus mehreren in sich geschlossenen Etagen. In jedem kann sich eine ausreichende Menge Wasser befinden, um den Durst zu stillen. Wenn man am Bambus rüttelt, hört man dieses Wasser.

Baum der Reisenden (l'arbre du voyageur/travellers tree)

Hier genügt es, ein Messer in Kopfhöhe in den Stamm zu treiben. Zieht man es wieder heraus, rinnt eine leicht bittere Flüssigkeit aus der so entstandenen Öffnung. Eine Flüssigkeit jedoch, die ohne Bedenken trinkbar ist. Für jeden Tropfen Wasser, den man so aus Lianen, Palmen oder Bäumen zutage fördert, gilt: Das Wasser muss nicht mehr behandelt werden. Ist die Flüssigkeit hingegen milchig, rot oder gelb oder gar klebrig: Abstand nehmen!

Regenwasser auffangen

Fast überall auf unserem Planeten gilt: Regenwasser ist trinkbar. Man muss auch nicht Terence Tao (intelligentester Mensch 2014, mit einem IQ von 230) heißen, um zu wissen, was zu tun bleibt, sollte es regnen. Alles, was geeignet ist, die Regentropfen aufzufangen – Töpfe, Tassen, Eimer etc. –, nach draußen stellen. Und es gibt natürliche Auffangbehälter wie Blätter und konkav nach innen gewölbte Steine. Einigermaßen saubere Wäsche kann bei Regen ausgelegt oder getragen werden. Das Auswringen danach lohnt sich. Oder Sie spannen Ihre regendichte Plane zwischen vier Bäume! Im Regenwald nach Wasser graben oder Kondenswasser sammeln macht wenig Sinn. Natürlich funktioniert es, aber die Notwendigkeit ist nicht gegeben.

Wasserfilter bauen

Verfügt man über schlammiges, sehr trübes Wasser, sollte es vor dem eigentlichen Behandeln gefiltert werden. Zum Bau eines Filters benötigen wir:

- Bambusrohr, Wasserflasche oder sonstigen Behälter (Plastiksack z. B.)
- Kohle (gestampft, vom eigenen Feuer)
- Stoff (T-Shirt oder Ähnliches bzw. Baumwolle, wenn vorhanden)
- Sand, wenn möglich
- Es eignen sich auch Kies und Kokosfasern.

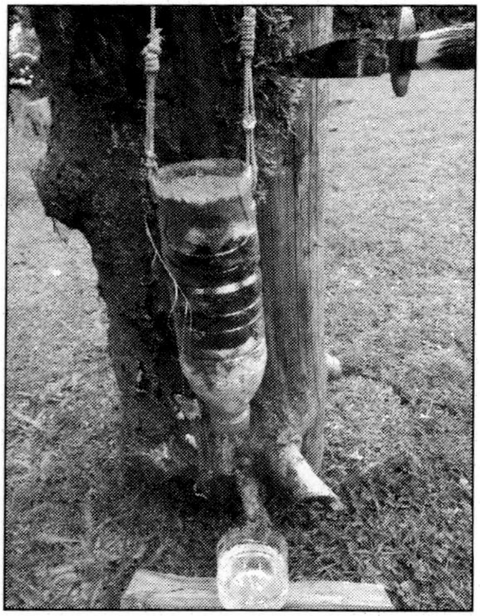

Die Flasche wird am hinteren Ende abgeschnitten (siehe Foto). Der Reihe nach kommen hinein: Stoff, Kohle und Sand. In den Deckel, der nach unten weist, schneiden wir ein Loch. Generell muss das Wasser zweimal gefiltert werden. Eine Ansteckung (biologisch via Krankheitserreger fäkalen Ursprungs oder chemisch via Blei, Fluor etc.) ist bei dieser leichten Wasserbehandlung nicht ausgeschlossen.

Filter

Hat man weder ein Feuer noch diese Wasseraufbereitungstabletten, und ist man in Zugzwang (am Verdursten), so ist es bedingt[95] möglich, den Körper durch eine Brachial-Prozedur langsam zu immunisieren. Diese besteht darin, dass von dem vorhandenen Wasser (stehendes Gewässer oder Pfütze etc.) einfach ein großer Schluck getrunken wird. Bis zu zehn

95 Dieses Prozedere ist nicht bei jedem Menschen anwendbar. Wessen Organismus dies nicht verträgt, der sollte abbrechen, nach anderen Möglichkeiten suchen.

Schluck pro Tage in gleichmäßigen Intervallen sind akzeptabel. Dann wird der nächste Tag abgewartet. Ist alles im grünen Bereich, kann die Dosis verdoppelt werden. Tags darauf haben sich die Antikörper in etwa angepasst und es kann normal getrunken werden.
Vorsicht ist in Ländern geboten, in deren Flüssen man Gold gefunden hat. In diesen lauern eventuell hochgiftige Schwermetalle, meist in Form von Quecksilber.

Feuer

Jetzt wird Feuer gemacht. Die bereits beschriebene Methode mit Drill und Bogen, das „Feuerbohren", erübrigt sich hier, verschwenden Sie damit nicht Ihre Zeit. Die Luftfeuchtigkeit ist einfach zu hoch, das Holz immer nass. Es klappt, aber nur unter optimalen Bedingungen, und auf die wartet man hier manchmal sehr, sehr lange. Hat man kein Feuerzeug, keine Feuersteine oder Streichhölzer … dann hat man Pech! Wenn doch, so bietet sich die Methode mit der Kerze und dem Harz an. Fast jeder größere Baum sondert Harz ab. Das Feuer muss ebenfalls unter der Plane Platz haben, es wird stets versorgt. Nachts lässt man es grundsätzlich herunterbrennen, sodass früh nur noch eine winzige Glut zum erneuten Entflammen bleibt. Sind wir in einer Gruppe, so wird jemand bestimmt, der rund um die Uhr nur für das Feuer verantwortlich ist! Dafür, dass es nicht ausgeht! Feuer ist Leben, Feuer ist Moral. Solange ein Feuer brennt, ist der Wille zum Überleben intakt!

Da die herrschende Temperatur, Sommer wie Winter, ziemlich angenehm ist, kann auf das Feuer, um sich zu wärmen, verzichtet werden. Wir brauchen es aber dringend, um Nahrung und Wasser zu kochen, oder auch um zu räuchern. Räuchern ist in diesen Gefilden eine gängige Art, Fisch[96] und Fleisch zu konservieren.

96 Wer seinen Fisch lieber braten will, hier eine exzellente Methode: Den Fisch ausnehmen, salzen und so, wie er ist, in Papier (Zeitungspapier, Toilettenpapier) wickeln. Sieben Schichten sollten es sein! Dann das Ganze triefend nass machen (am besten kurz in Wasser eintauchen) und so ins Feuer legen, dass die Glut das nasse Papier mit dem Fisch darin völlig bedeckt. Nach zwanzig Minuten kann der Fisch aus der Glut genommen werden. Jetzt das Fischpaket mit einem Messer der Länge (Bauchseite) nach aufschneiden und sauber auseinanderklappen. Haben Sie die Methode richtig angewandt, dann sind die sieben Schichten Papier völlig verkohlt, der Fisch jedoch ist weiß und saftig durchgegart.

Steht das alles, gehe ich auf Erkundung. Folgende Fragen müssen in dieser Phase beantwortet werden:

- Wo finde ich Trinkwasser?
- Wo ist ein größerer Fluss, ein Weg? Schneisen oder Lichtungen?
- Welche Gefahren gibt es in der näheren Umgebung?
- Gibt es Spuren? Von Menschen? Von Wild?

Eine sternförmige Geländeerkundung (in alle Haupthimmelsrichtungen, also nach Nord, Süd, Ost und West) sollte auf jeden Fall immer durchgeführt werden. Ziehen Sie los und machen Sie sich schlau, aber Vorsicht! Es verläuft sich sehr schnell, wenn man sich ohne Methode vom Lager entfernt.

Markieren Sie die Bäume alle drei Meter, und zwar auf Augenhöhe, hinten und vorne, indem Sie sie mit der Machete einkerben. Diese Kerben schimmern weiß oder rot, sodass sie unter Umständen auch nachts sichtbar sind. Weiter als zweihundert Meter in jede Richtung sollten Sie sich nicht wagen.

Feste Nahrung

Zunächst ist es mir eine Pflicht, in aller Schärfe zu betonen, dass ein Tier zum Verzehr nur dann getötet werden sollte, wenn es um das nackte und pure Überleben geht[97] . In diesem Fall soll dies schnell geschehen. Keinesfalls soll das Tier – ob Frosch oder Wildschwein – leiden müssen. Wenn möglich, alles vom Tier verwerten: die Haut, die Knochen, Fett, Fleisch und Blut. Indianer entschuldigen sich beim Tier und widmen ihm ein Dankgebet, welch gute Idee!

---

97 Das gilt immer und überall auf unserer Erde! Es gibt im Fernsehen Sendungen, in denen man leider zu sehen bekommt, wie irgendwelche Möchtegern-Rambos mit Pfeil und Bogen, oder mit der Armbrust, Tiere wie Hirsche, Elche, Rehe oder Wildschweine erlegen. Aus sportlichen Gründen, aus Spaß! Um sich damit zu brüsten, welch tolle Helden sie doch sind. Das ist krank!

Schlangen

Die einfachste Art, im Dschungel etwas Essbares zu finden, ist nach Schlangen Ausschau zu halten. Alle Schlangen sind essbar, auch die giftigsten. Viele Schlangen sind vorwiegend nachtaktiv, und um sie zu fangen[98], legt man sich bei völliger Dunkelheit mit der Machete (oder der Astgabel) und einer Lampe bewaffnet auf die Lauer. Ein schneller Hieb mit der Machete oder das lebendige Einfangen mit der Astgabel erfordert etwas Übung, doch wer Hunger hat, hat auch schnell den Dreh raus. Giftig oder nicht, zuerst wird der Kopf abgeschlagen, dann der Schwanz. Das Tier wird zunächst mit einer Schlinge an einen Baum gehängt, dann an der Bauchseite aufgeschnitten, sodass man ihm mit beiden Händen die Haut abziehen kann, und zwar von oben nach unten. Die Innereien werden sofort entfernt, weil sie mit gefährlichen Bakterien durchsetzt sein können. Das Fleisch schmeckt gebraten am besten.

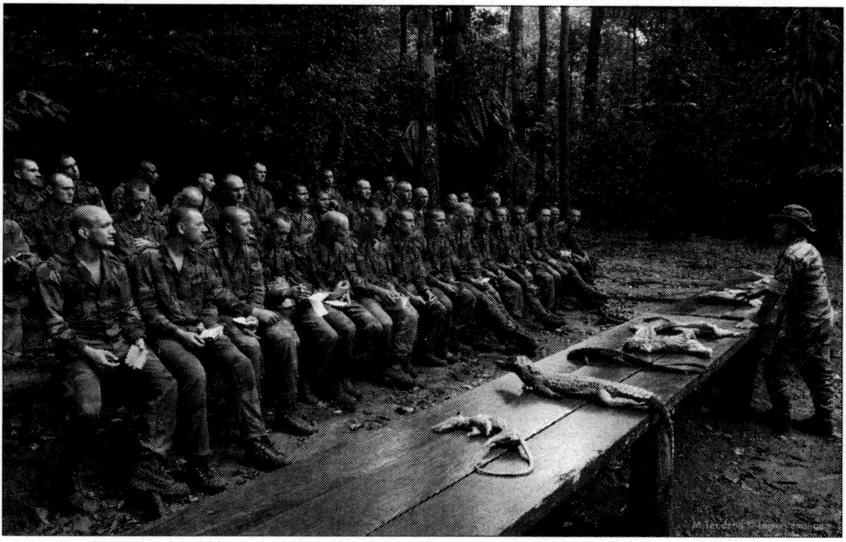

Urwald-Restaurant, Legion

98 Mit etwas Übung lassen sich Schlangen leicht mit der Hand fangen. Das sollten aber nur diejenigen tun, die Erfahrung damit haben. Wer sich noch nie darin geübt hat, dem rate ich ganz dringend davon ab. Alle Schlangen sind sehr schnell und wendig, und lässt man ihnen zu viel Spielraum (nur ein paar Millimeter), beißen sie sofort zu. Ist die Schlange, der ersten Einschätzung zum Trotz, giftig, dann hat die Unvernunft gepaart mit Ihrem Ungeschick vielleicht ein weiteres Opfer gefordert.

Pflanzen / Früchte

Allgemein: Sie kennen die Pflanze, wissen dass sie zum Verzehr geeignet ist? Gut! Ihr Wissen oder Urteilsvermögen sollte genügen. Vor dem Verzehr von Pflanzen oder deren Früchten, die Ihnen nicht bekannt sind, sollten Sie Vorsicht walten lassen:

- Ist der austretende Saft milchig?
- Riecht die Pflanze nach Schimmel?
- Riecht sie gar nach Mandel oder Pfeffer?
- Gibt es irgendeinen Aspekt der Pflanze – Aussehen, Geruch, Konsistenz –, der Sie an einen Champignon oder einen anderen Pilz denken lässt?

Beantworten Sie nur eine dieser Fragen mit ja, dann ist die Pflanze womöglich ungenießbar, sprich giftig. Ist das nicht der Fall, dann wenden Sie folgende Methode in fünf Schritten an.

1. Reiben Sie den Saft der Pflanze auf eine Stelle Ihrer nackten Haut (am besten am Arm). Zeigt sich nach zehn Minuten keine Reaktion, kann man einen Schritt weitergehen.
2. Lecken Sie daran. Keine Reaktion?
3. Weiter geht's, wir beißen ein kleines Stück ab, kauen etwas, spucken dann aus und warten fünf bis zehn Minuten. Immer noch gut? Schön.
4. Jetzt schlucken wir ein Stück und warten vier - fünf Stunden. Zeigt sich keine unangenehme Wirkung, ist die Pflanze essbar.

Palmenherzen

Man schält sie am besten aus dem Herzen der Wassaipalme. Diese ist weitverbreitet, wächst überall. Einfach das obere Drittel des jungen Stammes mit der Machete abschneiden und schälen. Palmenherzen sind weich und reich an Zink, Kalzium, Kupfer und Eisen.

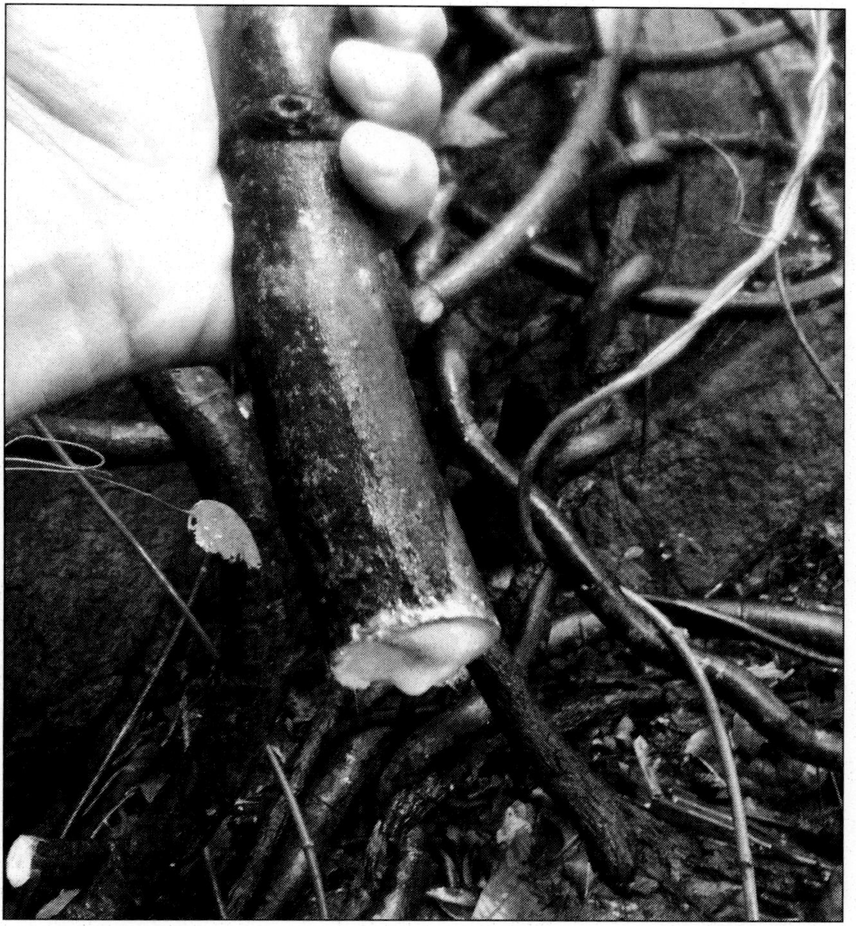

Diese Liane ist giftig!

Bambussprossen

Hier gemeint sind die jungen Schösslinge des Bambusrohrs. Alleine mit ihnen und den Palmenherzen kann man einige Tage überleben. Bambussprossen wachsen nahe am Haupt-Stamm aus dem Boden, manchmal muss nach ihnen gegraben werden. Sie werden grundsätzlich gekocht, da sie blausäurehaltig sind. Wichtig ist, sie an dem Tag zu verzehren, an dem sie geerntet werden.

Bezüglich der nachfolgend aufgezählten Früchte habe ich mich dazu entschlossen, nicht prioritär auf das Erscheinungsbild des Baumes einzugehen, und das aus einem einfachen Grund: Die meisten Bäume sehen sich ganz einfach zu ähnlich. Die Früchte jedoch erkennt man sofort (außer vielleicht die Brotfrucht, die man leicht mit der Jackfrucht verwechseln kann. Der Indische Holzapfel kann mit der Belifrucht verwechselt werden). Alle können im rohen Zustand verzehrt werden. Auch wenn einige als Zucht- oder Anbaupflanzen gelten, sind sie doch wildwachsend im Urwald zu finden, denn dort liegt ihr Ursprung, und es ist kaum eine unter ihnen, die in der traditionellen Medizin[99] nicht ihren Platz hätte.

Brotfrucht[100]

Ursprung: Die Tropen Südostasiens. Weitere Verbreitung: Asien, Afrika, Hawaii, Mittelamerika, Brasilien und die Karibik. Eigentlich als Nutzpflanze angebaut, wächst aber auch wild. Die Frucht enthält viel Stärke, Zucker, Eiweiß und Fett. Die Brotfrucht sollte man gar kochen oder, einmal gepflückt, am besten direkt in die Glut legen und 15 Minuten darin braten. Die darin enthaltenen Kerne extra rösten und dann zu Mehl reiben. Aus dem Mehl wiederum lässt sich Brot backen. Der Geschmack der gekochten Frucht erinnert an den der Kartoffel.

Jackfrucht

Sieht der Brotfrucht erstaunlich ähnlich, nur dass sie viel größer wird. Die ursprüngliche Heimat der Jackfrucht ist Indien. Von dort aber hat sie sich explosionsartig ausgebreitet, sodass sie heute in fast allen tropischen Gebieten zu finden ist. Die grüne Frucht ist sehr groß (bis zu 90 cm lang) und erreicht ein Gewicht von bis zu 15 Kilo (zum Vergleich: Die Brotfrucht wiegt 2 kg). Die Samenkerne sowie das Fruchtfleisch kann man roh oder gegart essen.

---

99 Nicht nur die Frucht, sondern auch Blätter, Wurzeln und Rinden! „Medikamente pflegen, Pflanzen heilen!“ Das ist eine alte Maxime, ein Leitspruch, der wohl mehr als treffend ist.

100 Allgemein bekannt geworden durch den Film „Die Meuterei auf der Bounty“.

Indischer Holzapfel

Der Baum, auf dem er wächst, wird etwa 9 Meter hoch. Die Frucht selber hat eine harte Schale, die mit einem Hammer oder mit einem starken Messer geknackt werden muss. Das braune Fruchtfleisch schmeckt leicht mehlig. Außer der Frucht, die einen sehr eigenen, aber guten Geschmack hat, kann man auch die Schalen verwenden: als Trinkbehälter! Mir ist es sogar gelungen, Wasser darin zum Kochen zu bringen. Die Einheimischen verwenden die Blätter und die Wurzeln des Holzapfels gegen Schlangenbisse. Unreif genossen, sind die Früchte ein exzellentes Mittel gegen Durchfall.

Maracuja / Passionsfrucht

Die Maracuja stammt aus den südamerikanischen Tropen, sie ist aber weit verbreitet. Man findet sie zum Beispiel auch in Afrika. Die Frucht, rund und etwas größer als ein Tischtennisball, ist leicht zu erkennen. Körner sowie Fruchtfleisch sind genießbar, nicht jedoch die Schale. Ihre Farbe variiert von Schwarz über Orange bis Gelb. Sie wächst an einer Kletterpflanze.

Durian (Stinkfrucht)

Ursprung: Südostasien. Verbreitung: Alle Tropengebiete Asiens, Malaysia, Sri Lanka, Thailand etc. Die Durian-Frucht wird so groß wie ein Handball. Im reifen Zustand ist sie ocker-sandfarben bis gelb. Sie ist rundherum mit dicken, starken Stacheln versehen. Der Geschmack ist kaum mit dem anderer Früchte zu vergleichen, und müsste ich ihn beschreiben, würde ich spontan sagen: Karamellpudding!

Beli Frucht (auch Belifrucht / Bengalische Quitte / Madjo)

Ursprung: Indien und Sri Lanka. Die Frucht wird so groß wie ein Apfel und variiert im reifen Zustand von Gelb bis Orange. Ihre Schale ist hart, ähnlich wie die des Indischen Holzapfels. Sie hat einen bitteren Geschmack, der sich akzentuiert, je reifer sie wird.

Corossol (Guanabana / Sauersack)

Ursprung: Südamerika/Karibik (Antillen). Die Frucht sieht aus wie eine große Beere. Sie ist grün, leicht stachelig und wird kopfgroß. Ich habe sie in Haiti, auf Sri Lanka aber auch in Afrika gesehen. Für mich ist sie die Königin der Früchte, denn sie enthält Calcium, Eisen, Vitamin A und Vitamin C und schmeckt dazu noch köstlich. Man sagt ihr nach, dass gewisse Inhaltsstoffe (vor allem die Blätter) vor Krebs schützen sollen. Doch nicht nur das. Einige Forscher behaupten, dass diese Inhaltsstoffe direkt die Krebszellen angreifen und diese sogar vernichten könnten, und dass ihr Verzehr 10.000 Mal wirksamer sei als jedes andere bekannte Medikament gegen Krebs (... und auch wirksamer als jede Chemotherapie).

„Ein billiger Corossol-Mix effizienter gegen Krebs als jedes teure Medikament?"

Guave

Verbreitung: Asien, Karibik und Mittelamerika. Sie enthält Kalzium, Eisen und Vitamin C. Der Saft ihrer Blätter ist wurmtötend und hilft gegen Zahnschmerzen. In der herkömmlichen chinesischen Medizin wird aus den Blättern ein narkotisches Rauschgift gewonnen. Dazu werden die Blätter an Insekten verfüttert und deren Kotausscheidungen dann in Form von Pillen (unter anderem gegen Durchfall) verkauft.

Rambutan

Ursprung: Malaysia. Verbreitung: Tropengebiete in Südamerika, Thailand und Sri Lanka. Die Frucht ist groß wie ein Tischtennisball, rot, mit stachelähnlichen Haaren. Man nennt sie daher auch „Haarige Litschi" und genau wie eine Litschi schmeckt sie auch. Sie enthält Kalzium und Eisen und das Vitamin C.

Coumarou (Moucoumoucou)

Verbreitung: Überall in den Tropen in Südamerika, vor allem an Flüssen. Man erkennt die Pflanze leicht daran, dass sie „mit den Füßen im

Wasser" wächst. Die Stämme werden drei bis vier Meter hoch. Sie sind dünn mit hellgrünen, sehr großen Blättern. Das Fleisch der Früchte kann man ohne Bedenken essen. Es hilft gegen Geschwüre und ist ein beliebtes Aphrodisiakum.

> *Die Blüte des Moucoumoucou lockt nachts Insekten an, große Käfer, Asseln etc. Insekten ist gleich Eiweiß, und auf dieses sollten wir wirklich nicht verzichten. Hier gilt es zu unterscheiden: Insekten, die bunt sind oder/und eine Fluoreszenz (im Dunkeln leuchtend) aufweisen, müssen absolut vermieden werden. Sie sind giftig!*

Mangostane (Mangostanfrucht)

Ursprung: Malaysia. Verbreitung: Vietnam, Indonesien, Thailand, Sri Lanka, Malaysia, Philippinen, Mittelamerika und Brasilien. Die Frucht wird groß wie eine Tomate. Ihre Farbe ist ein sehr dunkles Lila. Das Fruchtfleisch (welches hervorragend schmeckt) ist schneeweiß. Frucht und Blättern sagt man eine *antibiotische* und *antiparasitische* Wirkung nach, und in Asien glaubt man an ihre hochwirksamen, entzündungs- und schmerzhemmenden Eigenschaften. Sie enthalten viele Antioxidantien.

Frucht des Schraubenbaums

Verbreitung: Westafrika bis Südostasien (Küstennähe). Die Früchte werden etwa so groß wie eine kleine Ananas. Reife Früchte sind rötlichgelb. Man sagt, der Baum sei eine Zierpflanze. Bestätigen kann ich das nicht, denn ich fand ihn dort, wo niemand jemals Zierpflanzen hätte kultivieren wollen: mitten im Dschungel Sri Lankas[101]! Was auch gegen die Zierpflanzentheorie spricht, ist die Tatsache, dass die Ureinwohner Neuguineas aus den Früchten ein Gebräu herstellen, das sie bei magischen Zeremonien trinken und welches Halluzinationen hervorruft.

---

101 In meiner Freizeit oft in Sri Lanka, gönne ich mir tagelange Solo-Ausflüge mitten hinein in den Urwald. Das zauberhafte Umfeld inspiriert mich.

Kokosnüsse

... sind uns bereits seit langer Zeit sehr wohl bekannt.

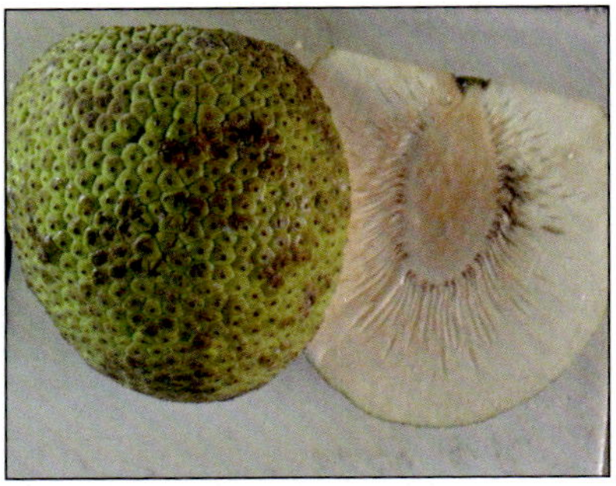

Brotfrucht

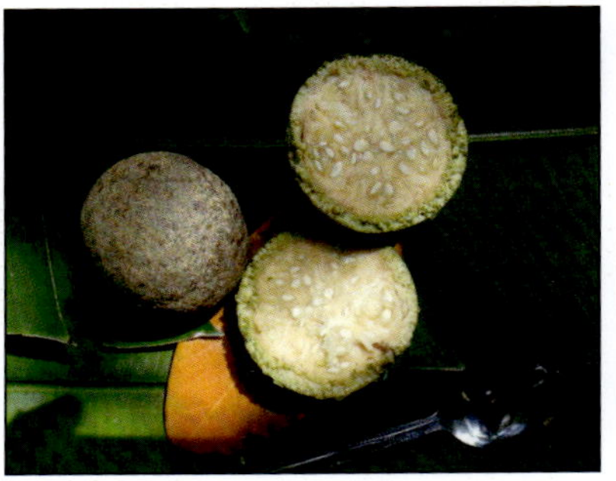

Indischer Holzapfel

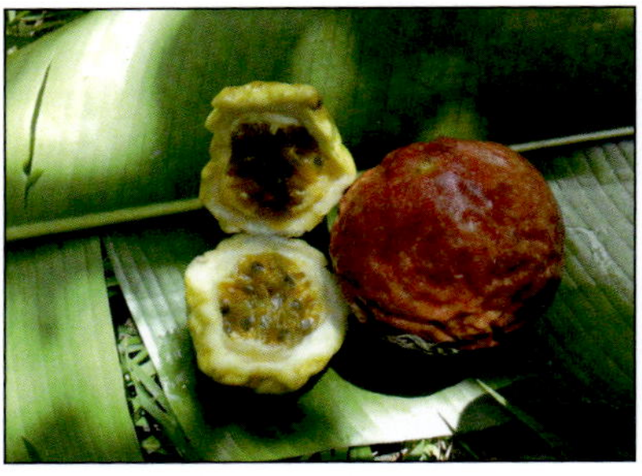

Passionsfrucht

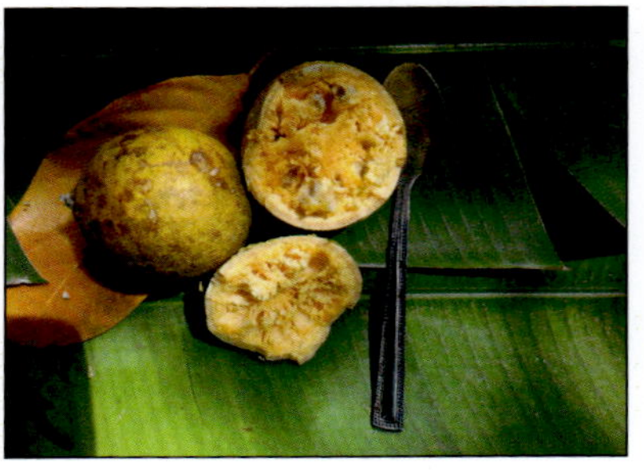

Beli Frucht

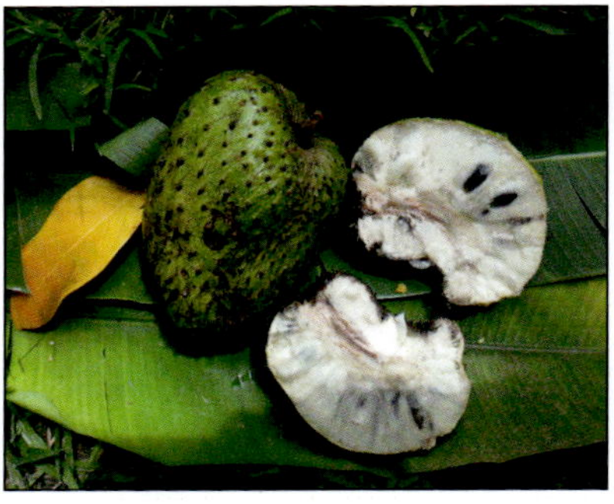

Corossol (Sauersack)

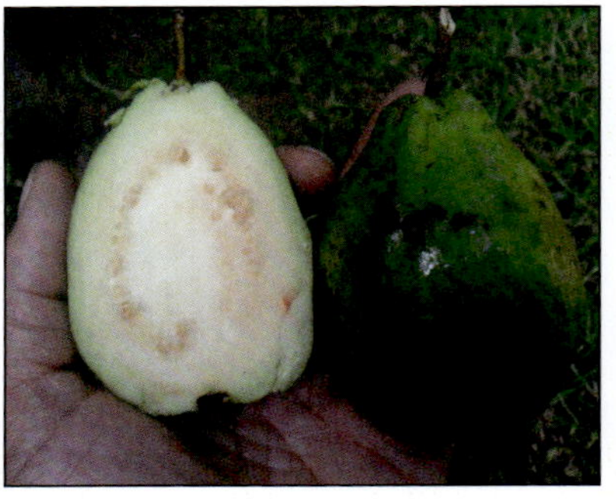

Guave

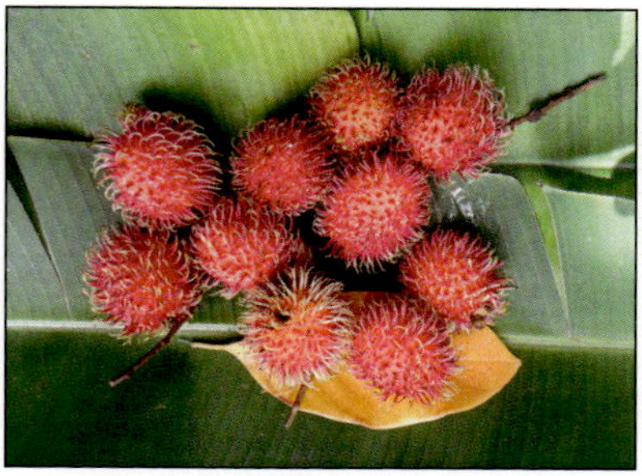

Rambutan

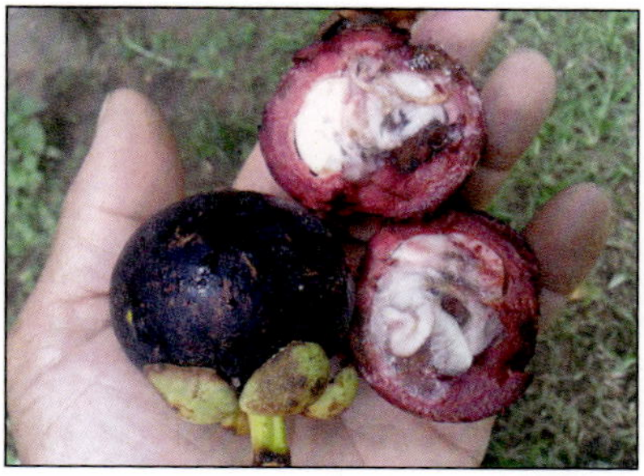

Mangostane

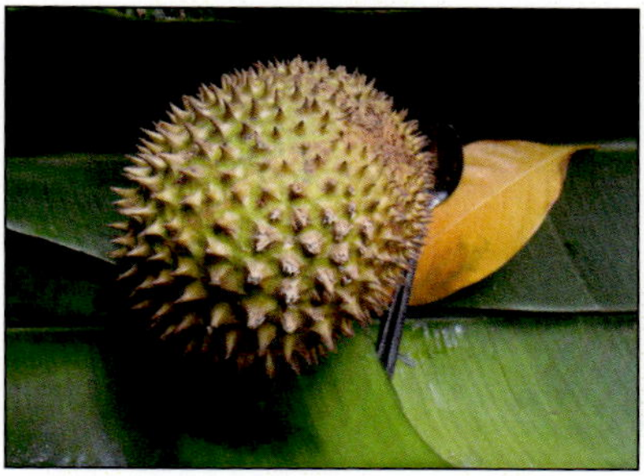

Durian (Stinkfrucht)

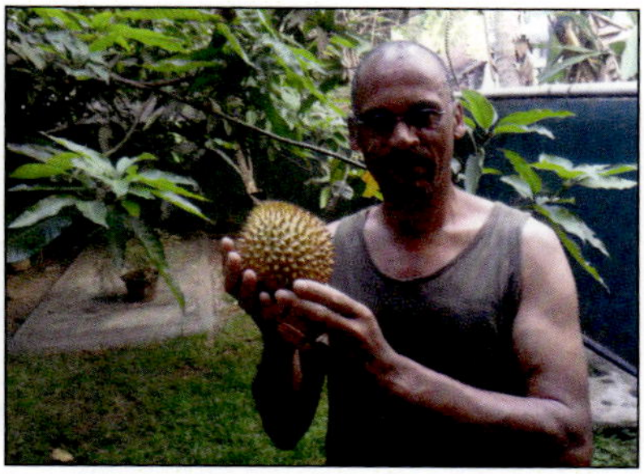

Durian (Stinkfrucht)

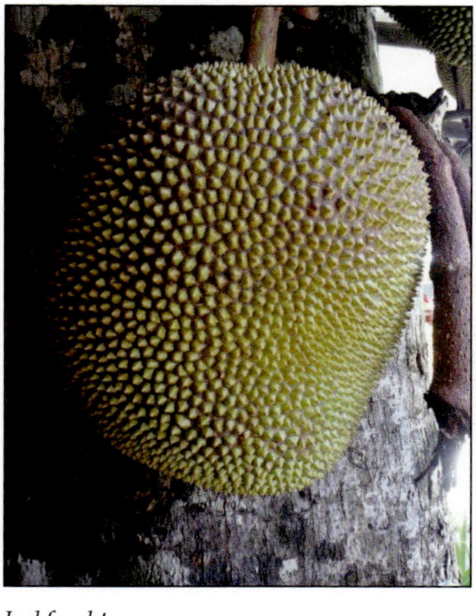

Jackfrucht

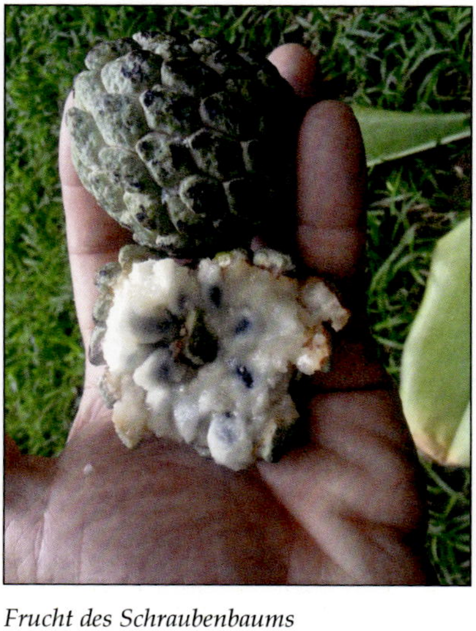

Frucht des Schraubenbaums

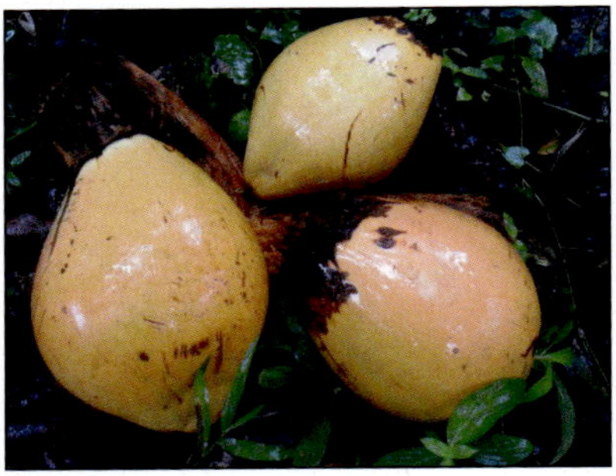

Kokosnuss

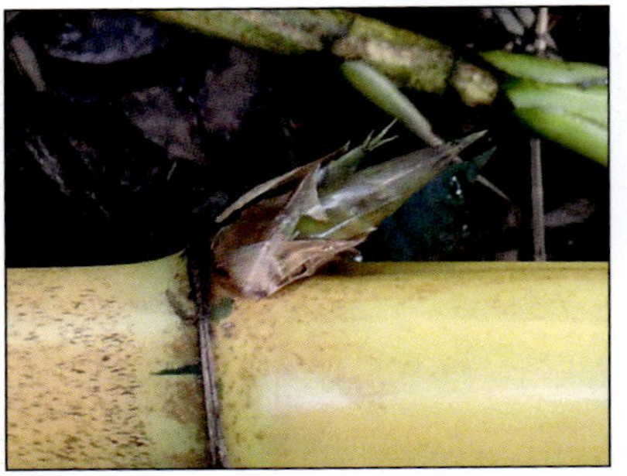

Bambussprosse

Wie wär's zum Abschluss mit einer Pflanze die von den Pygmäen[102] *Indzondzokodi* genannt wird? Es handelt sich hierbei um eine Liane. Man sagt, wer sie sich um den Leib schlingt, der ist gegen gegnerische Pfeile und sogar Kugeln geschützt. Soldaten (und Journalisten) bräuchten keine Schutzwesten und Helme mehr.

***Hinweis:* Zu hoch oder falsch dosiert, sind alle gelisteten Pflanzen schädlich für den Menschen!**

102 Im September 1996 war ich am Lobaye-Fluss, im Nordwesten der Zentralafrikanischen Republik, nur einen Steinwurf vom Kongo entfernt, unterwegs. Dort lernte ich Pygmäen kennen und schätzen. Siehe dazu auch: „Die Legion – Mit dem 2[e] REP in den Krisenherden dieser Erde".

Die Natur hat viele Pflanzen mit heilenden Wirkungen bedacht. Hier einige, die vielleicht weniger bekannt sind:

Corossol (Blätter)	Südamerika, Karibik	angeblich gegen Krebs
Rinde des Yohimbe Baums	Gabun, Westafrika, Kongo	steigert extrem wirkungsvoll die Potenz des Mannes vor allem in Verbindung mit chinesischem Ziegengras.
Wacapou Holz und Blätter	Französisch Guyana	… kann man als Tabakersatz verwenden.
Liane „Tortue"	Urwald Südamerikas	Gegen jede Art von Bauchbeschwerden und Bauchschmerzen.
Guave	Asien, Zentralamerika	gegen Zahnschmerzen
Weiden (Salix.)	Europa, Nord-, Südamerika und Asien	schmerzlindernd und fiebersenkend (siehe Salizysäure Aspirin)
***Iboga Rinde Wurze**l*	Gabun, Kongo	Stimulierende Heilpflanze. Vielversprechendes Mittel bei der Behandlung psychiatrischer Erkrankungen wie Alkohol- und Drogenabhängigkeit. Ähnlich wie *Khat* hält es wach. Die Müdigkeit verfliegt.

Fische

Der erste, der mir spontan einfällt, ist der Aimara (Trairão oder auch Wolfsfisch genannt), weil er es einem leicht macht, ihn zu fangen. Er, der gerne mit dem Piranha verwechselt wird, ist fast in allen Flüssen Südamerikas zuhause. Wie der Piranha reagiert der bis zu über dreißig Kilo schwere Raubfisch sofort, wenn Blut im Spiel ist, doch sein eigentliches Problem ist (und das wird ihm auch immer wieder zum Verhängnis), dass er sich mit seinen spitzen, sehr scharfen Reißzähnen auf alles stürzt, was sich zappelnd im Wasser bewegt. Er ist überwiegend bei Dämmerung und nachts aktiv – das wissend, legen wir uns mit folgender Technik auf die Lauer. Fertigen Sie sich mit der im Buch beschriebenen Prozedur eine etwa fünfzehn Meter lange Lianenschnur an. Der fertige Durchmesser hat idealerweise zwei Zentimeter. Das letzte Ende rollen und verknoten Sie so, dass eine Tischtennisball-große Kugel entsteht. Wer weiß, wie man eine kleine Affenfaust (*Monkeyfist oder Kinderkopf*) knotet, der hat einen Vorteil; Seefahrer wissen, wovon ich rede. Der „Prädator" Aimara bewegt sich am liebsten vor und nach kleinen Stromschnellen. Werfen Sie die Schnur wie eine Angel ins Wasser und ziehen Sie sie ruckartig wieder zurück. Ist ein Aimara in der Nähe, reagiert er sofort. Er stürzt sich auf die Kugel, beißt fest zu … und genau das ist der Moment, auf den Sie warten. Ziehen Sie ihn blitzschnell an Land. Bis er begriffen hat und loslässt, ist es schon um ihn geschehen. Diese Technik klappt tatsächlich sehr gut. Der Fisch wird sofort ausgenommen, in Stücke geschnitten und geräuchert. Kopf, Schwanz und Innereien können wiederum als Köder verwendet werden. Die Stangenfischer Sri Lankas in der Region Kogalla wenden eine ähnliche Technik an, doch sie verwenden Algen als Köder.

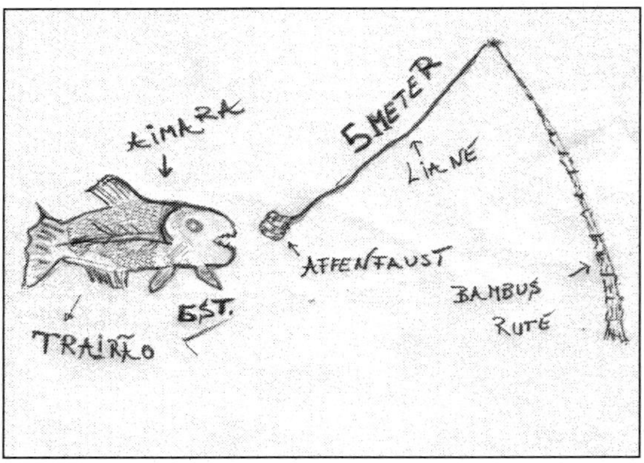

Aimara Jagd

25

Fallen und deren Tarnung

Alleine die Tatsache, dass wir jetzt etwas fangen, Fallen und Waffen anwenden, zeigt, dass sich der Spieß umgedreht hat. Gerade noch in einer Notsituation und auf „Survival" angewiesen, werden wir plötzlich zum Jäger, mit dem Instinkt eines Jägers. Diese Entwicklung ist zu begrüßen, denn um zu überleben muss man aus den Startblöcken der Opfermentalität herauskommen und Initiative ergreifen!

Die perfekte Falle für kleinere Fische ist der Saramacca, eine von Indianern oft benutzte Fischreuse. Man benötigt den jungen, biegsamen Stamm eines Baumes, zehn Meter Liane und Bambusspitzen. Fertiggestellt legt man ihn mit dem Köder an gut geeigneten Stellen im Fluss aus – festbinden nicht vergessen! Der Fisch kann zwar hineinschwimmen, kommt aber nicht wieder heraus, weil spitze Stacheln ihn daran hindern. Die Spitzen werden an der großen Öffnung der Reuse so angebracht, dass sie dicht an dicht aneinandergereiht trichterförmig nach innen zeigen.

- Schneiden Sie einen jungen Stamm, Durchmesser: 16 bis 20 cm, Länge: 1,0 m bis 1,5 m.
- Entfernen Sie die Rinde.

• Binden Sie eines seiner Enden zwischen dem 15ten und 20sten cm mit Liane fest ab (gerne zehn Touren schlagen).

• Dann den Stamm der Länge nach viermal spalten, bis zur Abbindung. (Die Abbindung verhindert, dass der Stamm bis zum Boden gespalten wird.)

• Spreizhölzer in jede Spalte einführen, und zwar bis zur Abbindung (so entsteht die Trichterform).

• Die obere Trichteröffnung mit Liane umwickeln, damit sie wieder etwas zusammengeführt wird.

• Nun den ganzen Korb (Reuse) engmaschig entweder mit Palmblättern oder mit Liane umwickeln.

• Ganz zum Schluss können Sie die Spitzen anbringen.

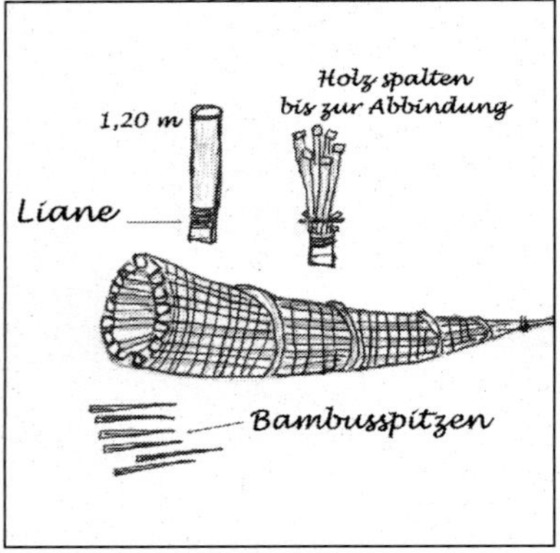

Als Köder nimmt man Fleisch, Fisch, Innereien etc. Die Reuse wird in ruhigen Gewässern, nahe am Ufer ausgelegt. Der Zeitansatz, um eine Reuse zu fertigen, ist etwa eine Stunde. Ideal wäre es, fünf oder sechs Reusen an verschiedenen Stellen auszulegen und diese dreimal am Tag zu überprüfen.

Fischreuse Saramacca

Eine andere, ebenfalls sehr effiziente Möglichkeit, Fische zu fangen, ist die ***Fischbarriere***. Hier zu beachten ist, dass diese Methode nur dann gut funktioniert, wenn folgende Kriterien erfüllt sind:

• Fischreicher, nicht zu reißender Bach oder Flusslauf.

• Nicht breiter als 3 bis 4 Meter.

• Nicht tiefer als 40 cm.

• Kein felsiger Untergrund.

Vorbereitung: Schneiden Sie nahe am Ufer Pflöcke von etwa 10 bis 15 cm Durchmesser und 70 bis 80 cm Länge (je nach Tiefe des Baches) und spitzen Sie diese an. Dann schaffen Sie Steine (oder andere geeignete Materialien) heran. Zuerst wird mitten im Bach mit den Steinen eine Barriere errichtet. Achten Sie darauf, dass sich das Wasser nicht zu sehr staut. Die Steine ragen idealerweise noch etwas aus der Wasseroberfläche heraus. Als Nächstes werden, wie auf dem Bild gezeigt, die Pflöcke dicht nebeneinander V-Förmig in den Bachgrund geschlagen, als Hammer kann ein großer Stein dienen. Die Öffnung am Ende des V's sollte nicht breiter als 20 cm sein. Das soll verhindern, dass der oder die Fische, einmal in der Falle, wieder flussaufwärts entkommen. Haben sich einige Fische in Ihrem Bassin verirrt, schließen Sie die Öffnung mit einem vorher bereitgelegten Stein und jagen Sie ganz gemütlich Ihre Beute. Das kann mit einem Kescher, einem Speer oder mit bloßen Händen geschehen.

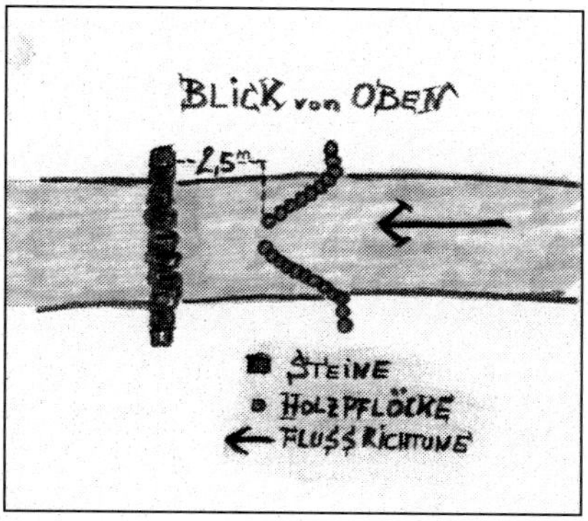

Fisch-Barriere

Fisch-Gift der Liane Halihali (Name, den die *Wayana* der Liane geben) Halihali gehört zur Familie der *„Lonchocarpus"* (lat.). Die Boni Indianer nennen sie *„mã neku"*, bei den Palicours heißt sie kurz *„ikun axine"*. Der Saft der Halihali (Wirkstoff Rotenone) wird zum Fischen verwendet. Schneidet man die Wurzel durch, tritt ein milchiger Saft hervor, der nach zerquetschten Bohnen riecht. Er ist giftig, lähmt die Atemwege der Kaltblüter und versetzt größere Fische in eine Art Apathie, sodass man sie mit etwas Geschick mit der Hand aus dem Wasser holen kann. Kleinere Fische sterben daran, doch das Gift ist für den Menschen nicht schädlich. Halihali zu finden ist jedoch nicht leicht, denn diese Lianen wachsen nicht überall, und die Indianer (*Émerillon, Wayampi, Arawaks, Galibi (Kali'na), Palicours, Saramaka, Boni und Wayãpi sind die wichtigsten Vertreter der insgesamt sechs großen Familien*) halten die Stellen streng geheim. Sie selbst dringen mit ihren Pirogen tief in die Wälder ein, um an die Stellen zu kommen, an denen es die Lianen gibt. Einmal in den

Dörfern zurück, werden sie nahe am Wasser mit Knüppeln weich geschlagen. Der Saft mischt sich mit dem Flusswasser, das sich augenblicklich trübe färbt. Der Vorgang wird so lange wiederholt, bis der gewünschte Effekt erzielt ist. Dann werden die Fasern der Lianen in Säcke aus Palmwedel-Geflecht (Katuris) gestaut und ins Wasser geworfen. Ziel dieser *Fischjagd* die hauptsächlich während der Trockenzeit in seichteren Gewässern stattfindet, sind der große *Camourou* und der *Aimara*. Flussabwärts stehen die Kinder und die Frauen mit den Körben und sammeln die betäubten Fische ein.

Insekten

Palmwurm

Ich kann mich erinnern, als wäre es erst gestern gewesen. Wir befanden uns auf einem Überlebenslehrgang im Dschungel Gabuns. Seit zwei Tagen schon hatten wir nur flüssige Nahrung gehabt: Wasser nämlich! Lauwarmes Wasser noch dazu, und jede Menge Drills und Übungen, auch nachts. Am dritten Tag schickten sie uns einen kleinen, schrumpeligen Afrikaner. Er sollte uns angeblich etwas Essbares bringen. Nun, das Einzige, was er brachte, war eine Machete. Und damit stocherte er im Herzen einer alten Palme herum, tauchte dann beide Hände hinein und als diese wieder zum Vorschein kamen, zeigte er uns ein gutes Dutzend weiß schimmernder, zappelnder Larven, die aussahen wie kleine, strampelnde Kinderfinger. Uns war nach Steak, er zeigte uns etwas viel Besseres: den ***Palmwurm***! Und tatsächlich, als der Ekel sich etwas gelegt hatte, waren wir uns alle einig: Hunger würden wir keinen mehr schieben müssen. Der Palmwurm ist eine Larve, die im Inneren der meisten Palmen existiert. Er ernährt sich von Palmherzen. Und er wird groß: bis zu fünf Zentimeter lang und daumendick! Der Wurm ist weiß bis braun und hat einen kleinen schwarzen Kopf. Finden Sie welche, dann danken Sie Ihrem Gott, denn diese kleinen Larven kommen erstens sehr zahlreich vor und sind zweitens sehr nahrhaft. Man sollte sie roh essen. Dazu muss der Kopf abgebissen und wieder ausgespuckt werden. Danach wird das Fleisch aus der Hülle gesaugt. In Neuguinea und Borneo isst die indigene Population hauptsächlich den Sagowurm. Der lebt in der Sagopalme.

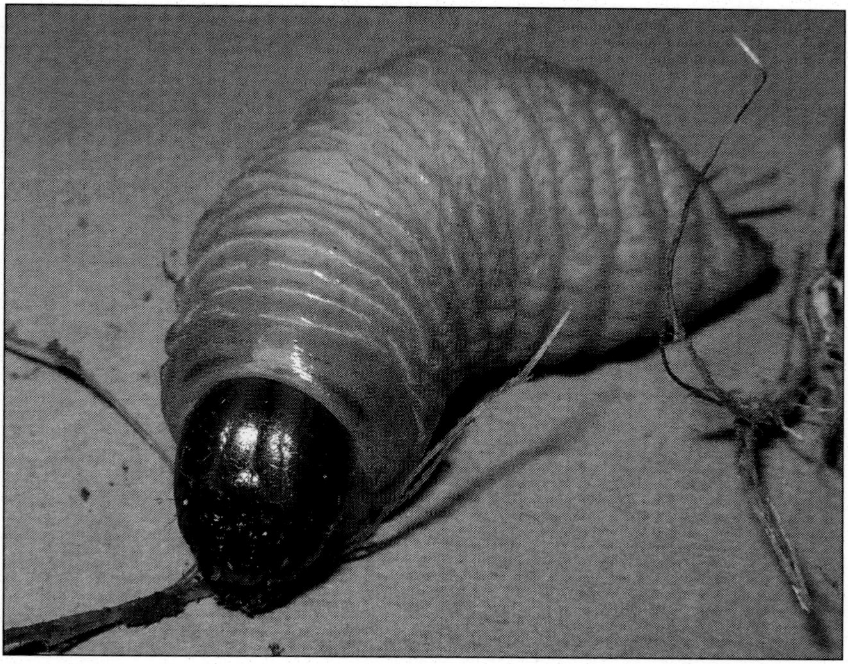

Palmwurm

Randnotiz. 1988, in der Zentralafrikanischen Republik, wurde ich Zeuge eines einmaligen Phänomens. Aus dem Nichts heraus war die Luft plötzlich voll mit fliegenden Termiten. Diese waren etwa 3 cm lang und zigarettendick. Noch im Fluge verloren sie ihre Flügel und stürzten zur Erde. Der ganze Boden um mich herum war voll mit ihnen. Und dann kamen die Kinder des Dorfes. Sie sammelten die noch zappelnden Leiber mit Eimern ein und verschwanden damit wieder Richtung Dorf. Ich folgte ihnen, um zu verstehen. Im Dorf stampften die Frauen die Termitenleiber zu einem Brei, der dann roh oder gegart verspeist wurde. Als ich nachfragte: *„Ja … so machten es schon unsere Urgroßväter!"* Es gäbe auch eine andere Methode. Die besteht darin, dass des Nachts die Termiten, die sich um die Neonröhren sammeln, eingefangen und in einen Korb geworfen werden. Aus dem heraus sortiert man dann Falter und andere unliebsame Insekten, zupft die Flügel der Termiten und grillt die Leiber mit etwas Chili in der Pfanne.

Im Norden des Landes, dort wo die Savanne beginnt, prägen Termitenhügel das Gelände. Sie sind oft hart wie Beton. Viele einheimische Kinder nehmen strohhalmgroße oder glatte Zweige und stecken sie durch ein Loch ins Innere der Hügel. Die Termiten beißen reflexartig zu und lassen auch nicht mehr los, wenn der Ast herausgezogen wird. Dann verzehren die Kinder die Termiten sofort roh. Dieselbe Prozedur wird auch von einigen Affen angewandt! Guten Appetit!

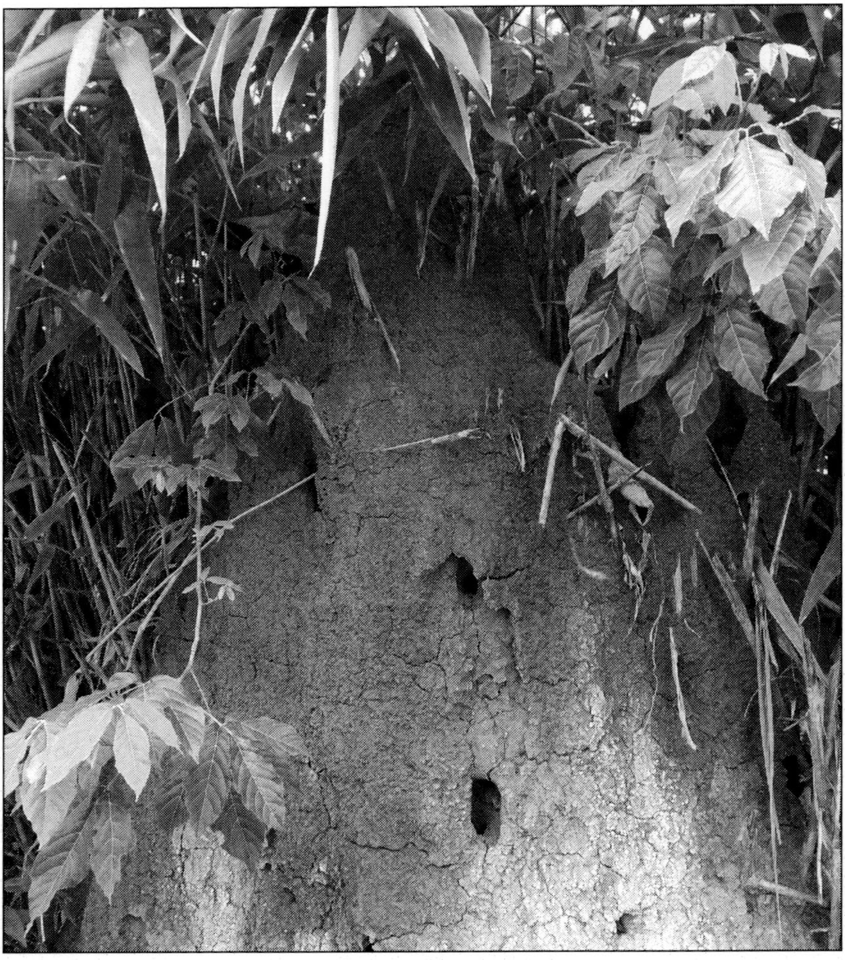

Termitenhügel

Kleine Nager

Seien wir ehrlich. Wenn wir uns alleine im Regenwald wiederfinden, zielt alles darauf ab, zu überleben. Trotzdem würden wohl die wenigsten von uns auf die Idee kommen, gleich eine Falle zu bauen, mit der man ein Tier von der Größenordnung eines Wildschweins (oder ein noch größeres Tier) fangen kann. Doch genau das ist Querdenken! Warum? Weil es im Dschungel von großen Nagern, Schweinen, Tapiren und Ameisenbären nur so wimmelt. Gelingt es, eines dieser Tiere zu fangen: Jackpot! Erst unser zweites Augenmerk sollte sich auf kleinere Nagetiere wie den Aguti, große Ratten, allenfalls noch auf kleine Nabelschweine wie das Pekari richten.

Fallgrube

Wirkungsvoller geht es kaum. Ein etwa 35 Kilo schweres Tier, das 1,5 Meter tief in die Grube fällt, in der im Feuer gehärtete, gut im Boden eingelassene Bambuspfähleankern, hat keine Chance.[103] Höhe der Grube: 1,5 m. Länge: 2,0 m, Breite: etwas breiter als die „Pflicht"-Passage. Je nachdem, wie schwierig der Boden ist, benötigt man vier bis sechs Stunden zum Ausheben der Grube. Wichtig! Es lohnt sich nicht, dort eine Grube zu graben, wo sich kaum ein Tier hin verirren würde (so zum Beispiel würde eine Grube im offenen Gelände kaum Sinn ergeben). Das Gelände muss sich schon dafür eignen. Ideal wäre eine Passage, die von dichtem, undurchdringlichem Gebüsch gesäumt ist. Das Opfer wird so quasi „kanalisiert". Der Aushub muss auf eine Plane oder einen Poncho geworfen und weit weg vom eigentlichen Ort entsorgt werden. Das Wichtigste an der Fallgrube sind die Tarnung sowie die Beseitigung von Spuren und Menschen-Geruch.[104]

Geruch

Die Tiere reagieren vor allem auf Gerüche sensibel, die unnatürlich sind: Waschmittel (an der Kleidung, in der Wechselwäsche), Seife, Tabak,

103 Eine Fallgrube, und das muss man sich ins Bewusstsein rufen, kann auch einem Menschen zum Verhängnis werden. Sie wird wirklich nur dann realisiert, wenn das Überleben davon abhängt. Und das ist meist in der totalen Wildnis, fernab von jeglicher Zivilisation.

104 In Nordamerika und Europa eignet sich dazu der Walnussbaum. Man kocht die Spitzen und alles Metall in einer Brühe aus seiner Rinde und fügt Bienenwachs hinzu. Der Menschengeruch verschwindet.

Parfüm, Rasierwasser etc. Wollen Sie jagen und Tierfallen auslegen, dann verzichten Sie auf diese Essenzen und waschen Sie sich vorher ein paar Tage nicht. Tragen Sie immer dieselben Klamotten, auch wenn diese schon stinken! Wollen Sie die Grube beobachten bzw. überwachen, achten Sie auf den Wind. Den sollten Sie, wenn schon, im Gesicht haben!

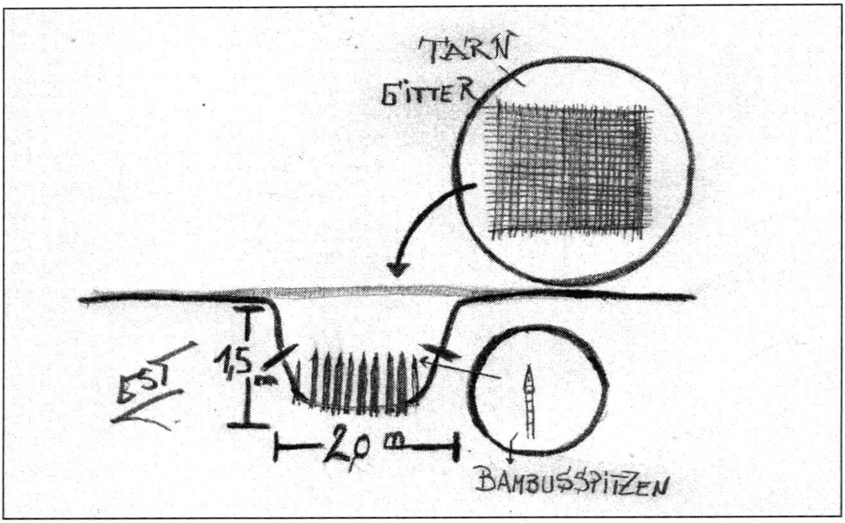

Fallgrube

Geräusche

Jedes Tier hört das Geräusch, wenn ein Klettverschluss geöffnet wird, auf hunderte von Metern. Metall auf Metall, das klickende Geräusch, wenn ein Taschenmesser geöffnet wird oder die Klinge auf Stein stößt, oder auch das Rascheln, das dann entsteht, wenn ein Poncho übergeworfen wird etc. ... das wird Ihnen den Fang vermiesen.

Bewegung

Die Fähigkeit, stundenlang völlig unbeweglich ausharren zu können, ist eine weitere Voraussetzung für den Erfolg. Querbewegungen sind besonders verräterisch. Achten Sie auch darauf, dass Ihr Körper keinen

Schatten wirft. Sehen Sie, wie ein Wildtier unruhig nach Ihnen Ausschau hält, dann bewegen Sie sich nicht, sondern erstarren Sie so lange auf der Stelle, bis das Tier sich wieder beruhigt hat.

Farben

Beobachtet wird aus einer Deckung heraus, die Ihre Formen unkenntlich macht oder gar verwischt. Bunte, helle Flecken fallen auf, also

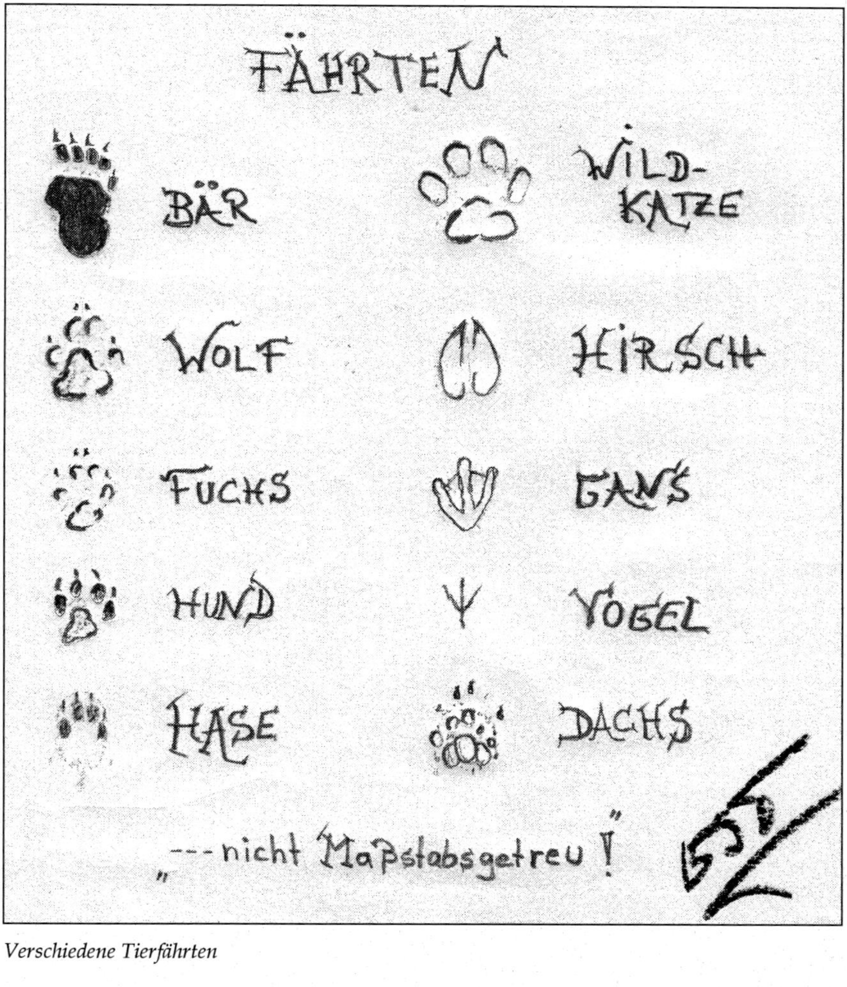

Verschiedene Tierfährten

tarnen Sie sich, wie Soldaten es vor einem Einsatz im Dschungel tun würden: Gesicht, Hände und Dekolletee schwärzen! Dazu nimmt man Tarnfarbe, Kohle, Asche oder Dreck. Passen Sie die Farbe Ihrer Kleidung dem Hintergrund an. Hell auf hell, dunkel auf dunkel!

Wie man anderswo jagt

In den tiefen Wäldern im Süden der Zentralafrikanischen Republik, oder in der Savanne im Nordwesten, jagten die Pygmäen den Elefanten einst, indem sie unter seinen Bauch, zwischen seine stämmigen Hinterbeine rannten. Dort schnitten sie ihm die Schwanzspitze ab und versetzten dem Tier einen schnellen Stich in den Sciatic Nerv (Ischiasnerv). Der Elefant, desorientiert und verwirrt, sank hilflos auf sein Gesäß und musste ohnmächtig mitansehen, wie die zahlreich herbeigeeilten Pygmäen über ihn herfielen.

In derselben Gegend um den Oubangi Fluss sammelten die Menschen die starken Gräten des Capitain Fisches. Diese, teils zehn Zentimeter lang und sehr spitz, bogen sie, vereinten die beiden Enden und steckten sie so in Fleischbrocken, die sie als Köder an bestimmten Plätzen in der Savanne auslegten. Kamen nun fleischfressende Tiere und schluckten die Köder, so dauerte es generell nicht lange, bis das Fleisch sich in deren Magen auflöste, was dazu führte, dass die Gräten zu voller Größe auseinanderschnellten und den Magen durchbohrten. Das Tier verendete unter kaum vorstellbaren Schmerzen. Die Jäger brauchten ihm nur zu folgen.

Sich völlig still zu verhalten, lange Zeit unbeweglich zu beobachten, kann jeder üben, und jedem bleibt es frei, wie er es anpackt. Ich zum Beispiel mache, sooft ich Zeit habe, meine ganz persönliche Art von autogenem Training. Ich setze mich dazu aufrecht auf einen Stuhl, sodass mein Rücken die Lehne nicht berührt. Bei völliger Stille schließe ich die Augen, denke, ich wäre ein Raubvogel, der hoch am Himmel über eine Wüste gleitet. Gleichzeitig sehe ich mich, „den Menschen", tief unter mir laufen. Der Mensch-Ich rennt auf einen fernen Berg am Horizont zu, und der Vogel-Ich schwebt über ihm, versucht des Menschen Gedanken zu erraten. Und während er rät, gibt er sich selbst die Antworten, findet diese gut oder schlecht, hadert mit des Menschen Einwänden oder lacht, weil beide dasselbe denken: bis beide Gedanken eins werden, sich vermischen. Und so vergeht die Zeit, Ruhe kehrt in mich. Es kann ewig so weitergehen.[105]

Wer es etwas traditioneller will, kann sich, wie ein Samurai, in einen dunklen Raum setzen, eine Kerze vier Meter entfernt und auf Augenhöhe vor sich. Die Kunst, den Körper zur Ruhe kommen zu lassen, besteht darin, sich ausschließlich auf die brennende Flamme zu konzentrieren. Es gibt nur diese Flamme und Sie, sonst nichts. Versuchen Sie, jedes Flackern, jeden plötzlichen Schatten, jeden Fleck, ob ocker, gelb oder braun, hell oder dunkel, zu interpretieren, während das Einzige, was sich an Ihnen bewegt, Ihre Augen sind. Über einen längeren Zeitraum stellt sich eine gewisse Vertrautheit ein, doch im Gegensatz zu dem Raubvogel aus dem Vergleich von vorher schweben Ihre Gedanken nicht davon, sondern sie bündeln und konzentrieren sich.

Käfig

Diese Falle ist tatsächlich für die kleinen Nager gedacht. Sie ist in etwa pyramidenförmig (Außenmaße: Basis 70 cm x 70 cm, Höhe 65 cm), und wir benötigen zwölf bis 15 Hölzer (Etagen) an jeder Seite. Die Grundhölzer, welche der Öffnung am nächsten sind, haben einen Durchmesser von 3 cm und sind etwa 70 cm lang. Nach oben hin werden sie dann nach und nach kürzer. Alle Hölzer werden aufeinandergesetzt und Etage für Etage mit Liane oder mit Schnur zunächst untereinander, dann mit der nächsten Etage zusammengebunden. Das fertige Werk muss robust sein und kann gerne bis zu 15 Kilogramm wiegen: Je schwerer, desto besser! Das Prinzip dieser Falle ist einfach: Der Nager, vom Köder angezogen, krabbelt in den Käfig, betätigt selbst durch Berühren den Auslöser, der Käfig fällt herunter, das unvorsichtige Tier ist gefangen. Das ist die klassische Art eine Falle zu bauen. Je einfacher, desto effizienter.

---

105 Ich schreibe diese Zeilen nicht, weil ich ein von der Welt abgerückter Freak bin, sondern weil ich weiß, dass in Sachen „Survival" hauptsächlich der Erfolg hat, der sich am besten mit der Natur identifiziert. Dazu gehören Phantasie und Einfühlungsvermögen ebenso wie ein momentanes „Loslassen" von dem, was man bisher dargestellt hat. Ein Touch Verrücktheit ist ab und zu ganz O.K.

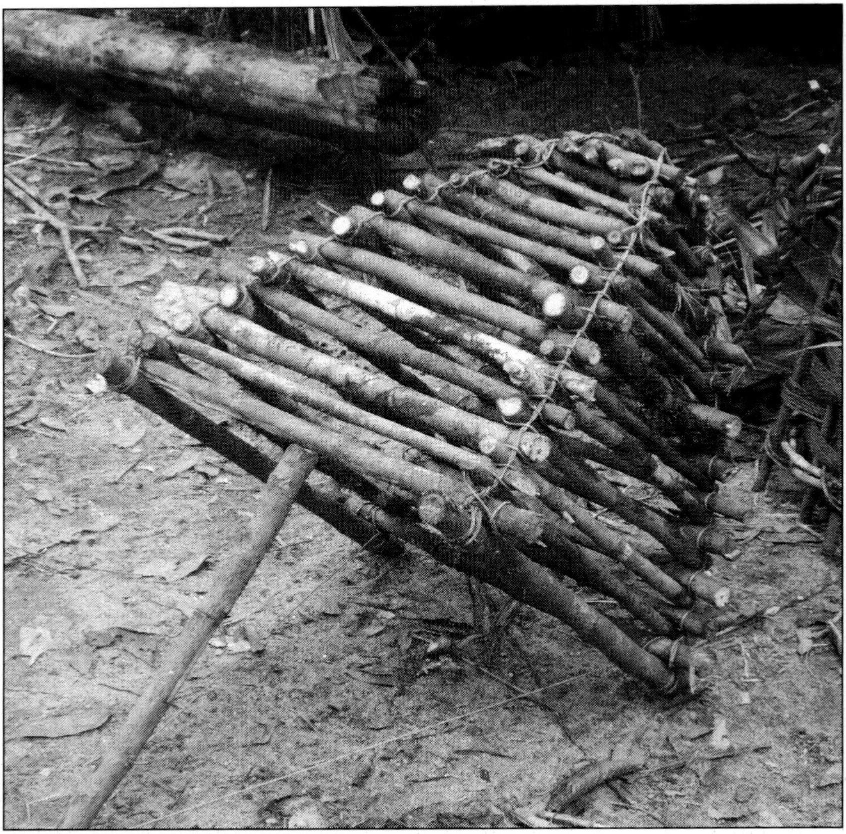

Einfacher Käfig

Es folgen die Bilder einiger Fallen-Auslöser. Sie erklären sich zum größten Teil selber, und so überlasse ich es Ihnen, sich die Bilder genau anzusehen (kleiner Tipp: Gelb = mobiles Teil). Alle Fallen werden im CEFE, also in der Dschungelkampfschule der Fremdenlegion gelehrt. Nun können wir generell zwischen zwei Auslösemechanismen wählen.

Eine überwachte Falle: Der „Jäger" überwacht den Käfig, wartet, bis der Nager darunter ist und zieht an einer Schnur, die mit dem Auslöser verbunden ist. Der Nachteil hier ist, dass man selber vielleicht stundenlang warten bzw. auf der Lauer liegen muss.

Eine selbstauslösende (automatische) Falle: Diese zweite Variante basiert darauf, dass das Tier durch Berühren des Auslösers, durch sein Gewicht oder seine Bewegung selbst den Auslöser betätigt. Vorteil: Man kann in der Zwischenzeit andere Dinge verrichten und ab und zu die Falle(n) abgehen. Mehrere Fallen gleichzeitig an verschiedenen Stellen lohnen sich.

Schützen Sie sich vor Bissen und Kratzern, wenn Sie das Tier aus dem Käfig holen.

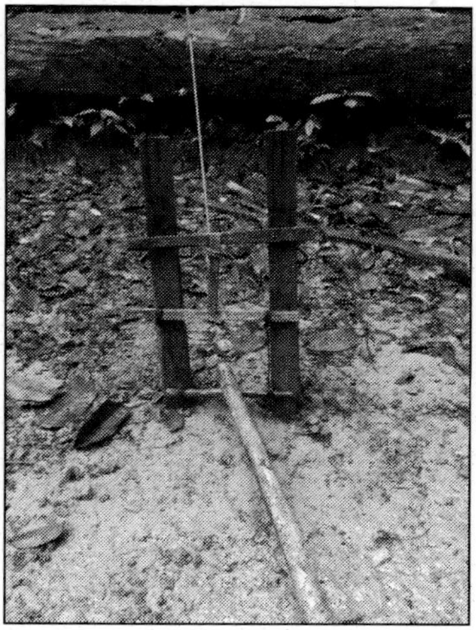

Auslöser 1

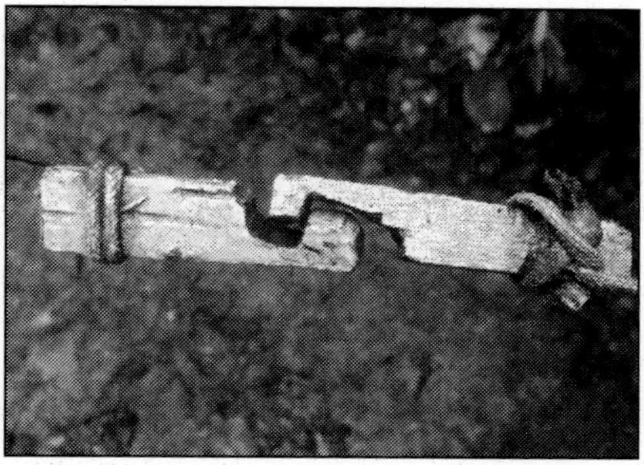

Auslöser 2

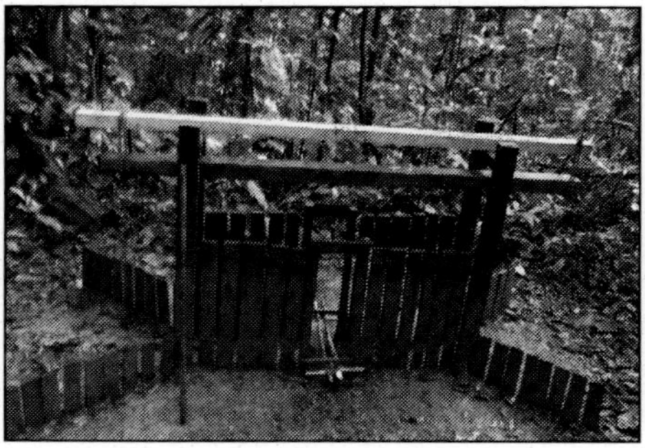

Schlagfalle „à assommoir“

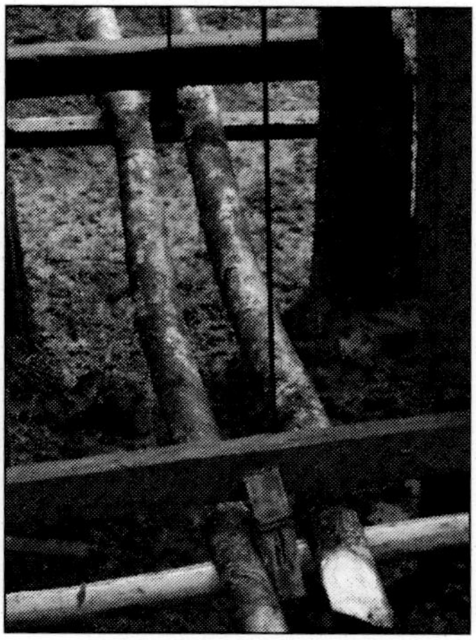

… und der Auslöser dazu!

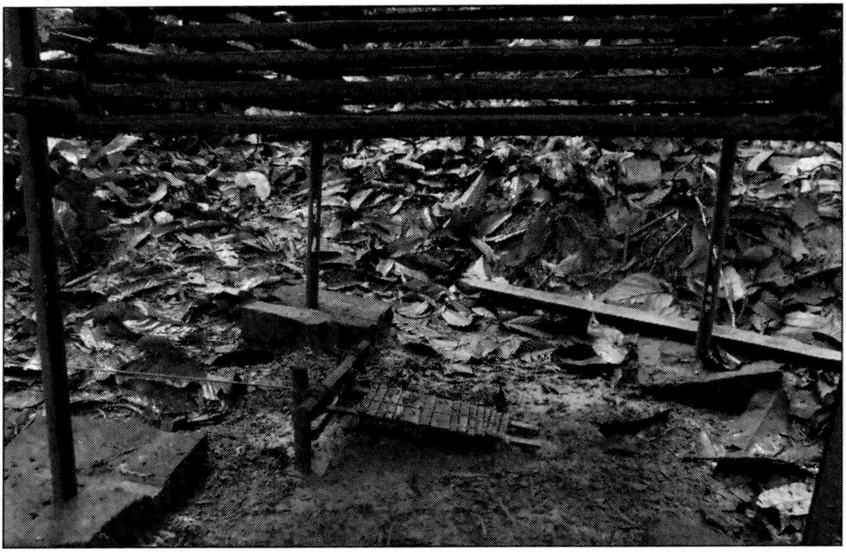

Käfigfalle (am oberen Bildrand sehen wir einen Teil des Käfigs)

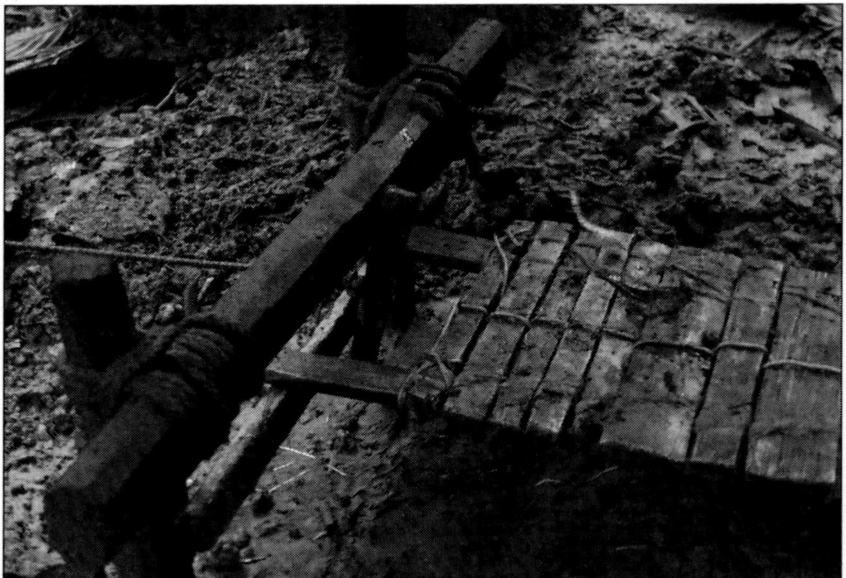

... und der Auslöser dazu

Schlingenfalle: Auch mit Schlingen können sehr einfache und hoch wirkungsvolle Fallen hergestellt werden. Um die abgebildete Standard-Schlinge herzustellen, genügen ein Messer, etwas Draht (am besten nicht aus Eisen oder Stahl) und zehn Minuten Zeit. Das Prinzip ist grob einfach erklärt: Das eine Ende des Drahtes steckt man durch die Öse am anderen Ende und befestigt es solide an einem Baum. Verfängt sich ein kleiner Nager Kopf voraus darin, zieht sich die Schlinge zusammen, und je mehr sich das Tier gegen die tödliche Gefahr sträubt, desto gnadenloser kommt der Tod. Ein etwas größeres Tier verfängt sich mit einer Pfote darin. Der Effekt ist derselbe: Die Schlinge zieht sich zusammen und lässt ihr Opfer nicht mehr los. Raubtiere, einmal so gefangen, beißen sich oft die Pfote durch, um zu entkommen.

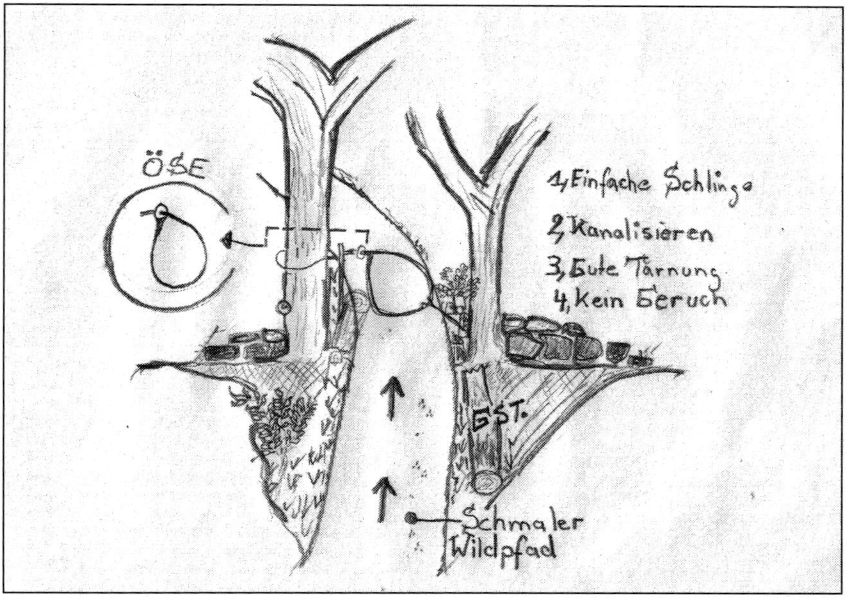

Einfache Schlinge

Wählen Sie den idealen Ort aus, um die Falle anzubringen. Der ist auf Wildpfaden, die zum Wasser oder vom Wasser zum Bau führen. Am meisten Erfolg haben Sie an den Stellen, an denen ein Hindernis das

Tier ablenkt, oder dort, wo der Pfad schmäler, von Ihnen bewusst *„kanalisiert“* wird. Wie schon angedeutet, treffen wir die Vorbereitungen nicht direkt an der Stelle, wo wir die Falle anbringen wollen, sondern abseits des Weges.

Die Schlinge sollte etwa eine Handbreit über dem Boden angebracht werden. Hinterlassen Sie weder eine Spur noch dem Tier irgendwelche fremden Gerüche. Bringen Sie eine perfekte Tarnung an: Matsch, um den Geruch zu tarnen, altes Laub, um auch die unscheinbarsten Abdrücke unsichtbar zu machen.

26

Tiere schlachten

Wichtig:

- Tiere werden nur getötet, wenn wirklicher Bedarf gegeben ist, also in einem Notfall. Spaß am Töten sollten Sie dabei nie empfinden, falls doch: Zurück ins Klassenzimmer! Wer mutwillig aus Spaß tötet, hat nichts begriffen, denn unser Bestreben sollte es sein, Tiere zu schützen.
- Geschlachtet wird nie in der Nähe des Camps, denn alle Raubtiere fühlen sich sonst eingeladen, sich mit an den Tisch zu setzen.

• Finger weg von Affen[106].

• Tier, wenn möglich, erst betäuben und dann töten. Dann erst folgt der ganze notwendige Rest.

Bevor Sie ein Tier zum Verzehr schlachten müssen, achten Sie unbedingt auf zwei Dinge: auf seine Augen und auf das Fell. Das Fell sollte aussehen wie das eines gut gefütterten, gesunden Haushundes. Dick mit einem gesunden, weichen Glanz. Weist das Fell jedoch glatte Stellen auf, die auf Haarausfall schließen lassen, oder ist das Fell matt, Finger weg! Die Augen sollen klar sein und gesund aussehen. Sind sie vereitert oder haben einen Ausfluss: Lassen Sie's! Anbei grob die Schlachtprozedur für ein Tier der Größenordnung eines Schafes, einer Ziege oder kleiner. Die Beschreibung ist vielleicht recht lang, in der Realität aber benötigt man mit etwas Übung kaum mehr als 15 Minuten dafür.

• Betäubt wird das Tier durch einen Schlag auf den Kopf. Zum Beispiel mit der stumpfen Seite einer Axt oder mit einem flachen Stein. Nachdem das Tier betäubt wurde, töten wir es durch Ausbluten. Die Zeit zwischen der Betäubung und dem Ausbluten soll so kurz wie nur irgend möglich gehalten werden (nicht länger als eine Minute), da sonst die Gefahr besteht, dass das Tier wieder zu sich kommt. Hängen Sie das Tier, nachdem es betäubt wurde, mit dem Kopf nach unten und mit weit gespreizten Hinterläufen zwischen zwei sich sehr nahe stehende Bäume.

• Zum Ausbluten ist ein Längsschnitt durch die Halsschlagader ideal. Alternativ dazu kann ein Kehlkopfschnitt angebracht werden. Durch den Blutentzug wird das Gehirn des Tieres nicht mehr mir Sauerstoff versorgt und es stirbt sehr schnell, es ist meist eine Sache von weniger als einer Minute.

• Das Blut wird aufgefangen und sofort „geschlagen", damit es nicht verklumpt oder vorzeitig gerinnt.

---

106 Hier dürfen wir ruhig paranoid sein. Der Verdacht, dass Krankheiten wie Ebola, HIV (und andere) von Affen übertragen wurden oder übertragen werden, ist nicht zur Gänze aus der Welt geschafft. Aber auch ohne die Gefahren durch HIV und Ebola sollte Affenfleisch gemieden werden. Haben Sie schon mal einem Affen tief in die Augen geschaut? Falls ja: Woran erinnert Sie der Anblick?

• Jetzt wird zuerst das Fell (die Decke) entfernt. Dazu bringen Sie einen Längsschnitt auf der Mitte des Leibes und jeweils einen Schnitt von Hinter- und Vorderläufen zum Leib hin an. So kann das Fell vom noch warmen Leib abgezogen werden. Bei größeren Tieren hilft man mit dem Messer nach.

• Schneiden Sie danach von oben nach unten behutsam die Bauchdecke auf und entnehmen Sie die Innereien. Achten Sie aber darauf, die Därme – vor allem die Galle, die sehr nahe der Leber sitzt – nicht zu verletzen, denn fließt Gallensaft in oder über das Fleisch, können Sie es wegwerfen. Galle ist gelb bis tief-ocker und stinkt erbärmlich. Werfen Sie einen sorgsamen Blick auf die Leber. Sie sollte einen leicht schimmernden, dunkelrot-braunen Anblick aufweisen haben.

• Ist das geschehen, wird der Leib des Tieres entlang des Rückgrates in zwei Hälften gespalten. Eine Axt oder ein kräftiges Messer reicht hierfür.

• Nachdem das Fleisch abgekühlt und (mindestens 24 Stunden lang) abgehangen ist, können wir es in handgerechte Stücke teilen.

Wichtig: Müssen Sie das Tier über eine längere Distanz tragen, bevor Sie es schlachten, so empfiehlt es sich, es zuerst von Flöhen, Zecken und anderen auf ihm krabbelnden Insekten zu befreien. Machen Sie ein Feuer und wälzen Sie den Kadaver von allen Seiten dreißig Sekunden lang in der heißen Glut. Ist Feuermachen unmöglich, dann gehen Sie damit zum nächsten Bach oder Fluss und versenken es darin für gut zwanzig Minuten. Das tötet den Großteil der Parasiten wie Läuse und Flöhe etc. ab. Bevor das Tier ausgenommen wird, hat es sich ebenfalls bewährt, es einen Moment in die Glut zu legen und es dann von der Asche/Kohle zu säubern. Beim Ausnehmen tragen Sie wenn möglich Handschuhe, damit keine Parasiten in Ihre Blutbahn gelangen, sollten Sie eine Verletzung haben oder sich während des Ausnehmens schneiden. Wer sich das alles (aus Hunger oder aus Zeitgründen) sparen will, nimmt das Tier schnell aus, ohne es zu häuten und legt es so, wie es ist, auf die Glut. So machen es die Aborigines. Bei einem kleinen Nager (Biber,

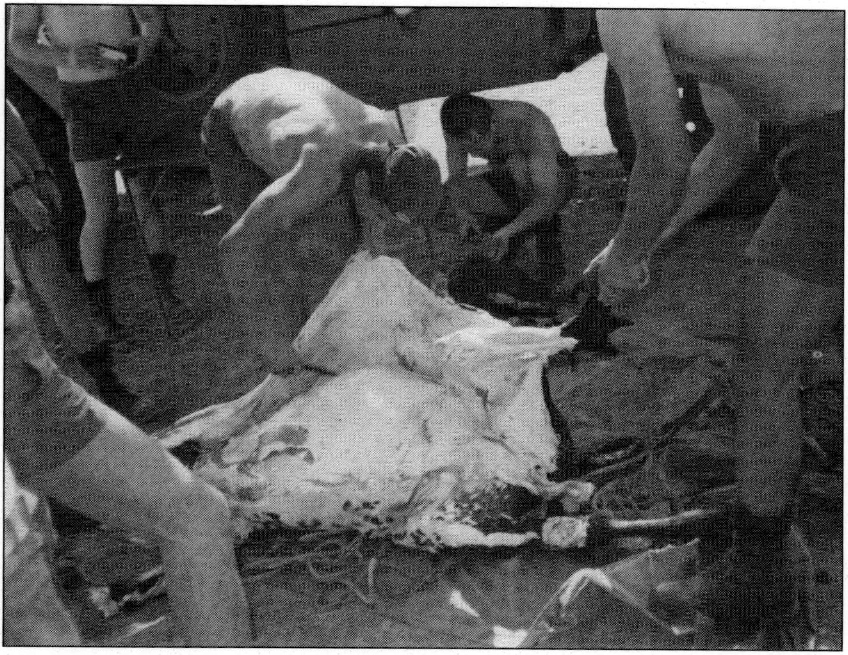

Der Autor beim Abhäuten mitten im Busch Zentralafrikas

Aguti, Bisamratte etc.) ist das Fleisch in zwanzig Minuten gar. Vergessen Sie nicht: Fleisch ***muss*** gekocht werden! Und zwar so lange, bis es durch und durch gar ist und eventuelle Parasiten abgetötet sind.

Verwenden Sie so viel wie möglich vom Tier.

- ***Knochen:*** Einmal geschliffen, geben die Röhrenknochen exzellente Stich-Waffen ab. Das Mark derselben (ebenso wie Hirn und Leber) ist sehr nahrhaft und schmeckt exzellent.
- ***Sehnen/Penis vom Rind:*** Sie können zu Kordeln oder auch zu Bogensehnen verarbeitet werden. Der Penis eines Rindes, einer großen Gazelle oder Antilope eignet sich dazu, einen gefährlichen, biegsamen Schlagstock[107] (Art Ochsenziemer) herzustellen.

107 Ochsenfiesel.

• ***Fell:*** Vom Fett befreit und gegerbt, findet es Verwendung für Decken und Kleidungsstücke aller Art.

• ***Talg/Fett:*** Liefert einen guten Brennstoff für Kerzen oder Fackeln.

• ***Hirn, Nieren, Leber und Zunge:*** … sind Delikatessen! Essen Sie nicht zu viel von der Leber!

• ***Blut:*** Wird im Notfall getrunken, ansonsten aber der Nahrung beigemengt. Man kann es auch mit Milch mischen[108], wobei wir wieder beim Luxus wären!

Das Fleisch kann nun gekocht, geräuchert, gesalzen oder getrocknet werden, wobei: Beim Kochen kann man nichts verkehrt machen, das Räuchern, das Salzen und Trocknen hingegen erfordern einige besondere Tricks und Kniffe.

Pökeln / Salzen

Zum Pökeln nimmt man Pökelsalz, das einen Anteil Salpeter[109] hat. Das Fleisch wird in handgerechte Stücke geschnitten, in einer Schicht in einen Bottich (oder eine Stein- Felsenmulde) gelegt und dann großzügig mit dem Salz bestreut. Es folgt wieder eine Lage Fleisch, dann wieder Salz. Nach ein paar Stunden schon beginnt das Salz dem Fleisch das Wasser zu entziehen, es entsteht eine Salzlake. Nach zehn Tagen bis zwei Wochen ist das Fleisch durchgezogen und hat, wenn man es anschneidet, einen rötlichen Teint. Es sollte nicht mehr hitzebehandelt werden.

Räuchern

Zum Räuchern eignen sich Sägespäne am besten, doch die sind Luxus im Gelände, und Luxus, egal welcher Art, wollten wir ja daheim lassen. Wir nehmen also ganz normales Holz und Blätter. Der Räuchertisch (siehe Zeichnung) wird mit wenig Zeitaufwand in ein paar Minuten

---

108 Die Massai (Kenia/Tansania) mischen das Blut ihrer Kühe mit Milch und trinken es.
109 Vorsicht bei der Dosierung, denn Salpeter ist ein Nitrat und als solches krebserregend!

hergestellt. Man treibt im Dreieck drei etwa 150 Zentimeter lange Stangen in den Boden und vereint sie oben durch eine einfache Abbindung.

Etwa in der Mitte des entstandenen Rahmens wird der Räuchertisch errichtet. Um den Räuchereffekt zu erhöhen, kann ein dichtes Blättergeflecht pyramidenförmig darum aufgebaut werden. Wie auf der Zeichnung zu sehen, eignen sich Palmen hervorragend dazu, ein dichtes Geflecht herzustellen und den Räuchertisch mit diesen von allen Seiten abzudecken. Der Rauch ist somit *gefangen* und viel intensiver. Darunter wird nun ein kleines Feuer entfacht. Der eigentliche Räuchervorgang beginnt jedoch erst, wenn das fast erloschene Feuer klein und mit kaum sichtbarer Flamme glimmt, denn erst jetzt wird das Fleisch auf den Räuchertisch gelegt. Ist der Geruch des verwendeten Holzes zu beißend oder riecht es zu sehr nach Harz, so ist Vorsicht geboten: Das Holz ist dann schlecht gewählt! Durch Räuchern und anschließendes Trocknen (die Prozedur zwei- oder dreimal wiederholen) entsteht *Pemmikan*. Pemmikan ist monatelang haltbar. Das Wort kommt aus dem Cree[110]-Sprachgebrauch.

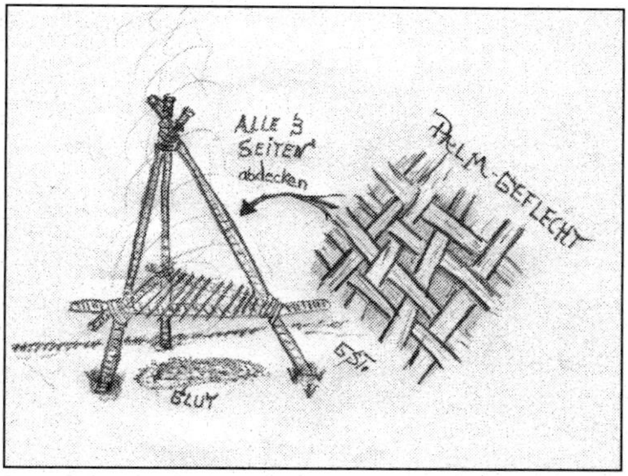

Räuchertisch

Trocknen

Fleisch in lange, sehr dünne Streifen schneiden, die Sehnen und das Fett entfernen und dann entweder:

- Auf eine saubere, trockene Fläche (Felsen) direkt in die Sonne legen oder …
- An Schnüren befestigen und aufhängen, damit Sonne und Wind gleichzeitig agieren können.

110 Nordamerikanischer Indianerstamm.

Beide Prozeduren sollten überwacht werden, denn der Fleischgeruch lockt eventuell hungrige Neider an. Solange es nur Füchse oder Schakale sind, gut. Bei Bären, Wölfen oder – je nachdem, in welchen Gefilden wir uns aufhalten – sogar Löwen oder Hyänen könnte das ins Auge gehen. Getrocknetes Fleisch „par excellence" ist Biltong. Biltong ist das südafrikanische Gegenstück zu Pemmikan. Es bezeichnet luftgetrocknete Keule und Zunge und ist bis zu zwei Jahre haltbar.

Zwischenspiel

Es gibt tatsächlich Menschen, die behaupten, dass, wenn man einem Löwen, einem Leopard oder Gepard gegenübersteht, man diesem nur nicht in die Augen sehen soll. Andere wiederum behaupten, man sollte sich hinlegen und ruhig abwarten, auf allen vieren kriechen oder gar davonlaufen und auf einen Baum

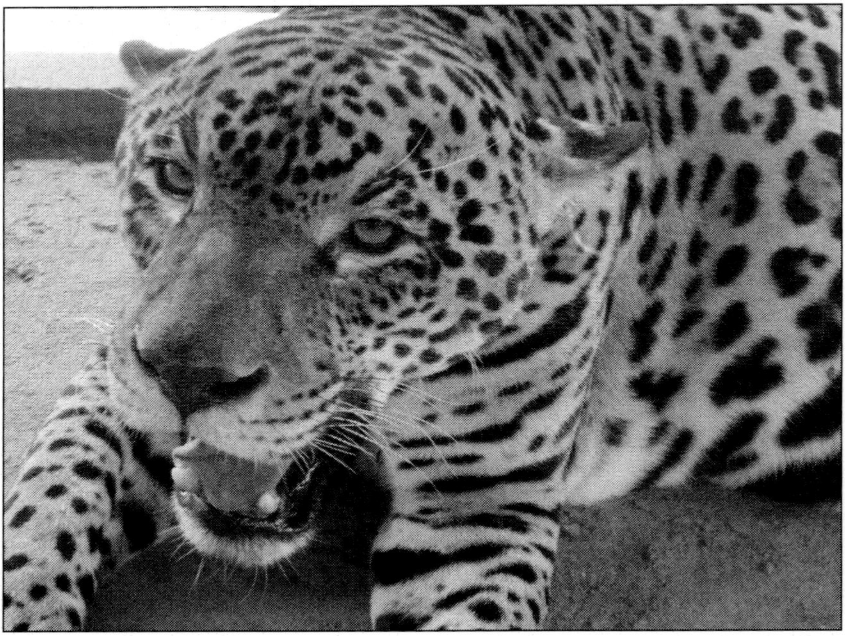

Zahmer Jaguar

klettern. Das alles ist Unsinn. Die Haltung, die ich selbst im Norden der Zentralafrikanischen Republik bei zwei Gelegenheiten (Leopard) anwandte, hat Wirkung gezeigt: Mit sicherem Schritt aufrecht stehend auf das Tier zugehen, laut sprechen, in die Hände klatschen, und es dabei die ganze Zeit nicht aus den Augen lassen.[111] *Unter normalen Umständen wird es zu keinem Angriff kommen. Ist das Tier jedoch verletzt, extrem gereizt oder gestresst, oder sind Junge in der Nähe, wird Ihnen wohl alles nichts nützen, außer Sie sind bewaffnet und können mit dieser Waffe gut umgehen. Löwen zum Beispiel, ich hatte es bereits angesprochen, sind extrem schnell und zielstrebig. Für diejenigen, die auf einen Baum klettern – seien Sie sich einer Sache ganz gewiss: Jeder Leopard oder Löwe, der was auf sich hält, holt Sie da im Nu auch wieder runter, nur: Ob am Stück oder auf zweimal, ist ungewiss.*

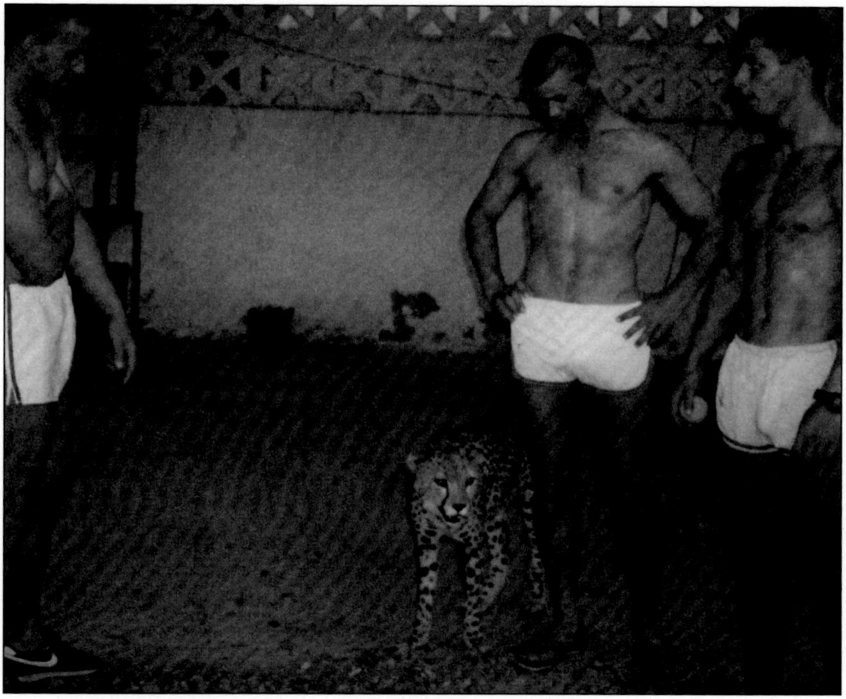

Hier ist etwas mehr Vorsicht geboten!

111 Ich bin weder ein Held noch ein Dummkopf. Beide Male hatte ich eine Waffe und einen Back-Up dabei, also jemanden, der mich mit fertig geladener Waffe sicherte.

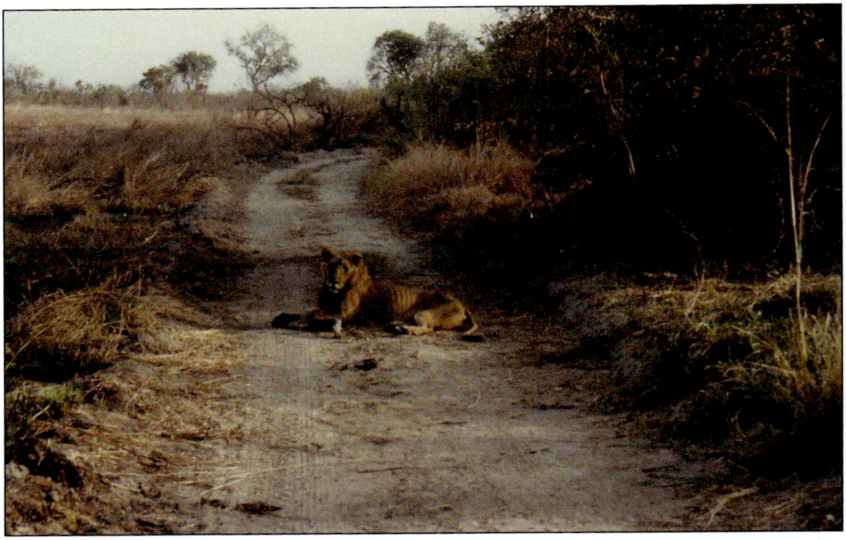

Löwe in der Zentralafrikanischen Republik

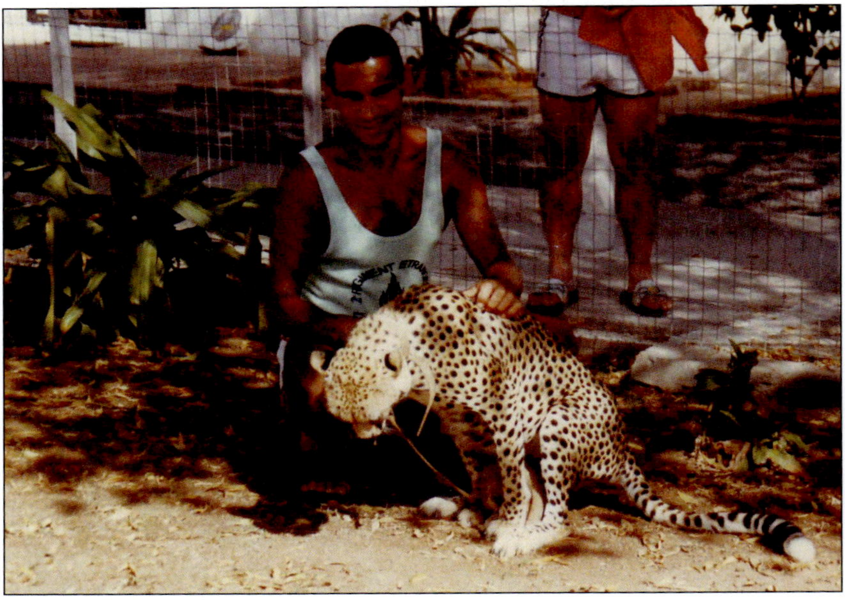

Gepard in Französisch Guyana

27

Gefahren im Dschungel

Schlangen

Seit Urzeiten fürchtet der Mensch die Schlangen und das zu Recht. Weltweit werden jährlich zwischen 50.000 und 100.000 Menschen[112] Opfer von Giftschlangen, Tendenz steigend. Doch auch Würgeschlangen fordern ihren Tribut. So sind die Gewässer im südamerikanischen Regenwald Hoheitsgebiet der Anakonda, und es stimmt: Die Chancen, dass eine Anakonda Sie im Wasser angreift, sind *minimal*. Die Chance aber, ungeschoren davonzukommen, falls dies doch geschieht, ist auch minimal. Und meine persönlichen Erfahrungen? Nun, alles in allem war ich etwa vier Jahre lang im tropischen Regenwald, von 1985 bis 1987 alleine schon über 400 Tage und dann immer wieder mal in Gabun, im Kongo und in Sri Lanka.

Schlangen habe ich sehr viele gesehen, aber bisher ist mir nur einmal zu Ohren gekommen, dass eine davon einen meiner Gefährten gebissen

112 Die Dunkelziffer ist fast doppelt so hoch. Auf dem Land und in den abgelegenen Provinzen Afrikas, Indiens, Sri Lankas, Thailands etc. sterben viele Menschen, vor allem Kinder, an den Folgen von Schlangenbissen, ohne dass der Vorfall jemals erfasst oder dass überhaupt darüber berichtet wird. Der Biss einer Giftschlange erfordert ein schnelles Eingreifen und schnelle Hilfe, doch dazu fehlt es an Kommunikations- und Transportmitteln, an Straßen, an Ärzten und an Krankenhäusern.

hat. In Gabun gibt es die gefürchtete Gabun Viper (ich komme später im Text noch auf sie zurück). Ich erinnere mich, dass ich mir eines Tages während eines Aufenthaltes im Urwald Gabuns an einem freien Wochenende sagte: Sei's drum! Völlig nackt lief ich fast einen Tag lang durch den Dschungel, und wissen Sie was? Ich machte mir mehr Sorgen darum, dass mich einer sehen könnte (was höchst unwahrscheinlich war, denn ich bewegte mich abseits der üblichen Pfade), als dass mir eine Gabun Viper über den Weg läuft. Schlangen, und das wusste ich, scheuen den Menschen. Sie können „trocken beißen", was heißt, ihrem Opfer kein Gift injizieren, oder sie geben nur wenig Gift ab. Im schlimmsten Fall, und auch das war mir bekannt, spritzen sie eine sehr große Giftmenge, und das kann fatal enden …!

Wenn man die Menschen in Europa fragt, wie sie die Gefahr einschätzen, an ihrem Arbeitsplatz in Übersee, im Urlaub oder auf einem Abenteuer-Trip von einer Schlange gebissen zu werden, dann lächeln die meisten, denn generell ist der Gedanke, dass von Schlangen relativ wenig Gefahr ausgeht, weit verbreitet. Aber das ist trügerisch: Ein einziger Moment der Unachtsamkeit genügt, und die letzten Augenblicke Ihres Lebens werden zum qualvollen Albtraum.

… als der 46-Jährige in das Terrarium eines Freundes greift, stößt die südamerikanische Klapperschlange sofort zu. Zwei Dinge könnten in ihrem Kopf vorgegangen sein: Entweder sie hat sich massiv bedroht gefühlt, oder sie hielt den Mann für ein großes Opfertier. Sei es! Die südamerikanische Klapperschlange ist eine der wenigen Giftschlangen auf der Erde, die sowohl über ein Nervengift als auch ein Gewebegift verfügen. Das menschliche Gewebe wird zersetzt. Gliedmaßen schwellen an. Es kommt zu inneren Blutungen. Das Nervengift ist beim Stelldichein, der Atem setzt aus! Trotz des sofort injizierten Antiserums stirbt der Mann nach nicht mal einer Stunde unter kaum fassbaren Schmerzen.

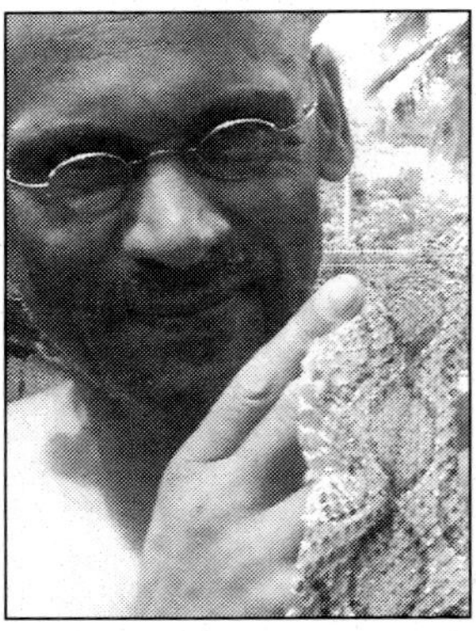

Haut der Russell-Viper

Hier die summarische Unterteilung der Giftschlangen[113]:

- Grubenottern, Klapperschlangen (Crotalidae)
- Giftnattern, Kobras (Elapidae)
- Vipern (Viperidae)

Man unterscheidet mehrere große Gruppen[114] bzw. Wirkungsweisen (Krankheitsbilder) von Schlangengiften:

1. ***Hämorrhagien (Hämotoxine):*** Hämotoxine führen zu intensiven Gewebezerstörungen, inneren Blutungen, Schwellungen sowie Nekrosen. Die Blutzellen werden zerstört. Es ist ein äußerst schmerzhafter Prozess.
   - Störung der Blutgerinnung. Charakteristisch hierfür sind Schleimhautblutungen und verlängerte Gerinnungszeiten (Vipern-Gifte).
2. ***Neurotoxische Wirkung (Neurotoxine):*** Mit diesem Gift setzt die Schlange das periphere Nervensystem ihres Opfers außer Gefecht.
3. ***Herz- und Kreislaufversagen (Kardiotoxine):***
   Es kommt zur Lähmung von Muskelzellen und zum Herzstillstand.

Nicht wenige Giftschlangen verfügen gleichzeitig über mindestens zwei dieser Gift-Komponenten (zum Beispiel Neurotoxine und Hämotoxine), wobei immer eine davon dominant ist. Sollte man mich fragen, welche Schlangen ich weltweit für am gefährlichsten halte, so habe ich die Antwort sofort parat: die indische Krait, den südamerikanischen Buschmeister, die afrikanische Gabun Viper sowie die Russell-Viper. Warum gerade die vier? Nun, ich habe gehört, dass Menschen von Klapperschlangen gebissen wurden und dies überlebt haben. Mir wurde von Bissen des Taipan (eine der giftigsten Schlangen überhaupt) berichtet, von der Korallenschlange oder auch von der Kobra. Viele Menschen

113 Es gibt außerdem noch die Seeschlangen (Hydrophiidae).
114 Ich zähle nur die auf, welche für dieses Buch relevant sind.

starben daran, einige überlebten. Nie jedoch habe ich davon gehört, dass jemand den Biss eines ausgewachsenen Buschmeisters, den einer Gabun Viper, einer Krait oder den einer Russell-Viper überlebt hätte.

Die indische Krait

Vorkommen: Indonesien, Indien, Thailand, Vietnam, Sri Lanka, Bangladesch, Afghanistan, Pakistan, Malaysia und Birma. Ihr Gift ist 15-mal stärker als das einer Kobra, der Biss tödlich. Die nachtaktive Krait ist eine sehr enge Verwandte der Kobra. Leider hat sie die Tendenz, vom Menschen bewohnte Gegenden aufzusuchen und ihr Lager in Betten, unter Decken und Kissen aufzuschlagen, oder gar am Boden schlafende Menschen zu beißen: Sie ist extrem gefährlich!

Der Buschmeister

Vorkommen: Die Regenwälder Südamerikas. Der Buschmeister ist die größte Giftschlange Südamerikas. Er verfügt über bis zu 3,5 cm lange Giftzähne und erreicht eine Länge von fast 4 Metern. Sein Gift (Hämotoxine) ist weniger toxisch als das einiger anderer Grubenottern, aber es ist die Quantität, die den Unterschied macht, denn er gibt bei jedem Biss große Mengen davon ab. Wer sich mit einem Buschmeister anlegt, muss lebensmüde sein, denn er hat zu Recht einen schlechten Ruf. Eigentlich ist er recht friedlich, tritt man aber auf ihn oder läuft nahe an seinem Versteck vorbei, so kommt es vor, dass er in den ersten Sekunden gar nicht reagiert, dann aber seinem Aggressoren nachschleicht und völlig unerwartet von hinten zubeißt.

Die Gabun Viper

Vorkommen: In Ländern Afrikas, südlich der Sahara. Sie ist die schwerste aller Giftschlangen, lebt in den dunklen Urwäldern Afrikas, dort wo selten Menschen ihren Fuß hinsetzen. Ein ausgewachsenes Exemplar wird leicht 2 Meter lang und erreicht ein Gewicht von nahezu 15 Kilo. Sie hat bis zu 5 cm lange Giftzähne. Allein der Schock, den ihr Biss hervorruft, kann tödlich sein. Ihr Gift ist ein Mix aus Hämotoxinen und

Neurotoxinen: Ein fataler Cocktail! Die Gabun Viper ist alles andere als aggressiv, beißt sie aber zu, pumpt sie so viel Gift in ihr Opfer, dass es einem Wunder nahe kommen würde, wenn man ihre Attacke überlebt.

Die Russell-Viper

Vorkommen: Zentral- und Süd-Asien, indischer Subkontinent. Die Russell-Viper ist wohl die gefährlichste Schlange überhaupt in Asien. Kaum jemals größer als 1,20 Meter, ist sie, wie die meisten Giftschlangen, nachtaktiv. Sie besitzt eine perfekte Tarnung. Wenn man weiß, dass um einen Menschen *ganz sicher* zu töten etwa 70 mg Gift völlig ausreichend sind, die Russell-Viper jedoch bei dem *Erstbiss* bereits 72 mg (hauptsächlich Hämotoxine) abgibt, oft aber auch 250 mg, dann hat man alles begriffen. Weiterhin, und das macht die Sache auch nicht einfacher, berichteten Augenzeugen davon, dass die Russell ihrem Opfer förmlich entgegenfliegt. Als ich mit einem Schlangenexperten in Sri Lanka darüber sprach, bestätigte er das. Die Viper könne bis zu vier Meter vorschnellen, wobei ihre Geschwindigkeit dem Opfer kaum die Chance lasse, dem Biss auszuweichen.

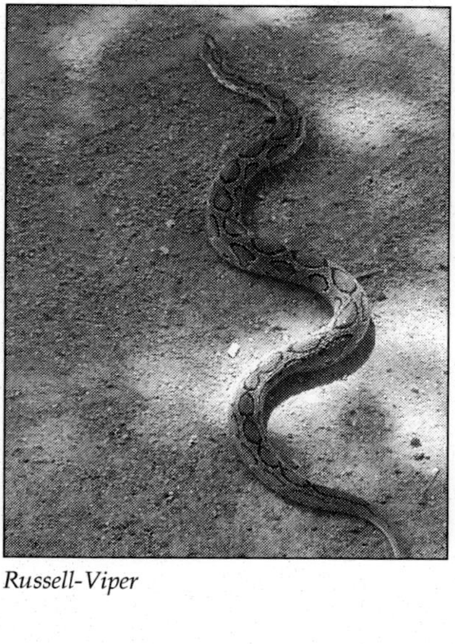

Russell-Viper

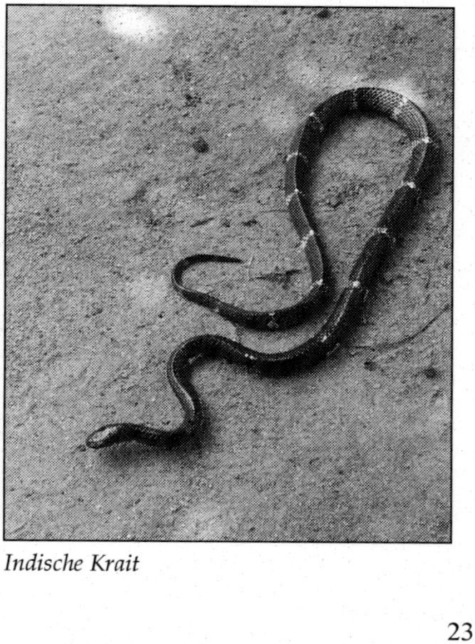

Indische Krait

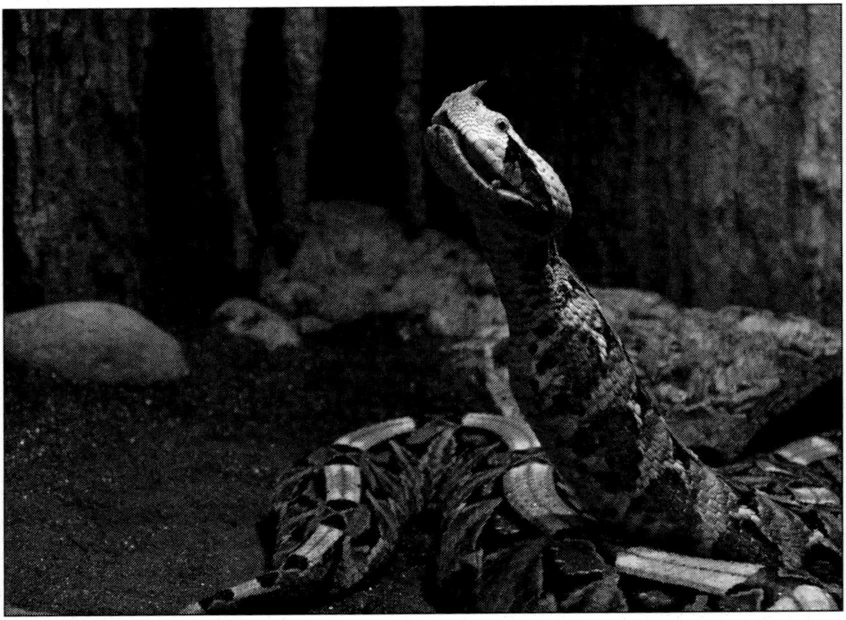

Gabun Viper

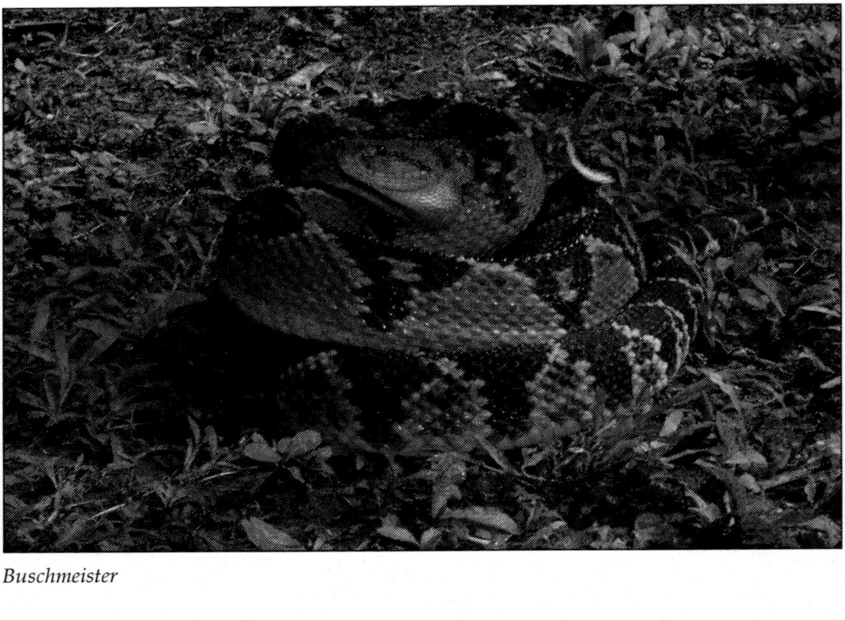

Buschmeister

Weit weniger gefährlich sind:

Die Grüne Pit Viper

Todesfälle nach dem Biss einer Grünen Pit Viper sind äußerst selten.

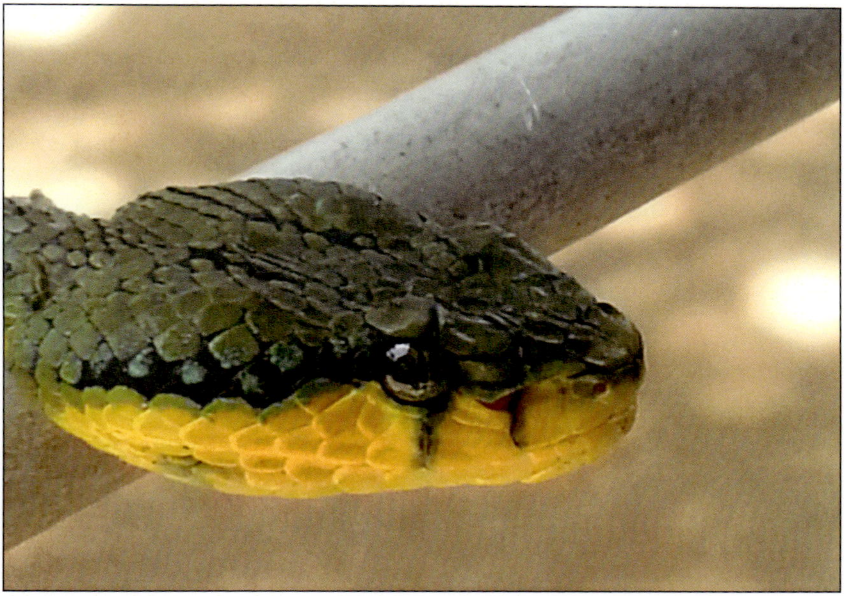

Grüne Pit Viper

Die Kobra Naja-Naja (Brillenschlange)

Sie wird 2,50 Meter lang. Da sie sehr scheu ist, kommt es selten zu Bissen. Bei ihrem Gift handelt es sich um ein Nervengift/Neurotoxine.

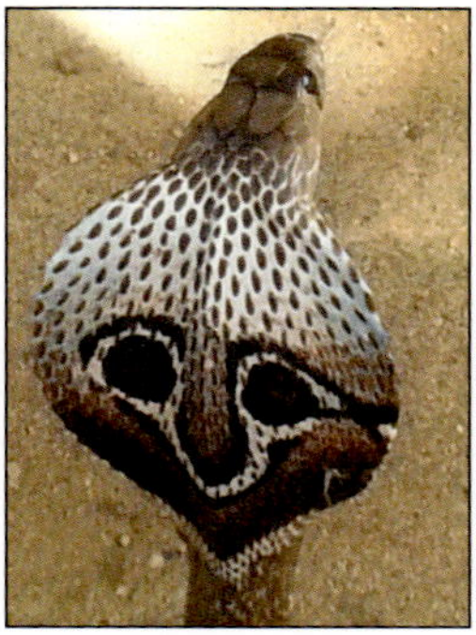

Kobra Naja-Naja

Was tun, um Schlangen aus dem Weg zu gehen?

- Verhalten Sie sich normal und treten Sie fest auf. Schlangen spüren die Vibrationen unserer Schritte und verkriechen sich, lange bevor wir sie sehen können, und oft stellen sie sich tot. Beißen ist erst angesagt, wenn sie sich in die Enge gedrängt fühlen. Also: Nicht schleichen!

- Versuchen Sie nicht, eine Schlange mit der Hand zu fangen, wenn Sie nicht wissen, ob sie giftig ist, und wenn es dazu keinen triftigen Grund gibt.

- Tragen Sie im Busch, in der Savanne und im Urwald immer lange Beinkleider und hohe Stiefel aus Leder.

- Stecken Sie Ihre Hände nie in Löcher, Mulden oder dort hinein, wo Sie nicht mit bloßem Auge sehen können, was drin ist.

- Vorsicht ist bei scheinbar toten Schlangen geboten. Die Reflexe einer getöteten Schlange halten lange nach. Viele Menschen starben, weil sie glaubten, tote Schlangen wären ungefährlich.

Allen Vorsichtsmaßnahmen zum Trotz werden Sie dennoch von einer Schlange gebissen? Keine Panik! Die Chancen, dass es sich auch wirklich um eine Giftschlange handelt, sind verhalten gering. Nehmen wir als Beispiel den Dschungel Französisch Guyanas, Frankreichs weit entferntes Überseedepartement. Hier gibt es an die hundertzehn Schlangenarten, aber nur zwölf von ihnen sind giftig, können tödlich für den Menschen sein. Die Mortalitätsrate bei einem Biss liegt zwischen 5 und 20%. Tritt nach einem Biss keines der erwähnten Symptome auf: Durchatmen! Das Glück war auf Ihrer Seite.

Nun, was tun bei einem Schlangenbiss?

- Andere darüber informieren, Hilfe holen, anrufen etc.

- Den Patienten ruhigstellen.

- Die Bisswunde oberflächlich mit viel kaltem Wasser reinigen, abdecken und, wenn möglich, unterhalb des Herzniveaus halten. Einen leichten Kompressionsverband darüber anlegen.

- Vitalfunktionen des Patienten beobachten bzw. sicherstellen (Atmung, Kreislauf, ihn in Schocklagerung bringen etc.)
- Sich das Aussehen der Schlange genau einprägen.
- Ein Antiserum[115] verabreichen.

Was Sie NICHT tun sollten!

- Das Gift mit dem Mund aussaugen. Es besteht durchaus die Gefahr, dass das Gift durch die Mundschleimhaut (kleine Verletzung in derselben) aufgenommen wird. So können leicht aus einem zwei Opfer werden!
- Schnitte oberhalb der Wunde (oder anderswo) anbringen.
- Eine Garotte anlegen.
- Das Gift herauspumpen, z. B. mit Aspivenin.
- Irgendwelche Medikamente spritzen.
- Aspirin gegen die Schmerzen verabreichen.
- Versuchen, die Schlange zu fangen.

Insekten

Insekten sind meines Erachtens viel gefährlicher als Schlangen, das schon allein auf Grund ihrer Größe. Man übersieht sie leicht. Schützen Sie sich vor denen, deren Bedrohung Sie nicht einschätzen können.

Schwarzer Skorpion

Der schwarze Skorpion kommt überall in Asien vor, und es gibt Exemplare, die eine Länge von bis zu 20 Zentimetern erreichen. Regnet es, kriechen sie aus ihren Verstecken, weil sie sonst ertrinken würden, und

115 Antiseren sind nur schwer zu beschaffen. Fast alle sind flüssig und müssen bei etwa vier Grad Celsius gelagert werden. Erschütterungen (wie sie zum Beispiel bei einem Fußmarsch entstehen) und die Hitze im Dschungel können dazu führen, dass das Serum an Wirkung verliert oder ganz unwirksam wird.

spätestens dann ist Vorsicht geboten. Auf der Suche nach einem trockenen Örtchen kommt es nämlich oft vor, dass sie sich in Wanderstiefel oder auch in am Boden liegende Ruck- und Schlafsäcke oder Kleider verirren. Laufen Sie in dieser Zeit nie barfuß, schütteln Sie Kleider sorgsam aus und inspizieren Sie Ihre Schuhe, bevor Sie hineinschlüpfen.

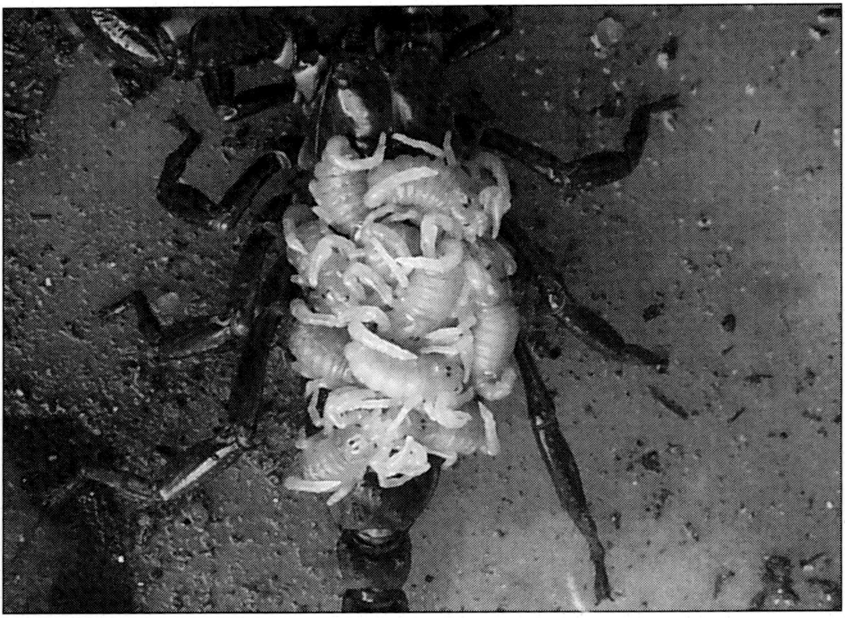

Schwarzer Skorpion mit Brut/Sri Lanka

Für Erwachsene sind seine Stiche nicht lebensgefährlich, für Kleinkinder eventuell sehr wohl.

Die Riesenspinne Theraphosa Blondi

Der fast nackte Körper der erdbraunen „Theraphosa Blondi" erreicht eine Länge von 9 cm. Mit ihren Beinen ist sie mehr als doppelt so groß. Sie ist ohne Bedenken essbar und lässt sich auch leicht mit der Hand fangen, aber lassen Sie Vorsicht walten. Ihr neurotoxisches Gift und die feinen

Haare, die sie ihren Aggressoren entgegenwirft, können Ihnen durchaus gefährlich werden. Bisher wurde jedoch nur ein Todesfall registriert, der im Zusammenhang mit dem Biss eine Theraphosa Blondi steht.

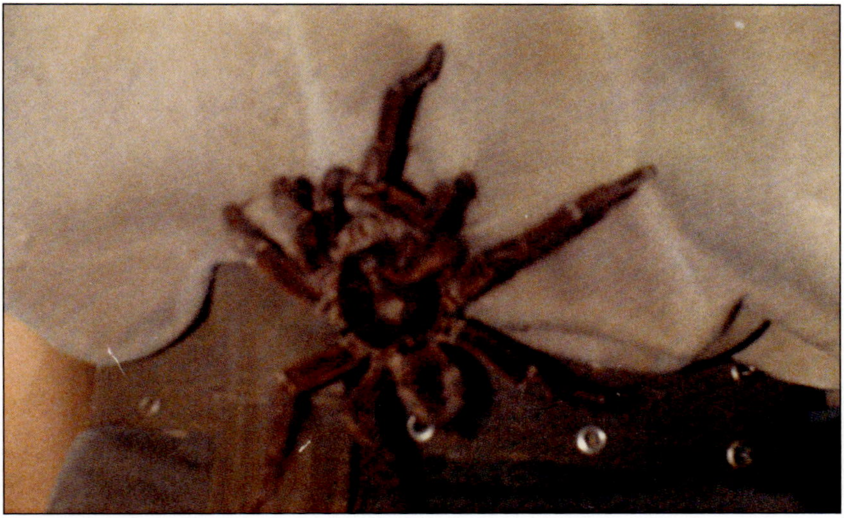

Theraphosa Blondi

Pfeilgiftfrosch / Baumsteiger / Färberfrosch

Hier wird's gefährlicher. Wir reden von ein- und derselben Froschart: Die Dendrobatidae. Diese kleinen (2 bis 6 cm Länge), niedlichen Frösche - blau-gelb-rot-orange - sind schön anzusehen, und der erste Reflex ist der, sie mit der Hand zu fangen. Finger weg! Über ihre Haut geben diese Pfeilgiftfrösche Batrachotoxin/ Krampfgift ab. Dringt dieses in den Blutkreislauf des Menschen, so kann es im schlimmsten Fall bereits innerhalb weniger Minuten zum Tode führen.

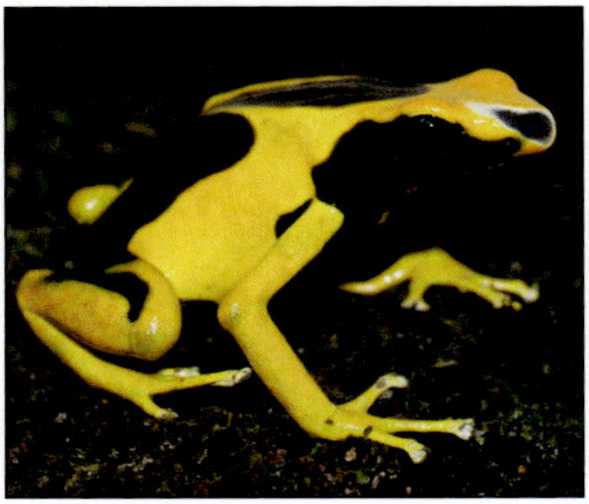

Pfeilgiftfrosch

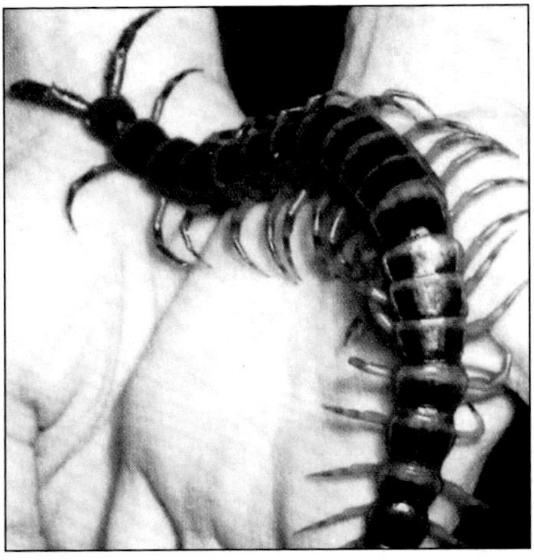

Hundertfüßer

Der Hundertfüßer ist extrem aggressiv. Sein Gift tötet nicht oder nur selten, der Biss aber ist immer sehr schmerzhaft.

Hundertfüßer

Fische

Süßwasserrochen

Wie die meisten Tiere, so ist auch der Süßwasserrochen nicht besonders aggressiv. Er mag es aber nicht, wenn man auf ihn tritt, und diese Gefahr ist in großen Teilen Südamerikas, dort wo Criques, Bäche und Flüsse die Landschaft dominieren, sehr hoch. Das Tier findet sich in klaren, flachen Gewässern (nur einige Zentimeter tief) ebenso wie in den tiefen Flüssen. Man sieht den Rochen nicht, daher die Gefahr. Tritt man auf ihn oder wird er im Netz oder mit der Angel gefangen, so schlägt er mit seinem Schwanz, an dem sich gleich mehrere 4 bis 6 Zentimeter lange Stacheln befinden, um sich. Für den Menschen ist der Stich äußerst schmerzhaft und meist gar tödlich. Es ist auch wichtig zu wissen, dass Stiefel nichts nützen, denn die Stacheln dringen mühelos auch durch dicke Sohlen. Tipp, auch wenn es grausam klingt: Sollten Sie in einer Gruppe sein, die ums Überleben kämpft, und einer von der Gruppe wird von einem Süßwasserrochen gestochen, versuchen Sie das Tier zu erschlagen. Es ist essbar und hat einen sehr guten Geschmack. Sein Fleisch zergeht buchstäblich auf der Zunge. Übrigens verwenden die Indianer das Stachelgift als Pfeilgift.

Zitteraal

Zur Jagd wie auch zur Verteidigung setzt der Aal, der eigentlich gar keiner ist[116], Stromstöße ein. Innerhalb eines von uns ohne Messgerät kaum messbaren Zeitraumes (es geht hier um Tausendstel von Sekunden) teilt er gleich mehrere Stromstöße von bis zu 700 Volt aus, von denen jeder einzelne in der Lage ist, einen Menschen sofort außer Gefecht zu setzen, sogar zu töten. Zitteraale bevorzugen trübes, schlammiges Gewässer, doch man stößt auch in ganz normalen Flüssen auf sie.

Zwischenspiel

Bizarres am Rande / Erste Hilfe

Irgendwann im Jahr 1989 las ich, dass in einer ganz bestimmten Region am Roten Meer arabische Heiler (Schamanen) einen höchst delikaten, chirurgischen Eingriff durchführten. Der in der Darmgegend Schwerverletzte war während der Operation bei vollem Bewusstsein. Nach dem Eingriff presste der *Toubib* (Arabisch: Arzt) die Wundränder zusammen, holte aus einem Gefäß eine Termite, es handelte sich um eine weißköpfige Soldaten-Termite mit großen Zangen, und hielt den Kopf des Tieres an den Wundrand. Die Termite biss mit ihren Zangen zu, und genau in diesem Augenblick zwickte der Arzt dem Tier mit Daumen und Zeigefinger den Kopf vom Leib. Ihre Zange hatte nicht losgelassen, hielt die Wunde an dieser Stelle fest zusammen. Dasselbe Prozedere wiederholte er alle drei bis vier Millimeter, bis die Wunde „vernäht" war. Nun … ich las diesen Bericht mit allergrößtem Interesse, aber auch mit einer gesunden Portion Skepsis. Irgendwann vergaß ich die Geschichte ganz. Viele Jahre später, Ende Juni 1995, wir befanden uns in Zentralafrika/Gabun, nahm ich an einem Überlebenslehrgang im Dschungel teil. Zu meiner größten Überraschung zeigten uns die Ausbilder genau dieselbe Prozedur, nur in echt. Ameisen und Termiten als Nähzeug? Genial!

116 Er zählt zu den Neuwelt-Messerfischen und ist ein nachtaktiver Raubfisch.

28

Ein Hauch von Guerilla

Sich durchschlagen ist also die zweite Option. Sie (oder die Gruppe) sind seit zwei Wochen vor Ort, haben sich ein Lager eingerichtet und mehr oder weniger erfolgreich Survival betrieben. Von einer Suchaktion oder irgendwelchen Hilfstrupps gab es jedoch bisher keine Spur. Jetzt gibt es nur noch eins: sich auf eigene Faust zur nächsten Ortschaft durchzuschlagen! Mitgenommen auf die Reise werden einige Lebensmittel, die vorher hitzebehandelt wurden. Stark geräucherter Fisch und geräuchertes Fleisch! Trinkwasser höchstens eine Tagesration.[117] Jetzt stehen Sie vor der Wahl: Schlagen Sie sich zu Fuß durch, oder benutzen Sie die Flüsse? Wie immer Ihre Wahl auch ausfallen sollte, denken Sie daran, in Ihrem Lager eine Nachricht zu hinterlassen, und das gleich in mehreren Sprachen, wenn möglich. Vermerken Sie, aus wie vielen Personen sich die Gruppe zusammensetzt, in welche Richtung Sie marschieren, das Datum und die Uhrzeit des Abmarsches etc. Befinden Sie sich in einem Gebiet, das eher zur Vorsicht rät, weil *„sich verstecken"* angebrachter ist als *„auf sich aufmerksam machen"*, dann erübrigt sich die Prozedur (oder Sie tun es, um jemanden in die Irre zu leiten). Wenn es in der Nähe des

117 Wasser finden wir überall auf dem Weg, auf Nahrungssuche zu gehen hingegen, dafür haben wir kaum Zeit. Dafür die *große* Pause alle drei Tage, die wir dazu nutzen, gründliche Körperhygiene zu betreiben, auf Nahrungssuche zu gehen und zu schlafen.

Camps eine Lichtung gibt und Sie sich sicher sind, dass Ihr Entdecken keine negativen Folgen nach sich zieht, dann bereiten Sie je nach Lage einen der folgenden, internationalen Signalcodes vor:

Signal	***Bedeutung***
↑	Wir bewegen uns in diese Richtung
X	Wir benötigen dringend ärztliche Unterstützung
V	Wir benötigen Unterstützung (allgemein)

Steine, Kleidungsstücke oder geschlagenes Holz eignen sich gut dafür. Da der Pfeil oder die Buchstaben aus der Luft und aus großer Höhe sichtbar sein sollen, muss deren Größe dementsprechend angepasst sein. Seitenlänge des **V** (zum Beispiel) = 6 Meter.

Was, so wird sich der Leser zunächst zu Recht fragen, hat Guerilla mit Survival zu tun? Die Antwort ist einfach. Jeder, der im Dschungel oder anderswo ums Überleben kämpfen muss, revoltiert gegen seine Situation und nimmt, ohne sich dessen bewusst zu werden, eine Guerilla-Haltung ein. Der Auflehnungs- und Kämpfer-Ur-Instinkt steckt tief in jedem von uns und dringt immer dann am stärksten durch, wenn Not- und Extremsituationen uns ein Verhalten diktieren, das auf das pure *Survival*, aufs *Überleben* abzielt.

Wenn es darum geht, Guerillakämpfer zu titulieren, so stößt man immer wieder auf Wörter wie *Irregulärer*, *Terrorist*, *Außenseiter* oder auch *Freischärler*, *Partisan* und *Heckenschütze*. Viele weigern sich in ihnen „rechtmäßige Kombattanten" zu sehen, im Grunde aber waren die meisten von ihnen nur eines: Patrioten, die für Freiheit und gegen die Unterdrückung durch fremde Besatzungsmächte (oder gegen die im Lande herrschende Tyrannei) kämpften. Ausnahmen bestätigen wie üblich die Regel! Die bekanntesten unter den Guerilla-Strategen, u.a.

Ho Chi Minh und *Che Guevara,* wussten, dass die Fähigkeit, Extremsituationen zu überleben, essentiell war, und sie wussten auch um den hohen Wert der anzuwendenden Techniken und Kenntnisse, um darin erfolgreich zu sein.

Survival-Techniken (den Ausdruck Survival gab es natürlich noch nicht) waren extrem eng mit ihrer erfolgreichen Kriegsführung verknüpft. Ihre Soldaten, die Guerillas, kämpften täglich ums Überleben. Oft waren sie alleine oder in kleinen Gruppen auf sich gestellt unterwegs und mussten sich querfeldein tage-, ja wochenlang zum nächsten Treffpunkt durchschlagen. Dabei lauerten viele Gefahren auf sie. Auf der einen Seite galt es höllisch aufzupassen, dem Feind nicht in die Hände zu fallen, was ihren sicheren Tod bedeutet hätte, und auf der anderen Seite suchten sie in der Natur ständig nach Nahrung und Wasser, denn nicht immer lagen Dörfer oder Farmen auf ihrer Route. Sie wussten auch, wie wichtig die persönliche Ausrüstung war, und so hatte jeder von ihnen stets einen Rucksack (Guevaras Männer nannten ihn *Knappsack*) dabei, in dem sich alles befand, was man benötigte, um längere Zeit im Gelände auszuharren oder sich durchzuschlagen.

Als Che Guevara die Guerillatruppen in Kuba ins Leben rief, schrieb er in seinem Manifest:

> *... a group of men in contact with the soil must live from the products of this soil!*

Das ist zwiespältig! Übersetzt heißt das jedoch nichts anderes, als dass jede Guerilla versucht, von dem zu leben, was der Boden hergab. Wir wären naiv, glauben zu wollen, dass dabei nicht der Arbeiter, Bauer, Farmer oder der simple Landbewohner als Lieferant hatte herhalten müssen, aber dem war eben nicht immer so. Oft genug hieß es: improvisieren, also reines Survival betreiben! Und genau jetzt komme ich auf den Punkt: Von dem leben, was wir in der Natur finden! Um durchzukommen. Um es wieder einmal zu schaffen. Und genau das tun wir auch.

Schlägt man unter dem Begriff *Guerilla* nach, so findet man unweigerlich den *„angeblichen"*[118] Beginn dieser Kleinkriegs-Kampfart, liest, dass er Anfang des 19. Jahrhunderts während des Spanischen Unabhängigkeitskrieges (Kampf der Untergrundmilizen gegen die französischen Besatzer) entstanden sei. Und dann geht es weiter: Man spricht über die Freischärler im Deutsch-Französischen Krieg (1870–1871), über die französischen *„Maquis"*, die sich gegen die deutschen Besatzer im Zweiten Weltkrieg auflehnten und über Simón Bolívar. Mao Tse-tung, der seinen Kampf ebenfalls als Guerilla bezeichnete, wird ebenso genannt wie Carl von Clausewitz, Fidel Castro oder auch Ho Chi Minh und General Võ Nguyên Giáp[119]. Gruppen wie die Viet-Minh, Viet-Cong, die SWAPO (*South West Africa People's Organisation*), die IRA (*Irish Republican Army*) und die Frente Polisario u. a. werden oft erwähnt, und bei alldem erstaunt es mich immer wieder, dass es kaum jemandem in den Sinn kommt, dem wohl größten Guerilla-Kämpfer, den es je gegeben hat, einen Platz dort oben in der ersten Lorbeer-Loge freizuhalten. Ich spreche von Geronimo. Gokhlayeh, wie man ihn auch nannte, von einigen als „böser Hexer" verschrien, von vielen als „unheilvoller Aufrührer", war für alle aber hauptsächlich eines: ein Hoffnungsschimmer in all dem dunklen Unrecht, das man den Apachen über lange Jahrzehnte hinweg angetan hat. Nana, ein alter Mann von über siebzig Jahren, und Geronimo (* 16. Juni 1829, † 17. Februar 1909) waren ohne Wenn und Aber die taktisch am besten aufgestellten und die am effizientesten operierenden Guerillakämpfer (aber auch Führer, Denker und knallharte Analytiker) aller Zeiten, und die Handvoll Apachen, die ihnen folgten, die gnadenlosesten und härtesten Guerillakämpfer, gegen die die US-Truppen je kämpfen mussten. Spricht man in Deutschland in Bezug auf Rüdiger Nehberg von einem Survival-Gott, so war Geronimo, trotz regelmäßiger Alkoholexzesse[120], ein Survival- *und* Guerilla-Genie.

---

118 Guerillakrieg entstand nicht zum genannten Zeitpunkt, höchstens der spanische Ausdruck Guerilla (Kleinkrieg). Diese Art Kleinkrieg zu führen ist sicherlich genauso alt wie die herkömmliche Art Krieg zu führen.

119 General GIAP wusste um die Wichtigkeit der körperlichen Hygiene im Urwald. Er verordnete, dass jeder seiner Soldaten sich einmal täglich die Füße in heißem Salzwasser wusch. Kurzes Haar und kurze Fingernägel waren Pflicht, und Wasser durfte nur abgekocht getrunken werden. Weiterhin stellte er sicher, dass jeder seiner Männer mindestens sechs Stunden Schlaf am Stück bekam: *Überleben ... das kommt nicht von ungefähr!*

120 Siehe: Kinney Griffith "*The first hundred years of Nino Cochise*".

Er bewies unter anderem, dass seine Guerilla auch ohne die Unterstützung der Bevölkerung auskommen konnte, denn das mussten er und seine Männer sehr oft. Wer mit Geronimo sympathisierte, hatte meist ein kurzes Leben, deswegen nahm man Abstand von ihm, und auch wenn er sehr persönliche Gründe hatte, diesen Guerillakrieg zu führen, so kämpfte er dennoch für die gerechte Sache. Dass nun einige Theoretiker schreien werden: … *Gruppen, die ohne die Unterstützung der Bevölkerung auskommen, sind Terroristen,* das kann ich mir denken, aber das bleibt eben nur Theorie und sicherlich auch Wunschdenken einiger Offiziere und Politiker, die systematisch alle Freiheitskämpfer nur allzu gerne in den *Terroristen-Topf* werfen, um so ihren Einsatz oder den Krieg gegen sie heiligzusprechen … die Lobby Rüstung, Waffen- und Munitionstechnik lässt grüßen! Bezüglich Geronimos Krieg empfehle ich die Lektüre: *„Wartet auf mich am Fuße des Berges"* von Forrest Carter: ein bewegendes Buch! Ein Literaturkritiker schrieb einmal: *„Hätte es Geronimo und seine Bande schon vor 500 Jahren gegeben, und hätte man sie damals bewaffnet entlang der gesamten Ostküste verteilt, so wäre der Nordamerikanische Kontinent heute wohl immer noch Indianerland!"*

Nun ... Nicht alle Guerilla-Strategen bekamen derart gute „Noten", doch nun zurück zum reinen Survival-Aspekt. Die Indianer konnten am Tag leicht hundert Kilometer zu Fuß zurücklegen und, mit einem Schluck Wasser im Mund, stundenlang marschieren, ohne diesen zu schlucken. Eine ihrer Techniken, sich darin zu üben, bestand darin, sich vormittags unter einer gleißenden Sonne neben eine Quelle zu setzen, ohne an diese auch nur zu denken. Getrunken wurde erst, wenn die Sonne untergegangen war. Zwei, drei Wochen lang kamen sie oft nur mit einer Handvoll gerösteter Pflanzenherzen des Mescal-Kaktus oder mit dessen Guaven aus. Aber Guerilla heißt leider auch Kampf, und wer Kampf sagt, meint die Anwendung von Techniken (und Gegentechniken), die darauf abzielen, jemanden zu töten, oder die verhindern sollen, selbst getötet zu werden. Und auch hier sind unsere Kenntnisse gefragt. *Gewisse Techniken anwenden, um zu verhindern, Opfer zu werden.* Und wie kann man verhindern, Opfer zu werden? Nun, indem man aufpasst, wohin man seine Füße setzt, wie Bilbo schon sagte. Und indem wir alle nur erdenkbaren, positiven Faktoren auf unsere Seite ziehen, um zu überleben. Survival pur!

Sich zu Fuß durchschlagen

Wir sind in einer Gruppe? Das Erste, was getan werden muss, ist eine Hierarchie gründen. Zunächst wird ein Chef gewählt, ein Chef, ruhig, erfahren und von allen respektiert. Respekt stellt sich immer dann ein, wenn jemand mehr hermacht als andere. Auf Deutsch: Er kennt sich im gefragten Umfeld besser aus, ist gewiefter, technisch versierter, aber trotzdem robust, und ist zugleich Vorbild. Oder aber er kennt sich weniger gut aus, ist dafür aber ein brillanter Logiker und Denker, ein höchst aufmerksamer Beobachter, der dazu noch die besten Einfälle hat und dem nicht das geringste Detail entgeht. Hin und wieder brilliert eine überdurchschnittliche Intelligenz über eine jahrelange praktische Erfahrung, denn die jahrelange Erfahrung bringt Routine mit sich und … *da draußen* … ist Routine tödlich! Der gute Mix macht den Unterschied.

Zum Durchschlagen im Dschungel gibt es mehrere Faustregeln:

- Der Tagesmarsch endet zwei Stunden, bevor die Sonne untergeht.
- Das Nachtlager wird abgebrochen, bevor die Sonne wieder aufgeht.
- Marschieren Sie drei Tage, und richten Sie sich dann ein Biwak (für einen Tag und eine Nacht) ein, damit Sie sich von den Strapazen erholen, auf Jagd und Wassersuche gehen können.
- Bevor Sie früh losziehen, schmieren Sie sich das Gesicht und alle nackten Hautteile mit Matsch ein, Matsch findet sich an jedem Bach oder Fluss. Zum einen hilft es gegen die Stechfliegen (*Malaria Falsiparum tötet! Die Leishmaniose macht Angst. Das Dengue-Fieber schwächt*), und zum anderen bricht es die T-Form der Augen-Nasenlinie Ihres Gesichtes. Sehen Sie es gleichermaßen als Schutz und notwendige Tarnung!

Marsch im Gruppenrahmen?

Daran sollten die Anführer denken:

- Marschieren Sie nie nachts!
- Der Erfahrenste läuft stets vorneweg. Er orientiert.
- Ein Starker läuft hinter einem Schwachen.
- Ein Mann hinter einer Frau.
- Ein junger Mensch hinter einem Alten.
- Ein Erwachsener hinter einem Kind.
- Der Verlässlichste läuft ganz am Schluss. Er hält die Gruppe zusammen.
- Reden ist Silber, Schweigen manchmal Gold: Vereinbaren Sie drei oder vier wichtige Signale/Handzeichen. (Zum Beispiel: Eine geschlossene Faust für *Gefahr*. Handfläche nach unten zeigend für *Halt*. Einen erhobenen Arm mit kreisendem Zeigefinger für *Sammeln* etc.)

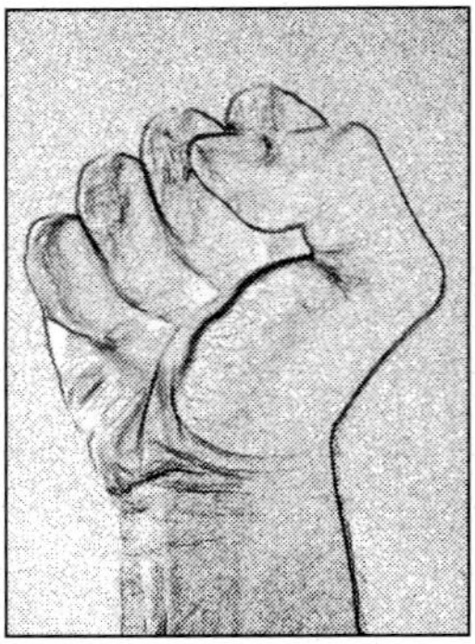

Faust = Gefahr

Der Blickkontakt zum Vordermann muss immer aufrechterhalten werden. Sieht man die Person, die hinter einem läuft, nicht mehr: Stopp! Halten Sie an und signalisieren Sie das sofort nach vorne. Sich wie oben beschrieben paarweise zusammenzutun, macht Sinn und hat sich sehr oft bewährt. Beobachten und helfen Sie sich während des Marsches gegenseitig, achten Sie auf den anderen: Hinkt oder humpelt er? Hat er gelbe Augen? Wirkt er lethargisch? Stammelt er Unsinn oder lacht scheinbar grundlos? Sofortiger Handlungsbedarf ist gegeben!

Inspizieren Sie sich gegenseitig mindestens einmal am Tag die nackten Füße, am besten vor dem Schlafengehen. Fairness ist oberstes Gebot,

Rücksicht eine Tugend, Selbstlosigkeit eine Pflicht. Nahrung und unterwegs gefundenes Trinkwasser werden bei der Ausgabe bis aufs Gramm oder auf den Zentiliter genau geteilt.

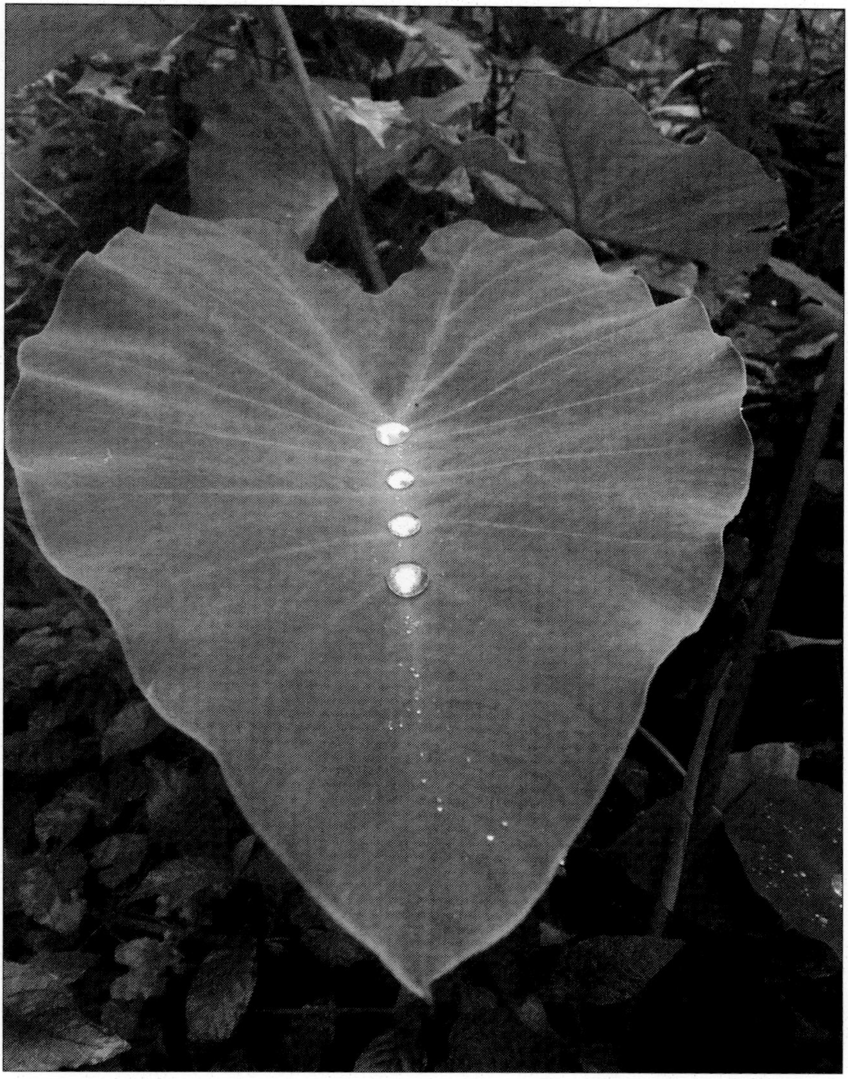

Lebens-Elixier Wasser

Beim Durchschlagen gilt es außerdem:

- Sich im Dschungel zu orientieren.
- Denjenigen aus dem Weg zu gehen, die uns nicht freundlich gesinnt sind.
- Hindernisse* (Flüsse) zu überwinden, ohne groß Zeit zu verlieren.

**Ganz wichtig:* Sumpfgebiete werden weitläufig umgangen, auch wenn Sie glauben, Tage dadurch zu verlieren. Es gibt Sumpfregionen, aus denen Sie nie wieder herausfinden würden. Dort hausen im schlimmsten Fall Alligatoren, schwarze Kaimane, Myriaden von Moskitos und Schwadronen von Blutegeln. Bei 800 Metern unter höchsten Strapazen zurückgelegter Tagesdistanz – und nirgends ein trockenes Örtchen, wo man ein Biwak aufschlagen kann: Gut Nacht! Wie man ein kleineres Hindernis (See, kleiner Sumpf etc.) im Gelände umgeht, ist anhand der einfachsten Methode (es gibt mindestens drei gute Optionen) schnell erklärt:

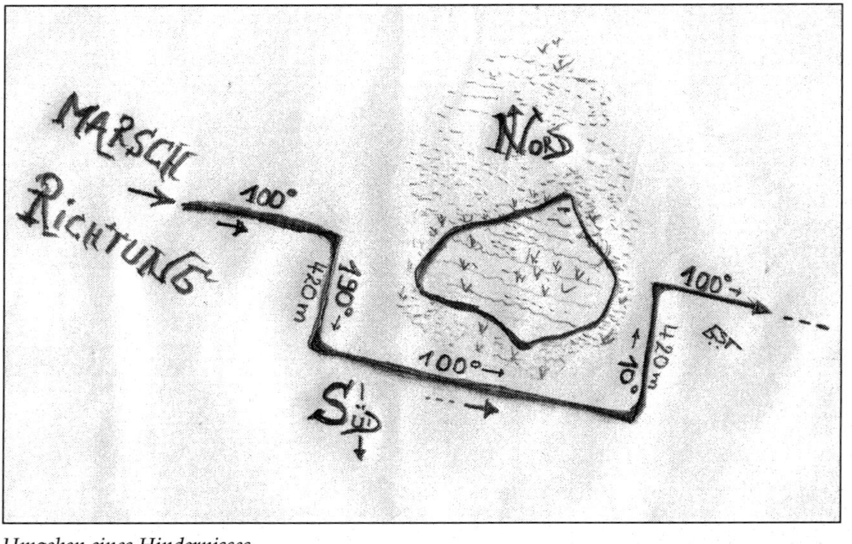

Umgehen eines Hindernisses

Meine ursprüngliche Marschkompasszahl ist 100°. Ich stehe plötzlich vor einem Sumpf (Punkt **A**) und entscheide mich, diesen rechts zu umgehen.

> **1.** *Unmittelbar vor dem zu umgehenden Hindernis wird die Marschkompasszahl um 90° erhöht. Im gezeigten Beispiel addiere ich also 100 + 90 = 190°.*
>
> **2.** *Ich stelle meine neue Marschkompasszahl 190° auf dem Kompass ein und folge ihr so lange, bis meiner Meinung nach das Hindernis abgeschritten ist. Wichtig: Ich zähle dabei meine Doppelschritte.*
>
> **3.** *Jetzt laufe ich mit meiner ursprünglichen Marschkompasszahl (100°) weiter, bis das Hindernis umgangen ist.*
>
> **4.** *Nun ziehe ich 90° ab und laufe dieselbe Anzahl der Doppelschritte in Richtung 10°. Ist die Distanz erreicht, geht es mit 100° weiter in meine anfängliche Richtung.*

Im Gegensatz zu der Option, vor Ort zu bleiben, ändert sich beim Durchschlagen die Art ein Biwak zu errichten fundamental. Jedweder dauerhafte Aspekt und jeder Ansatz von Komfort entfällt. Das Biwak wird *flüchtig* und versteckt abseits der Wege[121] aufgeschlagen, und zwar so, dass es auch bei völliger Dunkelheit innerhalb von zwei Minuten abgebrochen werden kann. Müssen wegen des Regens Ponchos, Hamacs oder Planen gespannt werden, dann mit Knoten, die mit einem Zug an der Schnur oder am Seil gelöst werden können. Alles, was nicht gebraucht wird, bleibt im Rucksack. Das Biwak muss durch einen vorgezogenen Alarmposten abgesichert werden. Dieser befindet sich mit Blick-, aber vor allem mit Lauschaktion in der Nähe der Stelle, an der man den Weg verlassen und sich in die Büsche geschlagen hat. Der Weg zwischen dem Biwak und dem Alarmposten ist idealerweise jedem bestens bekannt und wird zur Übung von jedem einmal nachts abgelaufen (nachts sieht das Gelände anders aus als am Tag!). Es ist angeraten, ein Erkennungszeichen (Losungswort) zu vereinbaren. Schlägt die

---

121 Mindestens 50 Meter vom Weg, Pfad, der Straße oder einer Lichtung entfernt.

Wache Alarm, dann muss es schnell gehen. Ich habe bereits mehrmals betont, dass im Busch oder im Dschungel nachts nicht marschiert wird. Wenn aber plötzlich mitten in der Nacht oder im Morgengrauen Stimmen zu Ihnen durchdringen oder sich Menschen in Ihre Richtung bewegen, dann hat das nur einen Grund: Man sucht nach Ihnen! Sie können getrost davon ausgehen, dass es sich um keine Hilfsaktion handelt. Brechen Sie das Lager ab, solange noch Zeit dazu ist, *kein Licht, Worte sind jetzt überflüssig*, und eilen Sie, jeder für sich, zum Sammelpunkt, der vorher festgelegt wurde. Natürlich wurde ein dem Camp naher Punkt vereinbart, den jeder bei der Flucht durchlaufen muss. Dort wartet ein Gruppenmitglied, dessen Aufgabe es ist, sicherzustellen, dass alle an ihm vorbei sind. Er zählt (man klopft ihm beim Vorbeihasten auf die Schulter oder hinterlässt einen Kieselstein, den er sich in die Tasche steckt, dann zählt er die Steine etc.) – ist die Gruppe vollzählig, ist er der Letzte, der sich davonmacht.

Am Sammelpunkt entscheidet der Chef, wie es weitergeht. Jetzt müssen schnelle und vor allem richtige Entscheidungen her. Und hier ist er wieder gefragt: *„der Chef“*! Inzwischen ist Ihr Biwak gefunden und abgesucht worden. Ihre Spuren werden Sie verraten, also zögern Sie nicht, zunächst einen Gewaltmarsch zu verordnen, während dessen Sie alle Tricks anwenden, die Sie kennen, um die Verfolger wieder loszuwerden (zum Beispiel sich in mehrere Gruppen zu spalten und verschiedene Richtungen einzuschlagen; im Wasser zu waten, um keine Spuren zu hinterlassen; nur auf felsigem Untergrund weiterzulaufen, den es im Urwald, man lese und staune, durchaus auch gibt).

Orientieren im Dschungel

Sich im Gelände zu orientieren ist in tropischen Regenwäldern immer schwer, auch für erfahrene Abenteurer. Die Bäume wachsen ins Unermessliche (70 Meter sind keine Seltenheit) und schließen sich hoch oben zu einem soliden Baumkronengeflecht. Diese Schicht, die man auch Canopée nennt, ist eine in sich geschlossene Welt.

Und am Boden? Nun, dort herrscht ein immerwährender Dämmerungszustand! Die in der nördlichen Hemisphäre zur Verfügung stehenden Orientierungshilfen Sterne, Mond, Schattenspitzmethode etc. sind hier „zufällig"! So sieht man zum Beispiel Sonne und Mond mitten im Dschungel nur ganz selten. Moos wächst überall, der Regen fällt immer vertikal und die Nacht kommt so schnell und diskret, dass man gar nicht mitbekommt, in welcher Richtung die Sonne untergegangen ist. In dem Augenblick, in dem Sie sich im Dschungel selbst die Frage stellen … *hab ich mich vielleicht verirrt?* …, haben Sie sich definitiv bereits verlaufen.

Es gibt eigentlich nur drei Methoden, wie man sich hier orientieren kann:

- Mit Karte und Kompass
- Mit dem GPS
- Anhand der Flüsse

Karte und Kompass[122]

Karte

Aufgrund der dichten und ständig nachwachsenden Vegetation, aber auch weil viele Gegenden *„Beine am Boden"* kaum richtig erforscht sind[123], zeigen die meisten Karten nur die wichtigsten Erhebungen, die größeren Flüsse und Ortschaften (solange diese permanent bewohnt sind und über eine gewisse Einwohnerzahl hinausgehen). Höhenlinien sind oft gar nicht zu sehen, und wo gestern noch ein auf der Karte vermerkter Bach war, ist heute vielleicht nur ein kaum zu erkennendes

---

122 Ich bin der Annahme, dass der Leser bereits Grundkenntnisse im Kartenlesen hat und mit einem Kompass umgehen kann. Vielleicht konnte meine Einweisung im Kapitel vorher von Nutzen sein. Hier ein Tipp: Wenn Sie Abenteuerurlaub machen, auch wenn Sie einen Guide oder Führer dabeihaben, wenn nur ein Tages-Ausflug im Dschungel geplant ist oder wenn Sie nur schnell mal mit dem Hubschrauber über den Urwald fliegen: Führen Sie immer einen Kompass mit sich! Nicht im Gepäck, sondern am Mann. Im Dschungel gibt es keine Wegweiser und viele gute Frauen und Männer sind gestorben, weil sie ganz einfach in die falsche Richtung, ins „Leere" liefen, obwohl in der Gegenrichtung nur einen Kilometer weiter eine Großstadt begann.

123 Geographische Landkarten gewisser Gebiete im Regenwald sind oft nur Resultate von Luftaufnahmen.

Rinnsal; und umgekehrt, man stößt leicht auf größere Flussläufe, die auf der Karte gar nicht vermerkt sind. Das geschieht hauptsächlich nach heftigen Regenfällen, also ständig. Aber dennoch: Eine gute Karte zu haben ist essentiell, und wer Kartenlesen gewohnt ist und der Karte den jeweils tatsächlichen Standort entlocken kann, ist eindeutig im Vorteil.

Kompass

Es gibt drei Methoden, mit dem Kompass zu arbeiten, alle aber haben einen negativen gemeinsamen Nenner: Totale Konzentration! Auf der einen Seite gilt es, den Azimut (grob: Marschkompasszahl) nie aus den Augen zu verlieren, und nebenbei heißt es Schritte zählen, denn nur die Verbindung Richtung–Entfernung[124] erlaubt es uns, ein Ziel so genau wie nur möglich anzulaufen. Doch der ständige Blick auf den Kompass birgt die Gefahr, dass das Beobachten des Umfeldes auf eventuelle Gefahren hin grob vernachlässigt wird, und das ist schon so manchem zum Verhängnis geworden. Behält man den Kompass aber nicht ständig im Blick, so geht das auf Kosten der Genauigkeit, und man schießt leicht am Ziel vorbei.

1. Marschkompasszahl auf die Ablesemarke eingeben, Kompass einnorden (Nadel auf **N**), ihn in Hüfthöhe vor dem Körper halten und dann peinlichst genau der Visierlinie des Kompasses folgen.

2. Marschkompasszahl auf die Ablesemarke eingeben, Kompass einnorden (Nadel auf N), einen markanten Geländepunkt[125] anvisieren und diesen Punkt anlaufen. Einmal dort angekommen, wird diese Prozedur ständig erneuert.

124 Jeder sollte seine Doppelschrittzahl für eine reale Hundert-Meter-Distanz genau kennen. Bergab und bergauf, eben, verschiedene Gelände wie trockener Untergrund oder Morast, im Laufschritt oder beim normalen Gehen etc. … machen Sie sich eine Tabelle, denn es gibt in jedem der Fälle gewaltige Unterschiede! Bei mir sind es auf trockenem Untergrund und im ebenen Gelände genau 59 Doppelschritt, beim schnellen Laufschritt ohne Gepäck und leicht bergab nur 46. Machen Sie nach jeweils hundert Metern einen Knoten in eine Schnur. Oder Sie haben Kieselsteine in der einen Hosentasche und nach hundert Meter kommt einer davon in die andere Hosentasche. Am Ende eines Abschnittes wird gezählt und die zurückgelegte Distanz/Richtung auf der Karte eingetragen. Je einfacher Ihr angewandtes System, umso besser. Sehr optimistisch gesehen marschieren Sie tagsüber nicht mehr als 500 Meter pro Stunde.

125 Im Regenwald dürfte dies wohl ein Baum sein. Da es tausende davon gibt und viele gleich aussehen, kann man sich leicht täuschen und die Konzentration leidet.

Hier die beste Methode, doch die setzt voraus, dass Sie mindestens zu zweit sind:

3. Eine drei Meter lange Stange schlagen, vom obersten Viertel die Rinde entfernen, damit man das weiß schimmernde Ende auch im Halbdunkel gut ausmachen kann. Einen Mann damit in die ungefähre Richtung schicken und ihn dann jeweils so lange nach links oder rechts beordern, bis die Visierlinie des Kompasses genau mit der entrindeten Stelle übereinstimmt. Diese Methode ist ziemlich genau, dauert aber lange.

GPS

Jedes Kind weiß, dass ein GPS im *Teamwork* mit Satelliten arbeitet. Diese befinden sich an verschiedenen Punkten über der Erde. Sie bilden ein lückenloses Netz und senden Informationen an unser GPS-Gerät. Die Standortbestimmung (in Verbindung mit einer Karte) oder die Navigation ist somit kinderleicht. Bestechend ist auch die Genauigkeit, und die liegt bei fünf Metern. Nichts toppt ein GPS!

Das Gerät hat aber auch Nachteile:

- Abhängigkeit von Energie. Sind die Batterien leer, geht gar nichts mehr und man muss umstellen auf Karte und Kompass.
- Hohe Kosten für das GPS und für das dazugehörige digitale Kartenmaterial.
- Fällt es zu Boden, kann das Display kaputtgehen! Das wäre das Aus unseres GPS-Abenteuers.
- Bei herkömmlichen Produkten hat man das Problem, dass abgelegene Regionen in den Tropen oft nicht von den zuständigen Satelliten abgedeckt sind. Meist ist es so, dass nur zu ganz bestimmten Tageszeiten das GPS einen Satelliten empfängt, und das reicht genau einmal zur Standortbestimmung (sollte ein einziger Satellit dazu überhaupt genügen, denn je nach Hersteller benötigt man dazu zwei oder drei Satelliten).

- Wir haben volle Kontrolle über unseren Kompass, kaum aber über Satelliten. Die können jederzeit abgeschaltet werden: Und dann?

Fazit: Ein GPS ist einfach zu bedienen, und genau darin liegt die Gefahr. Viele Outdoor- und Survivalfans lernen den Umgang mit Kompass nicht mehr konsequent, warum auch? Man hat ja das GPS. Nur ist dieses GPS eben nur so lange das beste Orientierungsmittel, solange es Satelliten gibt, die auch dann verfügbar sind, wenn sie gebraucht werden. Solange Batterien da sind. Solange es keine technischen Fehler gibt. So lange! Sie haben verstanden. Also, bevor Sie mit dem GPS in der Natur navigieren, lernen Sie erst, wie der Kompass funktioniert und wie man eine Karte liest, und unter uns: Braucht man im Gelände die Perfektion digitaler Technik? Wenn ich mir den Komfort schon ins Gelände hole, könnte ich dann nicht auch daheimbleiben?

Anhand der Flüsse

Ihnen zu folgen hat zwei Vorteile: Der erste davon wäre, dass an jedem Fluss Ortschaften liegen, und wer Ortschaften sagt, meint Menschen und damit eventuell Hilfe. Der zweite Vorteil wäre, dass jeder Bach in einen Fluss fließt und jeder Fluss im Meer (oder in einem See) endet, an der Küste also! Es gibt zwar noch Flüsse, die plötzlich im Nichts enden, doch das ist selten. Leider überwiegen die Nachteile. Einem Fluss am Ufer zu folgen ist sehr schwierig, weil gerade am Ufer der Bewuchs ziemlich undurchdringlich ist. Oft stößt man auf Schilfsumpf, auf sumpfigen Matsch, in dem man bis zur Hüfte versinkt, oder auf Mangroven. Zu schwimmen ist wegen der Strömungen, wegen der unter der Wasseroberfläche liegenden verborgenen Objekte (Felsen, Baumstämme etc.) und wegen der Schlangen nicht unbedingt angeraten. Es bleibt die Möglichkeit ein Floß zu bauen. Wie und mit welchem Holz, darauf komme ich später noch zu sprechen. Im Gegensatz zu einem Fußmarsch sollte eine Fahrt auf einem Floß den Fluss hinab nur nachts oder tagsüber bei schlechter Sicht (Nebel) in Erwägung gezogen werden, weil die Gefahr, sich plötzlich mit denen Nase an Nase wiederzufinden, denen man eigentlich aus dem Weg gehen will, sehr groß ist. Da Straßen im Dschungel Seltenheitswert haben, werden Hinterhalte die Flüsse entlang angelegt. Auf dem Fluss und bei guter Sicht sind Sie eine ideale Zielscheibe. Was gegen nächtliche Floßfahrten spricht, ist die Tatsache, dass sich hinter jeder Flussbiegung Stromschnellen befinden können. Sie sind gefährlich und oft weder mit dem Boot und noch weniger mit einem Floß passierbar.

Denjenigen aus dem Weg gehen, die uns nicht freundliche gesinnt sind!

Wir bewegen uns in einem Kontext, in dem wir vermuten können, dass Menschen, denen wir über den Weg laufen, uns entführen und als Geiseln nehmen oder für andere dubiose Zwecke einspannen wollen. Vielleicht sind diesbezüglich wegen uns bereits Patrouillen unterwegs. Wir wollen also alles, nur eines nicht: gesehen werden! Dementsprechend müssen wir uns auch verhalten, denn von unserem Verhalten hängen Menschenleben ab, auch wenn es vielleicht nur unser eigenes ist.

- Bahngleise, stark frequentierte Pfade und Wege werden überwacht. Die großen Flüsse und das freie Gelände unter elektrichen Leitungen ebenfalls.

Daran sollten wir denken, bevor wir losziehen. Wenn Menschen auf der Suche nach uns durch den Regenwald streifen, hinterlassen sie Spuren. Das ist unvermeidlich. Und genau nach diesen Spuren halten jetzt wir Ausschau. Wir achten auf:

- Zerstörte Spinnennetze[126]
- Fußabdrücke
- Wurzeln, die abgeschürfte Rinde aufweisen
- Gebrochene Zweige, Äste
- Weggeworfene Zigarettenkippen, Fäkalien, sonstigen Abfall
- Geräusche: Es ist plötzlich unnatürlich still? Oder laut, wo vorher alles still war?

126 Spinnen weben ihre Netze gerne auf Brust- und Kopfhöhe über die dunklen Pfade. Man sieht sie meist erst dann, wenn ein Lichtstrahl darauf fällt oder wenn Wassertropfen darin gefangen sind. Läuft ein Mensch durch diese Netze, zerstört er sie. Die baumelnden Reste sind mit etwas Übung gut zu sehen. Ein Tier hinterlässt solche Spuren kaum.

Missachten Sie diese Zeichen und Spuren auf keinen Fall. Weiterhin: Es wird kein Feuer gemacht und nicht geraucht, da Rauch sich stundenlang in der feuchten, windstillen Luft halten kann. Kot wird „begraben". Im Dschungel hat man wenig Sicht, doch die Geräusche (und Stimmen) tragen weit. Sprechen Sie also leise. Verläuft ein Bach parallel zur Marschrichtung, so kann man darin laufen, denn so werden weniger oder keine Spuren hinterlassen. Der Nachteil hierbei ist: Die *„anderen"* wissen das auch! Generell ist es richtig, sich einen Plan für das weitere Vorgehen zu machen, diesen aber schon bald danach (während der Ausführung) zu ändern. Das sorgt dafür, dass unser Gegenüber keinem starren Verhaltensmuster folgen kann. Fixe Denkschemen töten!

Eine Methode, Spuren zu deuten

Im Gelände, das es zu durchqueren gilt, wimmelt es von bösen Buben nur so. Unvermittelt stoßen wir auf einen Pfad, auf dem ganz deutlich Fußabdrücke zu sehen sind. Um herauszufinden, wie viele Personen den Pfad benutzt haben, wenden Sie folgende Methode an.

- Sich abknien und mit zwei Ästen eine Strecke von 60 cm am Boden markieren.[127] Es muss eine ebene Strecke sein, denn grob ansteigendes oder abschüssiges Gelände verzerrt das Ergebnis.
- Zählen Sie nun die Abdrücke der Absätze, die in diesem Abschnitt zu sehen sind.
- Faustregel: Ein Absatz = eine Person. Dass jemand gleich zwei Abdrücke in dieser abgemessenen *Portion* hinterlässt (siehe Schrittlänge[128] von einem bis zum zweiten Absatz eines Menschen), ist wohl eher die Ausnahme, deswegen ist die Technik sehr ausgewogen.

127 Dazu bietet sich die gespreizte Hand an. Zwischen dem weit gespreizten ***Daumen und Zeigefinger*** sind es im Schnitt 20 cm. Messen Sie auch Ihre Doppelschrittzahl (die Sie für 100 Meter benötigen), am besten noch heute. Weitere wichtige zu wissende Abstände wären: ***Daumen – Kleiner Finger*** = 22,5 Zentimeter. ***Handgelenk – Ellbogen*** = 25 Zentimeter. ***Spitze des Zeigefingers – Ellbogen*** 42,5 Zentimeter. ***Knie – Fußsohle*** 45 Zentimeter. Ein Mann ist im Schnitt ***1,80 Meter*** hoch, seine Augen, Mund und Nase erkennen wir auf eine Entfernung von ***40 Metern*** noch sehr deutlich, das Gesicht als solches auf ***210 Meter***.

128 Die Schrittlänge eines Mannes beträgt im Normalfall im Schnitt ***70 Zentimeter***.

• Dieselbe Prozedur an zwei verschiedenen Stellen wiederholen und einen Schnitt machen.

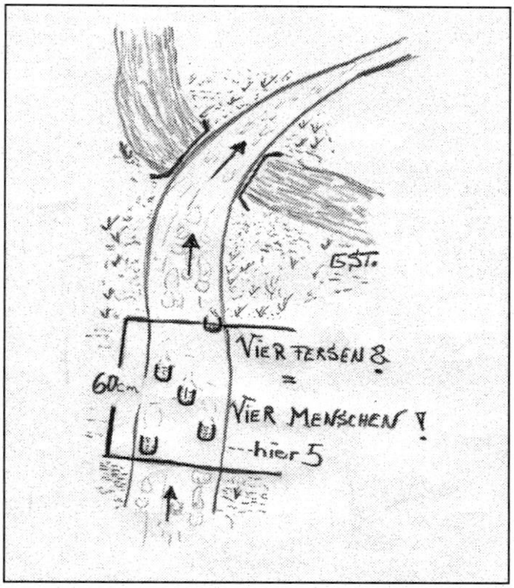

Hier liefen 4 Menschen!

Je nach der Tiefe der Abdrücke können Sie ableiten, ob die Personen schwere Gewichte trugen, wie Munitionskisten, Verwundete, Kollektivwaffen etc. – dazu benötigen Sie aber einen Vergleich: Ihre eigenen Spuren daneben z.B.

Es kann durchaus sein, dass diese Spuren von Vorauskommandos hinterlassen wurden, denen eine größere Anzahl von Personen folgt. Verlassen Sie den Pfad also umgehend.

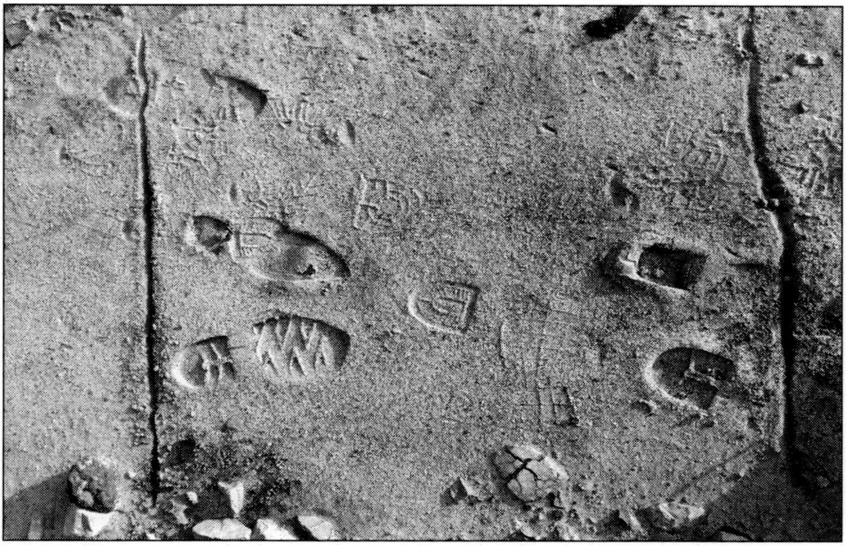

Und hier?

Wenn Sie sich als Letzter in einer Gruppe bewegen und es gibt Anzeichen oder auch nur den leisesten Verdacht, dass Sie verfolgt werden, tun Sie Folgendes[129]:

- Ohne anzuhalten die Information nach vorne durchgeben.
- Der letzte Mann läuft unbeirrbar weiter auf dem Pfad in die eingeschlagene Richtung.
- Nacheinander und ohne Spuren zu hinterlassen springen die anderen geräuschlos links oder rechts in das dichte Gebüsch und werfen sich zu Boden[130].
- Dort wird gewartet, bis die Verfolger vorbeigelaufen sind.
- Der letzte Mann, immer noch die Verfolger im Nacken, läuft so lange weiter, bis ihm zu Ohren kommt, dass diese Lunte gerochen haben, oder bis eine gewisse Zeitspanne, die er sich selbst gesetzt hat, vorüber ist. Spätestens jetzt schlägt er sich seinerseits ins Gebüsch.
- Gesammelt wird paarweise an einem vorher abgesprochenen markanten Geländepunkt. Das weitere Vorgehen wird beraten, eine leichte Richtungsänderung könnte von Vorteil sein.
- Der ursprüngliche Pfad wird nicht mehr benutzt ...! Er könnte mit Sprengfallen und Trittminen versehen sein!

---

129 Diese Variante etwaige Verfolger zu täuschen kann man üben. Eigentlich legt man so einen Verfolger- Hinterhalt. Soll dieser effizient sein, so müssen die Absprachen stimmen. Die Intervalle, wer wann den Pfad verlässt, haben Methode, denn stimmen die Abstände nicht oder wird der letzte Mann nervös und löst sich zu früh – oder lesen aufmerksame Verfolger zu früh anhand der Fußspuren, dass Ziele fehlen –, kann der Schuss nach hinten losgehen.

130 Wird vorher abgesprochen. Alle auf dieselbe Seite ist taktisch klug.

29

Überwinden von Flüssen

Bevor ein Fluss überquert wird, sollte unbedingt ermittelt werden, wie breit er ist. Eine falsche Einschätzung der zu überwindenden Strecke kann fatal sein. Zum einen könnten die Kräfte des Schwimmers[131] nicht mehr für die letzten Meter ausreichen, er hätte sich dann überschätzt. Zum anderen wäre es denkbar, dass mitgeführte Hilfsmittel wie Taue und Seile einfach nicht lang genug sind. Auch sollte man genau die Abdrift beobachten, um daraus zu schließen, wo ich diesseits ins Wasser gehen müsste, um jenseits tatsächlich dort anzukommen, wo ich hinwill. Folgende Prozedur zum Ermitteln der Flussbreite hat sich als nützlich erwiesen:

- Platzieren Sie sich auf der Höhe eines Baumes (oder eines anderen markanten Punktes), der auf dem gegenüberliegenden Ufer zu sehen ist.
- Schätzen Sie die Distanz bis zur Flussmitte. Nun wenden Sie sich nach rechts (oder links) und laufen am Flussufer entlang. Zählen Sie dabei Ihre Schritte und legen Sie ungefähr die Strecke zurück, die Sie geschätzt haben.

---

131 Nur sehr gute Schwimmer sollten in den Tropen schwimmend einen Fluss überqueren.

• Markieren Sie diesen Punkt mit einem Stein oder Ast (**P1**).

• Laufen Sie weiter in dieselbe Richtung und zählen Sie noch einmal dieselbe Strecke ab. Verfahren Sie wie beim ersten Mal. Markieren Sie den Punkt (**P2**).

• Laufen Sie nun im rechten Winkel zur Linie **P1-P2** in Richtung Landesinneres, und zwar so lange, bis der Baum auf der anderen Seite des Flusses und Ihre erste Markierung (**P1**) eine einzige Linie bilden und bleiben Sie dann stehen.

• Die Distanz Ihrer zweiten Markierung (**P2**), bis dahin, wo Sie jetzt stehen, ist auch gleichzeitig die Breite des zu überquerenden Flusses.

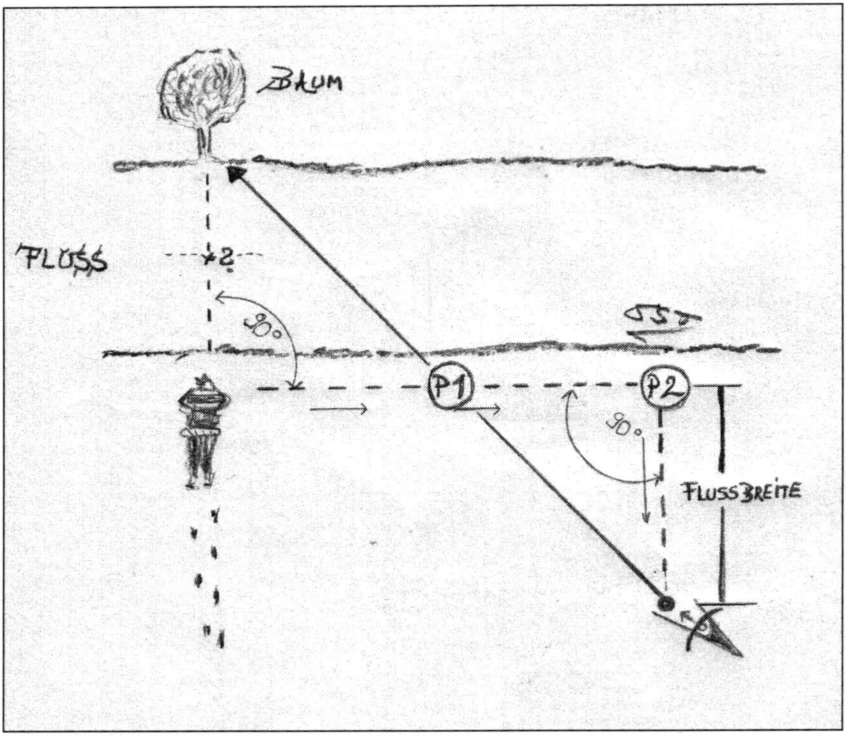

Ermitteln der Flussbreite

Hose

Eine allgemein bekannte und sehr bewährte Methode ist die, Hosenbeine als Schwimmer zu benutzen. Das geht natürlich nur mit langen Hosen, die keine Löcher haben.

- Hose ausziehen, das Innere nach außen kehren, den Reißverschluss zumachen, den Bund zuknöpfen und die Hosenbeine, jedes einzeln, unten mit einer Schnur zubinden oder in jedes einen Knoten machen.
- Bis zu den Hüften ins Wasser gehen und die Hose nass machen.
- Mit beiden Händen die Hose am Bund greifen, weit über den Kopf heben und sie mit einer schwungvollen Bewegung, mit der geöffneten Seite voraus, auf die Wasseroberfläche klatschen.
- Den Bund unter Wasser halten, damit die Luft nicht entweichen kann.

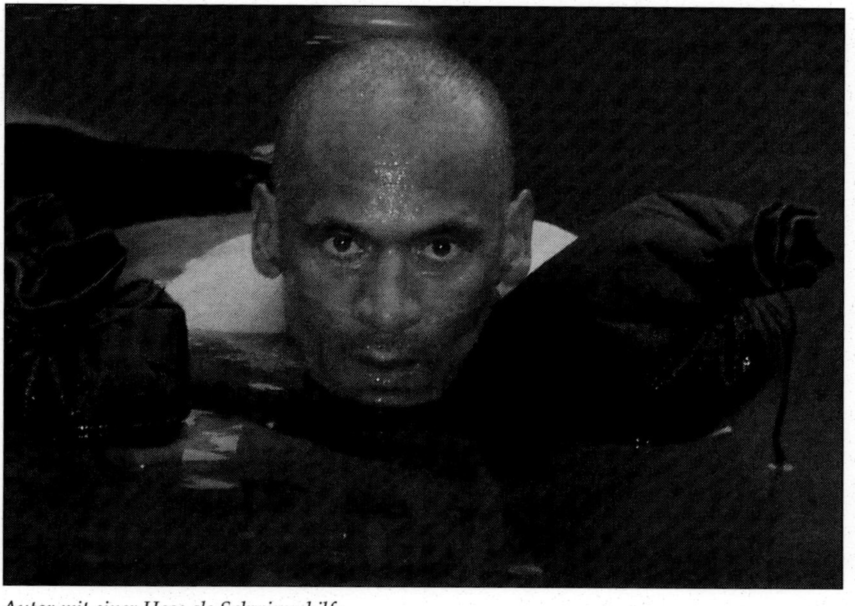

Autor mit einer Hose als Schwimmhilfe

Die Hosenbeine haben sich mit Luft gefüllt und die so entstandenen *Schwimmer* tragen einen Mann eine gute Weile. Generell erzielt man damit sehr gute Resultate. Schwimmer können mit etwas Übung und Geschick während der Überquerung die Technik so oft wie nötig wiederholen. *Nichtschwimmer:* Bitte nur kurze Strecken angehen!

Das Poncho-Paket

Man sollte keine Zeit damit verlieren, über Vor- bzw. Nachteile dieser einfachen Methode nachzudenken. Fast jedes Poncho-Paket säuft *vielleicht* ab oder geht vielleicht irgendwann unter. Dabei spielt es absolut keine Rolle, ob das Material alt ist, Löcher aufweist oder ob man schlecht gearbeitet hat. Aber: Ich habe diese Methode sehr oft angewandt und mein Fazit ist sehr positiv. Bei Flussbreiten bis zu 50 Metern, mit einer normalen, von der Zeit abgenutzten Ausrüstung, steht alles bestens. Man benötigt keine aufblasbaren Plastiksäcke oder wasserdichte Rucksäcke. Auch über das Taktische muss man nicht lange diskutieren, nur drei Bemerkungen:

- Schnell muss es gehen! Am Ufer ankommen, die Lage einschätzen und eine Entscheidung treffen. Das Poncho-Paket bauen und am anderen Ufer den Marsch wieder aufnehmen ... das alles dauert bei einem Fluss von 15 Metern Breite mit relativ wenig Strömung höchstens 15 bis 20 Minuten.
- Das Gefährt soll seinen Passagier nicht tragen. Vielmehr soll es vor sich hergeschoben werden, als Halt dienen. Es geht hauptsächlich darum, seine Sachen trocken ans andere Ufer zu bekommen. Verängstigte Nichtschwimmer klammern, und jetzt passiert, was eigentlich vermieden werden soll: Das Paket füllt sich eventuell mit Wasser und geht unter.
- Ich habe das Poncho-Paket oft benutzt. Wer daran denkt, Waffen auf einem solchen *Gefährt* in Anschlag bringen zu wollen und in einer solch exponierten Lage zu schießen, ist ein Ignorant, denn übergesetzt wird mit dem Poncho-Paket erst dann, wenn die andere Seite zu 100% „feindfrei“ ist.

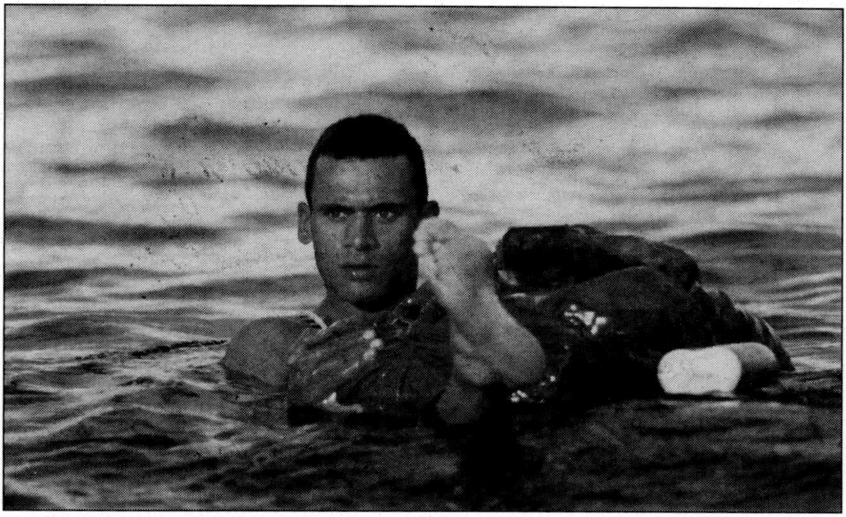

Der Autor mit einem Poncho-Paket

Und so geht es:

- Seil bzw. Schnur, Poncho und Wasserflaschen aus dem Rucksack holen und am Boden auslegen. Ist es ein Poncho mit Kapuze, so wird diese sauber zugeschnürt.
- Sich nackt ausziehen.
- Den geschlossenen Rucksack (mit Kleidern darin) mittig darauflegen.
- Alle Enden des Ponchos oben zusammenführen und mit der Schnur fest verschnüren. Verwenden Sie einen Knoten, der mit einem Zug wieder zu öffnen ist. Das Seil einmal längs und einmal quer so um den Poncho führen, dass der Knoten ebenfalls oben zu liegen kommt. So viel Seilende lassen, dass die leeren Wasserflaschen[132] daran angebunden werden können. Eventuell sensibles Material (Waffen, Optik etc.) auf das Paket legen und mit festbinden.

132 Die leeren Wasserflaschen tragen zur Schwimmfähigkeit des Gefährts kaum bei. Sie sind nur dazu da, das Paket wiederzufinden, sollte es trotz allem untergehen.

• Das Paket ins Wasser setzen und, es vor sich her schiebend, damit ans andere Ufer schwimmen. Eine Hand hält dabei immer das Seil an der Verschnürung fest.

Der einfache Seilsteg

Fixierpunkte diesseits wie jenseits sind jeweils ein Baum mit einem Durchmesser von mindestens 25 Zentimetern. Der beste Schwimmer schlingt sich ein sauber am Boden ausgelegtes, dünnes Seil um die Taille. Das dünne Seil – *mindestens ebenso lang wie der Fluss breit* – ist mit dem Hauptseil verbunden.

Diesseits (am Ausgangsufer) wird im letzten Viertel des Hauptseiles ein Trompetenknoten[133] (fr: jambe-de-chien/engl: *sheepshank*), eventuell auch ein Fuhrmannsknoten angebracht, das Seilende um den Baum geschlungen und dann durch die beiden Ösen des Trompetenknotens gesteckt. Auf ein Zeichen hin zieht nun der am anderen Ufer angekommene Schwimmer so lange erst am dünnen und dann am Hauptseil, bis am Ausgangs-Ufer der Abstand Trompetenknoten–Baum passt, und macht dann einen gebundenen Mastwurf mit Sicherheitsknoten um den Baum auf seiner Seite. Er hat seine Arbeit getan, beschränkt sich jetzt nur noch darauf, nach Gefahren Ausschau zu halten. Dazu hat er zwei Ohren, zwei Augen und, um einer Gefahr zu begegnen, vielleicht eine Waffe.

Am Ausgangsufer wird jetzt mit vereinten Kräften das Tau gespannt und fachgerecht verknotet. Ist das Seil gespannt und verzurrt, wird übergesetzt, und zwar im zügigen *Commando Crawl Stil.* (Was unter keinen Umständen fehlen darf, ist das System, mit dem man das Seil nun von der anderen Seite wieder lösen und einholen, also wieder mitnehmen kann. Eine Alternative dazu wäre, dass der Letzte, der übersetzt, das Seil löst, es sich um die Taille bindet und sich hinüberziehen lässt.)

133 Auch „Trompetenstich". Ausnahmsweise nicht zur Seilverkürzung, sondern als Seilspanner. Er eignet sich nach meinem Erfahrungswert hervorragend dazu.

Floß

Viele Baumarten im Dschungel bestehen aus Holz, das schwerer ist als Wasser. Bevor ein Floß gebaut wird, überprüfen wir also zunächst die Schwimmfähigkeit des Holzes, das wir verwenden. Einfach ein Stück davon abschneiden und ins Wasser werfen. Schwimmt es? Gut! Unter besten Voraussetzungen ist ein einfaches Floß in weniger als einer Stunde gebaut. Beste Voraussetzungen sind in diesem Fall das Verfügen über:

- Zeit: zweieinhalb Stunden
- Messer und Machete
- Schnur, Seil oder Liane

Seil und Schnur können, wie wir wissen, improvisiert werden, indem wir Lianen benutzen. Diese eignen sich mindestens genauso gut. Nun, wie baue ich ein Floß?

- Schneiden Sie mit dem coupe-coupe (Machete) vier Stämme.[134] Länge: 2 Meter. Durchmesser: 25 Zentimeter.
- Reihen Sie die Stämme nebeneinander am Boden nahe am Fluss auf (so nahe, dass Sie das fertige Floß aus eigener Kraft ins Wasser ziehen können!).
- Die einzelnen Stämme werden hinten, in der Mitte und vorne von Schienen zusammengehalten. Diese Schienen sind nichts anderes als dicke, glatte Äste (Länge: 1,40 Meter. Durchmesser 8 bis 10 Zentimeter) aus hartem Holz. Wie auf der Zeichnung dargestellt, liegen sie schneidend (quer) zu den vier anderen Stämmen und jeweils darauf und darunter.
- Während auf der einen Seite diese Schienen fixiert und sauber verknotet werden, dient die andere Seite als Straffpunkt.

134 Nehmen Sie dasselbe Holz, mit dem Sie den Schwimmversuch gemacht haben. Es gibt auch Bäume mit dem sogenannten „bois de fer", Eisenholz. Wenn Sie von dem mit der Machete vier Stämme schlagen wollten, bräuchten Sie vier Tage, unter Verwendung von 10 Macheten, 9 davon hätten danach gebrochene Klingen.

Eine vier Meter lange Stange oder das selbstgefertigte Paddel zum Steuern bzw. als Antrieb vervollständigen das Ganze.

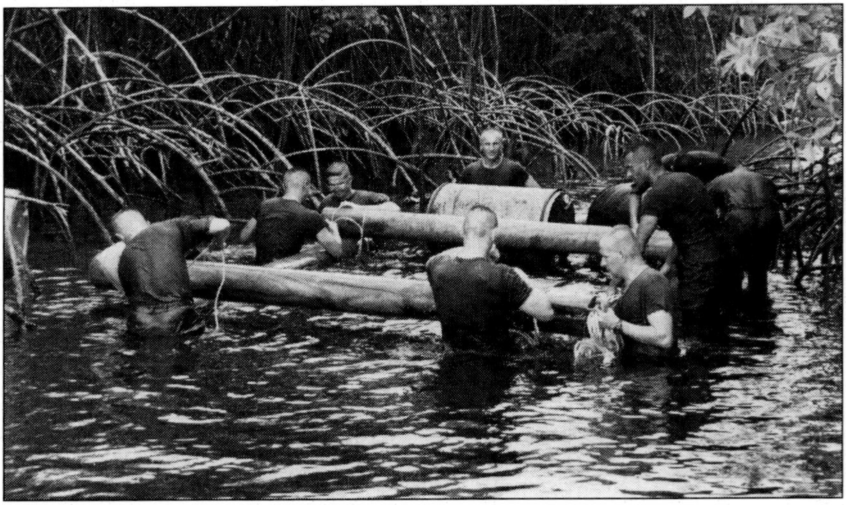

Floßbau in Gabun

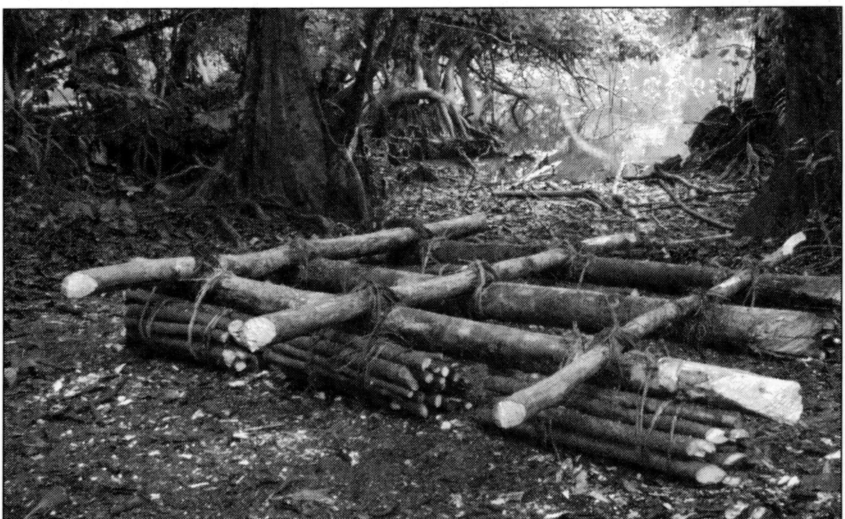

Floß aus Moucoumoucou-Holz / Guyana

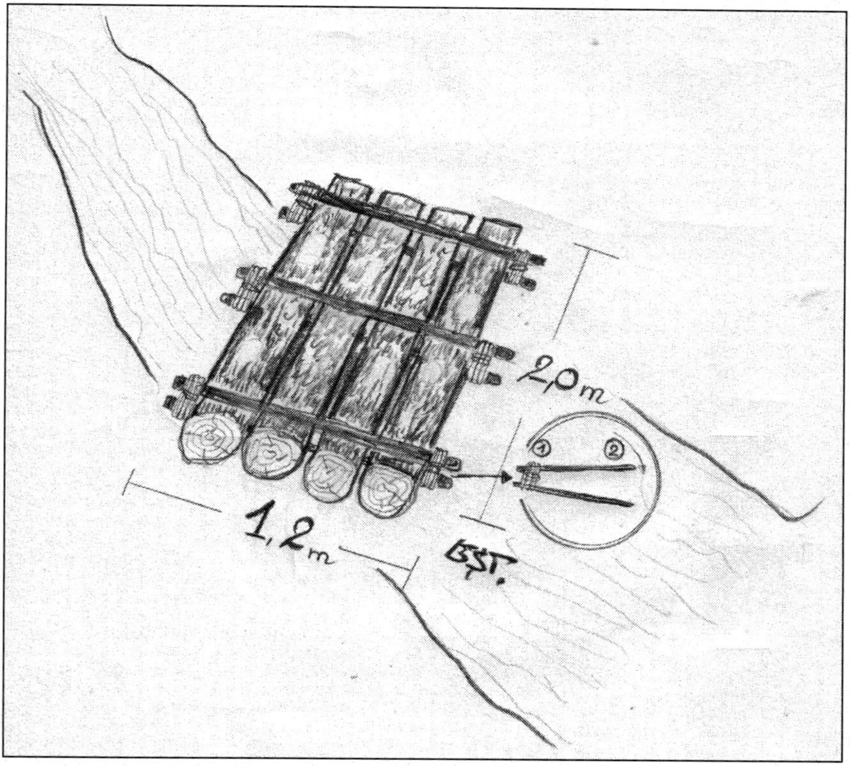

Floß

Eine kleine Informationen, die Gold wert sein kann:

In Südamerika wie auch in anderen Regionen, in denen der tropische Regenwald zuhause ist, gibt es sogenannte „*mouches-à-feu*". Dabei handelt es sich, wie der Name es schon andeutet, um Feuerfliegen. Ihr Stich ist äußerst schmerzhaft. Wenn sie fliegen, sieht man sie nicht, und auch ihre Nester sind so gut unter Palmblättern verborgen, dass erst ein unbeabsichtigter Stoß die Präsenz der zitronen- bis faustgroßen Nistplätze verrät. Ist unser Biwak einmal aufgeschlagen und entdeckt man danach ein Nest in unmittelbarer Nähe, ist Vorsicht geboten! Mehrere Stiche auf einmal sind auch dann gefährlich, wenn man keine allergische Reaktion gegen das Gift zeigt. Nun gibt es eine sichere, wenn auch völlig unorthodoxe Methode, das Nest loszuwerden. Doch die erfordert

Mut. Viel Mut! Bewegen Sie sich langsam auf das Nest zu. In Griffweite werden jetzt beide Handflächen jeweils links und rechts mit etwas Abstand zum Nest (zwanzig Zentimeter) positioniert. Zählen Sie langsam bis drei, schlagen Sie dann beide Handflächen kräftig gegeneinander und reiben Sie dabei kraftvoll. Alle Feuerfliegen im Nest werden sofort getötet. Wer sich jedoch verschätzt und danebenschlägt, dem bleibt nur die Flucht! Mit einer Schwadron wütender Feuerfliegen im Rücken ist das nicht gerade ein Vergnügen. Die bessere Variante, nämlich ihnen aus dem Weg zu gehen, würde heißen, das Biwak abzubauen und dort neu zu errichten, wo es keine Nester gibt. Das trüge auch zum Schutz der Tiere bei.

Zwischenspiel

In den meisten Extremsituationen, eigentlich in allen, begegnete ich einem seltsamen Phänomen. Ich übte Reue! Dem Tod näher, als mir lieb war, dachte ich stets daran, was ich alles besser machen würde, gäbe der liebe Gott (oder sonst wer) mir noch dieses eine Mal die Chance. In solchen Momenten haderte ich sehr ernst und kritisch mit mir: *Hätte ich doch meiner Frau nur öfter gesagt, dass ich sie liebe. Hätte ich bloß meinen Töchtern etwas mehr Zeit gewidmet. Hätte ich …!*

Und dann die Schwüre. Alles würde besser werden, wenn ...! Doch dem Tod wieder einmal von der Schippe gesprungen, war auch die Reue weg, alles fing von vorne an. Irgendwann, von mir kaum bemerkt, kamen das Alter und die damit verbundene Weisheit, und seither verlasse ich kaum einmal das Haus, ohne meine Frau fest in den Arm zu nehmen, auch wenn es nur zum Bäcker um die Ecke geht, und ich widme meinen Töchtern mehr Zeit, als es ihnen geheuer ist.

7 ÜBERLEBEN AUF SEE

„Die See ist das Leben und der Tod."
(Aus dem Jemen)

Hier ein Beispiel, bei dem Menschen eine Extremsituation auf hoher See nur überlebten, weil sie, ihrem ausgeprägten Überlebensinstinkt folgend, auf Kannibalismus zurückgriffen:

> *05. Juli 1884. Das Segelschiff „Mignonette" geriet im offenen Meer weit vor der Küste Südafrikas (Kap der Guten Hoffnung) in einen schweren Sturm und drohte zu kentern. Thomas Dudley (der Kapitän), Edwin Stephens und Edmund Brooks (beide Matrosen) sowie der siebzehnjährige Richard Parker (der Schiffsjunge) befanden sich an Bord des Schiffs. Als es sank, retteten sich die vier Männer mit Hilfe eines Rettungsbootes. Das bisschen Proviant reichte kaum für alle und war schon nach kurzer Zeit aufgegessen. Trinkwasser gab es nicht. Es herrschte eine Extremsituation! Dem Verhungern und Verdursten nahe, und nach endlosen für-und-wider-Diskussionen, schnitten sie dem Schiffsjungen (Parker war angeblich krank oder verletzt und würde bald sterben) die Kehle durch, tranken sein Blut und ernährten sich vier Tage lang von*

seinem Fleisch. Der Drang, am Leben zu bleiben, war auch hier stärker gewesen als irgendwelche moralischen Aspekte.

30

Notlandung (Notwasserung)

Ob mit dem Flugzeug oder an Bord eines Schiffes: Jeder von uns kommt zumindest einmal in seinem Leben in die Situation, größere Gewässer überqueren zu müssen, denn unsere Seen und Meere bedecken drei Viertel der Erde.

Flugzeug

Es ist bewiesen, dass im Falle einer Notlandung oder eines Absturzes auf dem Meer viele der Passagiere noch am Leben sind, wenn der Aufprall erfolgt. Dass der Schock allein schon ein dramatisches Ereignis ist, ist nachvollziehbar. Die, die ihn zunächst überleben, sind emotional wohl kaum in der Lage, klar zu denken, geschweige denn sofort richtig zu handeln. Dunkelheit, das Geschrei der Überlebenden, der Verletzten, der Eingeklemmten ... und der Sterbenden! Eventuell erfüllt dichter Rauch die dunklen Gänge, und das Geräusch von Wasser, das langsam die Kabinen flutet, ist omnipräsent. Notausgang! Jeder will hin, und jeder will der Erste sein, der ins Freie gelangt. Uns bleibt nicht viel Zeit, denn wo Rauch ist, da ist auch Feuer, und wo Wasser ist, riecht es förmlich nach Untergang. Es muss gehandelt werden, und zwar schnell! Nun, in diesen Situationen könnten sich unsere Reflexe bezahlt machen, die wir

– *ohne überhaupt darüber nachzudenken* – bereits beim Betreten des Flugzeuges an den Tag legten. Wir hatten nämlich:

- Ausschau gehalten, wo sich der nächste Notausgang befindet, wie man am schnellsten hinkommt und ihn öffnet (roter Hebel mit Richtungspfeil und einer kurzen Anleitung),
(Dieser Blick dauerte vier Sekunden.)

- wenn möglich, mit den Fingerspitzen (oder zumindest visuell) die Schwimmweste unter unserem Sitz ertastet,
(Dieser Handgriff dauerte fünf Sekunden.)

- auch bei der Sicherheitsvorführung durch das Flugsicherheitspersonal gut aufgepasst und wissen, wie man die Weste anlegt, sie mit Luft füllt (*in der Regel erst nach Verlassen des Flugzeugs durch den Notausgang – automatisch beim Kontakt mit Wasser und/oder durch Aufblasen*) und welche Features sie besitzt: selbstleuchtend, Signalpfeife etc.
(Diese Vorführung dauert drei Minuten.) und

- in unserem Kopf zumindest einmal ein Absturzszenario durchgespielt, in dem wir mit geschlossenen Augen virtuell alles durchgehen. Was tue ich wann, wo und mit welchen Mitteln?
(Ein Gedanke, der eine Minute unserer Zeit in Anspruch nimmt.)

Fazit: 249 Sekunden für ein Leben!

Das hört sich viel an, aber angesichts dessen, was auf dem Spiel steht, lohnt sich der Aufwand, denn mehr und etwas Glück braucht es nicht. Ist Ihre Familie mit an Bord, lassen Sie diese nicht unbedingt an Ihren Überlegungen teilhaben, denn Sie riskieren, dass deren Wille, das Flugzeug *sofort* wieder zu verlassen, größer ist als die Sehnsucht auf ein paar Tage Urlaub auf den Seychellen.

Nehmen Sie während der Notlandung die Position ein, die in diesem Fall vorgeschrieben ist:

- ***Sitz hochklappen, Kopf auf die Knie, Ellbogen und Hände seitlich an den Kopf ziehen, Schläfen und Hinterkopf schützen!***

Der Notausgang wird in der Regel vom Flugzeugpersonal geöffnet, und die Passagiere verlassen das Flugzeug über die Flugzeug-Notrutsche[135], wobei die Schwimmwesten erst aufgeblasen werden, wenn wir, wie bereits angesprochen, im Freien sind. Ist das Worst-Case-Szenario eingetreten und man befindet sich mit einer Rettungsweste am Mann erst einmal im Wasser[136], so hört der Leidensweg noch lange nicht auf, er hat gerade erst begonnen, aber: Denken Sie positiv. Ein Absturz hätte Sie auf jeden Fall das Leben gekostet! Benutzen Sie jetzt das Adrenalin des Augenblickes und versuchen Sie, vom Rumpf des Flugzeugs wegzuschwimmen, und wenn es nur hundert Meter sind. Sollte Treibstoff auf der Wasseroberfläche treiben, dann entfernen Sie sich weit genug, um einer eventuellen Brandgefahr aus dem Weg zu gehen. Jetzt, in relativer Sicherheit, ist der Zeitpunkt gekommen *„herunterzufahren"*.

- Überlegen Sie, was passiert ist, was Sie getan haben.
- Analysieren Sie ganz ruhig die Lage, in der Sie sich befinden.
- Suchen Sie ständig nach Lösungen!

Sie leben, und es gibt zunächst keinen Grund zur Annahme, dass sich dieser Zustand sofort ändert. Nun halten Sie Ausschau, ob es dem Flugsicherheitspersonal gelungen ist, Rettungsinseln oder Ähnliches auf das Wasser zu setzen; wenn nicht, suchen Sie die Wasseroberfläche nach Trümmern, Flugzeugteilen, Türen, Gepäckstücken, nach allem ab, was Ihr Gewicht tragen könnte, woran Sie sich klammern oder wo hinauf Sie sich im besten Fall ziehen könnten. Erst jetzt kümmern Sie sich um andere Menschen in Ihrem nächsten Umfeld, die Ihre Hilfe benötigen.[137] Danach heißt es abwarten.

---

135 Öffnen sich automatisch, wenn während des Fluges die Türen geöffnet werden. Natürlich sollten sie sich nach außen aufblähen und nicht in der Kabine und in 11.000 Metern Höhe, so geschehen beim United-Airlines-Flug 1463 von Chicago nach Santa Ana im Juli 2014.

136 Bevor Sie das Flugzeug über den Notausgang und schließlich über die Rutsche verlassen, schließen Sie ein Auge. Das hilft, sich sofort draußen im Dunkeln zu orientieren.

137 Sie haben Familie mit an Bord? Dann ist es selbstverständlich, dass Sie Ihren Familienmitgliedern durch alle angesprochenen Phasen helfen. Ansonsten aber sollte Ihr erstes Ziel sein, selbst zu überleben, denn … tot sind Sie anderen auch keine Hilfe. Oft ist es leider so, dass ein übereifriger Heldenakt zwei Leben fordert. Das des in Bedrängnis Geratenen – und das des Retters.

31

Mayday, mayday, mayday!

Sie unternehmen eine Reise auf einem Luxusschiff? Ich beneide Sie, denn das ist immer wieder ein schönes und abenteuerliches Erlebnis. Eines, das auch zu einem Albtraum ausarten kann, denn Fortschritt hin, Technologie her: Immer wieder in den letzten dreißig Jahren kam es zu verheerenden Schiffskatastrophen. Hier zwei Beispiele von vielen:

- 16. April 2014. Die SEWOL mit 476 Menschen an Bord kentert. 302 Menschen wurden tot geborgen oder werden bis heute noch vermisst.
- 13. Januar 2012. Die COSTA CONCORDIA kollidiert im Mittelmeer mit einem Felsen und schlägt leck. 32 Menschen sterben, dutzende werden teils schwer verletzt.

Bezüglich der Sewol ist es kaum nachvollziehbar, dass es so viele Opfer gab, denn es blieb so viel Zeit. Der erste Notruf der Sewol ging bereits gegen 08:58 Uhr am Morgen des 16. April bei der zuständigen Behörde ein, aber erst zwei Stunden später sank sie! Angeblich hatte die Besatzung die Passagiere nach Absetzen des Notrufs absurderweise dazu aufgefordert, in ihre Kabinen zurückzukehren. Hätte es auch dann 302 Opfer gegeben, wenn die Menschen an Bord, jeder für sich oder im

Gruppenrahmen, das Worst-Case-Szenario in Betracht gezogen und sich auf ein eventuelles Unglück vorbereitet hätten? Ich glaube, kaum. Was, wenn eine Handvoll beherzter Frauen und Männer (*oder ein geborener Anführer wie Sie*), anstatt blind der Aufforderung der Besatzung nachzukommen, das Heft in die Hand genommen hätte? Und tatsächlich: Fast alle, die sich retten konnten, waren aufmüpfig genug gewesen, ihr Schicksal selbst in die Hand zu nehmen und zu sagen, stopp! So geht das nicht!

- Gegen den Kapitän der Costa Concordia läuft zu der Zeit, in der ich diese Zeilen schreibe, ein Verfahren wegen fahrlässiger Tötung, wegen Schiffbruchs und vorzeitigem Verlassen des Schiffs. Gegen acht andere mutmaßliche Verantwortliche wird ermittelt.
- Der Untergang der Sewol löste in Korea ein länderübergreifendes Unverständnis sowie große Bestürzung aus.

Der gemeinsame Nenner der beiden doch so unterschiedlichen Schiffskatastrophen? Zögern und vermutlich menschliches Versagen! Diese beiden Komponenten, gepaart mit der alltäglichen Überforderung (*… oder der alltäglichen Routine?*) und dem falschem Verhalten, das diese oft nach sich ziehen, ergeben Extremsituationen, auf die wir alle allzu gerne verzichten könnten.

Einmal an Bord eines Schiffes für eine kurze oder längere Überfahrt, sehen Sie sich zuerst um, wo genau sich Ihre Kabine befindet. Auf welchem Deck? Steuerbord[138] oder Backbord? In den Kabinen sollten so viele Rettungswesten vorhanden sein, wie es Betten gibt, oder so viele, dass es sich mit der Anzahl der an Bord zugelassenen Personen deckt. Vielleicht gibt es gar Kälteschutzanzüge, sei es! Sehen Sie sich zuerst in aller Ruhe die Rettungswesten an.

- Ist der äußere Zustand akzeptabel?
- Haben sie *mindestens* 150 Newton? (Die 150-Newton-Weste ist absolut ohnmachtssicher, wobei sehr eingeschränkt für Träger

138 Starboard (Steuerbord) oder Portside (Backbord).

von schwerer, wetterfester Kleidung. Es gibt auch Rettungswesten mit 275 Newton, doch mit diesen hat man es schwer, in eine Rettungsinsel zu klettern.)

• Wie werden sie angelegt?

• Sofern es sich um keine Feststoff-Westen[139] handelt: Ist klar genug, wie man sie mit Luft füllt?

• Tragen sie den IMO/SOLAS[140] (Internationale Prüfnorm)-Stempel, ein Steuerrad?

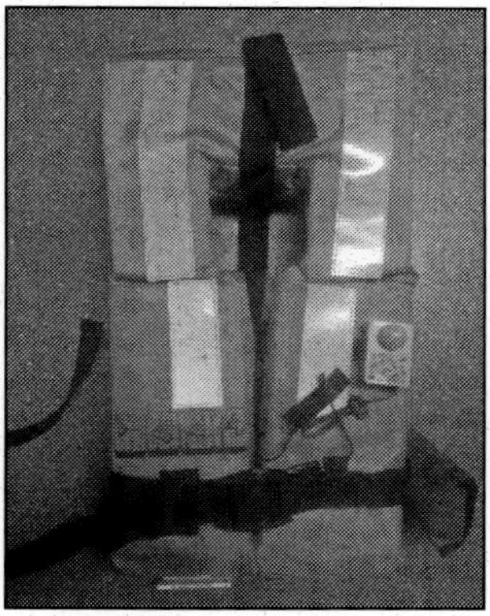

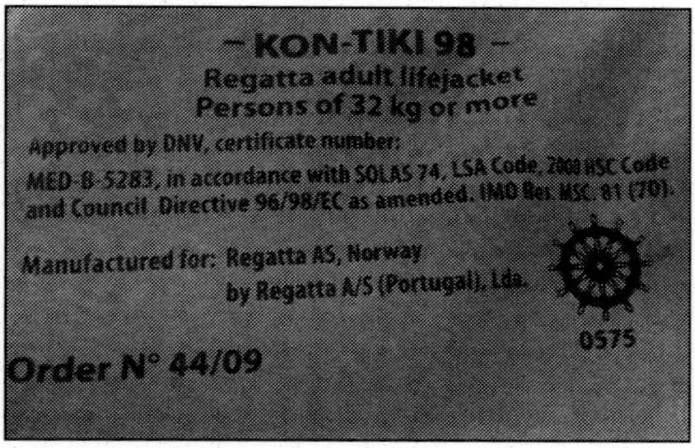

SOLAS Steuer

Rettungsweste
Hier das Beispiel einer Feststoff-Weste / 275 Newton (Auftriebskörper = Kunststoff- Schaum)

Wenn ja, gut. Falls nicht: Auch Rettungswesten ohne die SOLAS Norm können Ihnen das Leben retten, aber fragen Sie bei Gelegenheit nach. Rettungswesten gibt es in verschiedenen Größen.[141] Sie sind so konzipiert, dass jeder sie nach einer kinderleichten Einweisung innerhalb von einer Minute selbst anlegen kann. Weiterhin sollten geprüfte und zugelassene

139 Eine Feststoff-Weste besitzt einen Auftriebskörper aus Kunststoffschaum. Sie ist also permanent einsatzbereit. Aufblasbare Rettungswesten bekommen ihre Einsatzbereitschaft erst im Einsatz- bzw. im Notfall. Dies geschieht, indem die Schwimmkammern mit Luft (selber aufblasen) oder mit Gas (automatisch via Gaszylinder/Gaspatrone bei Kontakt mit Feuchtigkeit) gefüllt werden. Aufblasbare Rettungswesten sind handlicher und haben einen besseren Tragekomfort.

140 Safety of Life at Sea.

141 Unterteilt nach Gewichtsklassen.

Rettungswesten in der Lage sein, eine Person, die ins Wasser fällt und dort das Bewusstsein verliert, innerhalb von fünf Sekunden in die Rückenlage zu drehen. Sie ist sozusagen ohnmachtssicher. Folgerichtig hat sie ein Nackenteil/eine Nackenstütze. Ein ganz wichtiges Teil ist der Schrittgurt. Ohne den drohen Sie durch die anderen Gurte zu schlüpfen. Eine Rettungsweste hat außerdem eine Signalpfeife und ein Rettungslicht.

- ***Nehmen Sie sich zwei Minuten Zeit, um die Weste anzulegen und anzuprobieren! Ein paar Handgriffe und sie passt. Stellen Sie sie nicht zu eng ein, da eventuell einige zusätzliche Kleiderschichten, etwa eine Jacke, darunter getragen werden. Danach kann sie wieder dort untergebracht werden, wo sie hingehört. Jeder weiß nun, wo sie zu finden ist, welche seine ist und wie man sie rasch anlegt! Auf einigen Schiffen werden die Westen nicht in den Kabinen, sondern zentral oder gruppiert an mehreren Orten gelagert. Fragen Sie ggf. unbedingt nach!***

In der Kabine oder im Flur – White Board, Pinnwand, Aushang – sollte sich ein Dokument befinden, das die Prozedur erklärt, was bei Gefahr zu

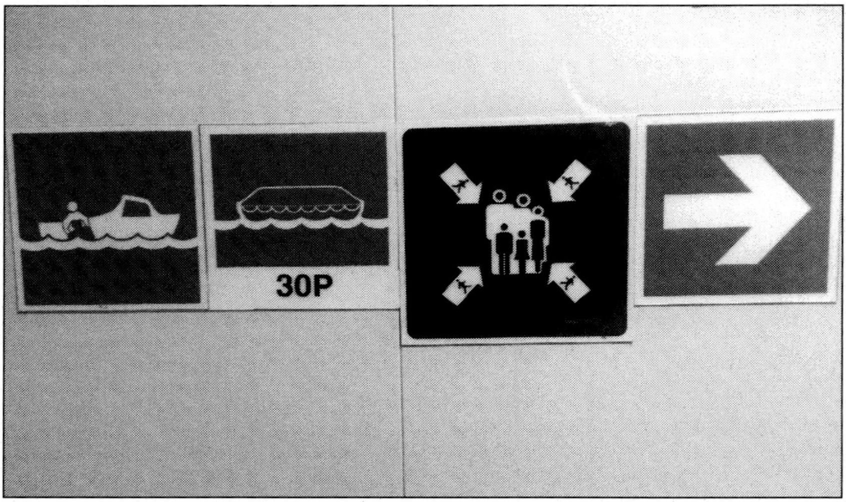

... hier geht's zum Musterpoint

tun ist, welche Signal-Warntöne es gibt, was sie bedeuten und wo sich der nächste Sammelpunkt (*Musterpoint* oder auch *Assembly Station*) und Ihr Ihnen zugeordnetes Rettungsboot befinden. Also los.

- ***Laufen Sie vor dem Lunch oder vor dem Dinner mit Ihrer Familie zumindest einmal seelenruhig die Strecke dorthin ab.***
- ***Fragen Sie, ob jeder verstanden hat und den Weg (auch bei Dunkelheit und mit der Rettungsweste unter dem Arm oder am Körper) wiederfinden würde.***
- ***Sind fluoreszierende Markierungen angebracht?***

Die Maschinenräume nicht mitgerechnet, haben einige Schiffe vier, fünf, sechs oder mehr Decks, es ist ein einziger Treppen-, Flur- und Aufzugs-Dschungel! Sich da zurechtzufinden ist nicht immer einfach, aber diese zehn Minuten Zeit sollten Sie sich nehmen, und für die Kinder ist es sicher interessant, warum also nicht gleich ein Spiel daraus machen? Spielend den *Survivalinstinkt* fördern! Sehen Sie dabei auch gleich nach (oder erkundigen Sie sich), ob sich in der Nähe Fluchtretter (EEBD – *Emergency Escape Breathing Devices*) befinden. Bei einem Brand versorgen diese Apparate Sie so lange mit Sauerstoff, dass Sie rechtzeitig durch die in Rauch gehüllten Flure hinaus ins Freie kommen. Sollte unvermutet das Not-Signal zum Sammeln kommen (Generalalarm, Notfall/Verlassen des Schiffes, oftmals sieben kurze Töne gefolgt von einem langem[142] = – – – – – – – ______________), dann ziehen Sie sich an, und zwar so viele Kleiderschichten wie möglich, und Jacke nicht vergessen! Sie haben eine Mütze? Aufsetzen! Sollte die Möglichkeit bestehen, Ihr Handy wasserfest einzupacken und mitzunehmen, dann zögern Sie keine Sekunde, vergessen Sie aber nicht, es vorher auszuschalten! Jetzt schnell die Rettungsweste an und ab zum Musterpoint.[143] Bleibt die Zeit sich unterwegs schnell noch mit einem Getränk einzudecken, dann tun Sie das.

142 Unverbindliches Beispiel. Der Feueralarm ist bei vielen Schiffen ein langgezogener Signalton, gefolgt von vier kurzen.

143 Sollten Sie den trotz allem nicht finden, es gibt Rettungsboote auf jeder Schiffsseite. Ob man Sie aber in ein Boot lässt, in dem Sie nicht eingetragen sind, ist eine andere Sache. Übrigens: Haben Sie Ihren ***Grab-Bag***, Sie wissen schon, den kleinen Rucksack mit ein paar wichtigen Sachen drin, dabei?

Ein warmes, süßes Getränk sollte es sein, kein Alkohol wohlgemerkt! Am Musterpoint erwartet Sie entweder ein Team, das Sie registriert und weiterleitet zum Rettungsboot, oder der Musterpoint ist dort, wo sich das Rettungsboot befindet. Nutzen Sie die kurze Wartezeit, um die Rettungsweste gut zu verzurren, Knöpfe zu schließen und eventuell Ihre Kleider gut anzupassen. Checken Sie sich gegenseitig. Einmal im Wasser, haben Sie nach einigen Minuten schon so gefrorene Hände, dass dies nicht mehr möglich sein wird.

32

Rettungsboote

Bei den geschlossenen Motorrettungsbooten handelt es sich entweder um ein *„Freefall“* (Freifallrettungsboot, wird vom Heck des Schiffes ins Wasser gelassen) oder eines, das seitlich über Kabel aufs Wasser gesetzt wird. Beide Varianten können manchmal bis zu 50 Personen gleichzeitig aufnehmen. Sie sind völlig autonom, haben einen Motor, genug Treibstoff[144] und alles, was es braucht, einige Tage am Leben zu bleiben. Die für die Boote Verantwortlichen sind laut Vorschrift dazu verpflichtet, diese sicher und innerhalb von 30 Minuten zu Wasser zu bringen, und es versteht sich von selbst, dass der Idealfall so aussieht, dass die Passagiere noch an Bord in eines dieser Boote klettern: trocken also!

144 Die meisten Rettungsboote haben Treibstoff für 48 Stunden.

Das Schlimmste, was nun geschehen kann, ist, dass die Rettungsboote bereits im Wasser sind, wenn Sie ankommen, oder Sie aus einem anderen Grund keinen Zugang mehr haben. Inzwischen quillt dichter Rauch aus allen Türen, die Sirenen hören nicht auf zu heulen und immer wieder das Notsignal abzusetzen und Menschen um Sie herum schreien vor Angst. Es herrscht ein absolutes Chaos! Sehen Sie sich genau um.

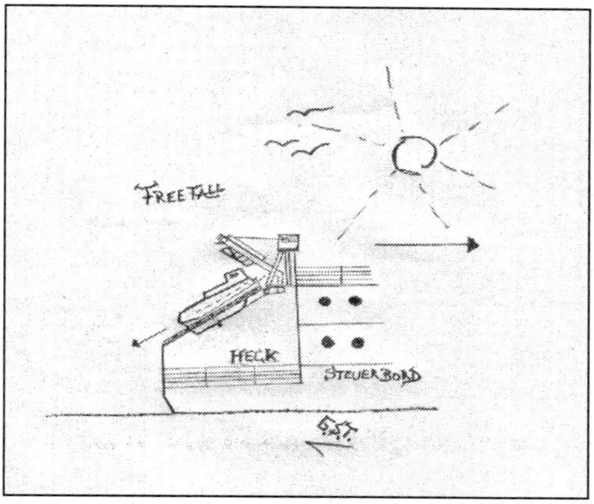

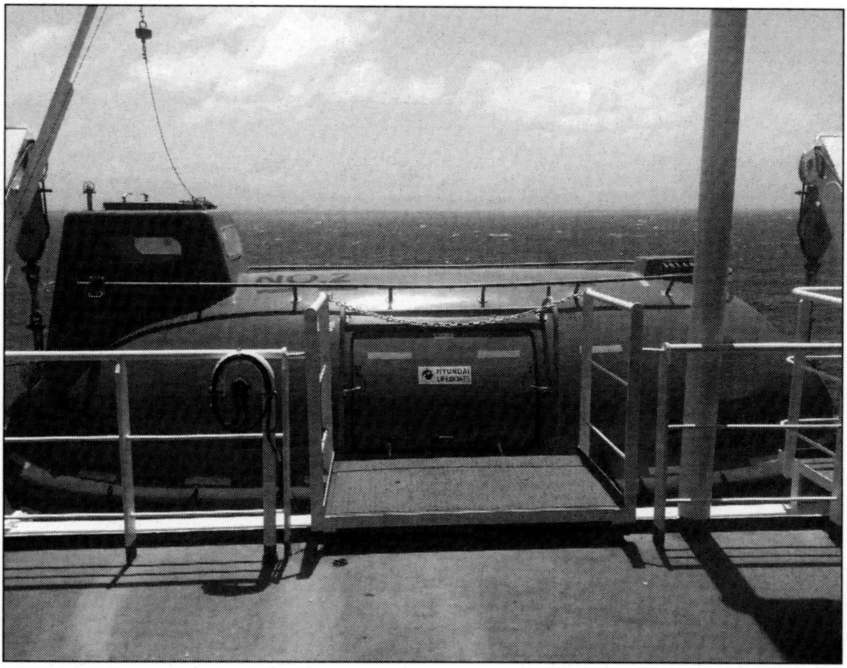

Rettungsboot à la Captain Phillips

- ***Sind an der Bordwand Leitern zu sehen? Leitern, Notrutschen oder Netze, die hinunter zum Wasser, in eines der Boote oder zur Rettungsinsel führen?***

Unser Ziel ist es immer noch, trocken in ein Boot oder eine Rettungsinsel (Life Raft) zu kommen. Gibt es keine Leiter und hängen keine Netze an der Bordwand, dann wägen Sie ab, ob es vorerst nicht noch sicherer ist, an Bord zu bleiben, als sich ins Wasser zu begeben, denn:

- ***Das sicherste Rettungsboot ist vorerst immer noch das Schiff!***

Ist das Schiff nicht mehr sicher, dann bleibt nur eines: Springen![145] Wenn Sie sich auf der Höhe eines Oberdecks (*upper deck*[146]) befinden, ist es wohl am einfachsten, sofern der Schiffsbau von diesem Deck aus nach außen, also zum Meer hin, zugänglich ist. Rettungsweste an? Gut! Steigen Sie über die Reling, suchen Sie die Wasseroberfläche ab, ob sich unter Ihnen kein Hindernis befindet, kreuzen Sie die Arme, pressen Sie das Kinn fest an die Brust und springen Sie, Beine voraus, diese lang gestreckt und auf Höhe der Knöchel gekreuzt. Der Blick ist horizontal nach vorne gerichtet.

Einmal im Wasser, überprüfen Sie, ob die Rettungsweste sich automatisch aufbläst. Wenn nicht, folgen Sie den Anleitungen, die Sie schon einmal im Trockenen gelesen haben. Die Antizipation zahlt sich jetzt aus. Meist muss an einer Schnur gezogen oder die Weste kann per Mundstück aufgeblasen werden. Es gibt nur eine Ausnahme, im Wasser zunächst auf die Rettungsweste zu verzichten: Wenn brennender Treibstoff auf der Oberfläche schwimmt! Versuchen Sie ohne Weste unter dem Treibstoff-Teppich hinwegzutauchen. Bevor Sie wieder auftauchen, um nach Luft zu schnappen, *wischen* Sie sich mit vorausgestreckten Händen ein Loch frei, atmen Sie schnell ein und schwimmen wieder einige Meter unter Wasser, und das so lange, bis Sie eine brandfreie Fläche erreicht haben. Das hört sich leicht an, ist es aber nicht. Nur die wenigsten könnten auf diese Art und Weise eine Strecke von 200 Metern zurücklegen, denn zur

145 Brillenträger VORHER die Brille abnehmen und gut wegpacken! Sie könnten sie noch brauchen.

146 Unter dem Hauptdeck (main deck) gelegen.

Atemnot gesellen sich der ganze Stress der bisher erlebten Notsituation, die Angst und das Gewicht der Kleider[147], das einen in die Tiefe zerren will. Dem entgegen steht Ihr eiserner Wille zu überleben, und der ist ein Fels!

Auch die körperliche Fitness macht sich jetzt natürlich positiv bemerkbar. Während die Menschen, die nie Sport getrieben haben, von Anfang an mit dem Kälteschock und den dadurch entstehenden möglichen Herz-Kreislauf-Problemen, welche dieser auslöst (und mit der fehlenden Ausdauer), zu kämpfen haben, so können sich fitte Menschen nach einigen

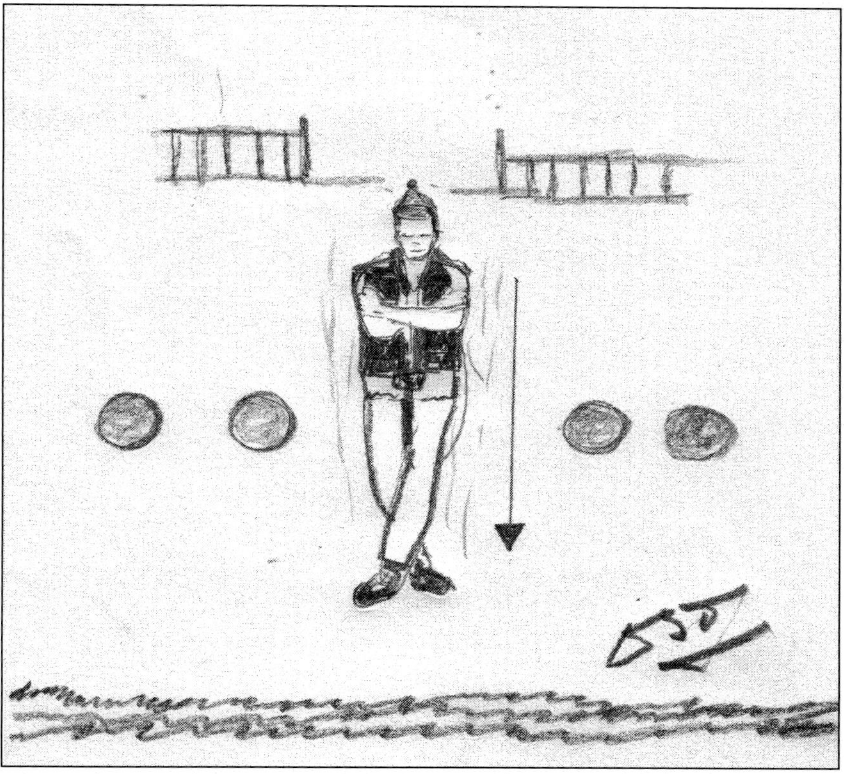

Mann springt ins Wasser

147 Vergessen Sie die Hollywood-Klischees, in denen der Held sich, bevor er ins Wasser springt, das T-Shirt vom Körper reißt. Sie behalten Ihre Kleider an, koste es, was es wolle.

Minuten (denn auch sie werden zunächst wie paralysiert sein, doch nicht ganz so lange) bereits um die nächste Etappe kümmern.

Schwimmen Sie zuerst vom Schiff weg, ohne sich dabei umzudrehen, und versuchen Sie dabei (sollte es keine Brandgefahr geben), den Kopf immer über Wasser zu halten. Ob Sie ein guter Schwimmer sind oder ein Anfänger, spielt nun kaum eine allzu große Rolle mehr. In dem Augenblick nämlich, wo Sie sich im Wasser befinden, ist Ihr Leben in akuter Gefahr. Bei unter 10 Grad Wassertemperatur ist allerspätestens nach Ablauf einer Stunde unsere Grenze erreicht, ohne jeden Zweifel! Verausgaben Sie sich, verkürzt sich diese Zeit um einiges, denn im Wasser kühlt der Körper sehr viel schneller aus als an der Luft. Bei diesen niedrigen Temperaturen kühlen Herz und Hirn bereits nach 10 bis 15 Minuten ab. Sinkt die Körpertemperatur auf 33 bis 30 Grad, droht die Ohnmacht (Bewusstlosigkeit), bei 25 Grad der Tod durch Herzversagen. Auch sehr gute Schwimmer erleiden bereits vorher schon einen Kälteschock, der zu einem Schwimmversagen führt, und das noch lange vor der Hypothermie (Unterkühlung).

Im April 1912 sank die Titanic. Wer sich nicht in ein Rettungsboot retten konnte, hatte bei der herrschenden Wassertemperatur von 0 bis 2 Grad Celsius quasi null Überlebenschancen. Auch die Rettungswesten halfen da kaum.

Einmal weit genug weg, bringen Sie sich in die Fötus-Position.

- ***Den Kopf aus dem Wasser, Oberschenkel zusammengepresst.***
- ***Die Knie angezogen, um die Leisten zu schützen.***
- ***Die Arme schützend vor der Brust verschränkt.***

Sehen Sie sich jetzt erst einmal um. Sind Menschen in der Nähe? Falls ja, gruppieren Sie sich. Umarmen Sie sich gegenseitig, sodass ein enger Kreis entsteht. In dieser Position ist es durchaus möglich, die Überlebenszeit von einer Stunde hochzuschrauben auf vier Stunden. Zeit genug also, von einer Rettungsinsel aufgenommen zu werden.

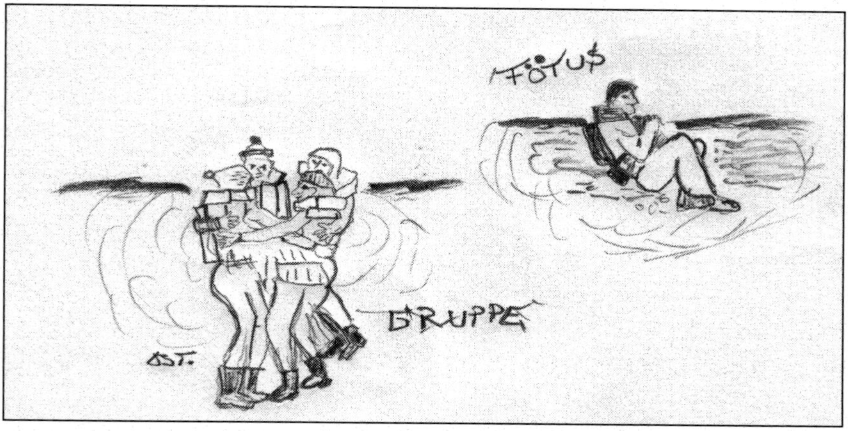

Fötus- und Gruppen-Position

33

Ihre Rettungsinsel

Eine Rettungsinsel ist dafür gebaut, mindestens sechs Personen aufzunehmen. Sie ist oft für drei Tage autonom (Wasser und Verpflegung) und schwimmt bei jedem nur vorstellbaren Wetter, auch bei starkem Seegang. Kippt sie um, so kann sie leicht wieder aufgerichtet werden. Die Rettungsinsel hat einen Eingang mit entweder einer Rampe oder einer Art Leiter, über die Sie in ihr Inneres gelangen können. Ich habe es ein paarmal selbst ausprobiert und kann es nicht oft genug betonen: Halten

Sie sich fit! Es ist ein einziger enormer Kraftakt, mit Schwimmweste und nassen Klamotten in die Insel zu klettern. Die meisten schaffen es aus eigener Kraft gar nicht und dann müssen zwei Mann dabei helfen.

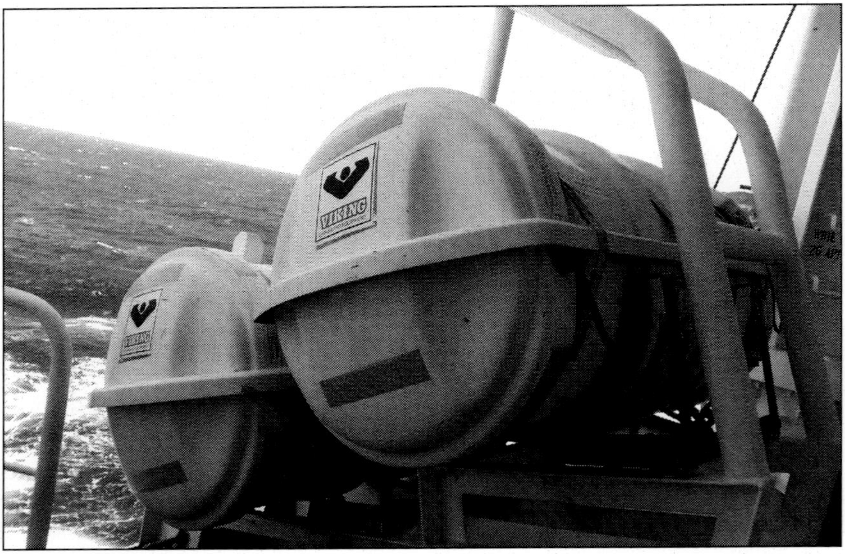

Rettungsinsel in Container

An Bord einer solchen Rettungsinsel befinden sich alle nur erdenklichen Hilfsmittel:

1 Schaufel (zum Wasserschöpfen), 1 Eimer, 1 Messer (ohne Spitze), 2 Schwämme (auch geeignet zum Aufnehmen von Wasser in Form von Dunst, der sich an den Innenwänden der Plastikkuppel sammelt), 2 Anker, 2 Paddel, 3 Dosenöffner und 1 Schere, 1 Erste-Hilfe-Ausstattung, 1 Pfeife oder ein ähnliches sonores Signalmittel, 4 Signalraketen mit Fallschirm[148], 6 Signalraketen ohne Schirm, 2 Rauchtöpfe, 1 wasser-

148 Diese Signalraketen sieht man nachts bis auf eine Entfernung von etwa 10–12 Seemeilen. Brennzeit: 45 Sekunden. Tagsüber jedoch sind sie nicht sehr effizient. Ein Ein-Stern-Signal, dreimal hintereinander und im Abstand von jeweils einer Minute als Antwort, bedeutet, dass man Sie ausgemacht hat und dass bald Hilfe geschickt wird.

dichte Lampe, 1 Radarreflektor, 1 Signalspiegel, 1 Signal-Handbuch, 1 Fischer-Angel-Set, 1 Handpumpe, 1 Ration Proviant (2400 kcal pro Person), mindestens 1,5 Liter Wasser pro Person, Medikamente gegen die Seekrankheit, 1 Überlebenshandbuch.

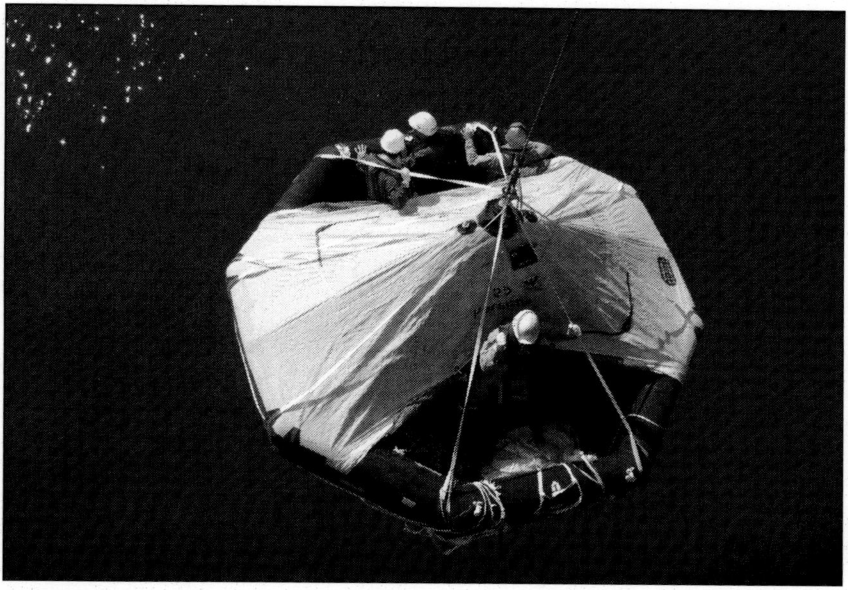

Rettungsinsel

Gerade das abgerundete Messer kann sich bereits jetzt als besonders wichtiges Werkzeug herauskristallisieren, denn die Rettungsinsel ist vorerst noch über eine Verbindungsleine mit dem Schiff verbunden.[149] Sinkt das Schiff, sinkt vielleicht die Insel. Tragen Sie dafür Sorge, dass diese Leine schnellstens gekappt wird! Also:

• ***Sobald Sie an Bord der Rettungsinsel sind, halten Sie zuerst nach dem Messer Ausschau.***

---

149 Die meisten Verbindungsleinen verfügen über Sollbruchstellen. Somit ist die Gefahr, mit in die Tiefe gezogen zu werden, verschwindend gering ... aber sie besteht.

34

Überleben auf Teufel komm raus!

Einmal im Floß und somit zunächst in relativer Sicherheit, sehen Sie sich um. Gibt sich jemand als Verantwortlicher zu erkennen? Ist jemand von der Schiffscrew anwesend, ein Offizier vielleicht? Wer könnte das Kommando der kleinen Überlebensgemeinschaft übernehmen? Diese Frage ist wichtig. Sechs Menschen oder mehr, auf kleinstem Raum, unter Bedingungen, die man seinem ärgsten Feind nicht wünscht, da kommt es schnell zu Einzelreaktionen, die alle in Gefahr bringen können. Nehmen wir doch mal an, Sie sind der Auserwählte. Was also tun? Nun, zuerst muss geklärt werden, ob das Floß weit genug vom untergehenden oder brennenden Schiff weg, also außerhalb der Gefahrenzone ist. Denken Sie an einen möglichen Öl- oder Kraftstoffteppich, der auf dem Meer schwimmen und der zu einer ständigen Gefahr werden könnte. Teilen Sie ein:

- ***Eine Person, die nach anderen Unglücklichen Ausschau hält.***
- ***Zwei Personen (kräftige Männer), die das Floß von der Unfallstelle wegbewegen, indem sie die zwei Paddel benutzen.***
- ***Eine Person, die nach Verletzten fragt und diese versorgt.***

• ***Eine Person, die bereits nach den beiden Ankern sucht (Treibanker für Rettungsinseln; sie sind aus Stoff und haben jeder ein langes Seil am Ende).***

Einmal außerhalb des Gefahrenbereiches, lassen Sie zunächst Anker werfen. Tun Sie das nicht, so driftet die Rettungsinsel, den Winden und der Strömung ausgesetzt, bis zu 150 Kilometer pro Tag ab. Das Schiff hat sicherlich eine *Mayday* Meldung abgesetzt, bevor es sank, oder es sind *Pan-Pan*[150] Meldungen seinetwegen gemacht worden, die zu Hilfe eilenden Schiffe werden aber den Teufel tun, 150 oder gar 300 Kilometer von der Untergangsstelle entfernt nach Ihnen zu suchen. Zumindest nicht sofort. Nun versichern Sie sich, dass alle etwaigen Verwundeten versorgt wurden und dass niemand direkt im Wasser sitzt. Die Kälte ist jetzt vorerst unser ärgster Feind, trocken, warm und am Leben zu bleiben, unser einziges Leitmotiv! Gibt es keine andere Möglichkeit, so sollen sich die Leidensgenossen auf ihre Rettungswesten setzen, bis das Floß leer geschaufelt wurde. Ist das geschehen, lassen Sie die Westen wieder anziehen. Fragen Sie, ob es Seekranke gibt. Das tun Sie nicht, weil Sie ein barmherziger Samariter sind, sondern weil Sie die Verantwortung für die sechs Leben an Bord haben. Diese Leben benötigen Wasser. Kotzen sich aber zwei von Ihnen die Seele aus dem Leib, so haben alle das Nachsehen, denn wer kotzt, hat einen Flüssigkeitsverlust, den er wieder ausgleichen muss: auf Kosten aller! Allein darum geht es. Nun bestimmen Sie jemanden, der den Generalzustand des Floßes untersucht. Das muss ständig geschehen. Sie selber halten nach Signalmitteln Ausschau und bereiten diese vor, denn zwei Dinge können geschehen. Entweder fegt in den nächsten zwölf Stunden eine ganze Armada von Schiffen und Flugzeugen herbei oder es geschieht gar nichts, aber es tut gut, zu wissen, dass alles bereit ist. Da nicht alle auf einmal nach Hilfe Ausschau halten können, teilen Sie Wachen

150 Mayday und Pan-Pan sind Nachrichten, bzw. Not-Meldungen, die per Morse- oder per Sprechfunk abgegeben werden. Mayday betrifft Schiffe oder Flugzeuge (oder andere ähnliche Transportmittel bzw. Fahrzeuge), die sich in imminenter Gefahr befinden und deshalb sofortigen Beistand benötigen. Die Station, von der Pan-Pan ausgeht, hat eine wichtige Meldung (Dringlichkeitsmeldung) bezüglich der Sicherheit eines Schiffes, eines Flugzeugs (oder eines anderen ähnlichen Transportmittels) oder einer Person. Wird in der Meldung Mayday unter dem Paragraph *Natur des Notfalles* AE (Alpha Echo) angegeben, dann heißt das nichts anderes, als dass Crew und Passagiere ihr Schiff verlassen bzw. aufgeben wollen oder müssen. AE beinhaltet noch 2 Unterkategorien: AE 1 und AE 2.

ein. Zwei Stunden lang muss jeder der Reihe nach ran. Verletzte und schwangere Frauen etc. sind die Ausnahme.

Bis zu diesem Zeitpunkt hatten der Überlebenskampf und die „*Aktion*" jeden der Akteure voll im Griff, Sie am meisten, und Zeit zum Nachdenken gab es kaum. Nun aber sieht es anders aus. Das Adrenalin ist zunächst aufgebraucht, Müdigkeit und ein Hauch von Resignation machen sich breit. Man hat die Tendenz, sich gehen zu lassen, und diese Phase ist extrem gefährlich. Der Müdigkeit zum Trotz müssen echte Führer jetzt tätig werden. Die anfängliche Organisation (als es galt, vom sinkenden Schiff wegzukommen) muss überdacht und angepasst werden.

... aber was zeichnet einen solchen Anführer denn überhaupt aus?

35

Fünf Mann, ein Anführer und der ganze Rest

Fünf Mann[151] ...

Oft stellt es sich gerade in solchen Situationen heraus, dass die meisten Menschen nie dazu verdammt gewesen waren, irgendetwas mit an-

151 Hiermit meine ich alle an Bord: Kinder, Jugendliche, Erwachsene, Frauen und Männer.

deren zu teilen, Essen und Wasser zu rationieren oder im Rahmen einer Gruppe eine Funktion zu übernehmen, mit einem Wort: Disziplin an den Tag zu legen.

Wenn an diesen Personenkreis dann auch noch einer herantritt, der ihnen sagt, was zu tun oder zu lassen ist, so sind Konflikte vorprogrammiert, und genau jetzt tun Sie sich als echter Anführer hervor.

Ein Anführer

Erklären Sie jeden Ihrer Schritte so ausführlich und so überzeugend wie nur irgend möglich. Schauen Sie den Ihnen gegenübersitzenden Menschen dabei direkt ins Gesicht und sondieren Sie bereits: Auf den kann ich zählen, den anderen muss man im Auge behalten! Bei Ersteren spüren Sie sofort den Hauch von Sympathie, von Kaltblütigkeit und Zustimmung, bei Letzteren sehen Sie wohl nur Revolte, Schmollmund und Ablehnung. Denken Sie dran: Es kann der Moment kommen, in dem Sie sich mit Macht und einer Prise Gewalt durchsetzen müssen. Wenn Sie aber spüren, dass der Gegenwind (die Ablehnung Ihnen und Ihren richtigen, lebensrettenden Entscheidungen gegenüber) zu groß wird, dann machen Sie mit Ihren Sympathisanten den *Alleingang*. Lieber es zu dritt schaffen, als zu sechst untergehen.

Folgende Eigenschaften sollte ein Anführer (Sie) haben:

1. *Technische Kompetenz in Sachen Überleben auf See*
Ein alter Seefahrer, ein Ex-Militär, jemand, der Seefahrt- und/oder Survival-spezifische Lehrgänge absolviert und etwas Erfahrung mit Menschenführung hat. Oder ein forscher und extrem motivierter Organisator mit dem Flair für das Notwendige.

2. *Moralische Kompetenz*
Jemand, der die Verantwortung übernimmt, im Guten wie im Schlechten. Dieses Übernehmen der Verantwortung zieht Vertrauen nach sich, was wiederum der Loyalität förderlich ist. Er ist stets Vorbild!

3. Selbstvertrauen
Kein Zögerer! Er trifft Entscheidungen auf Grund seiner Erfahrung, weil er instinktiv weiß, dass er damit richtigliegt, und weil er nur eines im Sinne hat: das Überleben aller.

4. Geradlinigkeit und eine Portion Durchsetzungsvermögen
Er redet nicht um den heißen Brei herum und handelt knapp und präzise, und genauso sind auch seine Anweisungen. Er lügt nie. Gibt es Nachrichten, auch schlechte, so informiert er sofort jeden an Bord.

Ganz bewusst habe ich „*... muss menschlich sein ...*" weggelassen. In einer Gruppen- Extremsituation hängt der Kollektivrahmen höher als der des Individuums, und so sind *menschliche* Entscheidungen nicht immer gleich die besten. Seien Sie als Anführer Motivator und Vorbild zugleich. Kreieren Sie eine Art Routine, an der alle teilhaben. Feste Regeln müssen jetzt her, denn Chaos und Anarchie sind das, was die Menschen auf der Rettungsinsel nun am wenigsten brauchen können.

Analysieren Sie: Gibt es in der Gruppe Menschen, die ganz besonders unter Kälte, Einsamkeit, Angst und Schmerzen leiden, dann agieren Sie sofort. Übertragen Sie ihnen Verantwortung. Mit positiven, ermutigenden Worten. Einer könnte zum Beispiel eine Liste der gesamten Ausrüstung der Rettungsinsel anfertigen. Ein anderer soll einen Plan zur Ausgabe der Not- und Trinkwasserrationen erstellen. Versuchen Sie in Gesprächen herauszubekommen, welchen Beruf, welche Kenntnisse oder Fähigkeiten jeder hat, vielleicht gibt es ja einen Arzt, eine Krankenschwester, einen Seemann, einen Soldaten oder einen Fachmann für Telekommunikation etc. Machen Sie von diesen Fähigkeiten Gebrauch.

Lassen Sie sich Ratschläge geben: Hören Sie sich jeden an, der etwas zu sagen hat. Sehr oft sind gute Ideen dabei, die sich problemlos in die Praxis umsetzen lassen. Sie selber kümmern sich spätestens jetzt um den nächsten wichtigen Schritt:

Kontakt / Kommunikation mit der Außenwelt!

Stellen Sie fest, ob jemand noch ein funktionierendes Handy hat. Wenn das der Fall ist, prüfen Sie, ob ein Anruf möglich ist. Gibt es ein Netz (Empfang)? Gibt es einen Radartransponder (*Search And Rescue Radar Transponder = SART*) an Bord? Falls ja, ist die halbe Miete schon gewonnen. Idealerweise hängt man den SART einen Meter über dem Meeresspiegel an eine dafür vorgesehene Halterung. Suchen Sie danach und aktivieren

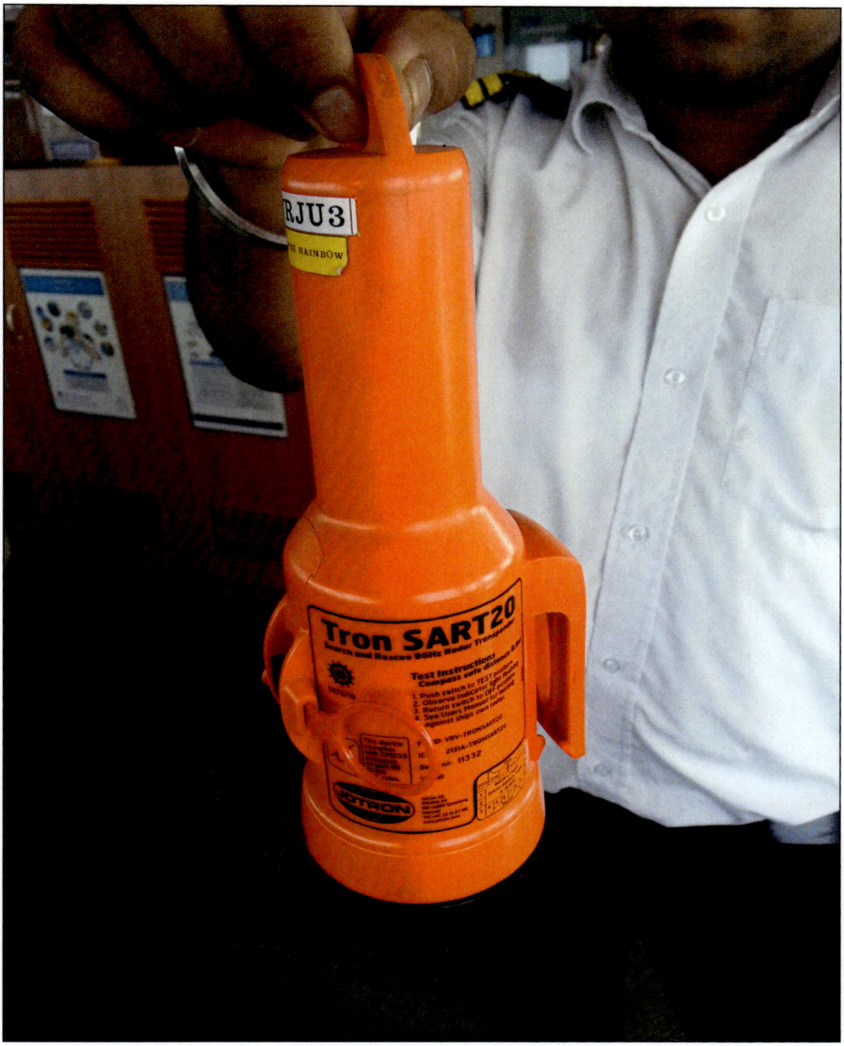

SART

Sie den SART, wenn ein Schiff oder ein Hubschrauber in der Nähe ist. Wie das gemacht wird, steht in englischer Sprache auf dem Gerät. Ein SART Radartransponder verfügt über eine Batterie, die es ihm ermöglicht, bis zu acht Stunden lang nonstop zu senden. Von einem Schiff aus kann man diese Signale bis zu acht Seemeilen[152] weit orten. Das heißt für unseren Anführer: Das Gerät erst dann einschalten, wenn ein Schiff so nahe ist, dass es unsere Signale auch empfangen kann! (Tagsüber kann das geübte Auge auf diese Distanz bei einem Schiff noch gut die Konturen und die Brücke ausmachen und einen Tanker von einem Passagierschiff unterscheiden.)

Sie sind DER Verantwortliche an Bord, also machen Sie den SART zur CHEFSACHE!

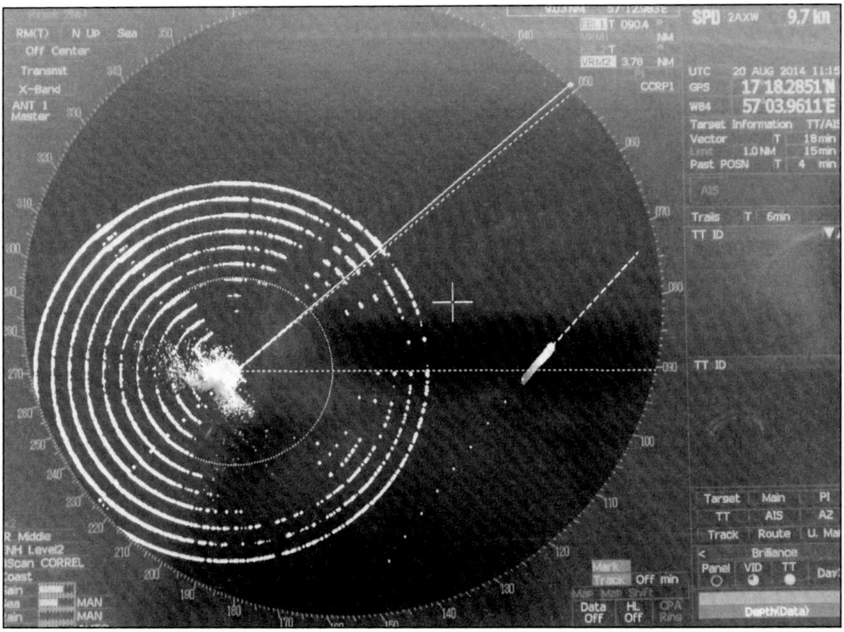

(Dieser SART ist sehr nahe. Man sieht es an den Ringen auf dem Radarbildschirm.)

---

152 Zum Vergleich: Ein SAR Hubschrauber in 1000 Metern Höhe kann die Signale desselben SART Transponders noch aus einer Entfernung von 48 Seemeilen ausmachen.

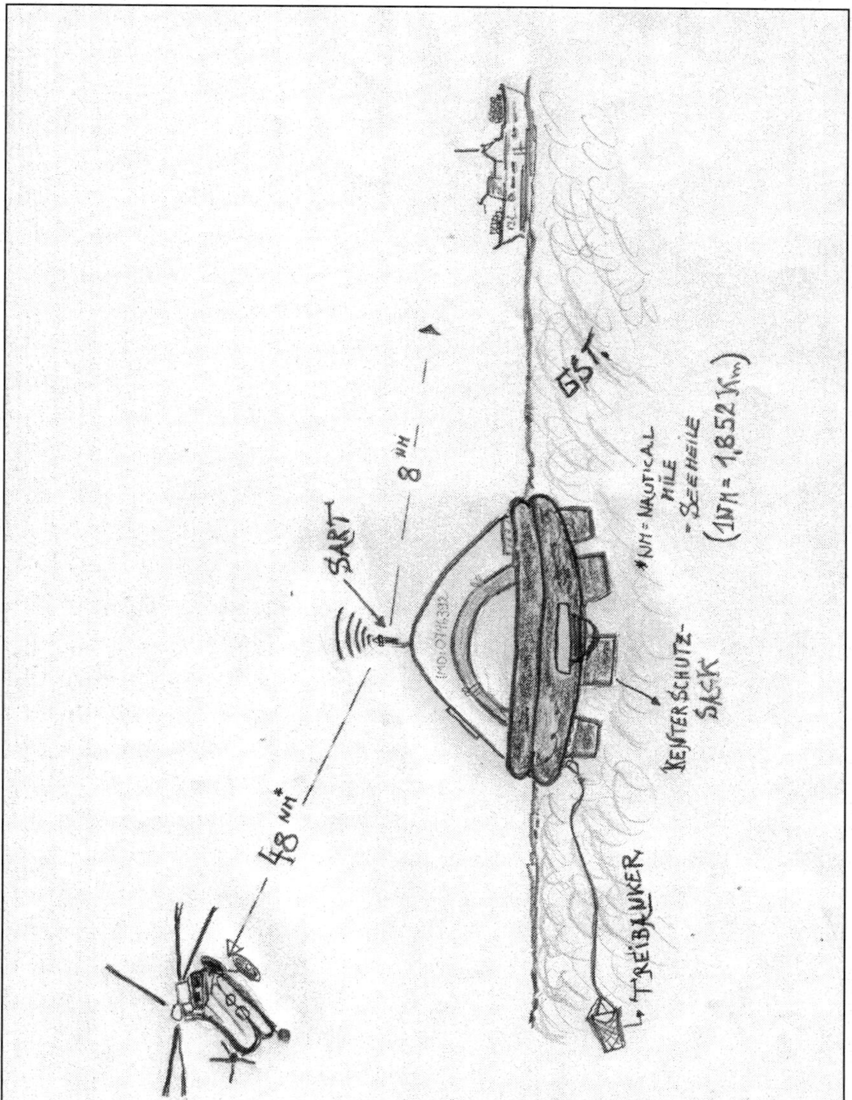

Rettungsinsel auf dem Meer

Sind mehrere Rettungsinseln in Sicht, dann schließen Sie sich zusammen. Verbinden Sie die Inseln mittels Seilen und Leinen so untereinander, dass dennoch ein Sicherheitsabstand von etwa fünf bis sieben Metern eingehalten wird. Sobald jedoch das erste Flugzeug oder der erste Hubschrauber in Sicht- oder Hörweite ist, gruppieren Sie alle Rettungsinseln Seite an Seite, um besser gesehen zu werden.

Die Moral

Es gibt viele Beispiele, die belegen, dass man auf einem Floß oder auf einer Rettungsinsel im Meer nicht nur ein paar Tage, sondern Wochen oder sogar Monate, wenn es sein muss, überleben kann. Andere haben es vorgemacht.

> *So erlitt der Amerikaner Steven Callahan im April 1982 Schiffbruch und trieb anschließend ganze 76 Tage auf seiner winzigen Rettungsinsel (Durchmesser 1,68 Meter) im Atlantischen Ozean. Im Jahr 1986 schrieb er ein Buch darüber, in dem er sehr detailliert seine erlebten Emotionen, seine Ängste und Hoffnungsmomente schildert und dabei immer wieder betont, wie wichtig es für ihn war, sich selbst, seine Gedanken und Gesten unter Kontrolle zu bringen.*

Natürlich war es ein Drama und kein Zuckerschlecken, aber Sie sollten sich immer sagen: Was andere können, das schaffe ich auch! Es ist nur eine Sache des Willens und des Glaubens an die eigenen Fähigkeiten. Tage in der Misere sind gewonnene Erfahrungswerte, und auch wenn hauptsächlich negative Erfahrungen dabei sind, kann man nur daraus lernen. Schwerkranke Menschen freuen sich über jeden Tag, der ihnen geschenkt wird; nun stellen Sie sich den Fakten, und fragen Sie sich:

- ***Bin ich am Leben?***
  Na also!
- ***Bin ich schwer krank?***
- ***Ist die jetzige Situation wirklich so gefährlich, dass ich jede Minute Angst haben muss zu sterben?***

Zweimal NEIN und ein tiefes Aufatmen ist angebracht. Sie leben, somit ist alles möglich. Ihr Wille, der Zuspruch und die Hilfe der anderen versetzen Berge. Die größten Feinde sind zunächst nicht das Ertrinken oder vielleicht die Haifische (die sich auch bald einstellen werden), nein! Sie selber und die Menschen, die mit Ihnen in derselben Situation stecken, sind die größte Gefahr, denn in der winzigen Rettungsinsel kommt es zu:

- ***Panik***
- ***Überstürzten Entscheidungen***
- ***Aggressivität – fehlender Selbstkontrolle – Respektlosigkeit***
- ***Lähmender Passivität bis hin zur totalen Resignation, der leicht Depressionen folgen***

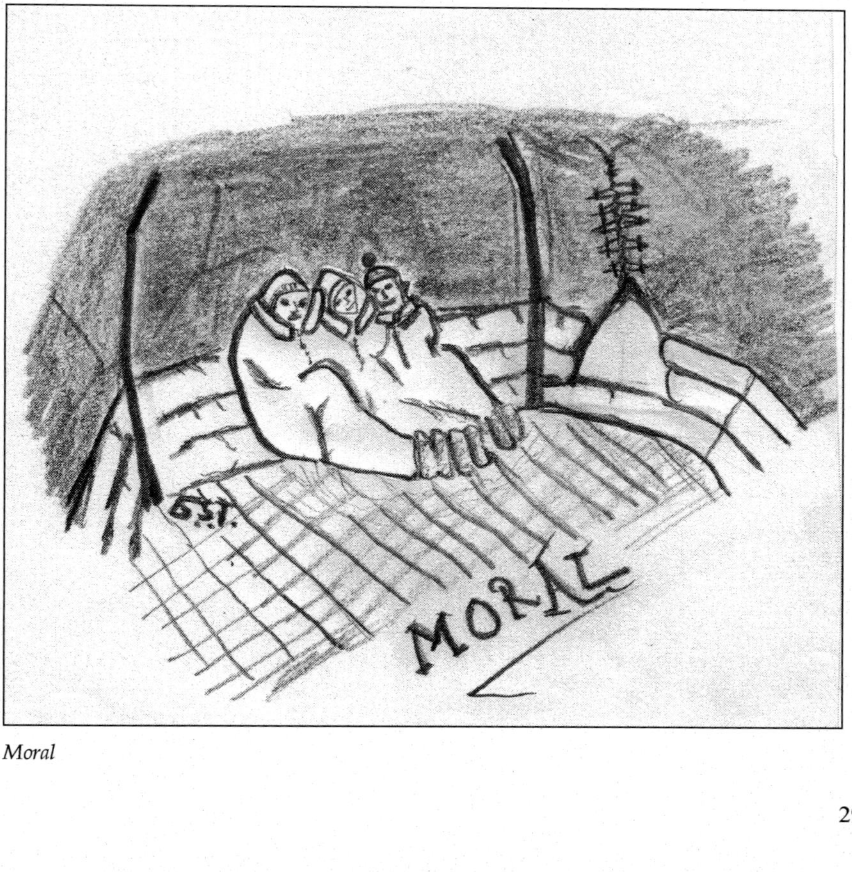

Moral

Auf engstem Raum kann man einander nicht ausweichen, sich mal kurz zurückziehen oder sich gar verstecken. Und dass man sich schnell satthat, kann ich bestens nachvollziehen.

Anfang August 2014 befand ich mich an Bord eines chinesischen Tankers, unterwegs vom 17. Breitengrad im Roten Meer Richtung Singapur. Meine Wache auf der Brücke dauerte vier Stunden, und das zweimal am Tag. Mit mir eingeteilt war der Zweite Offizier, ein drahtiger Kroate. Die Brücke war etwa 20 Meter lang bei einer Breite von 7 Metern. Von der ersten Minute an lief der nervöse Offizier die Strecke auf, und dann wieder ab, und wieder auf und wieder ab! Jedes Mal kam er nahe an mir vorbei, alle 19 Sekunden, ich habe gezählt! Er lief und lief. Eine Minute lang. Eine Stunde lang. Zwei Stunden lang! Ich betete, er möge aufhören und endlich mal stehen bleiben, oder jemand würde ihm die Batterie herausnehmen. Nach der dritten Stunde im selben Rhythmus ... hin und her im zermürbenden 19-Sekunden-Takt ... lagen meine Nerven blank. Wieder eine Stunde später hätte ich ihn ohne zu zögern erwürgt, doch die Ablösung kam Gott sei Dank dazwischen.[153]

Wir waren zu dritt auf der Brücke, es war kuschelig warm und trocken, alles lief bestens. Jetzt stellen Sie sich vor, in einer winzigen Rettungsinsel von drei Metern Durchmesser, sechs Mann an Bord (die alle nass sind, frieren, Hunger und Durst und Angst haben. Die urinieren müssten, aber sich schämen zu fragen, wie man's anstellen soll bei dem Gedränge, einer schreit, ein anderer weint lautlos etc.); stellen Sie sich vor, in diesem Chaos haben zwei oder drei Passagiere einen Tick. Mord und Totschlag wären in diesem Fall vorprogrammiert.

---

153 Als ich mir später im Stillen Gedanken darüber machte, sagte ich mir, dass die Unruhe des Offiziers, die auf alle übergriff, daher kommen konnte, dass wir uns in einem High Risk (Hohes Risiko) Gewässer befanden, in dem Piraten ständig Schiffe überfielen, doch das war es nicht. Der Mann, wenn er mal sprach, redete nur von zuhause und von seiner Familie. Er konnte und wollte sich einfach nicht damit abfinden, hier, mitten auf hoher See zu sein, und so war sein Gesicht eine Freske der ständigen Unzufriedenheit. Ich zog meinen Strich, sagte mir, dass es besonders in Not- und Survival-Situationen extrem wichtig ist, das *HIER* und das *JETZT* zu akzeptieren, denn erst dann können wir uns voller Energie und Entschlossenheit den Lösungen zuwenden. Und so ist es auch im Leben.

Was ich eigentlich damit sagen will, ist: Passen Sie sich an. Finden Sie Ihren Platz in der vom Schicksal bestimmten Situation und tun Sie alles, was jetzt gefragt ist. Seien Sie …

- ***Ein echter Teamplayer.***
- ***Eine reale Hilfe und Unterstützung für die anderen.***
- ***Ein genügsamer, einfallsreicher Mensch.***
- ***Einer, der seine Leiden stumm ertragen kann.***
- ***Ein Vorbild der Hoffnung und der positiven Einstellung.***
- ***Einer, der lacht, obwohl ihm zum Heulen zumute ist.***
- ***… humorvoll! Kultivieren Sie Ihren Humor. Das gibt Hoffnung, und ein Lachen ist, wie wir wissen, stets die kürzeste Distanz zwischen zwei (oder mehreren) Menschen.***[154]

---

154 „Lachen ist die kürzeste Distanz zwischen zwei Menschen" – Victor Borge.

36

Cast-Away

Vielleicht kommt der Tag, an dem jedem an Bord der Rettungsinsel klar wird, dass es mit einer schnellen Rettung nicht so einfach wird. Das Wetter ist schlecht. Wir haben keinen SART Radar Transponder oder er ist defekt, und alle Leuchtraketen sind verschossen. Die Moral kämpft seit Tagen zahlreiche Schlachten, denn das Essen geht zur Neige und Wasser ist inzwischen Mangelware! Wäre es nicht an der Zeit, alles das, was Sie inzwischen an Angst, an Selbstreflexion und an Resignation in sich hineingefressen haben, den anderen mitzuteilen? Zum Beispiel in einer Vorstellungsrunde, in der jeder auch etwas Persönliches von sich und seinem Leben da *draußen* erzählt? Sie werden erstaunt sein, wie viel Neues und Wissenswertes Sie über sich selbst erfahren. Dinge, von denen Sie glaubten, sie seien verloren, ein Lachen, ein warmer Gedanke an Menschen, für die Sie, *als alles noch im Lot war*, eigentlich nur Verachtung übrig hatten? Tränen vielleicht, obwohl Sie eigentlich ein harter Brocken sind oder sich für einen hielten?

Den Blicken der anderen werden auch unsere Lügen nicht entgehen. Die

Lügen, die wir eventuell ein ganzes Leben mit uns herumtrugen! Sich endlich davon zu befreien, wird unser Leben auf ewig verändern. Auch unser Mut kommt sicher ans Tageslicht, unsere Aufopferung in all den vergangenen Stunden und Tagen (oder der Mut der ganzen langen Jahre zuvor). Oft findet man an den unmöglichsten Plätzen und in den aussichtslosesten Situationen die Anerkennung, die man im normalen Leben in hundert Jahren nicht bekommen würde!

Oder wäre es nicht jetzt ein idealer Moment, mal genau das zu sagen, was Ihnen ein Leben lang schon auf der Zunge brannte, nur dass Ihnen bisher immer der Schneid dazu gefehlt hatte? Und sollten Sie der See ein Schnippchen schlagen, woran wir natürlich nicht zweifeln, denn ein echter *„Survivalist"* kennt keine Zweifel (denn wo ein Wille ist, ist auch ein Weg), dann werden Sie sich an diese *erzählten* Momente stets mit nachdenklicher Miene und mit Dank zurückerinnern, denn glauben Sie mir: Es gibt nichts Tieferes als Gespräche unter Leidensgenossen, nichts Bewegenderes als einen Gedankenaustausch unter denen, die aus der Not heraus aus demselben Blechnapf tranken, ob im Krieg, in dreckigen Zeiten oder verschollen auf hoher See.

Wasser / Nahrung

Nach Ablauf einer gewissen Zeitspanne werden die Rationen knapp. Ohne feste Nahrung können wir sehr lange überleben, ohne Wasser HÖCHSTENS drei bis vier Tage. Wassermangel führt zunächst zu einer Dehydration. Die ersten Anzeichen einer Dehydration sind:

- ***Ständiger Durst***
- ***Extreme Müdigkeit, Schwindel, Kopfschmerzen, Krämpfe***
- ***Ein trockener Mund, trockene Haut***
- ***Dunkler Urin***
- ***Verwirrtheit***

Personen, die über diese Anzeichen klagen, müssen trinken. Ideal wäre ein halber Liter Trinkwasser jede Stunde, und das so lange, bis die Beschwerden verschwunden sind. Der Urin ist dann nicht mehr dunkel, sondern wird hell und klar. Es versteht sich von selbst, dass Kinder und Verwundete vorrangig mit Wasser versorgt werden (hier kommt die Menschlichkeit stets zum Tragen!).

Da Wassermangel ein permanentes Problem sein wird, sollte in den ersten vierundzwanzig Stunden der Seenot so wenig wie möglich (am besten gar nichts!) getrunken werden. Das soll vermeiden, dass sich der Drang zum Urinieren verstärkt, denn durch das Urinieren verlieren Sie das bisschen Trinkwasser, das noch in Ihrem Körper ist. Bereits ab dem zweiten Tag *muss* rationiert werden.

Die Ausgangsbasis der Wassermenge pro Kopf und Tag ist 1,2 Liter. Wie rationieren wir? Beispiel:

- Jetzt muss Teamwork her, die Gemeinschaft hat Vorrang vor dem Individuum. Für den Anführer gilt: Erfassen Sie jeden Tropfen Wasser und messen oder schätzen Sie, wie viel es ist.
- Wenn Sie für mindestens 10 Tage (und darüber hinaus) Wasserreserven für fünf Personen haben, dann können Sie die Tagesration von 1,2 Liter austeilen.
- Haben Sie nur höchstens für 10 Tage (und weniger) Wasserreserven für fünf Personen, dann teilen Sie nur 0,6 Liter täglich pro Person aus.
- Haben Sie aber nur für 5 Tage Reserven, dann reduzieren Sie die tägliche Abgabe auf 0,33 Liter pro Tag/Person.

Das ist Limit. Erfahrungswerte zeigen, dass dreimal 0,15 Liter pro Tag und pro Person zum Überleben zunächst genügen. Trinken Sie Ihre Portionen nicht auf einmal, sondern über den ganzen Tag verteilt!

Dehydration

Um einer Dehydration oder einem Verdursten vorzubeugen, gibt es nur eine Lösung: Trinken! Doch was, wenn das Wasser knapp ist oder wenn man keines mehr hat? Zunächst mal eine kleine Liste von dem, was man auf keinen Fall trinken sollte:

- ***Alkohol***
- ***Meerwasser***[155]
- ***Urin***

Im puren Zustand richten diese Flüssigkeiten mehr Schaden an, als gut für Sie ist.

- Wie anfangs erwähnt, befindet sich in der Rettungsinsel ein Anglerset, mit Angelhaken und Angelschnur. Genug Fisch heißt genug Wasser, denn Fische sind nicht nur Nahrungsspender, sondern auch Wasserlieferanten. Das Wasser befindet sich hauptsächlich in ihren Augen und in ihrem Blut, aber auch in geringer Quantität im Rückgrat. Achten Sie beim Angeln darauf, die Schnur nie mit bloßen Händen zu halten.
- Kein Anglerset an Bord? Gut! Dann denken Sie nach, seien Sie einfallsreich. Woraus könnte ich zum Beispiel eine Harpune basteln? Wie mache ich aus Sicherheitsnadeln und gebogenen Nägeln einen Angelhaken? Was eignet sich dafür, ein Netz herzustellen?
- Einige Fische sind giftig[156], andere haben Stacheln. Mit diesen Stacheln können sie Löcher in die Rettungsinsel schlagen! Bereiten Sie dieses Szenario vor: Was tun, wenn die Insel ein oder mehrere Löcher aufweist?
- Angezogen von der orangefarbenen Kuppel der Rettungsinsel, lassen sich täglich verschiedene Vögel darauf nieder. Dies wissend,

155 Richtig! Als Thor Heyerdahl an Bord der Kon-Tiki den Pazifik überquerte, tranken er und seine Männer Salzwasser gemischt mit Trinkwasser. Aber die Heyerdahl-Crew hatte erstens genug Frischwasser dabei und hatte deshalb, zweitens, keine Probleme mit der Dehydration. Das Salz im Wasser war für sie ein Zusatz, den der Körper benötigte. Auf einer Rettungsinsel, mit kaum genug Trinkwasser für alle an Bord, sollte man sich auf solche Experimente gar nicht einlassen.

156 Sollten Sie nicht wissen, welche, dann verlassen Sie sich auf Ihr Gefühl und auf den äußeren Aspekt der Fische. Bunte Fische: Finger weg! Viele Fische, die sich von Korallen ernähren, Fische, die sich bei Gefahr aufblasen, Kugelfische, stachelige Fische mit kräftigen Mundpartien, Clown- und Papageienfische etc. … meiden Sie diese! Rochen haben Stacheln am Schwanzende und Haie schlagen sehr heftig mit ihrem Schwanz aus. Auch hier droht Gefahr.

ist es ein Leichtes, sie zu fangen, denn diese Vögel haben wenig Angst vor den Menschen, weil sie kaum einmal einen zu Gesicht bekommen haben. Etwas Einfallsreichtum und Entschlossenheit Ihrerseits, und Hunger dürfte kaum mehr eine dominante Rolle spielen. Ist ein Vogel ins Netz gegangen (man kann sie mit einem Paddel erschlagen, einen Angelhaken mit Köder auf die Kuppel legen, sie mit der bloßen Hand fangen oder man fertigt Schlingen an), dann töten Sie diesen, indem Sie ihn mit einer Hand fest an Ihre Hüfte pressen und ihm mit der anderen den Kopf mit einem kräftigen Ruck vom Körper abreißen. Trinken Sie zunächst sein Blut, und lösen Sie dann sein Federkleid vom noch warmen Körper. Fast alle Seevögel kann man essen! Auch die Knochen können, wenn vorher zu Brei gekaut, geschluckt werden. Achtung jedoch vor den Splittern.

• Unter dem Dach der Rettungsinsel sammelt sich feiner Dunst; ihn zu sammeln, dafür haben wir die Schwämme. Halten Sie Ausschau nach Regen, und schlagen Sie kräftig Alarm, sobald die ersten Tropfen fallen. Jetzt heißt es, alle nur erdenkbaren Gefäße nach draußen halten, um das kostbare Nass aufzufangen. Hängen Sie auch Kleidungsstücke raus, die sich mit Regenwasser vollsaugen können.

• In der Regel ist die Rettungsinsel mit einer Art Regenwasser-Auffangrinne ausgestattet. Diese befindet sich mittig außen an der Kuppel. Von dort führt ein Schlauch in das Innere der Insel. Nun warten Sie nicht ab, bis es tatsächlich zu regnen beginnt, sondern reinigen Sie diese Rinne zunächst gründlich mit Meerwasser, denn durch die lange Lagerung haben sich Talg- und Staubpartikel dort gesammelt. Das so aufgefangene Regenwasser muss anschließend irgendwo aufbewahrt werden. Bereiten Sie alle Behältnisse vor, die sich dafür eignen könnten: Eimer, Dosen, Plastiksäcke etc.

Eine weitere, recht unorthodoxe Weise, dem Verdursten zu entgehen, zeigt uns der Überlebenskampf der Familie Robertson.

Die Familie Robertson überlebte dank Meerwasser-Injektionen (Einspritzungen) in das Rektum. Es genügen ein Schlauch, ein

Gleitmittel (Fett, Öl), ein Beutel oder ein Gefäß, das sich in eine Art Pumpe umwandeln lässt und jeweils ein halber Liter Meerwasser. Der Schlauch muss dabei etwa 10 bis 12 Zentimeter in das Rektum eingeführt werden. Dieselbe Familie (im Jahr 1972 für ganze 39 Tage in akuter Seenot) ist in der ersten Woche mit nur einem Viertelliter Trinkwasser pro Tag und pro Person ausgekommen.

Hat man nur wenig oder kein Wasser, ist es angeraten:

- ***Wenig zu reden.***
- ***Nicht zu rauchen.***
- ***Hauptsächlich durch die Nase zu atmen.***
- ***Viel zu schlafen.***

Schlaf

Ich möchte kurz diesen letzten Aspekt etwas beleuchten, denn die Wichtigkeit des Schlafes wird von den meisten Menschen fahrlässig unterschätzt. Wer nicht genug Schlaf bekommt, dem fehlen die Fähigkeiten überlegte Entscheidungen, de facto richtige Entscheidungen zu treffen. Was bleibt, sind Automatismen, was bleibt, sind die Bilder im Kopf, von denen ich im Kapitel ANGST sprach, was bleibt, sind die Gewohnheiten. Natürlich stimmt es, dass der Mensch 48 oder sogar 72 Stunden ohne Schlaf auskommen kann, aber die falschen Entscheidungen, die während dieser Phase getroffen werden, häufen sich und führen mit der Zeit zu einer sich ständig verschlechternden Situation. Die Effizienz und die Kreativität leiden unter dem Schlafmangel am meisten, und von der Effizienz unserer Techniken hängt in einer Survival-Situation nichts Minderes als unser Leben ab. Nutzen Sie daher jede Möglichkeit, die sich Ihnen bietet, sich richtig auszuschlafen. Als Anführer heißt das nichts anderes, als dass jeder stets wissen muss, wann er schlafen kann/darf oder nicht. Machen Sie einen Plan, den jeder von dort, wo er gerade sitzt oder liegt, einsehen kann. Mehr als zwei Stunden Wache am Stück kann niemand aufmerksam surchführen.

Hygiene

Ein großes Problem auf so engem Raum ist die Hygiene. Zunächst hat jeder Mensch seine natürlichen Bedürfnisse. Um diese auf eine Art und Weise zu befriedigen, mit der alle an Bord leben können, muss enorm viel Selbstdisziplin her, denn es versteht sich von selbst, dass nicht jeder, wie es ihm beliebt, in der Rettungsinsel sein Wasser abschlagen oder seinen Darm entleeren kann. Es obliegt dem Chef, ein System einzuführen, das sicher ist und das dennoch keinen allzu großen Aufwand oder gar viel Kraft fordert. Der Eimer bietet sich an, denn den kann man leeren und auswaschen. Dazu eine Art Vorhang und es ist gut. Nur würde der Eimer dann als wichtiges Wasserauffanggefäß fehlen! Was bleibt, ist das Problem des Geruches. Eine Lösung wäre es, nach draußen hin seine Geschäfte zu verrichten. Dazu müsste der Betroffene mit einem Seil, einem Gurt oder per Hand gesichert werden. Hüten Sie sich davor, heimlich *„in die Hose zu pinkeln"*. Das wärmt zwar einen Moment, wenn die Kälte überhandnimmt, aber Sie riskieren auf die Dauer eine Ammoniak-Vergiftung, einen ständigen Juckreiz, der Sie zum Wahnsinn treibt, und der Ekel und das Unverständnis der anderen sind Ihnen sicher. Aber: Das passiert jedem mal, und gerade wenn es kalt ist, hat man nicht immer die Kontrolle über seine Blase. Humor ist dann nicht nur angesagt, sondern sogar sehr wichtig. Sind Frauen an Bord, so sollten diese ein gar übertriebenes Scham- oder Zartgefühl ablegen, und den Männern sei gesagt: Nehmen Sie ganz einfach Rücksicht.

- ***Disziplin und Rücksicht sind Schwerpunkte.***

Putzen Sie sich regelmäßig die Zähne, mit dem Finger oder einem faserig gekautem Stück Holz. Ein einziger fauler Zahn kann den ganzen Körper in Mitleidenschaft ziehen, von den Schmerzen kaum zu reden!

Zu guter Letzt noch zwei Tipps:

1. Führen Sie eine Art Tagebuch, in das Sie ganz methodisch alles eintragen, was Ihnen bisher wichtig schien. Versehen Sie die Einträge mit Datum, und wenn möglich mit Uhrzeit. Tragen Sie auch jeweils Ihre ungefähre Position ein, die Wetterbedingungen, Strömungen etc.

2. Bereiten Sie Ihre Rettung vor, denn früher oder später wird man Sie finden. Über folgende Punkte vorher schon nachzudenken, macht Sinn.

- ***Auf sich aufmerksam machen:*** Anzuwendende Signalmittel? Ist ein Schiff in Sicht oder sehen Sie Lichter, dann zögern Sie nicht, einen Teil (nicht alle auf einmal) der Signalmittel einzusetzen. Nachts empfehlen sich die Signalraketen (ohne Schirm), tagsüber der Signalspiegel in Kombination mit den Raketen mit Fallschirm.
- ***Kontaktaufnahme:*** Mit welchen Mitteln? Sprache?
- ***Allgemeiner Zustand aller an Bord:*** Gibt es Verletzte oder Tote? Hätte jeder noch die Kraft, die Leiter oder das Netz an der Schiffswand hochzuklettern? Oder sich am Gurtzeug festzuhalten, den der Hubschrauber per Seilwinde herunterlässt? Vielleicht kann der Hubschrauber nur drei, vier oder fünf von Ihnen mitnehmen. Klären Sie vorher schon die Reihenfolge: Wer hat auf Grund seines Gesundheitszustandes absolute Priorität, wer kann noch warten?
- ***Wetterverhältnisse:*** Starker Regen, Wind und starke Strömungen machen den Rettern die Arbeit nicht einfach. Ist es besser, abzuwarten, bis das Wetter besser ist? Wenn Sie davon überzeugt sind, teilen Sie dies den Rettern unbedingt mit.
- ***Tageszeit:*** Eine Rettungsaktion, wie sie auch aussehen mag, hat tagsüber immer mehr Aussicht auf Erfolg.

Sie waren nun lange Tage oder gar Wochen auf See und wurden schließlich gerettet. Gestalten Sie Ihren Übergang in die *Normalität* besonnen und genauso behutsam wie eine Meisterhand, die zärtlich und gefühlvoll über die Saiten der Violine streicht, genauso erhaben und schön wie das Spiel der Sonne, die sich jeden Tag mit einem grandiosen Spektakel, aber sehr diskret im Osten über unsere Häupter erhebt. Denken Sie an all das, was Sie erlebt haben, und vergessen Sie auch im täglichen Leben und vor allem auch am Arbeitsplatz in Ihrer verantwor-

tungsvollen Position eines nie: Es ist der Mensch, der zählt, im *Überleben* und im täglichen *Leben*. Jeder ist wichtig!
Und die Menschen in der Rettungsinsel? Nun ... jeder trug dazu bei, dass Sie jetzt hier stehen, nachdenklich, die Haare im Wind, das Gesicht nass vom Monsunregen, aber total glücklich. In diesem Sinne:

„Immer eine Handbreit Wasser unterm Kiel!"

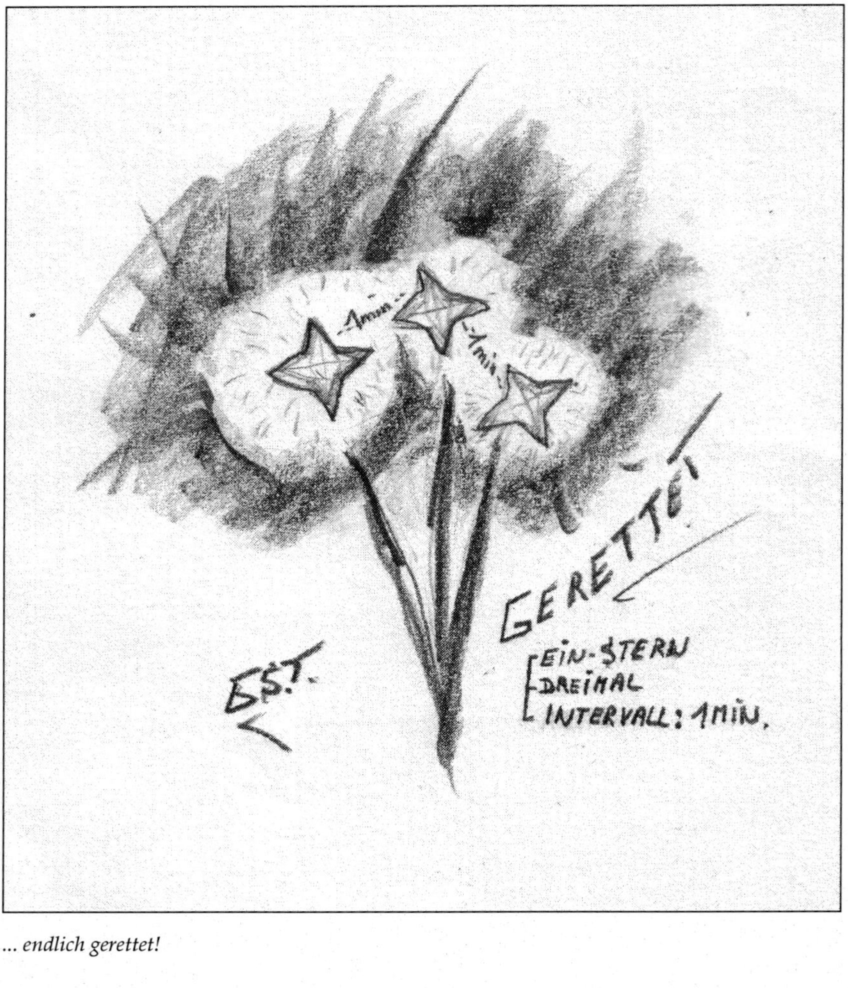

... endlich gerettet!

8 ÜBERLEBEN IN DER WÜSTE

„… und dann lag plötzlich eine riesige Ebene vor uns. Sie schien aus Millionen und Abermillionen winziger Kristalle zu bestehen, die in der Sonne funkelten. Der Boden war so hell, dass sein Anblick den Augen wehtat, und so weit, dass man sein Ende nicht sehen konnte ... Das Faszinierendste aber war ein Fels, der aus dieser funkelnden Ebene herausragte. So hoch und so breit wie ein dreistöckiges Haus."

(Rüdiger Nehberg, Konditor, Globetrotter und Überlebensexperte)

37

Ohne Wasser kein Leben!

Der größte Schatz ist unser Leben, aber das können wir nur erhalten, wenn Wasser da ist. Ohne Wasser kein Leben! Wasser finden, und zu jeder Zeit darüber verfügen zu können, ist ein Glückstreffer. Wir, die wir in den Städten oder in Dörfern leben, wissen diese Glücksmomente nicht mehr zu schätzen, denn sie sind inzwischen Normalität. Es gibt jedoch Situationen … *da ist nichts mehr normal!*

Im Frühjahr 1990 nahm ich mit meiner Einheit (eine Fallschirmjäger-Kompanie der Fremdenlegion/2e REP) an einem Manöver in den Hochplateaus Dschibutis teil. Vorausgegangen war ein Fallschirmabsprung am helllichten Tag über der Gagade-Wüste. Die Temperaturen lagen bei 45 Grad, unser Gepäck wog schwer. Während des Gewaltmarsches in Richtung Yoboki, einem kleinen Dorf hoch oben in den Bergen, kippte der MG-Schütze meiner Gruppe aus den Stiefeln. Blass wie ein Leichentuch sank er ohne ein Wort einfach zu Boden und rührte sich nicht mehr. Wir spannten sofort einen Poncho, damit er Schatten hatte, machten seinen Oberkörper frei, besprenkelten Gesicht und Brust mit Wasser und fächelten ihm Luft zu.[157] *Nach einer Viertelstunde konnte (musste) er weiterlaufen. Um Mitternacht, in einem Wirrwarr aus schwarzem, heißem Lavagestein, bewegte sich die Temperatur immer noch um die dreißig Grad. Unser Wasservorrat neigte sich gefährlich dem Ende zu, Reserven hatten wir nicht. Mittags darauf wurden 13 Legionäre per Helikopter ausgeflogen (Erschöpfung, Sonnenstich, Dehydration), das Manöver jedoch ging weiter. Am Abend bot ich mich an, mit einem Trupp loszuziehen, um in der ariden Steinwüste nach Wasser zu suchen, und machte mich schon kurz darauf mit zwei Mann und allen leeren Wasserflaschen auf den Weg. Mein Ziel war ein tiefer liegendes Wadi, und tatsächlich: Je näher wir dem Talweg kamen, desto mehr häuften sich die Anzeichen dafür, dass irgendwo in der Nähe Wasser sein musste. Ich sah Libellen und Fliegen, die alle in dieselbe Richtung drängten. Das Erste, was mir kurz danach auffiel, waren Kamelspuren, und etwas später sah ich eine Wasserlache. Das Wasser darin war unbrauchbar für den menschlichen Genuss, denn die Kamele hatten ihre Bedürfnisse darin verrichtet, das Wasser stank erbärmlich. Einer der Legionäre, der mit am schlechtesten beieinander war, ließ sich auf die Knie nieder und wollte von dieser Kloake trinken. Wir mussten ihn mit Gewalt daran hindern. Ich beschloss, fünf Meter neben der großen Pfütze ein Loch zu graben, denn das Wasser schien direkt unter der Oberfläche zu*

157 Genau das sollten Sie in einer solchen Situation auch tun: Ruhigstellen, für Schatten und Luftzirkulation sorgen, beengende Kleider lockern und dem Opfer zu trinken geben.

liegen, und ich sollte damit Recht haben. Bevor ich mein Vorhaben in die Tat umsetzen konnte, kam über Funk die Nachricht zum Sammeln. Das Manöver war zu Ende.

Einen Monat später kam ich durch Zufall wieder durch dieses Wadi. Die Pfütze war verschwunden, der Boden knochentrocken. Aus Neugier grub ich mit meinem Spaten genau an derselben Stelle, und siehe da: Bereits nach ein paar Spatenstichen stieß ich auf nassen Sand, und nur fünf Minuten später sickerte Wasser in das jetzt etwa sechzig Zentimeter tiefe Loch. Genug Wasser für einen Mann, um zwei, drei Tage davon zu leben. Warum diese Geschichte? Nun, sie ist der Beweis dafür, dass es Wasser in der Wüste gibt, man muss nur wissen, wo danach suchen. Die Fremdenlegion ist seit Jahrzehnten auch in den Regionen unserer Erde stationiert oder im Einsatz, die wir als Wüste bezeichnen. Ob in Algerien (*Aurès, Erg*), Tunesien (*tunesische Sahara*), Marokko (*Mittlerer und Hoher Atlas*) oder in Dschibuti (*Gagade-Wüste, Grande et Petite Bara-Wüste, die Region am Lac Abbé*), im Tschad (*Tibesti*), in Mali und seit kurzem auch in Abu Dhabi: Aus Erfahrungen schlau, können wir ohne rot zu werden die Behauptung aufstellen, dass, wenn es Männer gibt, die sich neben den Einheimischen in der Wüste sehr gut auskennen und die auch dort zurechtkommen, es Legionäre sind. Hier einige Ideen und Tipps aus dieser Ecke.

In der Wüste brauchen wir uns über eines keine Gedanken zu machen: Übers Essen! Solange wir Wasser haben, ist unser Leben nicht in Gefahr. Drei Wochen ohne feste Nahrung? Durchaus möglich! Drei oder vier Tage ohne Wasser? Der Tod lässt grüßen! Diese Einschätzung … *drei oder vier Tage* … ist sehr optimistisch. Sind Sie nämlich zu bestimmten Jahreszeiten in der Geröllwüste Dschibutis[158] oder in der von tiefen Tälern und Dünen zerfurchten Tibesti ohne Wasser unterwegs, kann der Tod Sie in einigen Stunden ereilen!

Wenn wir Legionäre uns auf einen Fußmarsch durch die Wüste begaben, hatten wir nur so viel Wasser dabei, wie wir im Rucksack auch tragen konnten, generell etwa fünf Liter, aufgeteilt in mehrere vonein-

158 Am Lac Assal in Dschibuti werden Temperaturen von bis zu 55 Grad und mehr, gemessen.

ander unabhängige Wasserflaschen. Wasser zu finden war nie unsere oberste Priorität, denn wie alle Armeen dieser Erde hatten wir unseren Nachschub. Es kam aber oft vor, dass, wie geschildert, mir nichts, dir nichts, aus einfachen Manövern heraus, knallharte Survival-Situationen entstanden, und dann hieß es improvisieren, Wasser wurde plötzlich Priorität. Und davon benötigte man jetzt mehr, als die Umgebung bieten konnte, denn offene Quellen, Oasen und zugängliche Flüsse gab es in den Regionen, in denen wir unterwegs waren, nur selten ... zumindest nicht augenscheinlich! Wir mussten uns also anpassen. Das bisschen Wasser, über das wir verfügten, musste strikt rationiert werden, vor allem aber durften wir nicht den Fehler machen, uns mehr als notwendig der Sonne auszusetzen, und unser tägliches Leben war strikten Regeln unterworfen.

38

Faustregeln und Tipps zum Überleben

Erste Faustregel

Nie zwischen 09h00 morgens und 15h30 nachmittags marschieren oder in der Zeit große körperliche Anstrengungen vollbringen. Rasten Sie im Schatten.

Zweite Faustregel

Trinken Sie nie unmittelbar nach einer Gewaltanstrengung, sondern warten Sie erst ein paar Minuten, bis Ihr Körper zur Ruhe kommt und eventuell etwas abgekühlt ist.

Dritte Faustregel

Marschieren Sie nicht im Sand, wenn es sich vermeiden lässt, sondern auf steinigem Untergrund.

Vierte Faustregel

Versuchen Sie erst gar nicht, einem heraufziehenden Sandsturm[159] entgehen zu wollen, und sparen Sie sich lieber Ihre Kräfte. Wenn in unmittelbarer Nähe kein natürlicher Schutz vorhanden ist, legen Sie sich den Rücken zum Wind einfach zu Boden, und bedecken Sie Ihren Kopf mit einer Decke, einem Poncho oder Ähnlichem. Nutzen Sie diese Zeit, um zu schlafen und um sich auszuruhen.

Fünfte Faustregel

Sie schlagen Ihr Nachtlager niemals in einem Wadi oder einem trockenen Flussbett auf!

Sechste Faustregel

Werden Sie nicht Opfer einer Fata Morgana. Dieses Phänomen birgt nur dann Gefahren, wenn man bei geringer Erfahrung mit der Wüste darauf reinfällt. Die heiße Luft gaukelt Ihnen Wasser, ganze Seen, klare Flüsse vor, wo keine sind.

Siebte Faustregel

Wegen der vielen Skorpione schütteln Sie Ihre Kleider und Schuhe im-

159 Im Jahr 1991 im Tschad habe ich einen Sandsturm miterlebt. Zunächst tritt eine kaum fassbare Stille ein. Dann verändern sich die Farben am Himmel (großartiges Farbenspiel: Gelb, Orange, Rot, Violett, Tiefblau und dann Schwarz!), und plötzlich wird es dunkel. Es ist, als ob ein fauchendes Untier über Sie herfällt. Dabei geschieht alles so schnell, dass ein Entfliehen kaum möglich ist.

mer sorgsam aus. Tragen Sie immer eine Kopfbedeckung[160], einen Hut, ein Käppi oder eine Mütze. Augen, Nasen und Lippen sollten im Schatten derselben liegen. Den Nacken schützen Sie mit einem chèche (Tuch der Tuaregs/Nackenschal) oder mit einem in den Nacken gelegten T-Shirt. Das Hemd und die Hosen (bevorzugen Sie helle Farben, Weiß ist günstig) sind langärmlig, die Schuhe aus leichtem Stoff. Sie haben eine Decke und eine Jacke im Rucksack und tragen Sonnenbrille, und natürlich haben Sie Sonnencreme auf die frei liegenden Hautpartien aufgetragen und wissen ganz genau, wohin Sie wollen: Sie haben einen Plan!

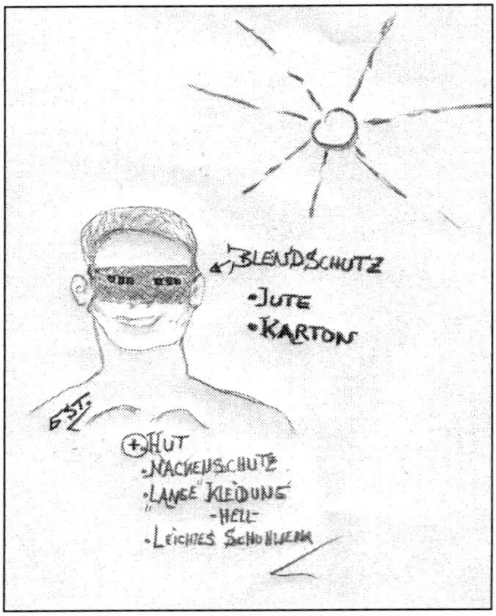

Sonnenbrille gefertigt aus Jute
(Das grelle Licht der Sonne, der Augen Feind: Schützen Sie sich davor!)

So finden Sie Wasser:

1. Stark benutzte Wege

Sollten Sie auf eine Piste stoßen, die sehr frequentiert ist, folgen Sie ihr. Über kurz oder lang führt sie zu einem Brunnen, einer Oase oder einem Wasserloch. Die Qual der Wahl, in welche Richtung Sie der Piste folgen, obliegt Ihnen, die Chance, dass Ihre Wahl die richtige war, liegt nach Adam Riese zumindest bei 50%.

160 US-Spezialeinheiten legen mit Vehemenz Wert darauf, immer wieder zu betonen, dass für ihre Soldaten im Dschungel die Kopfbedeckung das wichtigste Ausrüstungs- bzw. das wichtigste Bekleidungsstück überhaupt ist. Wir Legionäre können darüber schmunzeln, denn einen Hut tragen wir selten im Urwald, außer hier und da ein Moskitonetz. In der Wüste jedoch ist bei uns die Kopfbedeckung ein Muss.

2. *Vögel / Insekten*

Beobachten Sie die Vögel. Sehr früh am Morgen und kurz bevor die Sonne untergeht, holen sich diese ihre tägliche Wasserration. Wenn ein Vogel sehr tief und schnell wie ein Pfeil in einer wie mit dem Lineal gezogenen geraden Linie fliegt, dann fliegt er zum Wasser hin. Unterwegs dorthin werden Sie auch auf Insekten stoßen, was Sie in Ihrem Unternehmen nur bestätigt. Sehen Sie eine oder mehrere Fliegen, sollte ihr Instinkt Sie sofort alarmieren, denn Fliegen sind üblicherweise nie weiter als ungefähr hundert Meter von einer Wasserquelle entfernt, wie klein diese Wasserquelle auch sein mag. Einige Tropfen? Eine Quelle? Ein versteckter Brunnen? Suchen Sie danach!

3. *Wadis*

Folgen Sie den engen Wadis. Graben Sie an der Außenseite ihrer Biegungen. Sollten Sie nur auf feuchten Sand oder Schlamm stoßen: Sie haben gewonnen!

Haben Sie etwas Geduld und Sie werden sehen, dass Wasser in Ihre Grube sickert. Falls nicht, haben Sie immer noch die Möglichkeit, den Schlamm in ein Tuch oder ein T-Shirt zu schaufeln, dieses dann zusammenzurollen und wie ein nasses Wäschestück auszuwringen. Trinken Sie! Es geht nicht mehr darum, nicht krank zu werden, es geht ums nackte Überleben!

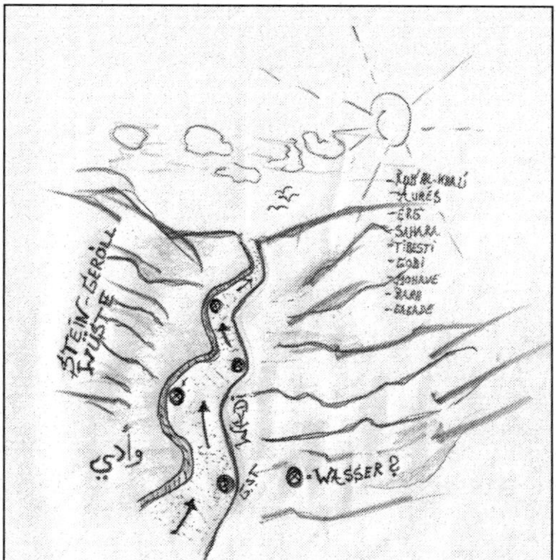

Wadi

4. *Kondenswasser*

Die folgende Option macht nur Sinn, wenn Sie vor Ort ausharren müssen. Der Mensch hat Flüssigkeit in sich: Urin! Sollten Sie (wie in meinem beschriebenen Fall mit der Pfütze) dazu noch auf eine, wenn auch nur kleine Menge verschmutztes Wasser stoßen, prima! Bauen Sie sich Ihre eigene *Destillationswerkstatt*. Und so geht's.

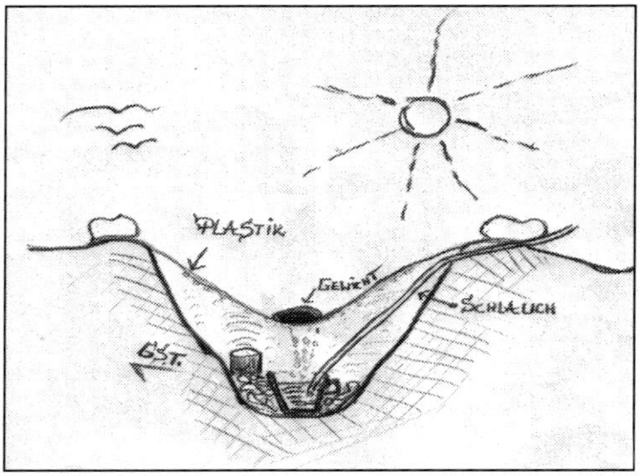

Destillieranlage

- Ein Loch von etwa 45 Zentimetern Tiefe und 40 Zentimetern Durchmesser[161] graben, am besten in einem Wadi. Zusammen mit dem Urin und dem Schmutzwasser ergibt dies eine zusätzliche natürliche Verdampfungs-Quelle: die des feuchten Sandes. Je größer der Durchmesser Ihrer Grube ist, desto mehr Verdunstung kann entstehen, umso mehr Wasser können Sie erhalten.

- In einen Behälter (Tasse, Glas, Blechdose) urinieren, und auch etwas vom Schmutzwasser hinzufügen. Den Behälter an der Seite in das Loch stellen.

- Einen zweiten Behälter mittig hinzufügen und nun über das Ganze lose ein Plastikteil (am besten durchsichtig) legen, welches das Loch völlig abdeckt. Das Plastik oben befestigen und dann zentral einen Stein legen, sodass eine V-Form entsteht. Der aufsteigende Dunst sammelt sich unter der Plane, fließt nach unten, trifft sich an der Stelle, an welcher der Stein liegt, und tropft ab in den Behälter.

- Öffnen Sie die Plane höchstens einmal am Tag, um zu *„ernten"*, oder lassen Sie eine winzige Öffnung für einen kleinen Schlauch.

---

161 Der Durchmesser richtet sich ausschließlich nach der Größe der Plastikplane, die Sie zur Verfügung haben, denn diese sollte so groß sein, dass das Loch völlig abgedeckt ist und noch einiges an Spiel zu den Seiten hin hat.

5. *Oasen, unterirdische Wasserverläufe, Brunnen*

Wüstenbewohner wissen um den Wert des Wassers. Es kommt oft vor, dass unterirdische Wasserfelder an ganz bestimmten Stellen durch Graben von Wasserlöchern oder von Brunnen unmittelbar zugänglich sind. Fast immer sind diese Brunnen Zentrum einer Siedlung oder eines Dorfes, hin und wieder aber markieren sie nur den Verlauf einer uralten, wichtigen Piste, der die Karawanen in Afrika und auf der Arabischen Halbinsel einst folgten.[162] Dann kann es sein, dass die Stellen auf keiner Karte eingezeichnet sind, sie aber jeder kennt – nur wir nicht! Oft sind sie nur durch einen Steinhaufen, durch ein Grab[163] in der Nähe oder durch einen im Sand steckenden Pfahl gekennzeichnet. Halten Sie nach solchen Dingen Ausschau. In den Situationen erkennen Sie den Wert des mitgeführten Fernglases. Eine Oase erkennt man bereits von weitem an einem unwirklich scheinenden, blassen, grünen Band, das leicht im Sonnenlicht reflektiert und das in der Hitze auf und ab zu tanzen scheint. Es handelt sich dabei um eine mehr oder weniger dichte Vegetation: Palmen, Gras, Schilf! Niemand dort wird Ihnen den Zugang zum Wasser verweigern oder etwa Geld dafür verlangen. Wahrscheinlich lädt man Sie sogar zu einem *„Aisch ou Mileh"*, zu einem kargen Essen unter Brüdern der Wüste ein: eine Handvoll Datteln, ein Glas Kamelmilch und Fladenbrot direkt vom Feuer.

162 In Dschibuti gibt es diese Karawanen immer noch. Sie beginnen am Lac Assal. Dort wird mit Werkzeugen wie Hammer und Pickel, teils mit bloßer Hand, Salz abgebaut und in Säcke geschaufelt, die dann auf den Rücken der Kamele in Richtung Äthiopien verfrachtet werden.

163 Auf den Gräbern ist oft ein Stein zu sehen. Weist seine Spitze nach oben, so liegt dort ein Mann begraben, weist sie hingegen nach unten, ist es eine Frau. Oft auch: zwei Steine für einen Mann, drei für eine Frau! Je höher die Steinplatten aufeinandergeschichtet sind, desto wahrscheinlicher ist es, dass der oder die Begrabene eines gewaltsamen Todes gestorben ist. Das Grab ist Ost-West-orientiert und der Tote liegt auf der Seite, sein Gesicht nach Mekka gedreht.

39

Gefahren unterwegs

• Sie marschieren also nachts? Das ist eine gute Entscheidung! Passen Sie aber höllisch auf, denn vor allem in Steinwüsten gibt es tiefe Spalten und Risse, abrupte Klippen – und Canyons, die unvermutet in Sackgassen münden.

• Der Sternhimmel in der Wüste ist grandios, orientieren Sie sich nach den Ihnen bekannten Sternbildern. Sollten Sie Lichter am Horizont sehen, dann laufen Sie nicht einfach blind darauf zu, sondern warten Sie erstmal in aller Ruhe ab. Zeit, eine Zigarette zu rauchen und nachzudenken. Nichtraucher dürfen Kaugummi kauen oder an einem Kiesel lutschen, was den Speichel anregt. Bei dem Licht könnte es sich um ein Fahrzeug handeln, das, haben Sie bereits drei Kilometer in seine Richtung getan, sich plötzlich in Bewegung setzt und in eine ganz andere Richtung auf Nimmerwiedersehen davonfährt.[164]

• Früher gab es Löwen in der Sahara und in den anderen, abgelegenen nordafrikanischen Wüsten. Außer Gliederfüßern wie

164 1989 dem damals noch unerfahrenen Caporal Gast in der Grand-Bara-Wüste so widerfahren.

Spinnen, Tausendfüßer und Skorpione sind heute vielleicht einige Menschen, die dort wohnen, unsere einzigen Feinde. Im Norden Dschibutis sind es möglicherweise die *Afar* (siehe Bürgerkrieg in Dschibuti, 1991–1994; eine kleine Minderheit der FRUD Rebellen hat bisher alle Friedensabkommen abgelehnt), die ab und zu noch zu den Waffen greifen, anderswo die *Tuareg* (in der westlichen Sahara, im Niger und in Mali stehen sie nach Ansicht der Experten in sehr enger Verbindung mit Al-Qaïda) oder *Beduinenstämme*. Im Niger, im Tschad und in Mali könnte der Feind gar *Al-Qaïda des Islamischen Maghreb*, kurz AQMI, heißen. Allein als Europäer ist man oft ein willkommenes *„Geschenk"*. Ich möchte eines sicher nicht tun: diese Gruppen verteufeln! Aber trotzdem, nehmen Sie nur dann Kontakt auf, wenn Hunger, vor allem aber der Durst Sie zu diesem Schritt drängen!

In den nordamerikanischen Wüsten gibt es Gilas (Gila-Krustenechse). Ihr Gift hat eine neurotoxische Wirkung und kann im ungügsten Fall einen Menschen töten. Gilas kommen aber nur im Süden der Vereinigten Staaten und in Mexiko vor. Auch die Side-Winder Schlange (Seitenwinder-Klapperschlange) ist dort beheimatet.

Wüste und Meer treffen sich?

Graben Sie in angemessener Entfernung zum Ufer (20 bis 30 Meter hinter einer Düne) ein Loch. Wasser sickert hinein, das Salz bleibt größtenteils im Sand und in der Erde zurück. Das Resultat kann ohne Probleme getrunken werden. Halten Sie am Ufer auch nach folgenden Spuren Ausschau.

Warum? Nun Meeresschildkröten haben zwei Dinge, die wir brauchen: *Fleisch und Blut!* Letzteres kann man trinken, und das Fleisch hilft uns, zu Kräften zu kommen.

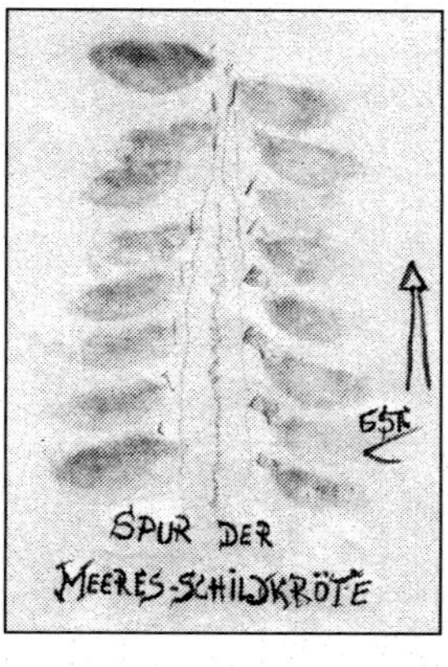

Spur einer Meeresschildkröte

In den Jahren 1988/89 befanden wir uns am nördlichsten Punkt Dschibutis, am Ras Siyan! Nur einen Steinwurf weiter: Eritrea! Wir waren auf „Survival", hatten kein Wasser mehr, und nichts, um unsere Bäuche zu füllen. Wasser bezogen wir über einen Brunnen, den wir nahe am Meer gruben, ansonsten schwärmten wir jeden Tag aus, um etwas Essbares zu finden. Einige von uns gingen fischen oder fingen Krebse (Bernard l'hermite / Einsiedlerkrebse), andere hielten nach unvorsichtigen Dig-digs[165] *Ausschau. Ich selber machte mich alleine auf den Weg, immer am Ufer entlang, bis ich auf Spuren stieß, die direkt aus dem Meer zu kommen schienen, und so war es auch. Es waren die Spuren einer Meeresschildkröte. Ich ahnte, dass sie an Land gekommen war, um ihre Eier zu legen, doch darauf konnte ich in unserer Situation keine Rücksicht nehmen. Flugs kletterte ich die drei Meter, die mich von ihr trennten, hinunter und drehte sie auf den Rücken, sodass sie nicht mehr wegkriechen konnte. Da ich mich, wie bereits erwähnt, auf einem Alleingang befand und ich mich schon weit vom Lager entfernt hatte, musste ich sie den ganzen Weg zurück auf meinen Schultern tragen. Sie wog an die 42 Kilo und bis zum Camp waren es vier Kilometer. Ihr Fleisch schmeckte wie Rindfleisch. Die Eier, von der Form und der Größe her mit einem Pingpong-Ball zu vergleichen, hatten die Eigenart, dass das Eiweiß nicht fest wurde, egal wie lange man es erhitzte. Ihr Blut mischten wir mit Wasser und tranken es als eine willkommene Zusatznahrung. Wider unsere Erwartungen schmeckte es süß und gut. Nahrhaft ist es allemal.*

165 Kleine Gazellen.

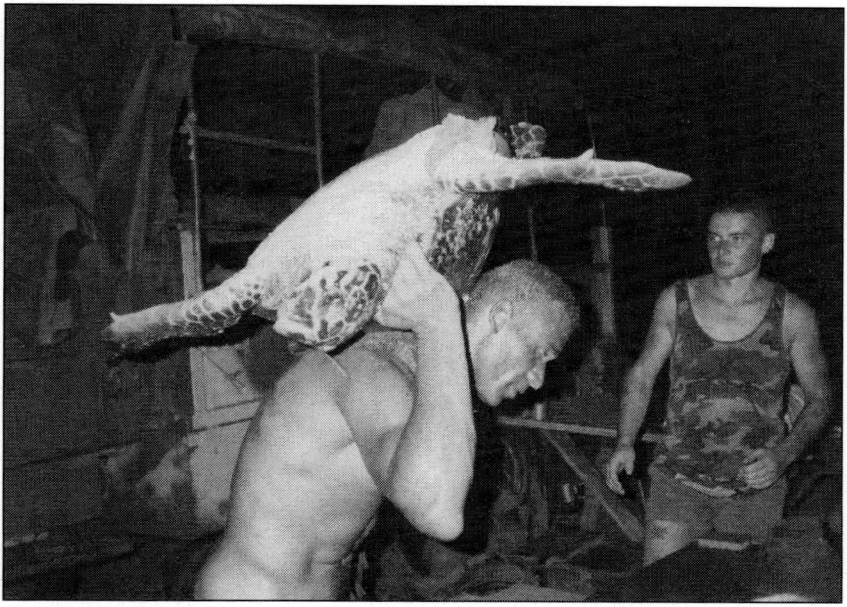

Schildkröte am Ras Siyan

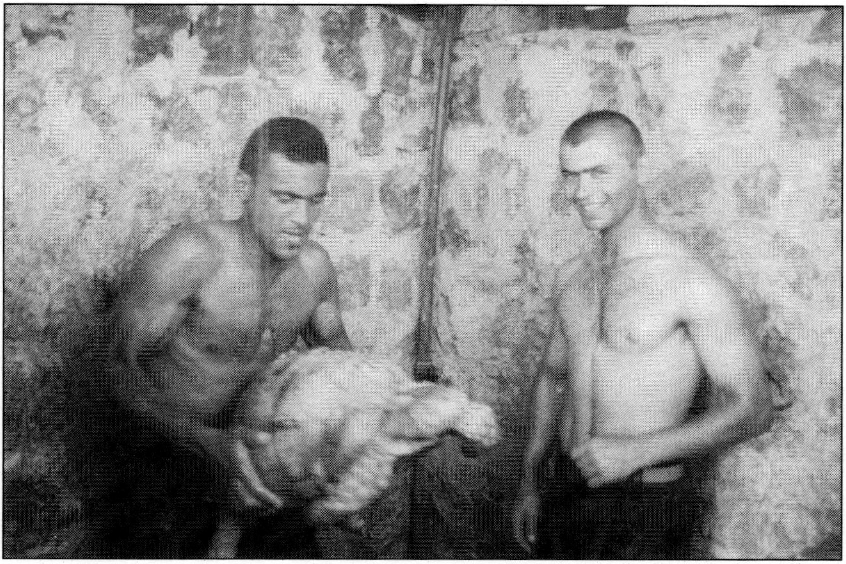

Landschildkröte

9 ÜBERLEBEN IN EIS UND SCHNEE

„Der Winter ist keine Jahreszeit,
sondern eine Aufgabe."
(Sinclair Lewis, 1885–1951, amerik.
Romancier und Gesellschaftskritiker)

40

Kleidung, Ausrüstung und Hygiene

Die Jahreszeiten ändern sich. Hitze weicht der Kälte, Schnee und Eis überziehen das Land. Die Laubbäume, eben noch grün und aufgebauscht, haben ihre Blätter abgeworfen und gleichen erstarrten Händen, die ihre nackten Finger dem nun grauweißen Himmel entgegenstrecken. Wir ziehen uns wärmer an, und unsere Bewegungen werden schneller, weil in Bewegung bleiben warm bleiben heißt! Was sich nicht ändert, ist unsere Faszination für das Leben, und was auch jetzt noch Beständigkeit hat, ist unser Wille, zu überleben. Doch was, so fragen sich manche, nützt einem das Leben, wenn das Seelenheil aus dem Gleichgewicht ist und wenn wir das Wichtigste aus den Augen verlieren?

Themenverdächtiges Zwischenspiel

... damit die Seele heilt!

Korsika, Winter 1996

Die Geschichte spielte sich auf dem GR 20 ab (ich hatte ihn bereits am Anfang des Buches kurz erwähnt), irgendwo zwischen den Pässen Verghio und Vizzavona. Ich war zu der Zeit Zugführer. Meine Männer, alles Fremdenlegionäre, hatten den GR 20 schon öfter gemacht. Sicher waren auch einige jüngere dabei, doch auch sie hatten Erfahrung, waren solide und sie kannten ihre Grenzen. Der GR 20 gilt in dieser winterlichen Zeit als wild und unzähmbar. Man muss kein erfahrener Bergsteiger sein, ihn zu meistern, aber dennoch war Vorsicht geboten: Er fordert immer dann Opfer, wenn man es am wenigsten vermuten würde. Wir überquerten gerade einen der Pässe, als einer meiner Männer mir ein Signal gab und nach vorne deutete. Vor uns kauerten geduckt zwei Menschen. Es schneite und sie hatten Schutz unter einer überhängenden Klippe gesucht. Es war ein komisches Gespann: ein Mann, etwa um die fünfzig, und eine junge Frau von höchstens zwanzig. Der erste Blick verriet Vater und Tochter, und so war es auch. Die Frau, und das erkannte ich auf den ersten Blick, war etwas mitgenommen, ihre Rucksäcke ziemlich schwer, es war also ganz natürlich, dass ich ihnen unsere Hilfe anbot. „Wir schaffen das schon", verneinte der Mann aus voller Überzeugung. „Gleich hinter dem Pass ist eine Berghütte, dort bleiben wir über Nacht." Ich nickte. Es war genau die Hütte, zu der auch wir unterwegs waren. Nur war sie nicht gleich hinter dem Pass, sondern noch mindestens zwei Stunden Fußmarsch von hier entfernt, aber machbar war es allemal. Auch für die Frau, die mir einen ziemlich unsportlichen Eindruck machte. Ich sah mich um: Der Schneefall hatte nachgelassen, der Pfad lag gut erkennbar in der aufkommenden Abenddämmerung. Wir liefen weiter und erreichten kurz darauf die Hütte, wo ich ein Zimmer für das seltsame Pärchen freihielt, Feuer und Kaffee machen ließ und Wachen aufstellte. Derweil hatte es draußen wieder kräftig zu schneien begonnen, sodass man die Hand kaum vor Augen sehen konnte. Ein eisiger Wind, der immer heftiger durch die vereisten Pässe blies, gesellte sich hinzu. Drei Stunden später, es war bereits dunkel, kam mein Stellvertreter, ein robuster Belgier, zu mir. Er sah stirnrunzelnd zum Pass hinauf. „Ich weiß", nickte ich ebenfalls besorgt. „Stell sofort eine kleine Gruppe zusammen und lauf los." Wieder zwei Stunden später kam die Gruppe zurück. Unter ihnen, völlig entkräftet und halb erfroren, aber dennoch gut gelaunt, Vater und Tochter. Der Schnee hatte den Pfad unter sich begraben und sie hatten sich verlaufen. Am Feuer bei einem heißen Tee mit einem Schuss Rum kamen der Mann und ich ins Gespräch, an dessen Ende er mich und meinen Stellvertreter auf seine Yacht, die in der Bucht von Calvi lag, einlud. Und dort, drei Tage später, erzählte mir der Mann ihre Geschichte. Sie stammten aus einem wohlbekannten Ort an der Côte d'Azur und waren recht wohlhabend. Während er täglich vierzehn Stunden lang damit beschäftigt gewesen war, noch mehr Geld zu scheffeln, besaß seine Frau eine Modeboutique für Schickeria-Klienten. Für ihre Erfolge klopfte man ihnen auf die Schulter, ganz besonders ihre Freunde, samt und sonders reiche Geschäftsleute, und natürlich gab es Elogen von der regionalen Presse. Die sozialen Schranken waren gelegt, in Beton gegossen, jetzt galt es nur noch mit dem Strom in der Masse von Heuchlern zu schwimmen. Als er seiner Frau gegenüber (sie aus reicher Familie, er einst ein Bürgerlicher) einmal in Erwägung zog, alles hinzuschmeißen, damit sie endlich ein normales Familienleben führen konnten, bekam diese einen hysterischen Anfall und drohte mit Scheidung, und als das nichts half, mit Selbstmord. Auch seine Freunde sowie sein steinreicher Schwiegervater reagierten mit Unverständnis. „Aber euch geht es doch gut!?"

Die materiell verwöhnte, aber ansonsten sträflich vernachlässigte Tochter fraß sich den Frust buchstäblich auf die Rippen. Mit vierzehn wog sie bereits zweiundachtzig Kilo, Tendenz steigend, aber zumindest war sie im Internat gut aufgehoben. Mit fünfzehn hatte sie ihren ersten Alkoholrausch, mit siebzehn schnupfte sie Kokain, und ein Jahr später war sie in einer Entzugsanstalt. Und genau dort holte sie ihr Vater eines Tages ab. Er war nicht etwa mit dem 120.000 Euro schweren Aston Martin gekommen, denn den hatte er ebenso verkauft wie das Haus in Saint Tropez, sondern mit dem Bus. Und genau mit dem fuhren sie nach Saint Maxime, wo sie auf seine Yacht stiegen. Während der zweitägigen Überfahrt nach Korsika sprachen Vater und Tochter mehr Worte als die ganzen zehn Jahre davor. Er wolle sich scheiden lassen, sich lossagen von dem, was ihn innerlich zerstörte.

„Ich hab von heute auf morgen alles hingeschmissen und somit das Leben meiner Tochter gerettet. Und meins auch", fügte er schmunzelnd hinzu. Dann zeigte er hinter sich auf die verschneiten Bergkuppen und sagte: „Und das werden wir jetzt öfter machen. Uns den Gewalten der Natur aussetzen. Mit dem zurechtkommen, was in den Rucksack passt. Unsere vernachlässigten Körper auf Trab bringen, damit die Seele heilt. Und wir werden reden und miteinander lachen."

Was dieser Mann gemacht hat, war Survival *„par excellence"*, und das in zweierlei Hinsicht.

Erstens: Wer sich mitten im Winter auf den GR 20 wagt, ist entweder ein Dummkopf, oder er weiß ganz genau, was er macht. In diesem Fall wusste der Mann, welche Risiken er einging. Dementsprechend hatte er seine Ausrüstung gewählt. Ob Zelt, Spaten, Isoliermatte, Schlafsack, Kocher, Lampe, Sturmfeuerzeug, Fellmütze, Fingerhandschuhe und Fäustlinge, Goretex-Oberbekleidung, Notrationen oder der gut sortierte Verbandskasten ... er hatte an alles gedacht. Ich übertreibe bewusst etwas, wenn ich sage: Mit dieser Ausrüstung hätte er sich sogar zum Nordpol aufmachen können. Wäre er von einem plötzlich einfallenden Schneesturm überrascht worden, so hätte er einfach sein Zelt aufgeschlagen und der Dinge geharrt, die da kommen mögen. Außerdem verfügte er über gutes Kartenmaterial, hatte die täglich zu laufenden Etappen so kurz wie nur möglich gehalten, viele Pausen eingelegt und sich dem Rhythmus des Schwächeren (der Tochter) angepasst, doch das war nicht alles. Im *Office de Tourisme* (Touristenbüro) von Calvi hatte er seine Daten hinterlassen, dazu gehörten auch alle groben Eckzeiten der jeweiligen Etappen. Vorsicht ist die Mutter der Porzellankiste.

Zweitens: Er wusste, dass er nichts falsch machen durfte, dass er als Vater in voller Verantwortung stand. Den Ratschlägen seiner besten Freunde und den Drohungen seiner Frau zum Trotz, hatte er eine mutige Entscheidung getroffen, hatte quasi von heute auf morgen nicht nur sein Leben, sondern auch das seiner Tochter fundamental verändert und auf den Kopf gestellt. Angst, dass es danebengeht, hatte er nie verspürt, sondern nur eine große Erleichterung, endlich nicht mehr der Vernunft, sondern dem Ruf seines (Vater-) Herzens gefolgt zu sein.

Kleidung / Ausrüstung

An der oben erwähnten Vater-Tochter-Geschichte erkennen wir schon, dass eine normale Ausrüstung im Winter, und noch dazu im Gebirge, nicht ausreicht. Wir müssen sie den niedrigen Temperaturen, beziehungsweise der Witterung und dem Klima anpassen. Hier ein Beispiel, wie die Kleidung und die Zusatz-Ausrüstung[166] aussehen könnten.

Kleidung:

Lange Unterwäsche, dicke Wollsocken, Gamaschen, 2 Paar Winterhandschuhe, Fellmütze mit Ohrenschutz, Gesichtsmaske, Schal, Wind und Regen abweisende Oberbekleidung (atmungsfähig), Winterschuhe (eine Nummer größer als üblich), Sonnenbrille.

Ausrüstung:

Winterschlafsack (Kategorie z. B. minus 20 Grad), eine Goretex-Hülle dafür, Isomatte, 2 Handöfen[167], Fett, mehrere Plastiksäcke oder Tüten, einfach einstellbarer Signalsender- Empfänger (mit internationaler Frequenz / z. B. 457 MHz), um einander bei einem Lawinenunglück schnell wiederzufinden, drei, vier alte Zeitungen, kalorienreiche Nahrung; vergessen Sie wichtige Fette nicht, wie Öl, Butter oder Margarine.

---

166 Zusätzlich zu der Ausrüstung, die wir auch im Sommer im Rucksack immer dabeihaben.

167 Zigarettenschachtelgroße Gefäße, in denen kleine Kohlestäbe glimmen und die Wärme abgeben. Diese können einfach links und rechts in die Hosentasche gesteckt werden, oder man hängt sie sich um den Hals, damit sie auf der Brust zu liegen kommen. Natürlich könnte man sie auch in den Schlafsack mitnehmen, doch das sollte eine Ausnahme sein.

Mit der Zeitung können die Schuhe ausgestopft werden, wenn sie nass sind. Das Zeitungspapier saugt die Feuchtigkeit aus ihnen heraus. Oder man knüllt die Zeitung zusammen und steckt sie unter die Jacke. Das isoliert sehr gut und wärmt entsprechend. Bei der Kleidung darauf achten, dass viele dünne, weite Lagen übereinander besser sind als eine oder zwei dicke, denn zwischen den einzelnen Kleidungsstücken ist Luft, und wer Luft sagt, meint Wärme. Halten Sie sich selbst und die Kleidung so trocken und sauber wie nur möglich. Bei kalten Temperaturen wird leicht bekleidet marschiert, damit wir nicht übermäßig schwitzen. Wer vor dem Losmarschieren leicht friert, der hat alles begriffen. Beim Laufen wird einem dann sehr schnell warm. Bei einer Pause an einem windgeschützten Ort holt man dann einfach die Jacke aus dem Sack und zieht sie sich über. Trinken Sie ständig, auch dann, wenn Sie keinen Durst verspüren.

Fast alle Lehrgänge, an denen ich teilnahm und die sich im Gebirge und mitten im Winter abspielten, in einem „vom Ansatz her" menschenfeindlichen Klima also, begannen damit, dass die Ausbilder uns früh beim ersten Sonnenlicht weckten und uns dann mit nacktem Oberkörper antreten ließen. Zur Abhärtung, wie sie uns versicherten! Zur Abhärtung mussten wir uns dann auch gleich mal halbnackt im Schnee wälzen und gegenseitig damit abreiben. Man hört oft, dass der Mensch ein Anpassungstier ist und es stimmt. Nach ein paar Tagen schon machte es uns nichts mehr aus, im Freien mit nacktem Oberkörper zu arbeiten und schlüpften wir dann ins Iglu (oder Tipi), so war das fast schon wie ein Wärmeschock.

Spezialausrüstung

Skier und Schneeschuhe machen uns das Vorwärtskommen einfacher. Die Ski können mit Robben- bzw. Seehund-Haut bespannt werden. Für den Aufstieg ist das optimal, und die Schneeschuhe kann man sich mit etwas Übung selbst bauen, doch dazu müsste man etwas länger vor Ort bleiben, denn auf Anhieb wird es nicht gelingen.

Hygiene

Auch wenn es Überwindung kostet: Waschen Sie sich täglich! Ist Ihnen das Wasser im nahen Bach oder im Brunnen zu kalt, dann wärmen Sie etwas davon in einem Kessel oder in einem Topf, auf jeden Fall aber müssen Sie eine tüchtige Körperhygiene betreiben: Oberkörper, Achseln, Genitalien und, ganz wichtig, Ihre Füße müssen sauber sein. Männer können sich ruhig einen Bart wachsen lassen, was eher ein Vorteil ist. Dass man sich früh, mittags und abends nach dem Essen die Zähne putzt, muss wohl nicht extra erwähnt werden. Vermeiden Sie es, dick angezogen in den Schlafsack zu gehen.

41

Behelfsunterkünfte / Schneeloch und Iglu

Doch nun ans Eingemachte. Um sich im Winter vor einem plötzlich auftretenden Schneesturm zu schützen, ist der erste Reflex sofort Schutz zu suchen, doch wo, wenn es keine Behausung, keinen schützenden Wald und keine Felsen in der Nähe gibt, sondern nur Schnee und nochmal Schnee die Landschaft dominiert?

Was also liegt näher, als Schutz im Schnee selbst zu suchen?

Das Schneeloch

Günstig wäre ein Anlehnen an einem leichten Hang zur windabgewandten Seite, doch einer besonderen Technik bedarf es nicht, und das ist gut so, denn jetzt geht es vordergründig um die Schnelligkeit. Wie das Wort bereits sagt, wir lassen uns nieder, wo wir gerade sind, und graben ein einfaches Loch schräg in den Hang, wobei wir es wenn möglich vermeiden, die bloßen Hände zu benutzen. Nehmen Sie dafür Ihren Klappspaten, deswegen haben Sie ihn dabei. Das Loch soll zunächst so groß werden, dass Sie mitsamt Ausrüstung gerade mal so hineinpassen, und je schneller Sie graben, desto besser. In Europa gibt es kaum Blizzards, doch auch hier können in gewissen Regionen die Schneestürme mit einem enormen Temperatursturz, mit Hagel und großen Windgeschwindigkeiten verbunden sein, und diesem ersten Ansturm sollte man unbedingt aus dem Wege gehen. Einmal vor den Winden und den geschossartigen Hagelkörnern in relativer Sicherheit, kann das Loch langsam erweitert werden, und das soll es auch, denn noch wissen wir nicht, wie lange wir hier unten ausharren müssen. Unter Umständen den ganzen Tag und die ganze Nacht, vielleicht länger.

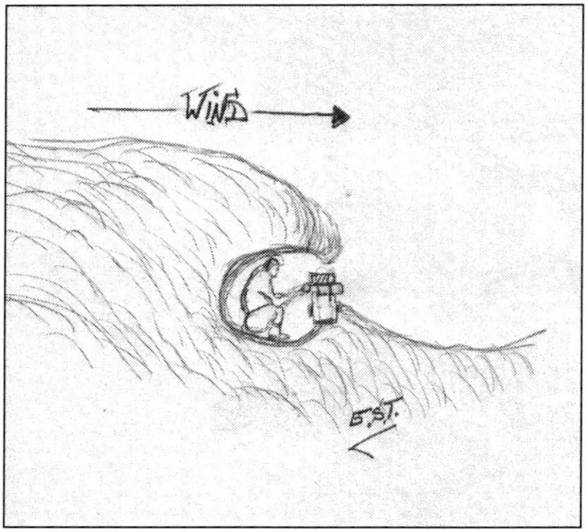

Schneeloch

Ein Schneeloch ist und bleibt jedoch immer nur eine notdürftige Lösung für einen relativ kurzen Zeitraum. Um lange Zeit und besser geschützt in Schnee und Eis zu überleben, benötigen wir einen Unterschlupf, von dem aus wir organisiert unseren täglichen Pflichten – hauptsächlich der Nahrungsbeschaffung – nachkommen können, und da es in vielen Regionen an Holz mangelt und/oder die Verarbeitung von Holz erst mit den dafür geeigneten Werkzeugen möglich ist, die uns jetzt fehlen, bietet es sich an, ein Iglu zu bauen.

Iglu

Ich habe verschiedene Arten von Iglus gebaut; hier die, die mir am besten schien. Die einzige Voraussetzung ist, dass es viel Schnee gibt. Zeitansatz für sechs Hände etwa vier Stunden.

1. Heben Sie im tiefen Schnee einen Graben mit folgenden Dimensionen aus.

- Länge: 3 Meter
- Breite: 1 Meter
- Höhe: 1,2 Meter

2. Schaufel für Schaufel wird der Aushub (Schnee) immer auf dieselbe Stelle gehäuft, sodass eine Kuppel entsteht. Ist das geschehen, steigen Sie zu zweit mit Skiern oder Schneeschuhen auf die Kuppel, halten Sie sich dabei gegenseitig an den jeweils dem anderen hingestreckten Stöcken und stampfen Sie den Schnee eine knappe Stunde fest.

3. Danach wird mittig im Graben genau auf Höhe der Kuppel horizontal ein Schacht gegraben, bis das Zentrum der Kuppel erreicht ist. Den Aushub nach draußen schaufeln.

4. Jetzt muss nur noch in Höhe und Breite erweitert werden, bis der Innenraum groß genug ist. Sondieren Sie mit einem dünnen Stecken ab und zu die Dicke der Wand schräg nach oben. Dünner als 35 Zentimeter sollte sie nicht werden.

5. Ein Kältegraben[168] und ein gestochener Rauchabzug (45 Grad von innen

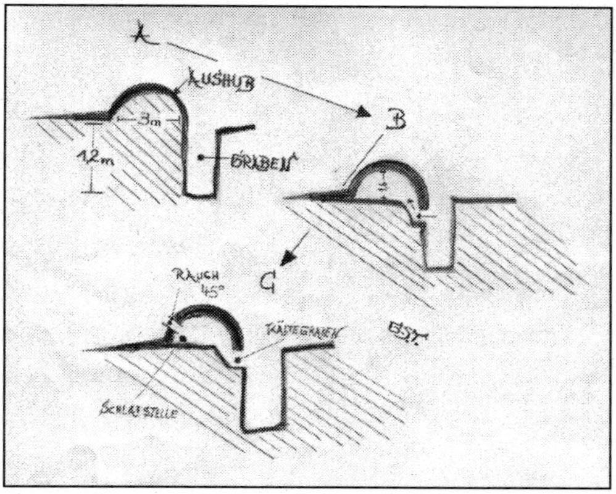

Iglu

168 In jedem Raum steigt die warme Luft nach oben. Die Kälte sammelt sich unten, im etwa 30 bis 40 Zentimeter tiefer als der Hauptraum gelegenen Kältegraben.

nach außen oben) vervollständigen das Ganze. Der Eingang kann mit Schneequadern oder mit Rucksäcken geschlossen werden; drei, vier Kerzen oder gar ein kleines Feuer schaffen die nötige Wärme. Im Iglu können die Temperaturen derart ansteigen, dass man sich darin mit nacktem Oberkörper aufhalten kann. Um es sturmfest zu machen, übergießen wir unser Bauwerk kurz vor Einbruch der Dunkelheit mit kaltem Wasser (falls ein Bach in der Nähe ist und die Nacht sehr kalt wird), damit die Kuppel zu hartem Eis gefriert.

Ist das Iglu richtig gebaut, so sieht es von weitem aus wie eine runde Schneewehe, nicht aber wie eine Behausung.

42

Gefahr durch Lawinen

Nur erfahrene Bergsteiger und Alpinisten sollten sich im Winter ins Hochgebirge wagen. In diesem Umfeld, vielleicht mehr als in anderen, töten nicht der Schnee, die Kälte und das Eis, sondern die Unerfahrenheit und die Unwissenheit. Geländeabschnitte, in denen Lawinengefahr herrscht, sollten wir erst betreten, wenn die Gefahr ihren Tiefpunkt erreicht hat. Dazu muss man wissen, dass innerhalb von vierundzwanzig Stunden nach heftigem Schneefall diese Gefahr am größten ist. Lawinen werden durch steigende Temperaturen (Temperaturunterschiede), durch das simple Betreten der Schneemassen, durch Regen, Erdbeben, Sprengungen oder durch sehr laute Geräusche ausgelöst. Müssen Sie

Schneefelder überwinden, die am Schräghang (ab 20 Grad Gefälle) liegen, lassen Sie Vorsicht walten. Oft löst man die Lawine selbst aus. Sind Sie in der Gruppe unterwegs, dann ist es angeraten, dass nie mehr als eine Person das *Feld* überquert. Wenn Seilzeug vorhanden ist, wird gesichert.

Geraten Sie in beziehungsweise unter eine Schneelawine, nehmen Sie sofort eine Fötus-Haltung ein. Schützen Sie Hals, Mund und Atemwege, um nicht zu ersticken. Ist die erste Gefahr vorüber, bewegen Sie sich, und zwar ständig. Graben Sie winzige Buchten vor Gesicht und Mund. Ihr Signalsender-Empfänger, der bis auf 80 Meter geortet werden kann, könnte Ihnen jetzt das Leben retten. Graben Sie, während Hilfe unterwegs ist, ständig weiter. Da unter einer Lawine der Orientierungssinn total aufgehoben ist und Sie möglicherweise nicht wissen, wo oben oder unten ist, urinieren Sie in den Schnee. Der Urin fließt immer nach unten!

Finales Zwischenspiel

Menschen

Ob es sich um die alleinerziehende Singlefrau, den verheirateten karriereorientierte Mann, um die Managerin, um einen Teenager oder noch um einen Frührentner handelt: Sie stehen stellvertretend für uns alle! Wir schwimmen alle in dieselbe Richtung! Da wir denselben Systemen unterworfen sind (freiwillig natürlich, würden viele sagen, so wie wir auch *freiwillig* geboren wurden) und uns in der vom Menschen, also von uns geschaffenen Gesellschaftsform bewegen, haben wir ähnliche Ängste und sind gleichermaßen verunsichert! Wer jetzt nein schreit, hat wohl am meisten Angst. Unser Übel?

Etwas Stress, ein wenig Burnout, etwas Angst den Job zu verlieren oder die Angst krank und irgendwann ein Pflegefall zu werden. Auch steckt in uns eventuell eine tiefe Unzufriedenheit, deren Ursprung wir womöglich nicht kennen. Vielleicht suchen wir den Sinn des Lebens. Hinzu kommt, dass wir so ganz nebenbei unsere Seele zumüllen mit sozial anerkannten „must have“ oder „must do“ Dingen wie ...

... die Erfolgslatte immer höher zu hängen, immer erreichbar sein zu müssen, einen Facebook Account zu besitzen und ein I-Phone oder ein Samsung Galaxy S5 auch (sind wir nicht alle schon Sklaven unseres Smartphones geworden?). Schön sein zu müssen ist fast Pflicht, gut angezogen sein auch (denn gut gestylt ist halb gewonnen), schlank und stark sollen wir sein. Wir ziehen uns überhaupt alle ähnlich an, haben ähnliche Gewohnheiten, essen fast haarscharf dasselbe, machen Sex wie alle anderen, und mäht der Nachbar zwei Häuser weiter den Rasen, dauert es nicht lange, bis zwei oder drei es ihm nachtun.

Das Schlimme ist: Wer nicht mithält, dem Trend ausweicht, so ganz anders ist oder gar frech aus der Reihe tanzt, wird hinter verborgener Hand zu Tode gemobbt, Tür auf, Tür zu, der Nächste bitte. Alle Klassen sind davon betroffen, alle sozialen Schichten, jedes Alter und jedes Geschlecht. Weil es aber immer so war, haben wir die Fähigkeit verloren, zu erkennen und dann bewusst zu analysieren, was es denn ist, das uns verunsichert und krank macht, was uns zu Fähnchen im Winde und zu Nachahmern werden lässt.

Erkennen und Analysieren: Wollen wir das überhaupt?

Fakt ist nämlich, dass die meisten von uns sich eher die Zunge abbeißen würden, als zuzugeben, dass all dies mehr oder weniger auch auf uns zutrifft, denn: Uns geht es ja gut, verunsichert und unzufrieden sind wir nicht, und Angst und Probleme haben nur die anderen, die Nachbarn zum Beispiel! Doch das ist eine Lüge. Eine noch dazu, mit der wir sehr gut leben können, aber ...

Der wahre Mensch in uns bleibt derweil auf der Strecke. Unsere Visionen, unsere Urinstinkte, unsere Lust auf das pure Leben ... Alles futsch! Untergegangen in der Verallgemeinerung unserer Wesen.

Einhergehend damit, dass wir uns so selbst einen Bären aufbinden, kommt die Angst vor Änderungen. Uns fehlt der Mut, an unsrem Leben etwas zu ändern, ganz nach dem Motto: Welcher Dummkopf rüttelt auch schon gerne am Sockel, den unsere Gesellschaft „Normalität“ nennt? Gibt es da überhaupt jemanden?

Ich denke, das Essentiellste ist schon mal, selbst über unser Leben bestimmen zu können. Es selbst in die Hand zu nehmen und nicht zuzulassen, dass Systeme, sosehr sie sich auch bewährt haben, dies an unserer Stelle tun. Schranken? Ja! Sonst gäbe es keine Ordnung; und ich glaube fest an eine Ordnung. Aber innerhalb dieser Schranken sollte jeder sein eigener Herr sein. Und noch weniger sollte man es zulassen, anderen Menschen, so nahe sie uns auch stehen, so abhängig wir von ihnen auch sein könnten, so lieb wir sie auch haben, zu gestatten, unser Leben zu stark zu beeinflussen.

Und was das alles mit Survival zu tun hat? *Mehr, als Sie denken!*
Wenn ich an Survival denke, kommt mir zunächst das Wort *Selbstwertgefühl,* dicht gefolgt von Selbstbewusstsein in den Sinn. Ohne Selbstbewusstsein kann niemand überleben, nicht in unserer Gesellschaft, noch weniger in einer Extremsituation. Selbstbewusstsein ist in jeder verzwickten Situation die halbe Miete, wer keines hat, kämpft mit Neurosen, Ängsten und Depressionen! Weiterhin denke ich an ein Image. An meins nämlich. Hierbei aber nicht in die Richtung ... wie sehen mich die anderen, sondern zunächst: Wie sehe ich mich selbst? Tun Sie mir den Gefallen, liebe Leser, und schließen Sie die Augen. Fertig? Stellen Sie sich nun die Frage, was Ihnen an sich am meisten gefällt, was Sie weniger mögen, und was Sie regelrecht an sich verabscheuen.
Einige Resultate könnten alarmierend sein.

Das alles nur, um zu sagen: Seien Sie kein Opportunist und auch kein Mitläufer. Üben Sie sich daran, NEIN sagen zu können. Tun Sie ab und zu Dinge, die andere NIE tun würden. Machen Sie sich ein Vergnügen daraus, aus der Reihe zu tanzen. Schicken Sie (wenn andere keinen Schaden daran nehmen) auch mal das eine oder andere „must do“ oder „must have“ einfach zum Teufel, denn immer Anständige und stets Brave: ... sind Opfer! Und jemand mit einer Opfermentalität tut sich beim Überleben sehr schwer.

10 SCHLUSSWORT

43

Der Tod

Und wenn er kommt, soll niemand sagen, wir hätten nicht gekämpft. Wir haben ihm das Beste entgegengesetzt, das wir hatten: einen eisernen Willen, die Kraft unserer Arme und die Kraft unserer Herzen. Wir waren mutig und entschlossen, und wir hatten stets Hoffnung, waren in seinem Angesicht keine Lämmer, sondern Löwen.

Doch es hat nicht gereicht!

Eine Genugtuung bleibt uns dennoch, können wir doch behaupten, dass unsere Lust aufs Leben und der Wille, ihm ein Schnippchen zu schlagen, oft stärker waren als er, und so könnten die letzten Worte unseres Lebens sein *„wir haben alles richtig gemacht"*, aber: Vielleicht ist sein finaler Triumph über uns doch noch nicht ganz so sicher, denn, wie auf der ersten Seite schon gesagt, ein *„Unmöglich"* gibt es nicht, es geht immer voran, immer weiter, und Lösungen sind selbst in den verfahrensten Situationen möglich, so vielleicht auch jetzt. Drum lasst es uns angehen, ihm wieder einmal mehr von der Schippe zu springen oder übergangslos, willensstark und voller Hoffnung, in ein anderes, vielleicht besseres Leben gleiten ...

... auch wenn die da drüben sich vielleicht wundern, warum unsere Schuhe immer eine Nummer zu groß sind!

Anhang

Der Morse-Code

ALPHABET / ZAHLEN

A • –	G – – •	M – –	S • • •	Y – • – –
B – • • •	H • • • •	N – •	T –	Z – – • •
C – • – •	I • •	O – – –	U • • –	1 • – – – –
D – • •	J • – – –	P • – – •	V • • • –	2 • • – – –
E •	K – • –	Q – – • –	W • – –	3 • • • – –
F • • – •	L • – • •	R • – •	X – • • –	4 • • • • –
5 • • • • •	6 – • • • •	7 – – • • •	8 – – – • •	9 – – – – •
0 – – – – –				

NATO-Alphabet

A - Alpha	G - Golf	M - Mike	S - Sierra	Y - Yankee
B - Bravo	H - Hotel	N - November	T - Tango	Z - Zulu
C - Charlie	I - India	O - Oscar	U - Uniform	
D - Delta	J - Juliett	P - Papa	V - Victor	
E - Echo	K - Kilo	Q - Quebec	W - Whiskey	
F - Foxtrot	L - Lima	R - Romeo	X - X-Ray	

Knotenkunde

Ob im Outdoor-Survival-Bereich, bei der Ersten Hilfe, beim Klettern und Abseilen oder beim Freizeit-Werkeln in Haus und Garten: Sie sind wichtig! Anbei eine kleine Auswahl der wichtigsten Knoten.

Name	*Verwendungszweck*
MASTWURF	Reiner Befestigungsknoten. Mit ihm kann man ein Seilende legen oder binden. Zur Absicherung macht man einen halben Schlag.
KREUZKNOTEN	Zur Verbindung von Seilen und Leinen verschiedener Art. Ein ähnlicher Durchmesser der zu verbindenden Seile ist vorteilhaft.
SCHOTSTEK	Zum Verbinden zweier Seile oder Leinen.
PALSTEK	Mit ihm kann man eine feste Schlaufe machen, die sich nicht zusammenzieht.
PRUSIKKNOTEN	Der Prusik ist ein Klemmknoten. Man kann ihn beim Abseilen ebenso benutzen wie zum Herstellen eines Flaschenzuges.
SPIERENSTICH	Zum Verbinden zweier Seile oder Leinen mit demselben Durchmesser.
TROMPETENSTICH	Zum Verkürzen von bereits festgemachten Leinen. Auch als Seilspanner geeignet.
AFFENFAUST	Wird als Wurfleine eingesetzt oder als Klemm-Kletterknoten. Wie im Text beschrieben, kann man ihn auch dazu benutzen, größere, sehr gefräßige Fische, wie den Aimara, anzulocken.

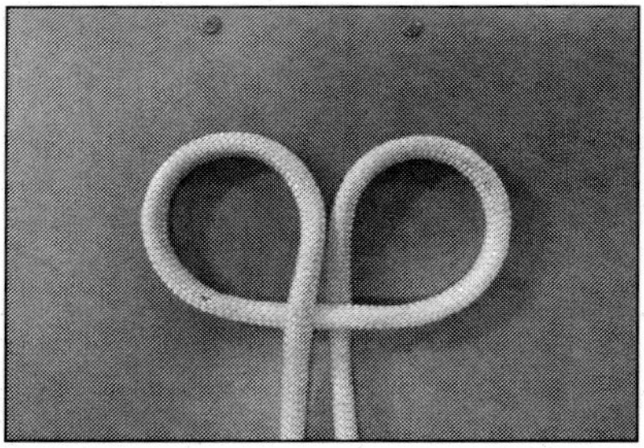

Mastwurf, gelegt. Phase 01

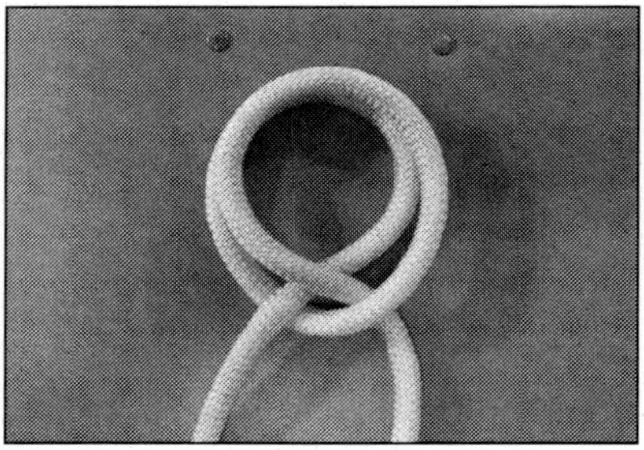

Mastwurf, gelegt. Phase 02

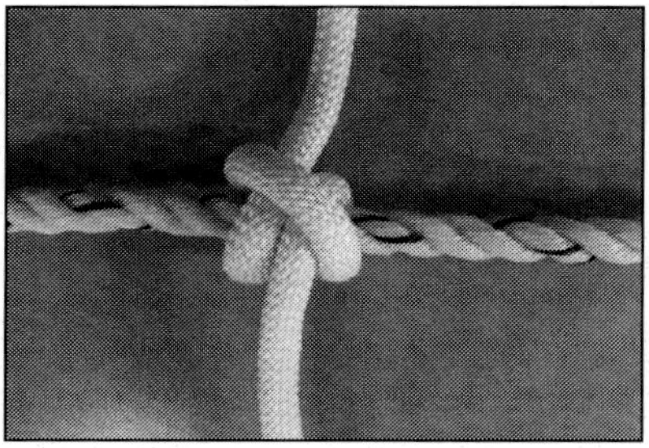

Mastwurf, gebunden.

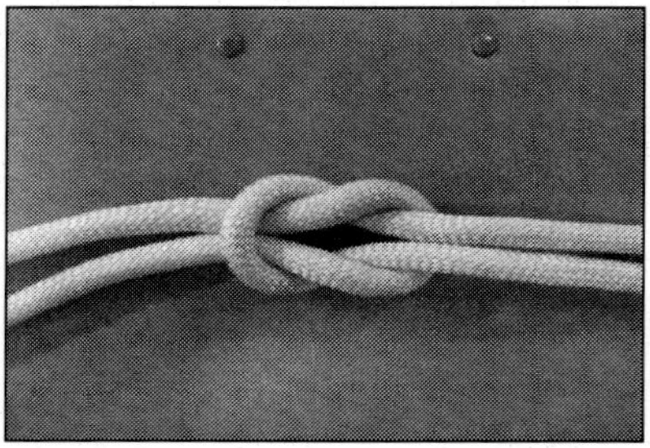

Kreuzknoten

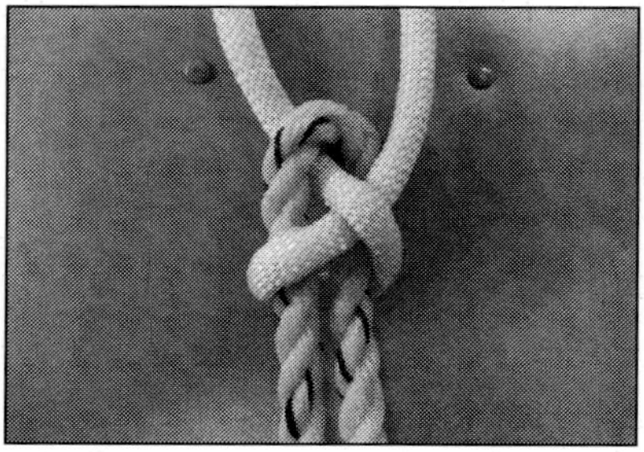

Schotstek

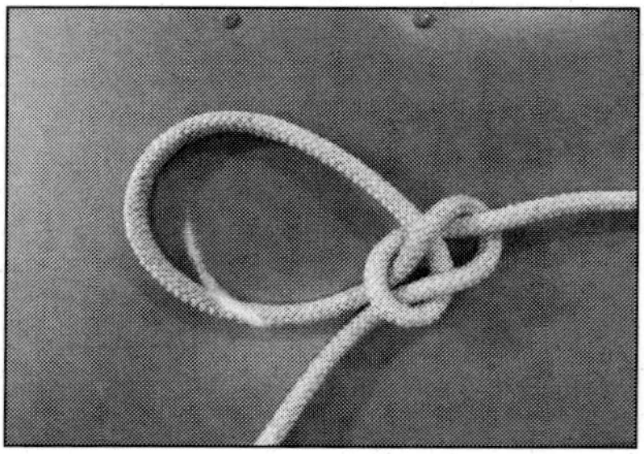

Palstek

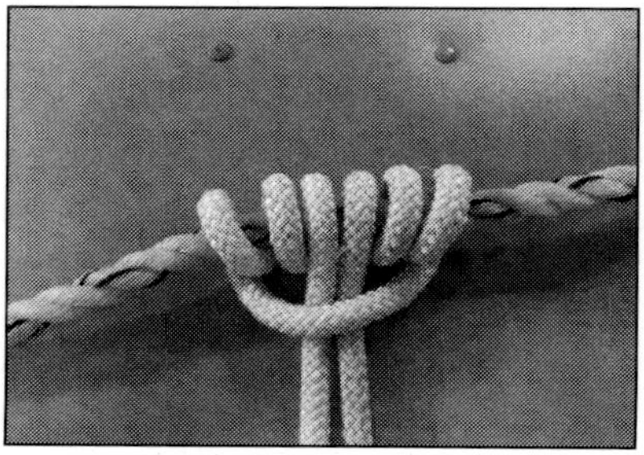

Prusik-Knoten (doppelt)

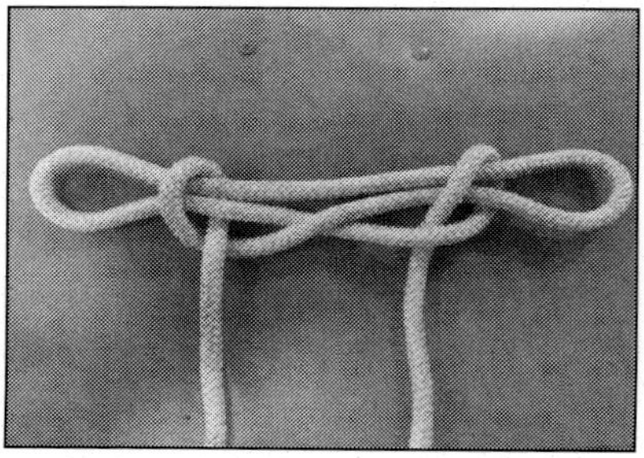

Trompetenstich

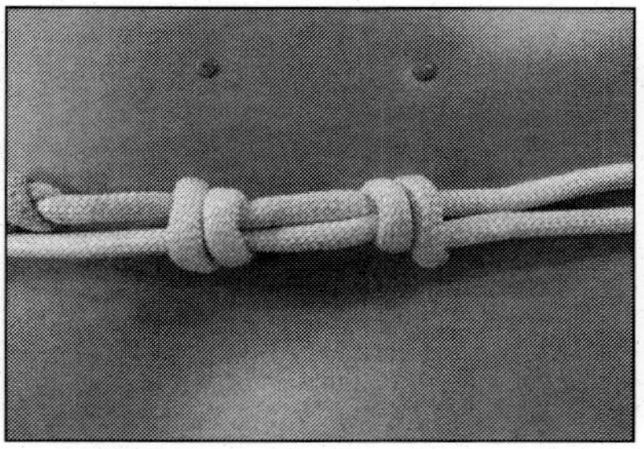
Spierenstich Phase 01

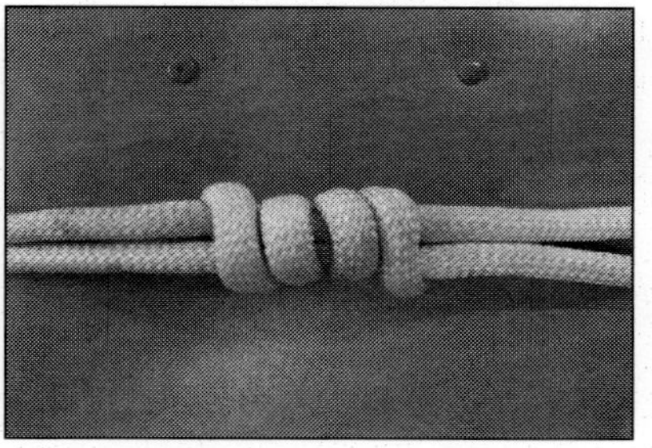
Spierenstich Phase 02

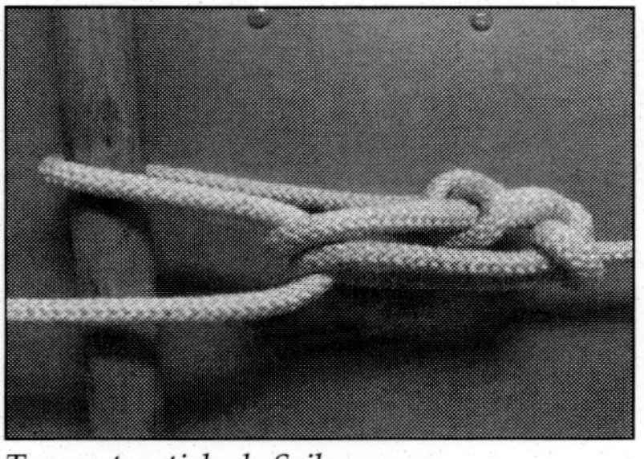
Trompetenstich als Seilspanner

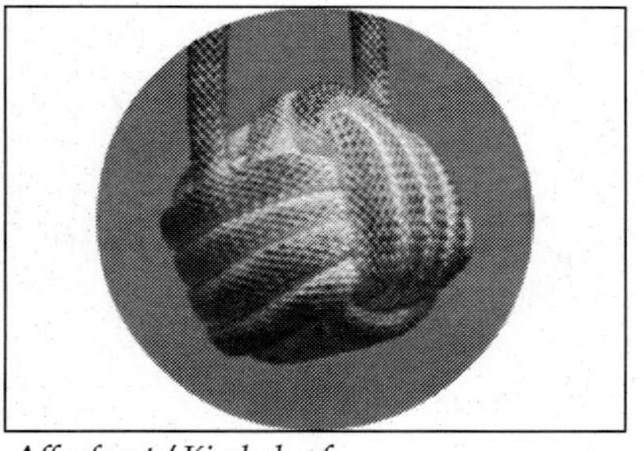
Affenfaust / Kinderkopf

Quellenangaben

- *„The Boatswain's Manual ", von William A. McLeod (überarbeitete Ausgabe: Captain A. G. Miller).*
- *„Life-Saving Appliances" / (IMO 2010).*
- *„À la dérive. Soixante-seize jours perdu en mer." Callahan (Steven), Paris, Robert Laffont, 1986.*
- *„Survivre", Robertson (D.), Paris, Albin Michel, 1973.*
- *„Handbook for Journalists" (Reporter ohne Grenzen).*
- *„Si c'est sans le cœur" – Autoédition / Denis Cheval.*
- *„SOLAS " – Consolidated Edition 2009, (IMO).*
- *„Les Nivrées ou plantes Ichtyo toxiques de la Guyane Française", C. MORETTI et P. GRENAND / ORSTOM.*

Fotos

Ali Liaquat; Michèle Johnson; Thomas Gast; Theo Robin; Tomasz Kaluza; Teudean (Hauptgefreiter der Fremdenlegion)

Zeichnungen

Thomas Gast

Ich bedanke mich bei

Ali Liaquat, Carsten Germann, Theo Robin, Michèle Johnson, Tomasz Kaluza, Teudean (Hauptgefreiter der Fremdenlegion) und Stefan Mayer.